智力资本
与高质量发展

张延华 著

ZHILI ZIBEN
YU GAOZHILIANG FAZHAN

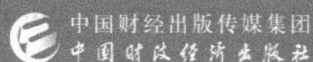

中国财经出版传媒集团
中国财政经济出版社

图书在版编目（CIP）数据

智力资本与高质量发展/张延华著. ——北京：中国财政经济出版社，2022.9

ISBN 978 – 7 – 5223 – 1685 – 7

Ⅰ.①智… Ⅱ.①张… Ⅲ.①智力资本 – 关系 – 中国经济 – 经济发展 – 研究 Ⅳ.①F014.391②F124

中国版本图书馆 CIP 数据核字（2022）第 173255 号

责任编辑：胡 懿 康婧琳 责任校对：胡永立
封面设计：卜建辰 责任印制：党 辉

智力资本与高质量发展

ZHILI ZIBEN YU GAOZHILIANG FAZHAN

中国财政经济出版社 出版

URL：http：//www.cfeph.cn

E – mail：cfeph@ cfeph.cn

（版权所有 翻印必究）

社址：北京市海淀区阜成路甲 28 号 邮政编码：100142
营销中心电话：010 – 88191522
天猫网店：中国财政经济出版社旗舰店
网址：https：//zgczjjcbs.tmall.com
北京财经印刷厂印刷 各地新华书店经销
成品尺寸：170mm×240mm 16 开 26.75 印张 390 500 字
2022 年 9 月第 1 版 2022 年 9 月北京第 1 次印刷
定价：98.00 元
ISBN 978 – 7 – 5223 – 1685 – 7
（图书出现印装问题，本社负责调换，电话：010 – 88190548）
本社质量投诉电话：010 – 88190744
打击盗版举报热线：010 – 88191661 QQ：2242791300

前　言

党的十八大以来，中国特色社会主义进入了新时代，中国经济发展也进入创新驱动高质量发展的新时代，基本特征就是中国经济已由高速增长阶段转向高质量发展阶段。以习近平同志为核心的党中央顺应人民群众对美好生活的向往，坚持以人民为中心的发展理念，把逐步实现全体人民共同富裕摆在更加重要的位置上。习近平总书记指出："我国现代化是全体人民共同富裕的现代化。共同富裕是中国特色社会主义的本质要求，我国现代化坚持以人民为中心的发展思想，自觉主动解决地区差距、城乡差距、收入分配差距，促进社会公平正义，逐步实现全体人民共同富裕，坚决防止两极分化。实现全体人民共同富裕是一项长期而又紧迫的任务，我们必须创造条件、完善制度，稳步朝着这个目标迈进。"共同富裕既是中国特色社会主义的本质要求，又是中国特色社会主义的战略目标。在改革开放新时期，邓小平同志深刻揭示：社会主义的本质就是解放生产力，发展生产力，消灭剥削，消除两极分化，最终达到共同富裕。中国特色社会主义与科学社会主义是一脉相承的，在坚持中国特色社会主义的实践中，中国共产党始终把实现共同富裕写在自己的旗帜上和纲领里，坚守了初心使命。概括来讲，实现共同富裕的实践途径是多种多样的，但实现创新驱动高质量发展是重中之重，关键所在。

推动高质量发展，不仅是保持经济社会持续健康发展的内在要求，而且是破解我国社会主要矛盾和全面建成小康社会、全面建设社会主义现代化国家的必然要求。进入社会主义新时代，我国社会主要矛盾已经转化为人民日益增长的美好生活需要和不平衡不充分的发展之间的矛盾。不平衡不充分的发展就是发展质量不高的表现，要破解社会主要矛盾，满足人民日益增长的美好生活需要，必须推动高质量发展。要实现第二个百年奋斗目标，就要使物质文明、政治文明、精神文明、社会文明、生态文明和谐发展并得到全面提升，这就要求必须推动高质量发展。

推动高质量发展不仅是提升国家综合实力、跨入世界强国之列的紧迫要求，而且是跨越"中等收入陷阱"的现实需要。在工业化初期、中期，我国是以规模扩张为主来赶超发达国家，在步入工业化中后期、经济规模很大的基础上，进一步提升综合实力和核心竞争力，必须坚持质量第一、兼顾效率，由高速增长转向高质量发展。"中等收入陷阱"是指当一个国家的人均收入达到中等收入水平后，由于不能顺利实现经济发展方式的转变，导致经济增长动力不足，社会矛盾增多，最终出现经济停滞的一种状态。对此我们要保持高度警惕，奋力推动高质量发展，着力破解"有增长但无发展"的悖论，加快推动产业转型升级，转换增长动力，进而促进社会矛盾增多、收入差距拉大等问题的根本解决。

创新驱动引领高质量发展势在必行。新一轮科技革命和产业变革深入发展，科技创新已成为世界发展重要推动力，科技创新与经济社会加速融合，科技创新已成为重构国际格局的关键变量。创新是引领发展的第一动力，创新驱动发展战略作为中国发展的核心战略之一，有力回应着构建新发展格局、推动高质量发展的时代课题。从"向科学进军""科学技术是第一生产力"，到科教兴国战略和建设创新型国家，再到实施创新驱动发展战略，中国一直在探索一条符合中国国情、适应世界发展趋势的自主创新道路。特别是党的十八大以来，中国高举自主创新旗帜，开启了建成世界科技强国的新征程。党的十八大作出了实施创新驱动发展战略的重大部署，突出强调科技创新是提高社会生产力和综合国力的战略支撑，必须摆在国家发展全局的核心位置。这一重大决策，立足国家发展全局，紧紧抓住世界新一轮科技革命和产业变革的机遇，是中国发展关键节点上的又一次重大战略抉择。创新驱动战略要求中国未来的高质量发展要靠科技创新驱动，而不是靠传统的劳动力和资源能源来驱动，进而实现由低成本优势向创新优势的转换，为我国持续高质量发展提供不竭动力。实施创新驱动发展战略，对我国提高经济增长的质量和效益、加快转变经济发展方式具有深远的现实意义。科技创新具有乘数效应，不仅可以直接转化为现实生产力，而且可以通过科技的渗透作用放大各生产要素的生产力，提高社会整体生产力水平。实施创新驱动发展战略，可以全面提升我国经济增长的质量和效益，有力推动经济发展方式转变，对降低资源能源消耗、改善生态环境、建设美丽中国也具有长远意义。

实施创新驱动发展战略以来，科技创新焕发出前所未有的活力，自主创新成为促进高质量发展的迫切要求与重要支撑，抓住了科技创新，就抓住了推动我国高质量发展全局的"牛鼻子"，全球创新指数中国排名已从2012年的第34名到2022年的第11名。这个名次稳步推进，稳中有升，原因就在于创新驱动高质量发展的强大动能。党的十八大以来的十年是创新发展理念深入人心的十年，创新驱动发展战略在神州大地落地生根、硕果累累；是创新发展步伐不断加快的十年，科技自立自强交出精彩答卷、科技战略支撑能力不断提升；是创新发展成果喷涌而出的十年，科技创新推动中国经济这艘巨轮朝着高质量发展方向破浪前行。十年来，我国以关键技术突破推动产业向中高端攀升，产业链和创新链融合更深、更高效。经济发展的新领域新赛道不断开辟，更多增长新动能不断发掘。企业创新主体地位进一步强化，高新技术产业体量更大、质量更优、基础更牢。注重支撑人民生命健康安全、能源安全、粮食安全，统筹发展和安全，把握经济发展主动权，科技创新成为重要抓手。

当然，世界百年未有之大变局加速演进，新冠肺炎疫情全球影响依然较大。我们同时也应该清醒地认识到，国内存在的发展质量、差距及不平衡等问题。目前我国经济总量居世界第二位，整体竞争力稳步提升，但突出特点是不少领域或产业是"大而不强"，在科技创新能力、高端产业和核心竞争力等方面仍有较大的差距，并且随着城市的规模扩张和经济发展，难免会产生空间分布和规模结构不合理、城市公共服务配置不均衡以及城市交通拥堵等"城市化"问题。新时代，应变局、育新机、开新局，需要充分发挥科技创新的支撑引领作用；实现高质量发展，需要科技自立自强提供越来越强的战略支撑能力。

从国家角度看，中共中央、国务院发布《国家创新驱动发展战略纲要》，从推动技术体系创新、强化原始创新、优化区域创新布局、深化军民融合创新、壮大创新主体、实施重大科技项目和工程、建设高水平人才队伍和推动创新创业等8个方面明确了战略任务；编制2021—2035年国家中长期科技发展规划，制定"十四五"科技创新规划，这一系列规划政策形成了指导思想、战略部署、重大行动的比较完整的体系，为科技自立自强提供强劲牵引。

当前，世界正经历百年未有之大变局，创新发展的机遇与挑战并存。国家之间、区域之间、企业之间，竞争模式已经发生明显变化，智力资本的应用已经演变成其核心竞争力的关键。因此，对于智力资本的管理越来越受到学术界和企业界的关注。

本书前4章通过梳理国内外的相关文献，主要阐述智力资本、经济增长、经济发展与高质量发展的概念，简要回顾经济增长、经济发展演进的主要相关理论，总结提炼了高质量发展的基础理论，特别强调要深刻认识并坚持落实党中央提出的"全面高质量发展"理念，此处可以视为创新点之一，为后面在进行模型研究及实证分析的前提下提出富有针对性和实效性的对策建议奠定了坚实的基础。

第6章通过构建回归模型，分析了区域智力投资对区域创新发展的影响。主要表现为区域创新发展的不均衡。从空间分布来看，20省市创新发展水平具有不平衡性，东部省市要高于西部省市；从时间演进来看，20省市2012—2020年创新发展水平呈逐年上升的良好态势。尽管区域空间结构和区域经济发展格局正在发生深刻变化，新型城镇化仍然是推动实现区域高质量发展的主要路径与重要动力。当然，随着中国社会经济进入高质量发展阶段，城市单打独斗的发展模式已经难以为继，综合承载力较强的城市群成为区域协调发展的一个必然选择。此外，要实现共同富裕，必须践行以人民为中心的发展思想，深化区域协调发展战略和城乡融合发展战略，促进经济社会高质量发展。第8章主要结合前面章节的理论分析和实证研究，并从目前高质量发展位于前列的城市（城市群）中选出典型案例，从城市以及城市群的视角探讨了区域智力资本促进区域高质量发展的路径与对策。这一章从区域发展中选取城市及城市群视角，研究区域智力资本如何促进区域高质量发展，这是本书的第二个创新点。

第7章围绕企业智力资本对企业价值贡献度和企业智力资本与企业创新发展绩效关系的相关性，通过模型构建与实证分析进行研究，探讨了企业智力资本对企业创新发展的直接效应与协同效应。第9章主要结合前面章节的理论分析和实证研究，并结合企业高质量发展的典型案例，提出企业智力资本促进企业高质量发展的路径与对策。

本书试图将理论探讨、实证分析、案例分析、对策研究结合，力求做到理论与实证前后贯通，案例与对策相辅相成。这也是本书的第三个创新点，其目的在于理论联系实际，以实证研究支撑理论论点，用案例分析证明对策研究，探索在深化创新驱动战略的新时代，以智力资本支撑创新驱动，以创新驱动引领高质量发展的基本路径。

总之，"怎样实现增长？怎样实现有效增长？怎样实现持续有效增长？怎样实现高质量地持续有效增长？"这既是实现高质量发展的前提基础，也是高质量发展研究的永恒话题。历史充分证明，创新驱动发展，科技引领未来，智力资本至关重要，功不可没。从宏观层面看，抓创新就是抓发展，谋创新就是谋未来。要站在新的历史起点阔步向前，持续深入实施创新驱动发展战略，坚定不移走中国特色自主创新道路，大力建设创新型国家和科技强国。从中观层面看，城市是区域人口、产业和要素资源的聚集地，是经济社会发展的"火车头"，具有很强的辐射带动作用。实现高质量发展，必须通过优化城市产业体系、激发城市消费需求、提升城市治理和服务水平，来推动城市全面高质量发展。城市群的发展以及城市群发展规划是区域经济发展和区域经济发展规划的重要内容。城市群是工业化、城市化、社会现代化发展到较高阶段的必然趋势，是现代化发展的必然产物。城市群的崛起与发展，对经济发展具有巨大的带动和辐射作用，是经济社会发展的重要引擎；要积极发挥城市群在高质量发展中的引领和辐射作用。促进区域协调发展，推动"京津冀""长三角""粤港澳"等大城市群发展成为引领高质量发展的重要动力源。从微观层面看，企业是科技和经济紧密结合的重要力量，是推动创新创造的生力军。全社会要在提升企业作为主要创新主体的基础上，增强其组织韧性与内部活力，推进企业进行多维度持续创新。企业要加大创新投入，走创新驱动发展之路，弘扬企业家精神，创新企业文化，实施品牌发展战略，提升企业核心竞争力，充分发挥企业支撑高质量发展的"中流砥柱"作用。

继往开来，锦绣前程！2022年是进入全面建设社会主义现代化国家、向第二个百年奋斗目标进军新征程的重要一年，中国共产党将召开第二十次全国代表大会，这是党和国家政治生活中一件令人欣喜的大事。作为一名党校教师和老党员，谨以此书向风华正茂的中国共产党致敬，向党的二十大献礼！

张延华

2022年8月

目 录

1 智力资本理论概述 / 1
   1.1 智力资本概念的提出与分析 / 1
   1.2 智力资本的分类比较 / 8
   1.3 智力资本及其相关概念比较 / 20
   1.4 智力资本的主要特点 / 29

2 智力资本投资与智力资本投资的测评 / 33
   2.1 智力资本投资的基本特性 / 33
   2.2 企业智力资本投资的测量方法 / 35
   2.3 国家和区域智力资本评价测度的指标体系 / 55
   2.4 智力资本投资指标体系设计 / 62

3 经济增长和经济发展的相关理论研究 / 65
   3.1 经济增长的简要演进历程与主要学派 / 66
   3.2 经济发展理论的简要演进历程与主要学派 / 87
   3.3 经济增长与经济发展的关系 / 97

4 高质量发展的相关理论研究 / 104
   4.1 高质量发展的历史背景 / 104
   4.2 高质量发展的丰富内涵 / 110
   4.3 高质量发展的重大意义 / 114

4.4 高质量发展要处理的基本关系 / 118
4.5 高质量发展应遵循的基本原则 / 122
4.6 高质量发展的总体思路 / 129

5 **智力资本投资与经济增长相关性研究** / 146
5.1 经济增长的理论模型与实证研究 / 146
5.2 基本假设 / 160
5.3 数据选取 / 161
5.4 分析方法 / 162
5.5 数据分析 / 168
5.6 分析结论 / 207

6 **区域智力资本与区域创新发展相关性研究** / 209
6.1 区域智力资本的内涵与构成 / 210
6.2 区域创新发展相关理论与综合评价 / 214
6.3 区域智力资本和区域创新发展的关系 / 229
6.4 区域智力资本投资和区域创新发展实证研究 / 236

7 **智力资本与企业创新发展相关性研究** / 254
7.1 企业智力资本的内涵与构成分析 / 254
7.2 企业智力资本对企业价值贡献度分析研究 / 259
7.3 企业智力资本与企业创新发展绩效关系相关性研究 / 282
7.4 智力资本的直接效应和协调度效应 / 319

8 **区域智力资本促进区域高质量发展的指导原则与基本对策** / 322
8.1 区域智力资本促进城市（城市群）高质量发展指导原则 / 325
8.2 区域智力资本促进城市（城市群）高质量发展基本对策 / 329
8.3 延伸阅读——典型案例 / 340

9 企业智力资本促进企业高质量发展基本原则与对策 / 354
 9.1 企业运用智力资本促进高质量发展基本原则 / 356
 9.2 企业智力资本促进企业高质量发展基本对策 / 362
 9.3 延伸阅读——典型案例 / 374

参考文献 / 389

后记 / 415

1 智力资本理论概述

随着知识经济与信息化时代的到来，经济增长比以往任何时候都更加依赖知识与信息的生产、传播、融合和创新。知识经济使人们对知识和智力的认识发生了根本性的改变，实际上人类并不是今天才注意到知识和智力的作用，人类对经济增长中的知识、能力、科技因素的研究由来已久，人力资本理论的产生和发展就是最充分的说明。事实上，也正是人力资本理论解释了长期困扰人们的经济增长之谜，提出了人力资本是经济增长的根本动力，指出人们的知识、能力、健康等人力资本要素的提高对经济增长的贡献，比物质资本、劳动力数量的增加重要得多。人们对人力资本的认识由浅入深，逐步形成了一套比较完善的人力资本理论。在人力资本理论中，人的体力和智力一直是研究的重点，尤其是智力，更是作为经济增长的源泉来研究。所以，在知识经济研究中，对知识的研究自然会引入智力的概念，而智力资本的提出正好解释了知识经济发展的动力问题。

1.1 智力资本概念的提出与分析

智力资本的概念起源可以追溯到德国经济学家李斯特在他的经典著作《政治经济学的国民体系》中提出的与物质资本相对应的"精神资本"概念。"精神资本"有狭义和广义两种含义，狭义的"精神资本"与当今经济学中"人力资本"的概念基本一致，广义的"精神资本"与目前学者认定的"智力资本"结构是类似的。智力资本定义的主要演变情况如下。

（1）"智力资本"最早是由西尼尔（Senior）于 1836 年提出的。他将智力资本作为人力资本的同义词使用，认为智力资本是指个人所拥有的知识和技能（个人智力资本的概念）。

（2）加尔布雷斯（J. K. Calbrainth）于 1969 年发展了智力资本这一概念。他认为智力资本不仅是纯知识形态，还应包括相应的智力活动，即智力资本不仅仅是静态的无形资产，还应包含有效利用知识的过程和实现目标的有效手段。

（3）美国学者斯图尔特（T. A. Stewart，1994）以敏锐的历史洞察力推动了智力资本理论思潮。1991 年，他在其经典性的论文《智力资本：如何成为美国最有价值的资产》中提出了智力资本概念，同年指出智力资本已经成为美国最重要的资产，进而在 1994 年又进一步论证智力资本是企业最有价值的资产。1997 年，他提出智力资本是"公司中所有成员所知晓的能为企业在市场上获得竞争优势的事物之和"（智力资本的概念从个人向企业组织扩展）。

（4）英国学者安妮·布鲁金（A. Brooking，1996）认为，智力资本是"对使公司得以运行的所有无形资产的总称"，具体包括市场资产、知识产权资产、人才资产、基础机构资产四大类。

（5）1996 年，埃德文森（L. Edivinsson）和沙利文（P. Sullivin）提出，智力资本是企业真正的市场价值与账面价值之间的差距，而这种差距的存在恰恰是微软这种知识型企业在股票市场上持续被看好的真正原因。

（6）斯维比（K. E. Sveiby，1997）认为，智力资本是企业中一种以相对无限的知识为基础的无形资产，是企业的核心竞争力。

（7）芬查姆（R. Fincham）和罗斯兰德（R. Roslender）在 2004 年提出智力资本的定义：智力资本是对拥有知识、实践经验、组织能力、客户关系和专业技能，使公司拥有竞争优势，给公司带来巨大财富的人所确定的价值。

（8）阿奎拉尔（A. J. Aquila，2006）认为智力资本是一种无形资产，将智力资本定义为企业员工及其组织结构的集合体，包含三个方面：管理和提供信息的公司的信息系统；员工身上蕴藏的知识，一旦员工离职，这些知识也随之消失；与外部组织的关系，如与顾客、供应商的关系。

（9）奥兹坎（Ozkan. N，2017）认为智力资本是一种虽然没有在公司的报表上明确列示，却能积极有效地影响企业绩效的无形资产。

（10）王勇等（2002）把智力资本看作一种组织现象，是各种知识元素在特定企业中被有效整合后所表现出的能够用于创造财富的企业能力。

（11）李平等（2006）指出企业智力资本是一类非有形资源状态，即组织内吻合其创新高瞻性发展需求的、可以据此为集体达到效能增长，同时呈现远瞻性竞争效能的智慧存量之和，其存在以组织所掌握的智慧为荷载，其本质内涵是将各种异质元素整合转化为增值的能量。

（12）肖美丹等（2010）认为智力资本是一种动态增值，是经企业转化和不断累积的预付价值。

（13）南星恒（2014）认为智力资本是企业拥有的知识资源，企业通过转换该知识资源实现有效利用，从而实现企业的价值创造。

（14）黄懿（2017）认为智力资本是企业内所有的员工为组织所贡献的价值创造要素的总和，包括员工的信息、技术等各方面的能力和智慧。

（15）田颖等（2018）认为智力资本是知识经济的增长核心，既能创造价值和效用，也能促进智力与知识相融合。

（16）胡宜挺等（2021）认为智力资本作为企业特殊的无形资产，是企业最具价值的资源，决定着企业的生存和发展，具有高增值和难以模仿的特征。掌握并合理配置智力资本能够提升企业的产品竞争力，保持并提升企业市场竞争优势，进而提升企业创新绩效。

近年来，对智力资本概念的界定已达上百种之多，大致可以分为三类：基于知识的定义、基于价值的定义和基于无形资产的定义。

1.1.1 基于知识的分析

Roos、Edvinsson 和 Dragonetti 将智力资本定义为"公司成员掌握的知识和被转化到实际应用中的知识的总和"。

Stewart认为智力资本是指每个人与团队能为公司带来竞争优势的一切知识与能力的总和。凡是能用来创造财富的知识、信息、技术、经验、组织学习能力、团队沟通机制、顾客关系、品牌等，都是智力资本的原材料（Intellectual Material）。Edvinsson认为智力资本是对知识、经验、组织技术、顾客关系和专业技能的掌握，让组织在市场上享有竞争优势。Bell也认为智力资本是组织中的知识资源，包括组织用以创造竞争优势和解决问题的策略、方法和心智模式（Mental Model）。Sullivan认为智力资本是能够创造企业利润的知识。这些基于知识的定义明显带有企业的资源观以及知识观的印记，普遍把企业的智力资本同竞争优势联系在一起，但均未指出智力资本、竞争优势与价值之间的相关性。

John Kenneth Galbraith认为智力资本是一种知识性的活动，是一种资本的动态变化过程，不是固定的资本形式。他认为，智力资本不仅仅是固定的知识，还是有效利用知识的过程。Mouritsen等指出智力资本管理是利用知识叙述和检测系统来形成知识管理的活动流程，综合了各种知识资源和知识的活动。这些基于知识的定义则是从知识管理过程的视角进行定义，阐述了知识发挥作用的动态过程。

Nahapiet和Ghoshal在对社会资本、智力资本和企业优势进行研究时提出另一种基于知识的定义。与上述定义不同的是，他们的定义把智力资本概念与人力资本概念结合起来。"智力资本"代表诸如组织、知识团体或专业机构的社会集团的知识和认识能力。

袁锋等则从一个新的视角对智力资本进行定义，他们认为，智力资本是指在企业和所有员工头脑之中各种知识及其转化物的综合，而不仅是会计当中所认知的知识的最终转化物。

从知识管理的角度研究智力资本的前提条件是企业的知识已经存在，企业所要做的就是将它们挖掘出来，并通过特定的渠道传递、分配、转化、共享和创新知识。因此，智力资本管理的重点就是将企业的隐性知识显性化、阐明文化，以及将个人知识转化为企业的组织知识。智力资本管理的难点是将人力资本转变成企业的结构资本，实现企业价值和价值增值。但如果仅仅把智力资本管理局限为知识的获取、组织、存储、交流等活动，那么智力资本的价值和重要性就会严重缩水。

1.1.2 基于价值的分析

一些学者试图把知识和价值联系起来，把智力资本定义为已经形成且具有杠杆作用的智力资源，是能够创造更高价值的资产。

从智力资本的价值创造视角来说，Klein、Prusak 和 Lynn 认为，智力资本是为了生产高价值资产而被具体化、捕捉到且能发挥杠杆作用的智力原料，智力资本所指的智力原材料是指能够创造财富的知识、信息、知识产权和经验。CoKlein 认为，智力资本是封装的且可用的知识，并且认为智力资本是可以被企业掌握、规范化使用且可以为企业创造出更高价值的资本。Stewart 在研究智力资本如何变成美国最有价值的资产的文章中认为，企业所有员工为企业在市场中占据竞争优势的知识和技能的总和被称为智力资本。智力资本长期以来一直被大家所忽视，而 Stewart 的研究认为智力资本是组织中最有价值的资产，又将智力资本的重要性提到了人们的视线中。

张兆国等在考察知识和资本的含义时通过分析知识向资本转化的条件，提出智力资本是知识在一定条件下转化而成的，是企业在其生产经营及其管理活动中积累起来的最具有价值增值性的预付价值。冯勇认为能够转化为市场价值并能给企业带来利润的知识和技能才能称为智力资本。曾蔚提出智力资本是对企业价值的创造和持续竞争优势的构建起关键作用的被企业拥有或者控制的，并能够通过企业管理机制激发的动态性知识和能力的总和。李浩认为，在提升企业竞争优势和企业的价值创造中能够发挥作用的知识就是智力资本。

从智力资本的竞争优势视角看，Edvinsson 和 Malone 认为，智力资本是一种对知识、实际经验、组织技术、顾客关系和专业技能的掌握，并在市场上享有竞争的优势。Sullivan 将智力资本理解为有价值的信息，在对智力资本研究后提出，企业所有员工掌握的知识、经验、外部关系以及专业技术能力的总和被称为智力资本，智力资本使组织间的竞争优势在市场中体现出来。Mouritsen 认为，智力资本的价值由市场决定，但由于企业比外部市场拥有更多的内部信息，这本身就是个问题。

张炜等利用创业企业的数据进行研究，发现企业在发展初期，其智力资本中的结构资本和创新资本在企业发展竞争优势中作用显著。

从价值的角度研究智力资本，是要关注智力资本要素是怎样发展、创造、萃取价值的，或怎样将企业已经创造的价值归于智力资本，通过探寻智力资本的价值创造途径和方法将智力资本与企业价值密切联系起来，以期探索到企业价值最大化的管理方法和模式。但是，现有研究很少系统讨论价值（value）、智力资本的价值过程（valuing）及智力资本的知识与能力特性在智力资本价值中的体现。

1.1.3　基于无形资产的分析

从超出账面价值的无形资产（或隐含价值）来看，Edvinsson 和 Malone 指出，企业市场价值与账面价值的差距即企业的智力资本。经济合作与发展组织认为智力资本是组织（结构）资本与人力资本的经济价值。Brooking 认为企业资产包括有形资产和无形资产，而智力资本可以用来替代企业中的无形资产，即他认为智力资本是指使公司得以运行的所有无形资产的总称，具体包括市场资产、知识产权资产、人才资产、基础结构资产四大类。Booth、Johnson、Knight 等认为智力资本是无形资产或因使用人的智能所组成的元素与创新所增加的财富。Masoulas 指出智力资本是无形资产的结合，能提供组织附加价值，并致力达到卓越目标，如员工的技术、经验、态度与信息等。K. E. Sveiby 也指出知识资本是企业一种以相对无限的知识为基础的无形资产，是企业的核心竞争能力。

袁庆宏认为将智力资本解释为无形资产（intangible assets），并不是一种无意义的概念重叠，而是对现行无形资产理论的拓展。因为现行无形资产概念侧重于资产确认和计量，很少涉及企业形象、员工素质、人力资本等内容，而智力资本是从经济学和管理学角度广义理解无形资产："只要是一种可用以获利的、由企业拥有或控制且不具有实体性的资源，都属于无形资产的范畴。"因此，这一观点的主要贡献不在于概念上的创新，而在于其试图构建智力资本财务评价体系方面的创新。原毅军等把某个集体所单独掌控的、自身存在效能并能够呈现增值效应的非有形资源及能量总和定义为智力资本，通过借助描画个人特质的方法描画集体特质，认为智力资本是企业关键效能增长的趋于一致的阐述。芮明杰、郭玉林等认为智力资本是存在于企业内部的由知识和智力积累而形成的无形资本。郑美群提出被组织或其成员所拥有的、能够为组织创造价值的所有知识和能力即智力资本。

基于无形资产的定义明确了公司的智力资本是市场价值与账面价值的差额，虽然"智力资本的价值应按企业的市场价值与账面价值的差额来计算"这种观点是许多学者的共识，但这种观点已受到质疑。Harrison 和 McLean 指出，市场价值与账面价值的差额说明智力资本和其他无形资本的存在，但并不意味着这就是智力资本的价值。原因主要有两点：一是非上市公司没有市场价值，就不存在这种差额，但仍然有智力资本；二是用股价来评价公司的市场价值有困难，特别是股价波动时，而且一定时间的智力资本价值有可能并不随着市场价值波动。

虽然智力资本的定义很多，当前理论界对智力资本的概念也仍有许多争议，但大家基本上都认定智力资本是企业传统资本概念的从有形到无形、从物质到非物质的革命性扩展。定义智力资本的概念存在几个难点：

（1）在智力资本的概念中如何反映智力和资本两方面的特征，目前的定义或者重"知识"或者重"价值"，都不能贴切地反映 intellectual capital 的含义，智力资本同物力资本一样，都具备"资本"的共同特性——它是一次投资多次受益，并能带来剩余价值的价值。因而，人才智力投资也应转换为智力资本。

（2）智力资本与人力资本、无形资产、知识资产等相关概念的联系与区别需要进一步辨析。

（3）智力资本其实可以分为"智力"和"资本"两个层面。基于知识的智力资本来源于"智力"的概念，而基于无形资产的智力资本来源于经济学中的"资本"概念。单纯地从智力或者资本的角度进行阐述，就失去了智力资本作为一个整体概念所具备的意义。

1.2 智力资本的分类比较

1.2.1 从智力资本管理角度分类

1.2.1.1 市场资产、人才资产、知识产权资产和基础结构资产

布鲁金（Brooking，1998）在《第三资源：智力资本及其管理》一书中系统阐述了企业智力资本的内涵要素以及评估、存储、管理智力资本的全过程。她用一个简洁的公式体现了智力资本的含义，即"企业＝有形资产＋智力资本"，并指出智力资本包括市场资产、人才资产、知识产权资产和基础结构资产四类，形成如图1-1所示的屋形结构图。

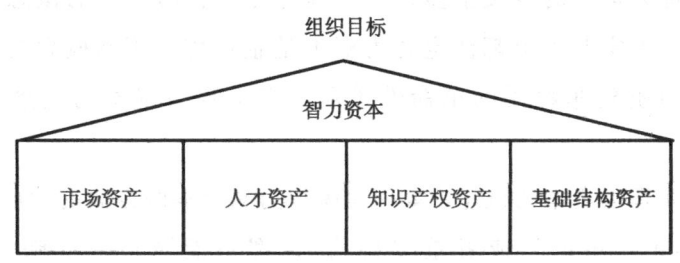

图1-1 布鲁金智力资本构成图

市场资产是指企业所拥有的与市场相关的无形资产潜力，包括各种品牌、信誉度、客户和他们的信任、备用存货、销售渠道、专利、专营合同协议等。人才资产是企业员工具备的才能，如群体组织技能、创造力、解决问题的能力、领导能力、企业管理技能等，这些才能在雇员身上表现出来构成人才资产。知识产权资产包括版权、专利权、商标专用权、发现

权、发明权和其他科技成果权。基础结构资产是使企业得以运行的那些技术、工作方式和工作程序，包括企业文化、评估风险的方式、管理销售队伍的方法、财务结构、市场或客户数据库等。

1.2.1.2 人力资本、结构资本和顾客资本

斯图尔特（Stewart，1994）提出了"H-S-C"结构的智力资本，并指出企业智力资本就是体现在企业人力资本（Human Capital）、结构资本（Structure Capital）和客户资本（Customer Capital）之中的整体价值。其中，人力资本是指企业员工身上的各种以潜在方式存在的知识、技能和经验，组织社群与组织内部互动性等，是企业智力资本的重要基础，以员工态度、离职率和新产品产值率来衡量。人力资本往往以潜在的方式存在，可能未被也难以被编码，因此易被忽视。结构资本是指企业的组织结构、制度规范、企业文化等，以数据库和置换成本、销售率、管理费用及营运资本周转率来衡量。顾客资本（或用户资本）指市场营销渠道、用户忠诚度、企业信誉等经营性资产，通过用户满意度、品牌、留住用户的比例来衡量。这三种资本相辅相成、相互作用，共同推动企业智力资本的增值。

同样，休伯特从人力资本、结构资本及顾客资本3个方面诠释智力资本。人力资本指员工个人的心态，包括对事情发展的假设、倾向、价值判断与信念；顾客资本是个人与顾客心态的集合，通过提供产品或服务形成价值认知；结构资本是组织成员心态的集合，形成组织文化，包含规范与价值。结构资本则由公司内知识文件化的比例、公司专有知识库、企业内部黄皮书、错误失败的经验、竞争对手的资讯等要素组成。顾客资本则包括顾客满意度、顾客忠诚度、顾客参与度、与顾客一起创新的能力、为顾客提供差异化服务的能力、与顾客策略联盟的价值等。葛雷森和尼科尔斯也将智慧资本分为人力资本、结构资本和顾客资本，只是对其构成要素的界定有所不同。总之，上述学者认为人力资本是公司运用其员工的知识解决企业问题的能力，结构资本是公司回应环境变化的能力，顾客资本指顾客的忠诚度。

1.2.1.3 雇员资本、组织资本和外部关系资本

基于雇员资本、组织资本和外部关系资本的智力资本观点认为：智力资本＝雇员资本＋组织资本＋外部关系资本。

休伯特·圣翁奇（Hubert St. Onge）将智力资本定义为雇员资本（Employ Capital）、组织资本（Organization Capital）和外部关系资本（External Relationship）的总合，如图 1-2 所示。

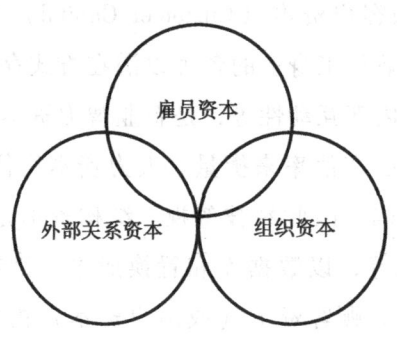

图 1-2 圣翁奇智力资本构成

雇员资本是指员工个人为用户提供解决方案的能力。组织资本是指组织满足市场要求的能力。外部关系资本代表公司特许经营的深度（渗透程度）、广度（覆盖程度）、附着性（忠诚度）和盈利率。这个观点的优点是强调要提高员工的努力程度和产出，强调企业内部隐性知识与企业外部市场业绩的关系，在企业人力资本与企业市场业绩之间架起了新的解释桥梁。但这个定义忽略了智力资本的开发和创造过程，忽略了智力资本的培养、发展和转化问题，同时也缺少智力资本的评价指标。

列夫·艾得文森、戈登·皮特拉斯等人发展了该模型，并指出智力资本的评价模型。艾得文森认为，企业的人力资本、组织（结构）资本和用户（关系）资本共同作用创造组织价值（如图 1-3 所示）。人力资本包括解决问题的诀窍、教育水平、职业资格、与工作相关的知识、职业评价、心理测量评价、与工作相关的能力、企业家热情（创新性、积极反应能力、可变性）等。组织（结构）资本包括智力资本和基础结构性资本方面的内容。智力资本包括专利、版权、设计权利、商业秘密、商标、服务标

志。基础结构性资本包括管理哲学、公司文化、管理流程、信息系统、网络系统、财务关系。用户（关系）资本包括品牌、用户忠诚度、公司名称、储备物订购、分销渠道、业务合作、许可协议、有利的合同、特许权协议。基于这样的定义，艾得文森提出了用于衡量和报告智力资本的工具导航仪（Navigator）。经过艾得文森等人的研究发展，智力资本变成了可以测量的、能够用来对企业管理进行评价和指导的智力资本管理模型。

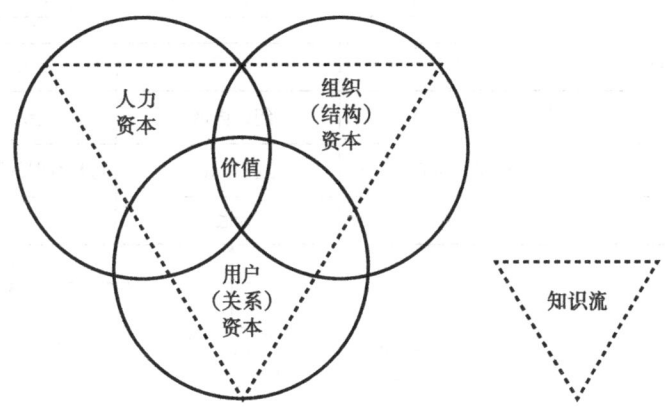

图 1-3　智力资本三要素创造价值相互作用

1.2.1.4　人力资本、结构资本和关系资本

基于人力资本、结构资本和关系资本的智力资本认为：智力资本 = 人力资本 + 结构资本 + 关系资本。

邦迪斯认为智力资本具有双层多维结构（如图 1-4 所示），由三部分构成，即人力资本（Human capital）、结构资本（Structural capital）和关系资本（Relational capital）。人力资本是指员工掌握的隐性知识。结构资本是指组织规范。关系资本是指公司与外部环境建立的附着于关系中的知识，即关系网络。

加拿大管理会计师协会（Certified Management Accountants；CMAs for short）的会计师辛考茨基指出，智慧资本的价值平台由三个方面组成：人力资本、组织资本、顾客与关系资本。林恩（Lynn，1998）也将智力资本分为人力资本、关系资本及组织资本，其中人力资本包括组织成员的可使用知识存量（stock of usable knowledge）、技巧和能力。关系资本则来自组织外部，是能为组织创造价值的关系因素，如高可靠度及品质导向的供应商、顾客忠诚度及满意度。组织资本为除上述外，其余形式的智慧资本，如组织运作系统、制造流程、组织文化及组织所拥有的智慧财产等。

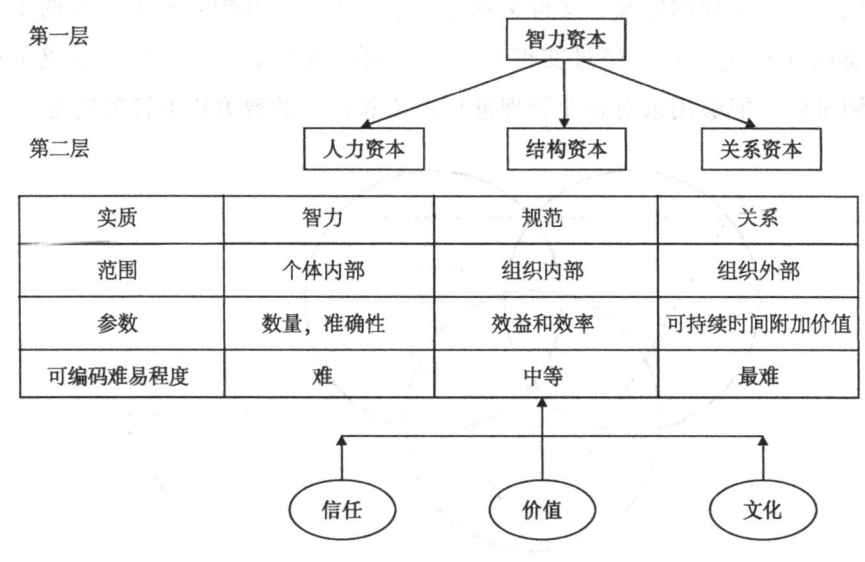

图1-4　邦迪斯智力资本概念

莫利纽克斯认为人力资本、关系资本及结构资本组成了智力资本。人力资本为存在组织内部成员与幕僚集体性的知识、技能、专业技术、人际网路，即竞争能力。结构资本可称组织资本，为资讯系统、政策、文化与传播路径，如智慧财产权、版权、知识资料库与系统。关系资本为与供应商、顾客的外部关系。

约翰逊也认为智力资本由人力资本、关系资本及组织资本组成。人力资本包括构想资本（具备知识基础的工作人力、员工才能与态度）与领导资本（专家与经理人特质），结构资本包括创新资本（专利、商标、版权、知识资料库）与程序资本（工作程序、贸易机密），关系资本包括与顾客的关系、供应商关系、网路成员关系。

1.2.1.5　人力资本、结构资本和社会资本

基于人力资本、结构资本和社会资本的智力资本的观点认为：智力资本＝人力资本＋结构资本＋社会资本。

帕特里克洒曼等认为智力资本由三要素构成：人力资本（Human Capital）、结构资本（Structural Capital）和社会资本（Social Capital）。人力资本是指个体员工所拥有的知识、技能和经验，它既包括个人的显性知识，也包括隐性知识。结构资本是指当一个公司的员工离开公司后还留在公司的那些东西，它包括显性的附着于公司的流程和系统中的知识，或编码化的书面政策、培训文档、最佳实践等共享知识库，以及专利和版权等智力资产。还有一种容易被大家忽略的智力资本是社会资本。社会资本反映着小组进行协商和一起工作的能力，它是一种信任函数。这种以高度信任为特征的关系网在知识创造和利用中是非常有价值的。另外，社会资本还有以下作用：一是降低交易成本，二是产生更高质量的知识，三是不可模仿的竞争优势源，人力资本、结构资本和社会资本三要素相互影响、相互制约。例如，某公司准备使用一种新的财务控制软件，首先需要请人来建立新的财务管理数据库（结构资本），然后需要对财务人员进行培训，传授新的财务管理理念和方法（进行人力资本投资），最后要逐渐把新的财务管理方法和程序变成一种组织惯例（结构资本）。又如，某公司为了鼓励员工相互沟通，促进知识共享，于是在内部网上开通"讨论园地"（结构资本），员工可以在这里畅所欲言、共享知识和经验，但是达成这个效果的前提是员工之间能相互信任、愿意共享个人的经验和失败教训等经历（社会资本），如果公司忽略了这种前提，那么讨论园地虽然开设，但很难发挥预期作用。

1.2.1.6 人力资源和结构资本

基于人力资源和结构资本的智力资本的观点认为：智力资本＝人力资源＋结构资本。

Edvinson 和 Sullivan 将企业的智力资本分为人力资源（Human Resources）和结构性资本（Structure Capital）两部分。其中，人力资源是指组织中所有与人的因素有关的方面，包括企业的所有者、雇员、合伙人、供应商以及所有的将自己的能力、诀窍和技能带到企业的个人。结构性资本是指不依附于企业人力资源而存在的组织的其他所有能力，包括无形因素（即企业的信息技术、用户数据库、经营流程、战略计划、企业文化、企业目标和价值观等）和有形因素（即企业的财务资产、设施和企业资产表中的有价值的所有项目）。结构资本能够把个人的专有知识转化为集体拥有的财富，即人力资源的知识和技能需要通过结构资本的转化才能被组织利用。这种观点主要适用于上市公司，并且受影响股市的各种因素的干预，具有较大局限性。他们认为，智力资本的构成为：智力资本＝人力资源（未编码知识）＋结构性资本（包括编码知识即知识资产、经营性资产、顾客资本等）。Edvinson还强调，智力资本的核心主要是指特定人才和技术组合所拥有的创新能力和这种能力的持久性。

斯堪的亚公司（Skandia）[①] 于1985年开始记录智力资本，1996年发布智力资本报告，是国际上最早应用企业智力资本概念的公司。斯堪的亚公司公布的智力资本构成如图1-5所示。

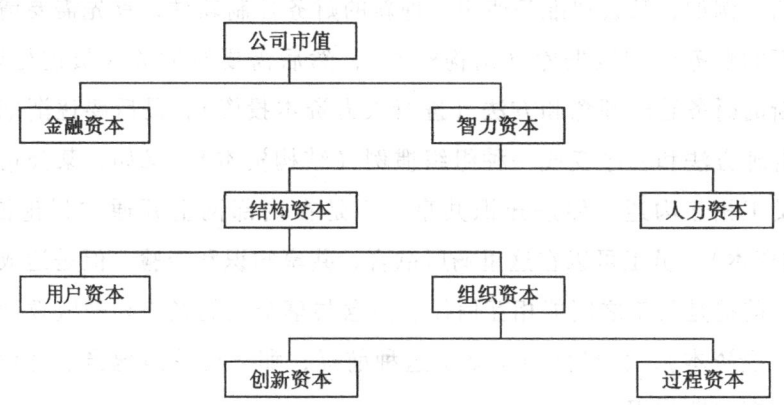

图1-5　斯堪的亚公司智力资本概念框架

罗斯将公司价值区分成财务资本和智力资本，依组织的智力资本在本质上是否具备思考能力又将其分为人力资本及结构资本两大类，再以内部和外部的观念将结构资本分为与外界互动的关系资本、提供内部运作效率的组织资本、与未来密切相关的创新及发展资本，从而提出智慧资本架构，如图1-6所示。

---

① 斯堪的亚公司为瑞典第一大保险和金融服务公司。

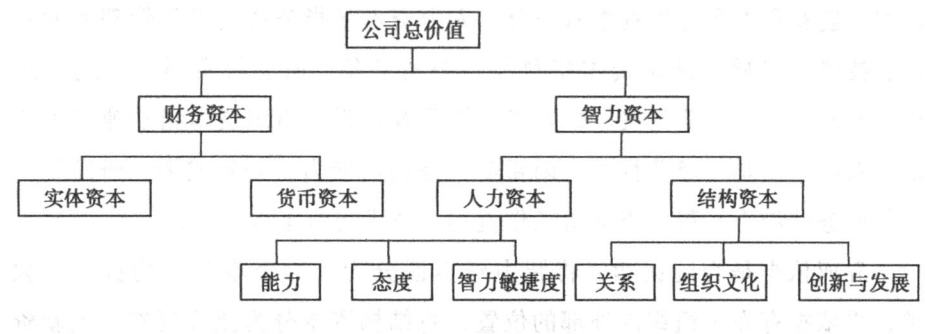

图1-6 智力资本架构

1.2.1.7 员工能力、内部结构和外部结构

基于员工能力、内部结构和外部结构的智力资本的观点认为：智力资本 = 员工能力 + 内部结构 + 外部结构。

斯威比认为，企业的智力资本由三部分构成：员工能力、内部结构和外部结构。员工能力指员工在各种情境下的行动能力，包括外显知识、技能、经验、价值判断和社会网络。这里的内部结构和外部结构实际上是将结构资本区分为内部结构资本和外部结构资本。内部结构资本是员工知识和技能在组织内传递所提供的支持，如专利、概念、模式、电脑与管理系统；而外部结构资本指与顾客及供应商的关系，如品牌、声誉、商标等，外部结构资本保证了企业智力资本的增值或最大化。

1.2.1.8 人力资本和智力资产

基于人力资本和智力资产的智力资本观点认为：智力资本 = 人力资本 + 智力资产。

沙利文在总结智力资本管理成果的同时把智力资本定义为"可以转化为利润的知识"，认为组成智力资本的主要因素是人（具有内在的无声的知识储备）和外在的既有知识体系。其中，外在既有知识体系被称为"智力资产"，如某人掌握的知识被写到纸上（或者在画布、电子媒体或任何其他介质）以后，就变成了公司的既有资产（称为"智力资产"），某些这样的既有资产如受到法律保护，就被称为"知识产权资产"，并表现为专利、版权、商标或商业秘密等多种形式。

巴西和布兰认为智力资本包括人力资本、结构资本、顾客资本，组织资本、创新资本和程序资本六部分。人力资本是指公司员工与管理者的知识、技能与经验。结构资本指科技、公司形象、所有权资料库、组织思维、专利、商标、著作权。顾客资本指顾客关系。组织资本指加速知识流动的系统、工具、经营哲学。创新资本是创新能力、创新成果、研发新产品与服务的潜力。程序资本指工作流程、技术与员工程序设计。

乔亚依据是否能买卖,将智力资本区分为人力资本与结构资本两大类,再依据存在于组织内外部的位置,将结构资本分为流程资本、创新资本和关系资本。其中,人力资本无法买卖且不为组织所拥有,是综合员工专业知识及技巧所产生的直接结果;流程资本是指组织内部作业流程及组织和其他关系人之间的一切外部作业流程;创新资本关系是现有资源创造新知的能力,是组织文化的成果;关系资本关乎组织与顾客、供应商、转包商及其他利害关系人之间的互动。

阿瑟·安德森公司也针对企业无形资产的衡量提出了价值动态模式(Value Dynamics Framework)。其研究发现,在新经济时代,企业价值源自五大资产要素,包括实体、顾客、组织、财务及员工与供应商(见图1-7),企业通常运用这些资产来创造价值。

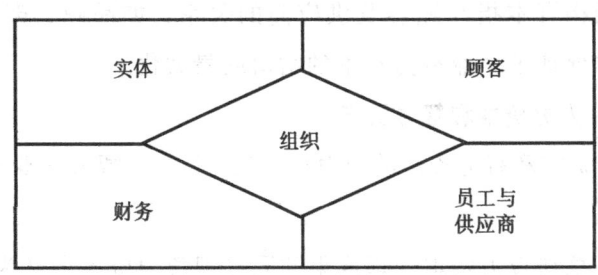

图1-7 组织价值五大要素

综上所述,学者们对于智力资本的内涵及组成虽持不同观点,但基本上主要以人力资本、结构资本及关系资本为主线。

1.2.2 从智力资本研究对象分类

从智力资本的研究主体、研究对象角度,学者们按照不同的标准和要求,给出了智力资本的不同定义。

1.2.2.1 个体智力资本、团队智力资本和组织智力资本

按智力资本的主体可分为个体智力资本、团队智力资本和组织智力资本。

个体智力资本是指员工个体所拥有的知识、价值观以及表现出来的个体能力,是个体意义上的人力资本。个体智力资本是科研机构智力资本的重要基础,代表个人解决科研机构问题的能力,其中一般员工的智力资本包括个人的知识、技能、诀窍和单独发展的客户关系,管理者的智力资本还包括管理者的管理知识和才能、计量和监控能力、创新精神和竞争意识等。个体智力资本最主要的两个特征:一是产权特征,即个体智力资本与其所有者具有不可分离性;二是流动性特征,即个体智力资本随着其资本所有者的离开而流动。个体智力资本随着个体的迁移而迁移,但是它的一般能力转移成本低,而特殊能力由于带上了组织的烙印转移成本变高。

团队智力资本由两部分构成:知识型团队智力资本与关系型团队智力资本。知识型团队智力资本为团队成员所共同创造和共享的团队知识,关系型团队智力资本则包括团队规程和团队规范。

组织智力资本是指依赖于特定的组织和社会交往模式,通过长期实践积累形成的、存在于个体与个体、个体与单位之间的关系资本,以及员工在这种关系中共同创造的,编码化或部分编码化的组织共享知识(Collective Knowledge)和市场型资本。组织智力资本是组织所拥有的那部分智力资本,它包括三个方面:关系型组织资本、知识型组织资本和市场型组织资本。其中,关系型组织资本存在于个体与个体之间、个体与单位之间,体现在组织活动的程序、规章制度以及组织文化中;知识型组织资本包括组织的经验、管理知识等,这些知识体现在企业文档、数据库、企业标准中;市场型组织资本也是组织成员在组织所构筑的关系中共同创造的市场资产,包括品牌知名度、用户满意度和用户忠诚度等。

1.2.2.2 人力资本、组织结构资本和客户资本

按具体的表现形式,智力资本又可分为人力资本、组织结构资本和客户资本。

人力资本是由诺贝尔经济学奖获得者舒尔茨提出的。他指出，由于教育、保健、人口流动等投资所造成的人的生命周期的延长，也是资本积累的一种形式，人力资源是促进经济和社会发展的重要原因。从一个企业的角度看，群体的技能、创造力和解决问题的能力，以及领导能力、企业管理技能等，都是通过具体某个人的才能集中体现的，这种个人的才能构成了人才资产，其价值称为人力资本。因此，人力资本就是企业的个人为了能很好地完成其本职工作所具有的技能、诀窍、经验、创新能力的结合，以及铭刻在个人头脑中的企业价值观、文化和经营哲学等。这些知识、技能、观念等是不依附于企业且个人能够带走的资源，而且个人所学内容越多，工作能力、工作效率越高，所体现的价值也就越高。

组织结构资本是使人力资本得到充分发挥的基础，是企业个人能够更好地工作所依赖的企业组织结构上的条件，是组织所具有满足市场需要的能力，其中包括组织默契、共事经验、关系网络等，也包括使个人能力得到充分发挥的组织形式、组织机构、组织制度、企业文化，还包括多年积累的企业形象和商誉等。组织结构资本就是"给人员提供一种对工作感兴趣，能意识到其社会使命，并且能放手工作的稳定工作环境"。组织结构资本能使企业安全、有序、高质量地运转，能为企业职工工作和彼此交流提供一个大环境。

客户资本是企业的客户关系对企业所具有的价值。不论企业在其他方面多么优秀，最终的利润都是通过向客户提供产品和服务实现的。如果企业的产品和服务不能被客户所接受，企业将不能实现其价值。因此，强大而忠实的客户群体对企业发展具有至关重要的作用。开展宣传和推销活动，让客户充分了解企业，使企业赢得客户的信赖，是企业获得市场竞争优势必不可少的市场营销战略。

1.2.2.3　内部智力资本和外部智力资本

从智力资本的来源看，可将其划分为内部智力资本和外部智力资本。内部智力资本是指组织内部所拥有的各种智力资本，包括商业秘诀及员工所拥有的经验、诀窍等；外部智力资本是指组织以外的、有利于组织发展并能为组织所获取的各类智力资本，例如外部顾问所提供的建议和对策，其他组织或企业的管理经验、诀窍、专有技术等。

1.2.2.4 实体资本和过程资本

如果按静态的观点来看待智力资本，则可将其看成一个个"实体"。在管理"实体智力资本"的过程中，关键是识别或明确企业有何种经验、诀窍、价值体系、顾客关系等具体的智力资本，这些资本被谁拥有，对企业的作用有多大等。实体资本具有相对独立的存在形式。

如果按动态的观点来看待智力资本，则可将其看成一个过程，一种互动的关系。这意味着将注意力更多地集中于智力资本的共享、创新、适应、学习、运用和沟通的动态过程，意味着把智力资本看成一个不断转变、融合的动态综合体。

1.2.2.5 核心资本和非核心资本

按智力资本对企业的作用和贡献大小，可将其划分为核心智力资本和非核心智力资本。

核心智力资本是指能使企业为顾客带来特别利益的独有智力资本，并使该智力资本迅速、高效地转化为高质量的产品和服务的能力；非核心知识是指辅助核心智力资本的产生、形成和发展的制度、文化及知识等。

核心智力资本是企业成功的关键，它可使企业获取长久的竞争优势，从而在竞争激烈的市场中占有一席之地。核心智力资本并不是在企业创建之初就有的，而是企业有意识获取并发展的。围绕核心智力资本的获取、发展来管理企业，具有更长远、更重要的战略意义。这不仅要从增强当前智力资本效用的角度出发，而且更要从获取未来智力资本的角度出发来管理企业知识。但核心知识并不能保证企业拥有永久的竞争优势，随着科技的进步和市场的发展，原有的核心智力资本的优势可能逐步丧失。因而必须时时关注核心智力资本的发展演变，不断推进、丰富、更新。

1.2.2.6 显性智力资本和隐性智力资本

依据智力资本的属性，可将其划分为显性智力资本和隐性智力资本。所谓显性智力资本是指不具有知识产权的、能以极低的成本获得的智力资本。例如，已经过了专利保护期的产品配方等。隐性智力资本是指存在于员工头脑或组织关系中的知识、工作诀窍、经验、创造力、价值体系等。与显性智力资本相比，隐性智力资本更具有本源性和基础性，是创新的源泉，是一切显性知识的基石。智力资本的核心构成应该是隐性智力资本，而隐性智力资本的核心与实质就是隐性人力资本。

1.2.2.7 组织智力资本、城市或区域智力资本、国家智力资本

从应用领域分析，智力资本可以应用到企业、科研机构、高等院校等组织中，也可以应用于城市或区域、国家中，从而表述为组织智力资本（包括企业智力资本、科研机构智力资本、高等院校智力资本）、城市或区域智力资本、国家智力资本。

1.3 智力资本及其相关概念比较

1.3.1 智力资本与人力资本

传统的经济理论认为，只有物质资本才是资本，所有的资本是相同质量的，它们只存在数量上的差别，等量资本可以获取等量利润，即资本具有同质性。人力资本作为一种与物质资本对应的新的资本形态，既具有作为资本的一般特性，又具有自身独特的性质。人力资本概念是对传统资本概念的扩充，智力资本的提出是人力资本理论深化和知识经济发展的结果。智力资本理论将人力资本理论的研究视角拓展到组织，是对人力资本理论的进一步深化和提高。两者在理论体系上两者具有一定的继承性，可以说智力资本是人力资本研究范围的延展和深化。因此，智力资本概念是在人力资本理论对一般资本理论进行革命性的拓展的基础上又一次富有深远意义的拓展。人力资本是智力资本的核心、基础和重要载体，人力资本的多少，在很大程度上决定了智力资本的生命周期。

人力资本理论的形成虽然只是近几十年来的事情，但是有关人力资本

的概念却由来已久。最早将人力看成资本的是亚当·斯密,他在《国富论》里就指出,"全体国民具有的有用能力都可以看做社会资本的一部分","人的劳动技能对于社会生产具有重要的作用,应将之视为资本,而这种资本的取得需要经过一个花费成本的教育和学习过程"。这种思想在某种程度上已经接近现代人力资本理论的核心。人力资本理论认为,劳动者成为资本拥有者,是由于劳动者进行人力资本投资而掌握了具有经济价值的知识和技能的重要原因。人力资本理论揭示了这样一种趋势:获得财富的基础从资本转向知识,拥有知识的人,其生产增值能力越来越强。人力资本是通过人的教育、培训、实践、迁移、保健等方面的投资而获得的知识和技能的积累。

对人力资本进行系统研究的是美国经济学家西奥多·舒尔茨和加里·贝克尔。舒尔茨认为,资本有两种形式,一种是物质资本,另一种是人力资本。前者体现在物质产品上,后者体现在劳动者身上。两者对经济发展都起着重要作用,并都通过投资形成,对物质产品的投资形成物质资本,对人力的投资形成人力资本。同时,舒尔茨将人力资本构成分为五个方面:医疗和保健,在职人员培训,正式建立起来的初等、中等、高等教育,成人教育和为了谋职的迁移。贝克尔在《人力资本》中也指出"人力资本包括正规教育投资、在职培训、医疗保健、迁移,以及收集价格和收入的信息等多种形式"。可见,国外学者基本上把人力资本的投资归纳为五部分:正规教育投资、在职培训投资、成人教育投资、医疗保健投资、个人的谋职投资。另外,英国经济学家哈比森也指出"人力资本是国民财富的最终基础,资本和自然资源是被动的生产要素,人是积累资本,开发自然资源,建立社会、经济和政治组织并推动国家向前发展的主动力量"。

一个企业的真正价值在于它为自己创造的可持续发展的潜力,作为中心位置的人力资本,对企业发展和其他资源作用的发挥起到决定性作用。人力资本的基本特征主要表现在以下方面:一是依附性。人力资本的载体是人。人力资本是通过人力投资形式形成的价值在劳动者身上的凝聚,它与其所有者不可分离。二是能动性。表现在一方面物质资本、货币资本等非人力资本的价值的实现和创造,必须通过人力资本的驾驭和操作;另一方面，人力资本在耗费中得到补偿，而且可以创造出超出自身价值量的经济效益。三是时效性。人力资本的形成与效能的发挥都与人的生命周期紧密地联系在一起，因此人的年龄及其变化对人力资本具有决定影响。同其他形式的资本一样，人力资本也是一种稀缺资源，具备稀缺性。一方面人力资本及其维持时间是有限的；另一方面人力资本形成及存量的增加需要投入劳动、时间和金钱等稀缺性资源。四是可变性。一个人或者一个群体的人力资本存量不是固定不变的，其存量水平可能会发生两种变化：一是增量变化，即通过人力资本投资和社会需求的变化使其存量价值增加；二是负增长变化，即人力资本的消耗、闲置和贬值。五是无限性。人的生产能力并非主要来源于先天遗传素质，而是经后天社会教化以及个人和社会投资加以塑造的结果。人自身的潜能是无限的，人力资本的开发与发展在动态上是无止境的，具有无限性。六是社会性。人力资本的变化，受人类生育和生存条件的制约，也受社会经济条件和特定的生产方式的制约。

与人力资本相比，智力资本在内容、侧重的层次和领域、侧重的受益对象等方面都对人力资本进行了革命性的拓展，两者的主要区别在于：一是内容不同。智力资本涵盖的内容比人力资本多，智力资本不仅包括人力资本，而且包括实现人力资本价值所必需的其他资本。美国学者斯图尔特认为智力资本包括人力资本、结构资本和客户资本，并将该构成称为智力资本的"H-S-C"结构。瑞典斯勘的亚公司的智力资本主管列夫·埃德文森更为简洁地将智力资本划分为人力资本和结构资本，认为智力资本是人力资本与结构资本的组合。二是侧重的层次和领域不同。人力资本侧重于从宏观角度进行研究，体现出经济学领域的范畴；智力资本在企业中则更强调企业层次的人力资本及其价值的实现所必需的其他资本的支持。智力资本是人力资本理论在微观层次发展与深化的产物。三是侧重的受益对象不同。人力资本给个人、家庭与企业带来利益，刺激许多个人、家庭与企业对自身人力资本进行投资；而智力资本更多地为社会和全球带来利益，如微软的成功显示了高密度的智力资本能迅速地创造财富，在更大的范围改变世界，推动社会发展。因此，人才资本化与资本人格化成为智力资本的显著特征。

除此之外，智力资本与人力资本及其他资本相比，还具有以下明显的特征：第一，一个人的实物资本（财产）具有可剥夺性，其人力资本却是无法被剥夺的。智力资本与人力资本的明显区别在于，一部分智力资本受到相关法律（如专利法、商标法）的高度保护。智力资本随着知识经济社会的日益发展，受到保护的程度日益深化，因而，法制化程度也日益提高。第二，人力资本可以通过对人员的一般投资而产生。明智的人知道，应趁年轻获得自己的人力资本。智力资本则不仅趋向年轻化，而且依赖创造性教育和培育创新能力。技术创新与管理创新，成为知识经济时代智力资本的关键资源。在变革中创新的管理模式、管理技术与管理方法已取代普通的、传统的管理模式与管理劳动，成为创造知识社会财富的巨大源泉。第三，从表象来看，人力资本是有形的，而智力资本往往是无形的。但是，深层的知识经济告诉我们，无形的智力资本正以迅猛的势头驾驭有形的人力资本，形成新一轮的人力资源金字塔。若要掌握未来社会的优势，就要掌握控制技术与知识的人才。智力资本已成为知识经济时代竞争力的代名词。

1.3.2 智力资本与无形资产

无形资产的概念始于19世纪工业革命时期。由于工业革命促进商品经济的迅速发展，企业竞争加剧，企业专有技术、商誉等无形资产要素逐渐形成。为了对其加以保护，有关国家着手制定相关法规，于是出现了专利、版权、商誉等无形资产的概念。而无形资产作为生产要素，在第二次世界大战后得到迅速发展。当时，技术密集型企业不断涌现，现代工业以空前的速度和规模发展，无形资产的重要作用得到理论界的广泛认同，有关无形资产价值相关性的资料也越来越丰富。随着高新技术产业的兴起，其所具有的市场价值远远超过它的有形资产价值，它的物质资本对其最终产品（服务）的贡献远远小于无形资本。人们开始发现，人员的技能、高效的管理、品牌忠诚度等无形资本是企业超值收益的主要来源。

广义无形资产是指企业所拥有的，能够为企业创造价值的所有无形的资源和能力（OECD，1999）。美国著名会计学家Hatfield在其著述《会计学原理与实务》一书中指出:"无形资产是指专利权、版权、秘密制作方法和配方、商誉、商标、专营权以及其他类似资产。"我国首次对无形资产作出权威完整的解释是在 1993 年的《企业财务通则》与《企业会计准则》中(以下简称"两则")。"两则"规定,"无形资产是指企业长期使用的没有实物形态的资产,包括专利权、商标权、著作权、土地使用权、非专有技术、商誉等"。在此,无形资产被当作一种收益性资产,只有向资产的所有人支付一定的费用后,才能获取使用该项资产的权利。

在新经济时代,无形资产成为引人注目的资产,它所带来的价值增值部分在经济效益中占据显著地位。国外有的学者认为智力资本等于无形资产,如英国的安妮·布鲁金就认为智力资本是"对使公司得以运行的所有无形资产的总称",具体包括市场资产、知识产权资产、人才资产、基础结构资产四大类,并把智力资本的意义体现在一个简洁的公式中:企业 = 有形资产 + 智力资本。在我国,一般也认为智力资本等同于无形资产,如有的学者就认为,"智力资本是企业的一种无形资产。智力资本即知识、经验、技能及相关的软资产,包括专利、商标和版权等"。

无形资产大体上可以分为五个部分:一是智力型无形资产,如专利、专有技术、商标权、计算机软件、著作权、技术秘诀等。二是人力型无形资产,如企业家素质、员工教育水平、业务技能、创新精神等。三是管理型无形资产,如企业管理水平、质量体系认证、企业文化等。四是市场型无形资产,如企业品牌、营销网络、顾客忠诚度、客户名单、业务伙伴、售后服务能力、广告投入等。五是权利型无形资产,如进出口许可证、计算机信息安全产品销售许可证、医疗器械生产许可证等。

在知识经济时代,智力资本所包含的内容基本上涵盖了无形资产的所有范围(我国所特有的土地使用权除外),但细加比较,两者还是有差异的。无形资产以取得经济效益为标志,即占领市场、获取利益或股权。智力资本只是无形资产形成的基础,并不是完全意义上的无形资产,只有将智力资本运用到生产经营中并获取经济效益方可将其转化为无形资产。如著作权、某些文字作品和各种形式的艺术作品,若不能与企业生产经营发生联系并发挥作用,成为现实的生产力,给企业创造经济效益,则不能认定为无形资产。

智力资本与人力资本及无形资产相比，具有以下的特点：一是具有不可剥夺性。一个人的实物资本（财产）具有可剥夺性，而智力资本、人力资本、无形资产是无法被剥夺的。无形资产与智力资本、人力资本的明显区别在于其受到相关法律的高度保护。二是载体范围较小。人力资本可以通过对人员的一般投资产生。而智力资本不仅趋向年轻化，更依赖创造性教育和培育创新能力。三是应用范围更广。无形资产人力资本给个人、家庭与企业带来利益，刺激许多家庭、个人与企业投资他们自己的人力资本。基于知识经济的智力资本则更多地给社会与全球带来利益。四是全面性。一般来说，智力资本综合了人力资本和无形资产，兼具人力资本和无形资产的特点。

智力资本、人力资本、无形资产属较新的理论概念，其含义接近，但有许多不同。智力资本理论的提出为理解组织中智力创新、智力传递、智力利用和保护提供了一个新的理论框架，适应了知识经济时代企业资本运营与资本管理的新变化，将传统的有形资本和无形资本、物质资本和非物质资本、账面价值和市场价值以及物质资本和人力资本等多对概念统一在智力资本概念中，有效地说明了人力资本与结构性资本之间的互动关系。

1.3.3 智力资本与知识资本

知识与智力都是最重要的资源和生产要素，但其含义还是有区别的。知识是人们对自然界，人类社会和人的思维的规律的总结和概括，是人们在社会实践中积累起来的认识和经验，是人们认识的成果和结晶，包括经验知识和理论知识。经验知识是知识的初级形态，系统的科学理论是知识的高级形态。智力指人认识客观事物（认识周围的人、事物和环境）并运用掌握的知识、经验等创造性的解决实际问题的能力，是在体力和脑力劳动基础上发展起来的，包括观察力、记忆力、想象力和思维力（思考、判断）等。能力则是胜任某项任务的条件、才能、力量。智力的高低不仅取决于先天的遗传，更取决于后天的环境和教育。

仅从知识与智力的含义可以看出，知识是一种已有的存在，处于相对静止的状态；智力则是一种创造性存在，处于相对活跃的状态，智力是对知识的驾驭和操纵。同时我们也应该看到，知识和智力又是相互联系、互相制约的。智力的发展是通过知识的掌握来实现的，而知识的掌握有赖于智力水平的提高。一般来讲，智力发展的速度，要比掌握具体的知识缓慢些，而且知识掌握得越多，人的思路就越开阔，智力的发展速度也越快；不掌握足够的知识，智力的发展就失去了基础和条件。但是，智力的发展水平更多地与先天遗传因素有关，而知识的掌握更多地与后天的学习有关。因此，知识是智力的发展载体，是智力发展的基础，知识的掌握为智力的发展创造了条件。没有知识，就谈不上智力的发展。人的知识与智力是相辅相成的，它们会相互促进。随着知识的积累，智力得到发展，智力越发展，掌握知识越快。当知识和具体的人相结合，后天学习的知识加上先天具有的禀赋构成具体的人的智力，智力投入生产领域就成为智力资本。

在新经济时代，经济学术语中的知识被赋予新的含义，其内涵应是很深刻的，"专指那种能够作为资源投入到生产过程中并在生产过程中起主要作用的现代知识"，其具体包括四个方面：一是说明"是什么"的知识，是指关于事实方面的知识。二是解释"为什么"的知识，是指原理和规律方面的知识。三是指导"怎么做"的知识，是指操作的能力。四是明确"是谁"的知识，包括了特定社会关系的形成，以便可以接触专家并有效地利用他们的知识，也就是关于管理的知识和能力。可见，知识经济里的知识，既包括平常说的知识和能力两个方面，也包括科学和技术两个方面，还包括自然科学和社会科学。

20世纪90年代后，人们开始关注知识资本在国家教育改革领域的影响。各国无论从理论知识的研究方面，还是在实际的人力资本投资方面，都做出了积极的努力，竞相进行教育改革、增加教育投入、提高教育质量，以使劳动者适应经济改革和发展的要求，加快经济的增长速度。

在《知识管理的理论与实践》一书中，作者对组织中的知识资本做了研究，指出智力资本与知识资本反映了一个事物的两个方面，它们之间是相互补充、相互依靠和互为因果的关系，而不是相互替代的关系。智力资本强调人或者组织的智力和智慧以及利用这种智力进行知识创新的能力，强调的是知识的隐性方面和知识创新。知识资本指凭借人的智能创造的知识成果和产品，强调知识的显性方面（如专利、许可证和品牌等）。无论是智力资本管理，还是知识资本管理，都应该涵盖知识创造能力和知识成果这两个方面。能力是隐性的，成果是显性的，能力只有转化为成果，其价值才能真正得到证明和实现；知识成果的取得，是在不断强化自身能力的基础上实现的，这是一个辩证统一的关系。

因此，新经济时代的知识资本和智力资本不可避免地成为高度浓缩的资本，能够用来生产或经营，并给企业带来增值和收益。但是，知识资本是对所有人开放的，利用它仅需支付少量的成本；智力资本则有所不同，由于智力资本的构成中含有大量创新的成分，其表现为新理念、诀窍、管理技术、专利技术及新成果新产品等，具有突出的高科技特征，且在一定时期、一定范围内具有较强的独占性，因而对智力资本的使用要付出较大的成本。一般来讲，新经济的发展离不开智力资本的扩张，智力资本扩张所依附的载体是知识资本，智力资本若不能实现有效的扩张，智力资本就将变成呆滞资本，所产生的经济、社会效益就将减小甚至不会产生经济和社会效益，在若干时间段内不能实现有效扩张的智力资本将最终回归为知识资本。

1.3.4 智力资本与智力资源

智力资源是从智力活动效能方面对人力资源的一种特殊规定，指经过一定的专业技术技能培育之后，能够从事劳动并带来一定的经济或社会效益的个人或群体。智力资源是一种由无形资源和有形资源组成的特殊社会资源，它既包括人力资本所拥有的无形资源，又包括作为智力成果和智力载体等的有形资源。智力资源本身并不能产出效益，是创造智力资本的源泉，是为了产生"智力"的价值增值而投入的生产要素的来源。智力资本则是与智力资源投入相对应的产出，在其不断转换为智力资产的运动中实现了价值和财富的增加。智力资本不仅满足资本的特性（带来剩余价值），而且更强调其投入能够带来超额剩余价值。智力资源比智力资本范围更广泛一些，它只是具有创造价值的潜能，但是以分散的状态存在于员工体内、组织内部及客户关系中，只有当它以一种有序的连接方式存在，并被掌握以描述、分享和开发、利用完成那些在智力资源分散状态下不能完成的工作时，这种智力资源才变成一种智力资本。比如智力资本中的人力资本并不是指所有的人力资源，在企业中有从事重复性工作和创新性工作的人，但只有后者才属于人力资本，因为他们与超额利润的生成有关。智力资本是已经规范化的、被组织掌握并施以影响以产生更高价值的资源。也就是说，企业中的自由散漫的智能是智力资源，而不是智力资本，即当体现在员工体内、组织内部以及顾客身上的智力资源以一种紧密而有序的连接方式存在，能被掌握以描述、分享和开发，并利用它完成那些在智力资源分散状态下不能完成的工作时，智力就变成了一种资本。从这个意义上说，智力资本是封装的有用知识。

综上所述，综合国内外学者的研究成果，本书认为：智力资本主要包括人力资本、结构资本和关系成本三方面的内容；从企业角度来说，人力资本主要体现在企业家才能和员工的知识、思维、技能、能力等方面；结构资本主要体现在组织结构、规章制度、知识产权、组织文化等方面；关系成本主要体现在品牌、企业信誉、用户满意度等方面。

随着区域经济理论的发展，将智力资本的相关理论应用于区域经济发展的相关研究逐渐成为一个热点问题。从区域发展角度来说，人力资本主要体现在与人力资源相关的一切无形资产之中，包括劳动者的专业技能、受教育水平、工作经验和创新能力等；结构资本包括区域产业结构、区域政府效能、社会内部流动和流通机制、社会交流沟通机制和信息流通机制等体制制度性的无形资产，以及区域文化等；关系资本是指区域内各行为主体之间及其与区域外行为主体之间的相互联系的所有无形资产，通常包括国际贸易往来和国内贸易往来等方面。

1.4 智力资本的主要特点

智力资本的不同表现形式，决定了其不同于传统资本，具有明显的特殊性。智力资本的主要特点如下：

（1）智力资本具有无形性。智力资本区别于实物资本和货币资本，具有明显的无形性，其一般没有物质实体，组成要素都是无形因素。比如，知识存在于员工的头脑之中，企业营销的独特方法不可触摸，品牌等知识产权也只是企业拥有的一种特别权力的象征。它有可能转化为有形的财富和传统意义上的资本，传统的财务报表未能在账面上对其给予充分反映。

（2）智力资本具有累积性。智力资本的形成需要长期的积累。除了一些购买的知识产权外，大量的智力资本都不是轻而易举获得的。人力资本的培养需要很长的周期；技能和经验也是逐渐积累形成的；企业的文化需要在经营管理实践中长期摸索才能提炼出来。因此，智力资本具有比物质资本更高的稀缺性。

（3）智力资本具有收益递增性。一般实物资本普遍存在着投资的收益递减规律。收益递减规律能起作用的前提条件是存在传统的自然资源依赖型的投资和生产经营活动，而在以知识为基础的经济活动中，收益递增规律起着主导作用。收益递增规律指的是对于某一特定知识资源的投资来说，随着投资持续增加，收益不但不会减少，反而会逐渐增加，直到被另外一种全新的知识资源替代为止。智力资本的收益递增性表现为其在流动过程中不断自我积累与增值，而且还可以通过自身的能动作用使传统资本增值。

（4）智力资本具有依附性。智力资本的依附性主要是针对人力资本而发生的，因为这种资本是由人脑中的知识和经验所组成，存在于人脑之中，具有依附于人的特性。智力资本与传统资产比较没有准确的市场价值，并且价值大小很难确定，其获利能力的大小依条件不同而不同。良好的人际关系及工作环境会使智力资本的潜力得到发挥，企业的获利能力会得以提高。离开了特定的组织权属主体，相当一部分智力资本便毫无意义。

（5）智力资本具有价值隐含性。智力资本价值的实现有一个由隐藏到显露的过程，由于受外界环境等诸多因素的限制，智力资本价值能否实现以及实现的程度均具有较大的不确定性。由于这种获利能力不稳定，企业拥有智力资本的价值很难确定。此外，智力资本时刻处于动态演进的过程，加之隐性特质，其是否能转化为市场价值无法反映在传统的财务报表的账面上。

（6）智力资本具有高增值性。智力资本不仅提高了物质资本的知识含量，而且提高了物质资本的利用能力。同时，知识作为一种相对独立的生产要素具有价值增值的能力，并且能够带来剩余价值。物质资本会因为使用而枯竭，而知识可以被复制和无限制地重复使用，企业内部知识的共享不仅保存了原有的资源，而且这种交流本身使得知识得以扩大和深化。结构资本，特别是经营性资本，一般随着企业知名度的提高而不断增值。

（7）智力资本具有收益高风险性。企业拥有大量智力资本的目的是获得创新收益，而创新收益本身就是一种高风险收益。智力资本的使用程度取决于企业智力资本的拥有者——技术人员的工作态度，而不是完全依赖于企业所有者或经营者。技术人员的道德风险及逆向选择可能会使智力资本的回报率低于期望值，而人才的流动也使智力资本易于流失。另外，智力资本的更新速度要远远快于物质资本的更新速度，在更多知识产生的同时，现有知识大幅贬值，因此智力资本效益的发挥隐含着极大的风险。

（8）智力资本损耗具有特殊性。智力资本的损耗与机器设备等有形资产的损耗不同，完全是无形损耗。企业在创新初期会获得创新垄断利润；在创新的中后期，由于技术的普遍，竞争逐渐加剧，企业最后只能获得一般利润，创新带来的超额利润逐渐消失。在这种情况下，企业原来所具有的知识信息和技术已经被社会所共享，不再具有智力资本的性质。

（9）智力资本具有创新性。智力资本的生命力来自它的创新性。由于知识总量迅速增加，知识更新速度的周期缩短，以知识为基础的智力资本经常处于变化之中。因此，智力资本的各要素必须进行相应的创新，只有这样，智力资本才能具有不竭的生命力。智力资本不仅能带来技术的创新，也能够带来新的理念和商业模式。其中，具有创新思维的企业家能够运用加法思维，不断增加有利因素，推动渐进创新，促进企业转型升级；运用减法思维，不断克服不利因素，推动把核心业务做精；运用乘法思维，不断聚合机会资源，推动跨界融合创新；运用除法思维，不断破除"守成"意识，推动颠覆创新。

（10）智力资本具有战略资源属性。多数研究者认为智力资本给国家、区域或企业发展带来的价值难以用数字直接衡量，需要通过其构成要素创造的价值间接推出。从企业角度考虑，智力资本从根本上看来源于企业内部长期的生产经营积累得到的能力，从本质上看属于企业的稀缺资源。具体看来，人力资源具有的独特性造成了企业之间的异质性，拥有较高的专业能力和知识素养，并且具有高承诺的员工可以为企业创造更多的价值，因而构成了企业稀缺性的人力资源；组织中的制度机制、结构、流程和文化环境等是不对称分布的，具有异质性，因而也是稀缺的。组织不断调整与组织相匹配的结构、运营模式等对于提高生产效率和绩效具有重要的积极作用，因此结构资本也具有异质性，是组织中具有稀缺性的战略资源；关系资本中所包含的信誉、客户关系以及品牌形象等也不是对称分布的，而且此类资源具有难以模仿的特性，竞争对手难以通过复制来实现同样的客户网络关系、品牌知名度，因此关系资本也属于稀缺性资源，对于企业来说同样具有战略意义。人力资源是不可替代的，每个个体身上所具有的知识和技能是在长期的实践过程中积累起来的，具有不可替代性；企业独特的制度、运营模式以及文化适应了特定的企业内外部环境，离开特定的内外部环境，即使相同的结构资本，其带来的企业绩效也是不同的；企业的社会关系、企业的信誉等同样具有不可替代性。由于企业中的人力资本、结构资本和关系资本内生于企业内部长期的生产经营过程，具备不可模仿和不可替代等天然属性，智力资本作为三者的综合，在整体上具有难以模仿和难以替代的特点。智力资本中的知识性资产是典型的无形资产，为了实现其价值，需要实物资产的匹配和融合。企业产品在研发设计之后，如果没有相应的设备、生产人员与管理流程与之配合，产品将无法顺利生产，即使生产出产品，如果没有相应的营销人员、营销渠道以及客户资源，产品也无法成为商品。因此，作为人力资本、结构资本和关系资本综合的智力资本具有典型的战略性特征。

（11）各智力资本要素间具有相互依赖性。企业的人力资本、组织资本、关系资本等智力资本各要素之间是不可分割的，它们之间是一种非线性的相互作用关系。因而对其中某项资本的投资必定连带性地要求对其他各项资本进行相关投资，否则将会由于投资瓶颈的存在而导致整体组织价值增值目标难以实现。如我国许多企业强调人力资本，大量引进人才，但由于缺乏创新组织管理，未能充分意识到智力资本价值的创造，以致认为核心竞争力的取得和维持是人力资本与结构资本相互作用的结果，所以企业可能仍然效率不高、效益不好。

2 智力资本投资与智力资本投资的测评

2.1 智力资本投资的基本特性

随着知识经济的深入发展，新一轮科技革命和产业变革迅速兴起，智力资本作为区域发展的要素和企业的主导生产要素，其作用越来越明显。

智力资本基本上都是后天获得的，其中作为其重要组成部分的人力资本承载者，从自然形态（初始形态）的人，到形成具有相当的健康水平、知识技能水平、良好社会适应能力和创新能力的人力资本的人是需要一定的投资的。这种通过对人进行投资，增加人的生产与收入能力的一切活动称为人力资本投资。

智力资本投资建立在人力资本投资的基础上，是为了增加企业未来收益而进行的一种经济活动，是人力资本存量的进一步增加。这里的未来收益增加，可以是投资者货币收益的增加，也可以是其社会的心理的收益增加。人力资本的投资是多方面的，投资主体也是多元的，包括国家、社会、企业以及人力资本的载体个人，其内容主要包括人力资本的形成、人力资本的维护和人力资本的提升。智力资本的投资主体主要是企业和个人（智力资本的承载者），是它在人力资本投资的基础上针对企业对其所拥有的人力资本的需求而进行的有针对性的投资。经济学家贝克尔将此类投资称为特殊培训，他认为企业将会主动地承担此类培训的费用。按照贝克尔的观点，在职特殊培训与一般培训相比，能够更大限度地提高培训企业的生产效率，而当这种专用性的人力资本投资用于其他企业时，几乎不对其生产率产生影响。这种人力资本的价值将随着雇员的离岗而消失，因此理性的个人不会为特殊培训付费，企业专用人力资本必须由企业投资生产。

本书认为，面对经济全球化发展趋势的复杂变化，企业间的竞争日益激烈，企业边界不再明确，企业之间甚至各国之间的交流日益频繁，使得只适用于特定企业的知识、能力和技术几乎不再存在，即使某种技术或能力不能立刻适用于其他企业，该种技术和能力的承载者，也可以凭借自己的智力资本吸引物质资本，从而签订新的契约，在这一新的组织中将自己的智力资本转化为资产，从而创造价值、实现价值、获得收益。

当然，智力资本的退出成本要大于货币资本的退出成本，这是因为智力资本具有异质性，而货币资本是同质的，排除所有者特征的货币是没有区别的。智力资本则不同，任何智力资本的重新配置都面临风险，即智力资本与物质资本重新融合的风险、智力资本重新积累的风险等，而且目前出现的国家间、企业间的人才争夺，又从事实的角度证明了企业智力资本的流动和重新配置并不是不存在，并且智力资本对企业经营和发展十分重要，智力资本流失对企业造成的损失将是巨大的。

智力资本投资和物质资本投资的目的是一致的，都是为了获取收益。具体来看，企业是以智力资本投资的未来经济收益最大化为目标，个人则以智力资本投资的未来效用最大化为目标，效用包括经济收益和心理满足感等内容。所以，理性的企业组织在没有相关制度和法律保障其权益的前提下，面对是否培训以及针对智力资本的投资决策就会犹豫甚至取消该项投资项目。然而，这样的结果将会给国家、社会和企业带来损失。为了激发企业的投资意愿，保证企业的投资收益，增强智力资本的价值转化率，本书认为界定智力资本的产权、维护智力资本的产权是解决问题的关键。

智力资本投资的固有特征决定了其存在风险的必然性，主要表现在以下几个方面：

（1）代理风险。如果把非人力资本投资者看成委托人、人力资本所有者看成代理人，在企业里，非人力资本投资者和智力资本所有者存在委托代理关系。在现代经济学中，委托代理关系被视为一种契约。在这种契约下，一个人或一些人授权另一个人为委托人的利益从事某项活动，不限于一般雇佣关系，委托人授予代理人相当大的自主决策权，而且委托人很难监视和控制代理人的活动，因而产生了非均衡风险。

（2）成本沉没风险。企业对智力资本进行投资后，却没有加以有效使用，反倒将其闲置起来的现象早已屡见不鲜。经济学中，这种投资者投入到企业中并因此不能再做其他用途的成本称为沉没成本。不根据企业实际需要，盲目引进高学历人才，其结果必定是成效甚微，同时造成大量成本沉没。

（3）流失风险。适当的人员流动对企业、社会而言都有一定的好处，能够促进职工之间的良性竞争，增强企业活力，有利于社会资源的优化配置。但过高的离职率和"跳槽"率，不仅意味着企业早期投入的智力成本的沉没，而且由于高智力员工在企业中往往处于技术核心或管理核心的地位，也意味着企业将面临无穷无尽的"后遗症"。

2.2　企业智力资本投资的测量方法

智力资本投资的计量方法可分为财务计量和非财务计量两大类，但由于智力资本具有无形性，大多数方法都采取财务和非财务计量相结合的指标评价法。多数财务方法只能提供一个结果而无法说明智力资本的内部组成及其变化，因而只能提供给外部利益相关人作为决策依据，但不能用于内部管理。非财务计量方法，如平衡计分卡，用于管理、引导和增强企业智力资本，为企业创造价值服务。具体的计量方法很多，此处选取主要的模型方法，对其基本思想或特点进行比较分析。

目前国内外关于智力资本的测量主要从财务指标分析和综合量表开发两个角度展开。

从财务指标分析角度测量智力资本的研究主要有：第一，市场账面价值法，其指出"智力资本价值＝市场价值－账面价值"。该方法计算简洁易懂并在一定程度上反映了企业智力资本水平，但反映智力资本信息太少，不能指导企业实践，股票价值波动不能准确反映智力资本价值等缺点。第二，托宾 Q（Tobin's Q）值法，是用一项资产的市场价值与其重置价值的商值代表，当托宾 Q 值较大时，代表组织智力资本较高，反之较低。该方法从资产比例方面反映了智力资本水平，但存在计算误差、反映信息少、只能提供相对值的缺点。第三，经济附加值（EVA）法，该方法初期用于解释企业价值变化原因的绩效评价体系，由于 EVA 值能反映无形资产管理对企业绩效的影响而被引用到智力资本收益评价方面，但因没有系统反映智力资本具体构成而缺乏现实指导意义。第四，智力资本会计法，指出应在企业财务报表上报告未来智力资本的投资收益情况，但因与《国际会计准则 38 号》相悖而未被企业采用。第五，智力资本增值系数法（VAIC），认为企业市场价值的变化是由货币和智力资本共同决定的，然后结合效率概念，提出用智力潜力增值系数（VAIP）代表企业智力资本利用水平。通过应用智力资本方法回顾测量财务指标，可以测量企业智力资本"整体"水平，但仍存在估值误差、尚未反映智力资本具体构成等问题，所以只能用于企业、投资者等主体对组织智力资本水平进行"整体"判断，不能为企业提升智力资本水平、改善经营绩效提供具体的指导建议。

从综合量表开发角度测量智力资本的研究主要有：第一，Skandia 导航仪模型。该模型列出 112 项对财务、顾客、过程、人力资源、更新与发展五类内容指标进行考核形成的企业货币价值（C）与智力资本系数（I），企业的智力资本价值则是货币价值与智力资本系数的乘积。该模型不仅能测量企业智力资本存量，还能反映企业智力资本利用效率。第二，平衡计分卡（Balanced Scorecard），从财务、客户、学习与成长、流程四个方面评价企业绩效。因其与智力资本评价内容很相似，故该模型对于智力资本测量具有启发性。第三，智力资本审计测量（Technology Broker）模型。该模型采用 178 个智力资本测量题项对企业的知识产权资产、基础结构资产、市场资产和以人为中心的资产进行测量，并通过成本法、市场法、收益法来计算智力资本的货币价值，为识别、管理智力资本提供工具,但存在未能反映智力资本潜力、存在测量主观性等问题。第四,智力资本指数(IC – index)模型。具体操作是先计算单项智力资本指标值,再将单项指标值转化成综合指数。该模型具有动态监控、自动纠错等优势。第五,IAM 模型。该模型从成长、效率和稳定性三个层面测量外部结构、内部结构与员工能力三部分内容,以反映企业无形资产情况,因测量的三部分与智力资本主流的三元说内容较一致,故被应用于智力资本测量。从综合量表开发角度测量智力资本的研究均对智力资本的具体组成部分进行了测量,这些细分测量对于学术界理解智力资本及企业管理者管理、运营企业具有指导作用。智力资本投资计量方法的比较从时间导向(Temporal orientation)、系统动态(System Dynamics)和动机方向(Causal Direction)三个角度进行。时间导向主要分析模型是度量企业的历史绩效,还是未来绩效;系统动态考察模型判断是以存量或资源为中心,还是以流量或过程为中心;动机方向分析模型判断致力于价值创造(分析利用这种方法是否会带来企业经济效益的提高),还是致力于评价本身。

  国内学者也提出了一些智力资本投资计量模型,如包括人力资本、组织资本、市场资本和社会资本在内的模糊评价指标体系。很显然,财务计量方法都是面向历史绩效的静态评价,计量方法的效果无法判断;非财务与财务相结合的方法也都面向历史绩效进行评价,指标选择上以静态指标为主,结合一些动态流量的衡量,评价的效果虽然有论文说明有利于增进企业价值创造过程,但是缺乏实证检验。因此目前的智力资本投资计量方法在智力资本动态指标评价、对未来绩效的评价方面都存在不足之处。

2.2.1 企业智力资本投资的内部测量方法

  最为一般的智力资本投资的内部测量集中在预算、培训和人力资源方面。目前流行的内部测量智力资本投资的主要途径如下。

2.2.1.1 人力资源会计

  人力资源会计在 20 世纪 70 年代取得重大进展,逐渐被认为是智力资本投资测量的一个重要分支,试图对过去将员工薪资作为当期费用处理的模式加以调整，将员工看作公司的一种可以创造新价值的资本，进而将其价值列示为公司的资本项目。人力资源会计是描述管理公司职员的会计方法，其目的是从组织的角度，通过在传统财务报表中增加人力资源成本投入、产出的透明度来加强公司人力资源管理，从而增加股东的公司投资价值。

（1）历史成本法。历史成本法主要是对过去发生的交易价值的真实记录。在该方法下，"收入"指一定时期内账面上资产和负债增减的净值。假设无坏账风险，按该法反映的贷款组合，就是当前未偿还贷款的总额。历史成本法的重要依据是匹配原则，即应把成本摊派到与其相关的创造收入的会计期间。

（2）重置成本法。重置成本法也称成本法，指在资产评估时按被评估资产的现时重置成本扣除其各项损耗来确定被评估资产价值的方法，即在现实条件下重新购置或建造一个全新状态的评估对象所需的全部成本减去评估对象的实体性陈旧贬值、功能性陈旧贬值和经济性陈旧贬值后的差额，以其作为评估对象现实价值的一种评估方法。

（3）工资报酬折现法。工资报酬折现法是将员工未来若干年的工资报酬在企业受益期限内按一定的折现率贴现，所得现值之和即为人力资源的价值。其计量结果能在很大程度上反映职工的创利能力。因为职工工薪的决定因素主要是职工的劳动能力或为企业带来收益的能力。以此法计量的劳动者权益不包括利润的成分，使以所有者权益和劳动者权益为基础进行利润分配比较合理。以工薪为基础计量的人力资产能够摊销，从而可以用人力资产的摊余价值反映职工尚能为企业带来的收益。由于工薪有原始凭证为依据，以此法计量并反映在报表上的人力资产和人力资本能满足可靠性的要求，且在实务操作中更易于把握。

人力资源会计本身也有局限性，其包含的不同方法也都存在缺陷。如历史成本法，虽然计量准确、方法简便，但是这种方法反映的人力资源的价值实质上是一种沉没成本，由于未来的变化存在不确定性，采用历史成本法计量的金额不能充分反映公司员工未来可以为企业带来的价值。人力资本作为一种隐性资产，其计量方法应该能够反映未来能为企业带来的价值额度。重置成本法的计算过程掺杂过多的主观因素，因此缺少可靠性，不利于行业之间进行比较。此外，该方法需要太多的假设，其中一些假设是站不住脚甚至违背常情的。人力资源会计模型仅仅处理人力资本价值的测量，而没有考虑其他诸如顾客关系、内在结构、企业文化和创新要素等重要成分。

传统会计平衡公式在人力资源会计引入人力资产、人力资本和劳动者权益等概念后普遍认为，完善人力资源会计应包括以下几项内容：

一是人力资源成本会计。人力资源成本会计是较早提出来的比较成熟的人力资源会计模式。早在20世纪70年代美国会计学者弗兰霍尔茨就将人力资源成本会计定义为"为取得、开发和重置作为组织的资源的人所引起的成本的计量和报告"。这种原始意义的人力资源成本会计模式所做的探索为人力资源会计和财务会计的融合创造了条件。通过增设一些相应的会计科目，人力资源成本的会计信息能够在遵循公认会计准则的前提下通过传统会计程序变通取得。对人力资源投资形成人力资源成本，这部分内容已经论证得较为全面，并且理论界基本达成共识。

二是人力资源价值会计。人力资源价值会计是蕴含于人体内的能带来经济利益的潜在劳动能力，人在运用这种劳动能力的过程中可以创造出新的价值。人的劳动能力的价值只能推测、判断，而无法准确计量，但它创造出来的外在价值却可以计量。对人力资源价值的计量可以以过去创造出的价值为计量基础，人力资源会计是对人力资源本身具有的价值进行计量和报告。它所能反映的人力资源价值既可以是人力资源过去创造的价值，也可以是人力资源将来能够创造的价值。

三是劳动者权益会计。劳动者权益会计是在继承人力资源成本会计，并对人力资源价值会计进行改造的基础上提出的。劳动者权益会计通过对传统会计等式重构，实现了人力资源价值会计与传统财务会计的融合。它在承认人力资源是有价值的经济资源的基础上，更进一步提出人是以劳动者的身份参与企业的生产经营，人对企业的贡献高于任何物质资源，所以他们应该同物质资源的所有者一样享有对企业新创造价值的分配权。

上述分类的人力资源会计的缺点在于，所研究的对象是组织中的人力部分，虽为智力资本投资测量提供了一定的借鉴，但由于研究对象数量所限，与智力资本相比，研究范围较小，从而使得它只能作为智力资本投资研究的一个补充，或者为智力资本投资的研究提供思路。

2.2.1.2 无形资产监控系统

无形资产监控系统（IAM）是一种将企业未来潜力走势加入智力资本研究的理论，该理论背景下的无形资产有别于传统意义上大众所追逐的无形资产，它讲求融入企业内部人员的个体独创性及其结构资本。无形资产监控系统作为跟踪和评估组织无形资产的管理工具，特别关注市面价值与账面价值之差。无形资产划分为外部结构、内部结构和员工胜任能力。外部结构包括与顾客和供应商之间的关系，也包含品牌名称、注册商标、公司的信誉及形象；内部结构由专利、观念、模式、电脑、管理系统与平台等构成，这些都是由员工创造并由组织所有的，有时也可以购自其他来源或共享使用；员工胜任能力主要包括员工在不同情况下创造有形与无形资产的能力，包括技能、教育、经验、价值观、思维模式、营销方式与创新素质等。在这三部分中还需对成长/更新、效率和稳定性三类次级要素检验。该系统可以用一个简练的矩阵体现初步内涵，如表2-1所示。

表2-1　　　　　　　　IAM 模型测量指标

	内部结构	外部结构	员工能力
成长/更新	内部结构投资； 信息处理系统投资； 顾客对内部组织的贡献	顾客平均收益； 组织成长	从业时间； 受教育程度； 培训和教育成本； 主管级别； 专业人员流动； 可提升能力的顾客
效率	辅助员工比例； 每个辅助员工的平均销售额； 价值和态度指标	顾客满意程度指标； 盈亏指标； 顾客平均购买额	专业人员比例； 专业人员杠杆作用； 专业人员价值增加

续表

	内部结构	外部结构	员工能力
稳定性	组织年龄； 辅助人员流动比例； 新手比例	重要顾客比例； 年龄结构； 忠诚顾客比例； 重复订货频率	平均年龄； 资历； 薪水相当的岗位； 专业人员流动率

IAM 不仅是测量评价无形资产的一种方法，也是一种汇报测量无形资产结果的简单方法，它采用一种动态的指标来评估智力资本投资的价值，给公司提供了智力资本强项和弱项的计分卡，但是没有提供智力资本价值增加或定价测量，不能对公司价值进行全面的计量。

2.2.1.3 斯堪的亚导航系统

瑞典斯堪的亚保险公司（Skandia Insurance Company）是第一家对智力资本投资进行全面测量的大公司，它发展了一个称为"导航器"的动态智力资本投资测量模型，又称斯堪的亚导航系统（The Skandia Navigator）。该"导航器"是以 Sveiby 提出的观念为基础，并进一步把这些观念运用到更多的领域，再加上平衡计分卡中的构想而形成。该模型采用 164 个不同指标来测量"财务、人力、顾客、业务流程、更新与开发"五方面的内容，从而明确公司的目标，试图在所提供的财务与非财务报告之间取得平衡，揭示公司的智力资本，最终达到更好地反映公司市场价值的目的，并通过类比等处理方式将包括直接计量、金额、比例和调查结果的 112 项指标最终转化为两类指标的货币金额和百分比。其最初是作为管理智力资本的一种方法引入，然而事实上也是制作综合指标的一种潜在方法。由于使用了大量的百分比数据，不仅可以回顾过去，也可以正视现在，放眼未来。但这些数据容易受到干扰，并且每个公司都可以决定使用或不使用哪些数据。

Skandia 模型没有赋予智力资本货币价值，但是使用了间接测量，即以假定的价值增加作为跟踪的趋势。这些使用的标准在本质上具有主观随意性，没有被具体化，强调的是平衡表的方法，而不能反映组织内的动态知识的流动，在测量过程中忽视了企业文化、组织学习和员工的创造能力等企业价值创造的重要成分。尽管该系统与平衡计分卡有相似之处，但两者仍然有重大的区别。首先，上述因素均取自智力资本层次。其次，Skandia 公司充分利用该模式，再配以丰富的语言，从而可以将其用于沟通。自 1994 年以来，Skandia 公司每年两次向外界发布与其业务有关的智力资本投资指标，将其作为财务报表的附录，以帮助管理者和股东衡量有代表性的公司的无形资产价值。

2.2.1.4 经济增加值法

经济增加值法是一种全面的业绩测量方法，是由 Stewart 在 20 世纪 80 年代末提出的，经济附加价值（EVA）指的是企业税后营业利润，即净利润扣除投入资本成本之后的差额，计算公式为：EVA = 净销售额 − 运作成本 − 税收 − 资本支出。经济增加值法使用资本预算、财务计划、目标确定、绩效测定、与股东的沟通和奖金等变量来测量公司的价值增加或减少。EVA 是投资的剩余价值创造的一种测量方法。EVA 从净销售中减去资本支出、税收和运作。尽管 EVA 与无形资产管理没有明显的关系，但它暗示了有效地管理无形资产将增加 EVA。因此，一些战略研究者支持使用 EVA 测量来代替智力资本的贮存。然而，EVA 没有系统地指出智力资本的构成成分，且在使用中没有给予高层管理者清楚的建议。再则，它考虑的是一般行业的公司，而不适用于知识管理方面。EVA 的产生适应了两权分离的现代公司治理的需要，却无法摆脱财务指标所固有的缺陷——短期导向，体现在它无法有效地反映顾客、雇员、供应商等利益相关者对促进企业将来绩效的重要作用，在关注一方的同时可能损害了利益相关者的利益，最终破坏企业的长期价值，因而迫切需要做出进一步的改进，即所谓的融合非财务业绩评价方法。

EVA 的测量结果让人很难理解组织无形资源或组织效率对绩效的特殊贡献。EVA 测量的许多变量缺乏统一标准，导致很难比较，结果的精确性只有很少得到实证证据印证。

2.2.1.5 审计测量模型

"智力资本可以由'M−I−H−I'四部分紧密组合"，这是安妮·布鲁金（Annie Brooking）基于以往研究结论提出的新论点，同时她又提出以定性为主的智力资本审计测量模型来测量智力资本价值的"Technology Broker"观点，将智力资本分为市场资产、智力财产资产、人才资产和基础结构资产。智力资本投资审计测量模型是由技术经济人公司发展的有助于制定战略和促进勤奋工作的工具，采取了几种指标来评价商业机会：目标、智力资本、理想资产、审计、指数、标的和措施。这种观点认为依据最初设定的测量智力资本的指标让企业回答相关问题，企业做出肯定回答的问题量越小，说明该企业的智力资本问题越应该置于战略高度。针对测量智力资本的四个资产组成部分，安妮·布鲁金分别提出了相关方面审计问题如何作用于这四类资产的影响机制调查表（见表2-2）。通过具体询问178个问题来确定企业智力资本的隐含价值，以研究者设定的每个问题的最佳回答方式判定衡量标准，所得分值由0到5逐渐增加。评价完成后，企业便可对其有待改进之处加以纠正，进一步发挥其优势。

表2-2　　　　　　　　　　智力资本审计问题调查表

M——市场资产	I——治理产权资产
15个品牌问题	9个专利问题
14个客户问题	6个版权问题
7个名称问题	3个设计问题
5个订单问题	4个商业秘密问题
6个协作问题	
H——人力资源	I——基础结构资产
5个员工教育问题	6个管理哲学问题
5个职业问题	4个组织文化问题
12个工作相关知识问题	31个组织协调问题
8个职业估价问题	7个信息技术系统问题
10个组织学习问题	6个数据库问题
3个人力资本管理问题	4个IT经理问题

一个组织的智力资本价值完全取决于组织目标与市场状况，任何估价都具有组织的独特性，并受到时间的限制。智力资本投资审计测量模型因给组织识别智力资本的价值提供了一个"工具箱"而广受称赞。但是，存

在的不足主要有：从通过调查表得到的定性结果再到计算出资产的实际货币价值之间有一个相当大的跨度；如果基于成本定价，则因历史信息与实际价值的不匹配会导致估价失去意义；如果基于市场定价，则因缺乏许多智力资本组成要素的有效市场价格信息而难以实际操作；如果基于未来收益定价，则因现金流模型固有的主观性与不确定性降低了可行性。

2.2.1.6 平衡计分卡

马克和斯科特（Mark 和 Scott，2004）认为，企业管理者需要一套多维度的评价体系来指导他们的决策，因此将平衡计分卡（BSC）这一管理工具与智力资本整合到绩效管理系统。具体而言，平衡计分卡平衡了短期与长期业绩、外部与内部业绩、财务和非财务业绩以及不同利益相关者利益。平衡计分卡已发展成型并得到成功应用。平衡计分卡从四个方面对企业业绩进行了度量：财务角度，包括利润、投资回报（ROI）、经济增加值等；顾客角度，包括顾客满意度、顾客回报时间、市场份额、顾客利润等；内部流程角度，包括产品设计、产品开发、售后服务、生产效率、产品质量等；创新与学习角度，包括雇员能力和发展、组织适应变化的能力等。四个维度相互影响相互作用，每一个维度不仅包括具体的目标，而且包括为达到每一目标而设计的相应具体评价方法。这些目标与评价方法的构建是在公司远景和战略框架的统领下完成的（见图2-1）。

(1) 财务角度。财务角度主要关注股东对企业的看法，以及企业最终的财务目标。企业作为一个经营实体，需要股东提供风险资本，以保证其正常运作；同时也需要顾客购买企业提供的产品和服务，收回成本并获得收益。股东需要考察管理层过去的行为，以及这些行为所导致的财务结果，如利润总额、销售总额、销售增长率和净资产收益率等。

(2) 顾客角度。客户角度是平衡计分卡尤其重视的一个方面，最典型的客户角度包括：定义目标市场和扩大细分市场的份额。该角度下企业目标是否实现可以通过目标市场销售额、客户保持率、客户满意度、新产品开发率和利润水平等指标来衡量。卡普兰（Kaplan）和诺顿（Norton）建议企业管理者首先要明确企业的市场定位，在明确市场的定位的过程中，将时间、质量、价格、客户关系和企业形象定义为潜在的领先指标，企业

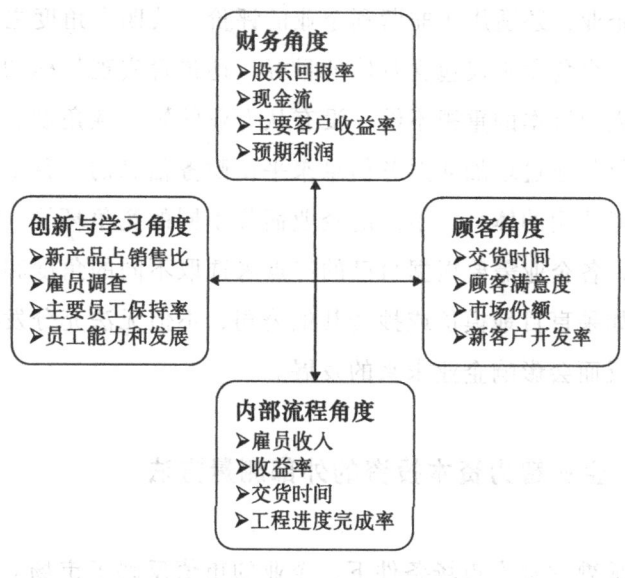

图2-1 平衡计分卡

在开发平衡计分卡时需要首先考虑这些指标。

(3) 内部流程角度。把管理重心放在流程再造上对于促进组织的改革起到十分重要的作用，业务流程角度包括一些驱动目标，它们能够使企业更加专注于客户的满意度，并通过开发新产品和改善客户服务来提高生产力与效率，加强创新等。

(4) 创新与学习角度。平衡计分卡的最大优点就是把创新与学习作为四个角度中的一个。多年来，知识型领导一直提倡把人力资源管理提升到企业战略层面，卡普兰和诺顿通过平衡计分卡确定了创新与学习的战略重要性。从长远角度讲，企业唯有不断学习与创新，才能实现长远发展。

平衡计分卡是对传统绩效评价方法的一种突破，但是不可避免地也存在自身的一些缺点：一是实施难度大；二是指标体系建立较困难；三是指标数量过多，指标间的因果关系很难做到真实、明确。与平衡计分卡相比，无形资产监控系统提出的指标是通过衡量无形资产的成长、更新、有效和稳定来评估无形资产的价值，而平衡计分卡是通过顾客增加情况、流程和学习情况、成长时间等方面来实现评估。平衡计分卡的优点是不仅能评价营利性企业，还适用于非营利企业的评价，其四个角度之间相互联系和影响，每一个角度不仅包含具体的目标，还包含实现目标的方法。其缺点是对企业人力资本的重视不够，没有从专业的知识性角度看待企业。平衡计分卡是仅仅通过增加非财务信息来平衡财务信息的一种工具，但它并不是一种普遍适用的体系，不同的企业面临不同的竞争环境，需要不同的战略。所以，各企业需要根据自己的特点来选取不同的角度和指标设计平衡计分卡，如果盲目地模仿或抄袭其他公司，不但无法充分发挥平衡计分卡的长处，反而会影响企业未来的发展。

2.2.2 企业智力资本投资的外部测量方法

在较为成熟的资本市场条件下，企业的市值反映了市场对财务资本和智力资本（即企业总体价值）的判断，因此，智力资本的价值信息很容易从企业市场价值与财务资本的价值差额中获得。对一些非上市公司而言，由于缺乏直接的市值信息，智力资本的价值可通过"计算价值法"予以确定。目前流行的外部测量智力资本投资的主要方法有市场价值与账面价值差额法、托宾Q值法、计算有形价值法、基于实物期权的方法、知识资本盈余法和智力增值系数法。

2.2.2.1 市场价值与账面价值差额法

该方法是一种粗略的计算智力资本价值的方法，是Edvinsson提出的。该方法的计算公式为：智力资本价值＝企业的公允价值－企业的账面价值。其中，用市场流通的股票市值表示企业的公允价值，如果没有，可以用同行业中规模相似公司的价值近似于企业公允价值。其实质是认为企业市值扣除企业财务资本价值的余额即企业智力资本。在平衡表中通常的会计实务把这种差异确认为"商誉"。这种方法是最先用于智力资本价值评估的方法，优点在于计算简单，方便易懂。但该方法也存在一定的缺陷。由于影响公司市值的非经济因素较多，而且公司股票价格的波动歪曲了无形资产的价值，这种方法提供的是单一整体的测量，没有进行单个智力资本的构成分析。在缺乏成熟市场经济环境的情况下确定的标准也不一致，再加上公司账面价值受所选会计政策的影响，企业间的可比性差。企业的市场价值可能会因很多原因而波动，这些原因都与智力资本无关。有很多关于企业未来远景的猜测和假设都会影响企业的市场价值。事实上，影响市场价值的因素中有 1/3 与人们对企业的未来期望有关，有人称之为"期望资本"。另外，企业对会计政策的选择也会影响到企业财务报表的账面价值，从而对智力资本价值评估数据造成一定影响，从而降低了企业智力资本之间的可比性。

2.2.2.2 托宾 Q 值法

托宾 Q 是诺贝尔经济学奖得主詹姆斯·托宾（James Tobin）在 1969 年设计的用来预测投资行为的一个参数，是企业的市场价值与企业资产的重置成本的比值，用于评估企业的市场价值。一般来说，托宾 Q 值越大，代表企业的该项投资能够带来的超额利润越高，即投资回报率越高，企业会相应地增加投资，而智力资本就被认为是产生的超额利润的源泉；托宾 Q 值越小，代表资产的投资回报率就越小，企业会相应地减少投资。企业可以使用托宾 Q 值法来评估企业的市场价值，同时托宾 Q 值法也可以用来评估某项资产的市场价值，即可以用来评估智力资本价值。托宾 Q 值法可以及时地给出企业知识状况的瞬态图，但不能为企业进行智力资本管理提供任何指导。与市场价值与账面价值差额法相比，该方法克服了企业账面价值受企业会计政策影响的局限，从而有利于不同企业之间的比较，尤其是同行业企业间的比较。但是，这一方法无法告知企业如何进一步创造价值，如何防止被模仿和替代以及如何充分利用其智力资本获得持续的竞争优势，同样还受到市场价值确定情况的影响，所以在测量企业智力资本价值时也有一定的局限性。

2.2.2.3 计算有形价值法

计算有形价值法，其基本思路是以行业平均有形资产收益率为基础，将企业有形资产收益中超出行业平均水平的那部分收益视为智力资本创造的超额经济利润，然后再根据这部分超额利润确定智力资本的数量。该方法的计算步骤已成为大多数企业遵循的标准。其步骤为：①计算一家企业 3 年的平均税前收益；②根据资产负债表中的数据计算该企业 3 年的平均年末有形资产的价值；③用税前收益除以平均有形资产得到资产回报率；④计算同期整个行业的平均资产回报率；⑤用行业平均资产回报率乘以有形资产，得到行业平均水平下的税前收益；⑥用企业税前收益减去平均收益，得到超额收益；⑦计算3年的平均所得税率（并由此计算出税后超额收益。这部分收益就是对智力资本投资的回报；⑧计算超额税后收益的净现值（即用该值除以企业资本成本），得到的结果就是没有体现在资产负债表中的智力资本的价值。由于智力资本的特殊性，简单地将市场价值与企业账面价值相比较就认定为智力资本的价值，缺乏确凿的理论依据和科学证明，从而使得这种智力资本的测量方法略显笼统，界限不清晰，说服力较低。

2.2.2.4 基于实物期权的方法

实物期权是运用财务期权的方法和理论来评价无形资产的方法。财务期权是一种权利，而不是责任，是指以固定的价格在一定时间内购买和销售潜在资产的选择权。实物期权是基于非财务资产的一种选择，可以运用到过程、推延中，用于扩大或放弃投资，清楚地考虑了企业环境中灵活性的价值，这是其他测量方法无能为力的。通过金融市场技术、基准和信息，企业能够谨慎地做出投资决策并保持投资决策与市场一致。但是在运用实物期权时有两个根本问题：一个是实物期权价值的定量问题；另一个是劝说组织改变传统的评估和投资思维方式。

2.2.2.5 知识资本盈余法

知识资本盈余法（KCE）是由瑞士 BEA – Credit 苏黎世资产管理公司的 Baruch Lev 和 Marc Bothwell 研究出的一种度量智力资本整体价值的独特方法，已在多家化学公司和医药公司得到应用。该方法建立在企业利用3种不同类型的资产获取利润这一假设的基础上。这3种资产分别是：有形资产、金融资产和知识资产。该方法是把收入分别分配给这3种资产，金融资产的账面值和金融资产的回报率的乘积就是金融资产创造的利润数值，然后用相同的方法计算出有形资产所创造的利润。取未来3年预期收入和过去3年收入的平均数，从中减去金融资产和有形资产创造的利润，剩余部分就是知识资产创造的利润，然后再用适当的知识资产贴现率去除以这个数字，得到的便是知识资产的价值。该方法用公式表示为：知识资本盈余（KCE）＝调整后 3 年平均历史正常盈余－由金融资产贡献的盈余－由有形资产贡献的盈余；智力资本的总体价值＝知识资本盈余（KCE）/知识密集型行业的平均回报率。

由于 KCE 和 KCA 的计算过程涉及很多比率和评估方法，该方法还涉及对 3 种资产的评价，因此与前几种方法相比，该方法对无形资产的度量更为全面，采用这种自下而上的方法不需要知道整个公司的市场价值就能知道知识资本收入，为评估工作增添了灵活性。

2.2.2.6 智力增值系数法

智力增值系数法（VAIC）是已有文献中运用最多的方法。该方法是奥地利智力资本研究中心的帕布里克（Pulic）提出的。他认为企业价值是由财务资本与智力资本共同决定的。这种方法的计算思路是对财务资本和智力资本在提升企业价值上所贡献的作用分别进行计算，并利用价值增值与财务资本和智力资本的比值结合起来组成智力资本增值系数。该方法优于其他方法的地方在于用于计算指标的数据比较容易获得且计算相对简单，同时智力增值系数法具备对智力资本整体价值以及智力资本各组成要素价值进行评估计量的能力，能够最终为企业管理和合理利用智力资本提供全面有用的信息。

国内学者陈劲等（2004）针对中国的实际情况，研究出适用的智力资本测度模型。该模型首先将智力资本划分为四个维度，即人力资本、结构资本、客户资本和创新资本，然后针对各个维度进行进一步的细分。其中，人力资本是其他 3 种资本的基础，可以从员工的能力、态度和操作性 3 个方面衡量；结构资本是指组织自身蕴藏的结构性隐含知识，可以从公司文化、组织结构、组织学习、业务流程、信息系统 5 个方面衡量；客户资本直接与市场联系，包含市场基础能力、市场强度和顾客忠诚度 3 个方面；创新资本则包括创新成果、创新机制和创新文化 3 个部分。将各个维度的专题项目得分进行汇总，就能较为全面地衡量一个企业的智力资本。

2.2.3 企业智力资本评价测度量表

过去几十年间，对企业智力资本的测量重点除了放在财务指标和非财务指标上，还集中在以人力资本、组织资本、关系资本的智力资本量表上。

黄衡（2010）以促进企业的技术创新绩效为目的，基于开放式创新的背景重构了智力资本的基本内涵，从人力资本、结构资本和关系资本3个方面提出新的智力资本测度模型，探索了开放式创新背景下企业内外部智力和企业技术创新绩效这两者之间的关系（见表2-3）。

表2-3　企业智力资本评价指标汇总

一级指标	二级指标	三级指标
人力资本	内部人力资本	员工的知识和技能水平很高
		员工的教育水平很高
		员工的满意度很高
		员工能够提出许多有意义的创见和问题解决方案
	外部人力资本	大多数合作企业的员工具有较高的知识和技能水平
		大多数合作企业的员工具有较高的教育水平
		大多数合作企业的员工具有较高的满意度
		大多数合作企业的员工能够提出许多有意义的创见
结构资本	内部结构资本	企业运作流程非常有效
		企业各部门之间能够相互支持
		企业的信息系统能使员工方便地获得信息
		企业的组织制度和文化是灵活和有效的
	外部结构资本	大多数合作企业的运作流程是有效的
		大多数合作企业各部门之间能够相互支持
		大多数合作企业的信息系统能够使员工有效获得信息
		大多数合作企业的制度和文化是灵活和有效的

续表

一级指标	二级指标	三级指标
关系资本	内部关系资本	企业员工之间经常分享经验和知识
		企业各部门之间经常交换信息
		企业各部门之间能够很好地协调实现目标
	外部关系资本	企业与客户和供应商的关系很好
		企业与大学等科研机构的关系很好
		企业与政府的关系很好

董芳芳（2014）提出的高新技术企业构建智力资本量表，从人力资本、组织资本、关系资本和创新资本各个测量维度，如人力资本的员工态度与能力、管理者能力等，组织资本的企业结构、制度文化等，关系资本的客户关系、合作伙伴关系等，创新资本对于创新的投入情况和对于创新的支持情况等方面展开分析，使量表充分、全面地反映高新技术企业的智力资本情况（见表2-4）。

表2-4　　　　高新技术企业智力资本量表（1）

编号	测量项目	李克特七级量表
1	员工的知识和技能足以解决工作上的问题	1：非常不符合
2	员工会主动提出改进工作的意见和建议	2：不符合
3	员工的保持率很高	3：较不符合
4	员工的满意度很高	4：一般
5	员工对企业价值观非常认同	5：较符合
6	管理者能够帮助员工发展其能力	6：符合
7	管理者能够妥善安排工作内容并分配资源	7：非常符合
8	高层管理者了解企业自身的竞争地位，并制定合适的企业战略	
9	高层管理者具有领导企业实现目标的能力	
10	企业内各部分权、责、利关系明确	
11	企业部门之间能够快速相互支持	
12	企业组织结构有利于员工间的合作	
13	企业鼓励员工沟通与协作	
14	企业鼓励新想法、新思想	
15	企业鼓励挑战现状和积极变革	

续表

编号	测量项目	李克特七级量表
16	企业能构造知识分享与交流的环境	
17	企业内部信息网和知识库利用程度较高	
18	企业有明确的措施防止内部信息被盗用	
19	企业对客户数据库的利用程度较高	
20	企业能够从顾客处获得许多需求信息	
21	企业很重视顾客的反应及意见	
22	企业与大客户建立了长期信任的关系	
23	企业与供应商能够及时沟通信息	
24	供应商能够提供良好的原料或服务	
25	企业能够及时获得与企业经营相关的政策信息	
26	企业研发投入占销售收入的比重较高	
27	企业拥有的研发人员质量较高	
28	企业能够提供各种资源支持研究开发	
29	企业文化与管理团队支持鼓励员工创新	

陈俊营（2017）从人力资本、关系资本和结构资本3个方面构建了高新技术企业智力资本量表（见表2-5）。

表2-5　　　高新技术企业智力资本量表（2）

智力资本类型	指标名称	指标相关问题
人力资本	员工技能水平	企业目前哪些员工技能水平比较高
	员工受教育年限	企业目前哪些员工受教育年限比较高
	员工工作年限（工龄）	企业目前哪些员工工作年限比较长
	企业家工作经验	企业中哪些管理层工作经验比较丰富
	企业对员工接受教育和培训的支持水平	企业是否比较支持员工接受教育或参加培训
	工作谨慎程度	企业中员工工作态度是否比较谨慎
	教育背景差异程度	企业中员工教育背景是否比较丰富
	技术背景差异程度	企业中员工技术背景是否差异较大
	科技人员所占比例	企业中研发人员所占比例是否较大
	风险承担意愿	企业中员工愿意承担风险吗
	工作责任心	企业中员工是否普遍具有很强的责任心

续表

智力资本类型	指标名称	指标相关问题
人力资本	提升产品质量（或服务水平）的意愿	企业中员工是否具有强烈的提升产品质量（或服务水平）的意愿
	员工工作态度	企业中员工工作态度是否比较认真
	员工胜任力	企业中员工对于工作是否具有较高的胜任力
	员工储备计划	企业是否具备完善的员工储备计划
关系资本	与消费者之间的关系	企业与消费者之间是否具有良好的关系
	与供应商之间的关系	企业与供应商之间是否具有良好的关系
	与同行的关系	企业与同行之间是否具有良好的关系
	与银行（或金融机构）的关系	企业与银行（或金融机构）之间是否具有良好的关系
	与高校的关系	企业与高校之间是否具有良好的关系
	与科技中介服务机构的关系	企业与科技中介服务机构之间是否具有良好的关系
	与政府的关系	企业与政府之间是否具有良好的关系
	相互协助	在遇到经营困难时，供应链合作伙伴间是否会尽最大努力给予帮助
	透明度	企业与供应链合作伙伴间透明度是否较高
	关系维护投入的时间	企业在供应链合作伙伴关系维护上是否投入了充分的时间
	相互沟通	企业是否经常与供应链合作伙伴沟通
	共同行动	企业与供应链合作伙伴是否经常共同行动
	彼此信任	企业与供应链合作伙伴是否彼此信任
	彼此保密	企业与供应链合作伙伴是否彼此保守秘密
	利益考虑	供应链伙伴在行动上是否会考虑彼此利益
	战略联系	企业与供应链合作伙伴间是否拥有较强的战略联系
	彼此承诺	企业与供应链合作伙伴在合作时是否均遵守合同约定
	互惠情况	企业与供应链合作伙伴是否经常发生互惠行为
结构资本	操作流程合理性	企业的业务流程设计是否较为合理
	商业开发计划	企业是否拥有比较完善的商业开发计划
	组织文化（组织哲学）	企业是否拥有开放、兼容的组织文化
	信息和沟通设施	企业信息和沟通基础设施建设水平是否较高
	资源利用系统	企业资源利用系统的效率是否较高
	决策过程	企业的决策过程是否比较合理

续表

智力资本类型	指标名称	指标相关问题
结构资本	研发创新制度支持	企业研发创新制度是否支持研发创新工作的开展
	专利数量	企业所拥有专利数量是否比较多
	创新战略	企业创新战略管理水平是否较高
	组织规模	企业组织规模对于企业业务量而言是否较合理
	激励系统	企业激励系统对员工而言是否具有激励性
	组织结构合理性	企业组织结构扁平化水平是否很高
	技术保护措施	企业是否拥有比较健全的知识产权保护措施
	协作水平	企业员工在研发上协作水平是否较高
	权力分配（职责权限）	企业职责权限分配是否比较合理
	研发投入	企业在研发投入上水平是否较高
	知识库建立	企业知识库管理系统是否比较先进

胡明文（2021）构建了高新技术企业"智力资本—知识吸收能力—突破性创新"的概念模型以探究高新技术企业智力资本对企业创新的突破性作用（见表2-6）。

表2-6　　　　　　高新技术企业智力资本量表（3）

智力资本	测量指标	测量题项
人力资本	员工态度	企业员工是否常常具有积极的工作态度
	员工能力	企业员工是否具有较高的工作能力
	人力资本投资	企业对人力资本投资是否较大
	员工创新意识	企业员工是否具有较高创新意识
结构资本	组织架构	企业是否具有稳定的组织架构
	企业文化	企业是否拥有较长的历史和深厚的企业文化
	工作流程	企业是否拥有统一规范的工作流程
	制度规范	企业各项规章制度规范是否明确
关系资本	与客户关系	企业与下游客户是否具有稳定的合作关系
	与供应商关系	企业与上游供应商是否拥有稳定的合作关系
	与其他利益相关者关系	企业与其他利益相关者是否具有稳定的关系

综上所述，国内外专家学者对企业智力资本投资评价研究较为丰富，不管是财务指标、非财务指标，还是企业智力资本量表，研究多集中在人

力资本、结构资本和关系资本 3 个方面。鉴于企业智力资本量表需要发放调查问卷，导致研究结果具有主观性和偏差，本书将研究的指标选取着眼于财务指标，原因在于财务指标易于获得，具有真实性和完整性。

2.3 国家和区域智力资本评价测度的指标体系

早在 2000 年前后，理论和实践界对企业智力资本、国家和区域智力资本就有了一定的研究。

Nick Bontis（2004）对阿拉伯地区 10 个国家的智力资本进行研究，提出了国家智力资本指数，给出国家智力资本的相对测量指标体系（见表 2-7）。

表 2-7　　　　　　　　　　国家智力资本指数

一级指标	二级指标	权重（%）
人力资本指数	识字率	30
	三级学校的人均数量相对于最大值的比值	10
	初级学校中符合资格教师的百分比	10
	三级学校的人均学生数量相对于最大值的比值	15
	三级学校的人均毕业生累计数相对于最大值的比值	15
	男性入学率	10
	女性入学率	10
过程资本指数	人均主要电话线数量相对于最大值的比值	20
	人均电脑数量相对于最大值的比值	10
	人均互联网站点数相对于最大值的比值	15
	人均互联网用户数相对于最大值的比值	10
	人均移动电话数相对于最大值的比值	10
	人均收音机数量相对于最大值的比值	10
	人均电视机数量相对于最大值的比值	10
	人均报纸发行量相对于最大值的比值	15

续表

一级指标	二级指标	权重（%）
市场资本指数	高新技术出口占 GDP 比重相对于最大值的比值	30
	人均专利数量相对于最大值的比值	30
	人均会议数量相对于最大值的比值	40
更新资本指数	进口图书占 GDP 的比重相对于最大值的比值	10
	进口期刊占 GDP 的比重相对于最大值的比值	10
	研发支出占 GDP 的比重相对于最大值的比值	30
	政府中研发人员数量相对于最大值的比值	10
	学校中研发人员数量相对于最大值的比值	15
	未作解释的情况	20
	第三级的教育支出占公共教育基金的百分比	10

陈钰芬（2006）设计了一套测度区域智力资本水平的指标体系，并基于 2004 年的数据，对我国 31 个省市的智力资本水平进行了相对测度（见表 2-8）。

表 2-8　　　　　区域智力资本评价指标体系

一级指标	二级指标	三级指标
区域智力资本	人力资本	教育水平	高等教育专任教师学生比

一级指标	二级指标	三级指标	
区域智力资本	人力资本	教育水平	高等教育专任教师学生比
			每十万人中高等学校在校学生人数
			每十万人中大专以上学历人数
		健康保障	每万人拥有医生数
			每万人拥有医疗机构床位数
	关系资本	国际贸易	实际外商直接投资额占 GDP 比重
			进出口总额占 GDP 比重
		交通运输	人均客运总量
			人均货运总量
	过程资本	邮电通信	人均邮电业务量
			万人移动电话用户数
			万人因特网用户数
	创新资本	科技投入	人均科技事业费支出
			人均 R&D 经费支出
			人均教育经费

续表

一级指标	二级指标	三级指标
区域智力资本	创新资本	发明专利申请受理数
		专利申请受理数
	创新人员	每万人科技活动人员数
		每万人科学家和工程师人数
		每万人各类专业技术人员数

赵静杰（2005）设计了一套知识资本化的评价指标体系（见表2-9）。

表2-9　　　　知识资本化的评价指标体系

要素系统	指标系统
人力资本	人力资本投资
	人力资本素质
	人力资本管理
	人力资本效率
管理资本	技术资本
	文化资本
	组织结构
	管理效率
	财务资本
市场资本	营销投入
	服务质量
	品牌资本
	企业形象
	客户资本
	社会关系资本
创新资本	创新投入
	创新产出
	创新管理
	创新实现
	控制创新资本

潘忻（2003）设计了一套城市智力资本的测度体系，并据此测度了上海、南京、无锡、苏州四地的智力资本水平（见表2-10）。

表2-10　　　　　　　　城市智力资本的测度指标体系

	一级指标	二级指标
区域智力资本	人力资本	教育水平
		文化生活
		健康保障
	关系资本	第三产业
		国际贸易
		旅游交往
	过程资本	邮电通信
		交通运输
		环境保护
	创新资本	科技投入
		科技产出
		创新人员

夏同水（2011）将区域智力资本投资定义为一定时期内（一般指1年）国家、集体（企业）组织和个人，在人力资本、关系资本、过程资本和创新资本等方面的总经费投入，认为"智力资本投资总量＝国家财政的智力资本投资＋集体组织的智力资本投资＋个人的智力资本投资"（见表2-11）。

表2-11　　　　　　　　区域智力资本投资总量指标

国家财政的智力资本（A）	企业挖潜改造基金	集体（企业）组织的智力资本投资（B）	社会团体和公民个人办学经费
	科技三项费用		
	文体广播事业费用		社会捐资和集资办学经费
	教育事业费用		
	科学事业费用		其他教育经费
	卫生费用		
城镇居民的智力资本投资（C）	(0) 城镇人口数量（亿人）	农村居民的智力资本投资（D）	(0) 农村人口数量（亿人）
	(1) 医疗保健		(1) 人均医疗保健
	(2) 交通通信		(2) 人均交通通信
	(3) 娱乐教育文化服务		(3) 人均娱乐教育文化服务
	(4) ＝ (1) ＋ (2) ＋ (3)		(4) ＝ (1) ＋ (2) ＋ (3)
	(5) ＝ (0) × (4)（亿元）		(5) ＝ (0) × (4)（亿元）

王晓鸿（2012）用区域人力资本、区域关系资本、区域结构资本、区域创新资本四要素构建区域智力资本评价指标体系，对全国31个省（市、自治区）的区域智力资本进行测评，并以甘肃省为例，利用相关数据，采用因子分析和灰色关联分析方法，实证分析区域智力资本对区域经济发展的影响（见图2-2）。

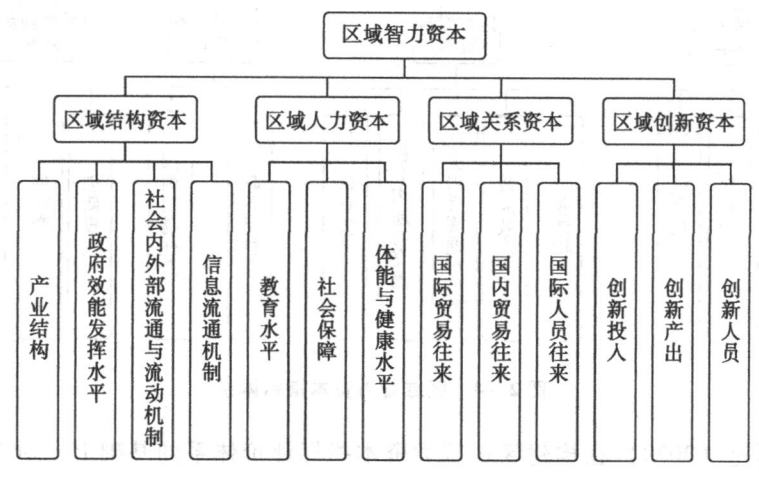

图2-2 区域智力资本水平评价指标体系结构

薛龙（2015）将区域智力资本划分为人力资本、关系资本、结构资本3个部分，构建评价指标体系，并以四川省为例研究了其对区域创新投入和产出的影响（见图2-3）。

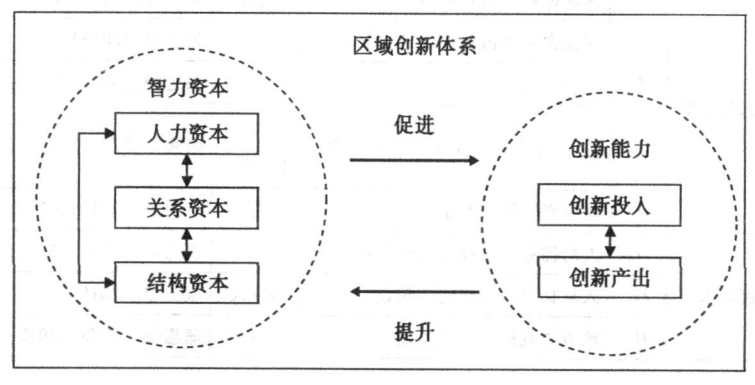

图2-3 区域智力资本与区域创新能力关系

王彦淇（2017）构建了一个包括区域人力资本、区域关系资本、区域结构资本、区域创新资本四要素的中国区域智力资本指标核算体系（见图 2-4）。

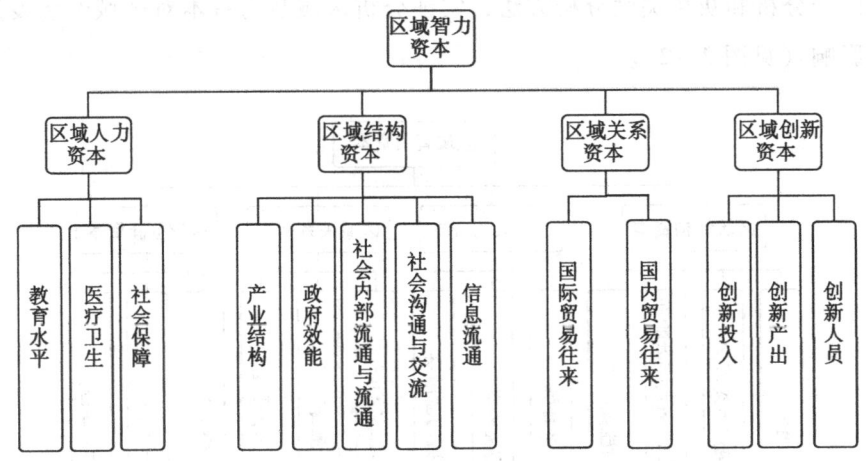

图 2-4　区域智力资本指标体系

刘超（2020）在构建区域智力资本指标评价体系的基础上，对 2007—2016 年区域智力资本空间分布及其变动特征进行了全面的实证研究（见表 2-12）。

表 2-12　　　　　　　区域智力资本评价指标体系

维度	层面	指标	含义	单位	来源
人力资本	教育水平	H_1	国家财政性教育经费	亿元	蒲惠荧、陈和（2010）
		H_2	在校大学生占总人口的比重	%	张亚宁（2015）
		H_3	普通高校师生比	%	张运华、吴洁（2017）
		H_4	每10万人口高中平均在校生数	人/10万人	张秀萍（2011）
		H_5	普通高等学校数量	所	王向华（2012），明海（2013）
	医疗水平	H_6	人均拥有卫生技术人员数量	人	蒲惠荧、陈和（2010）
		H_7	人均拥有医疗机构床位数	张/人	张亚宁（2015）
		H_8	地方财政医疗卫生支出	%	蒲惠荧、陈和（2010）

续表

维度	层面	指标	含义	单位	来源
人力资本	保障水平	H_9	年末参加失业保险人数占总人口比重	%	吴冬（2009）
		H_{10}	年末参加城镇职工基本医疗保险人数占总人口比重	%	吴冬（2009）
		H_{11}	地方就业与社会保障财政支出占GDP比重	%	蒲惠荧、陈和（2010）
	区域人员财富	H_{12}	区域年末人口总数	万人	张亚宁（2015）
		H_{13}	人均GDP	亿元	张运华、吴洁（2017）
结构资本	产业结构	S_1	第一产业百分比	%	蒲惠荧、陈和（2010）
		S_2	第二产业百分比	%	蒲惠荧、陈和（2010）
		S_3	第三产业百分比	%	蒲惠荧、陈和（2010）
	政府效能发挥水平	S_4	公共财政预算收入水平	亿元	吴冬（2009）
		S_5	财政预算支出水平	亿元	蒲惠荧、陈和（2010）
		S_6	一般性公共服务支出水平	亿元	张亚宁（2015）
		S_7	城镇就业人员占总人口比重	%	张亚宁（2015）
	社会流通与信息沟通机制	S_8	人均客运总量	人	蒲惠荧、陈和（2010）
		S_9	人均货运总量	人	蒲惠荧、陈和（2010）
		S_{10}	人均图书文献外借册次	册/人	张运华、吴洁（2017）
		S_{11}	每百人拥有移动电话数	台/百人	蒲惠荧、陈和（2010）
关系资本	国际贸易往来	K_1	外商投资总额占GDP比重	%	蒲惠荧、陈和（2010）
		K_2	外商注册资本占GDP比重	%	蒲惠荧、陈和（2010）
		K_3	进出口总额占GDP比重	%	蒲惠荧、陈和（2010）
	国内贸易往来	K_4	社会消费品零售总额占GDP比重	%	蒲惠荧、陈和（2010）
		K_5	限额以上零售业企业商品销售额占GDP比重	%	吴冬（2009）
		K_6	限额以上批发业企业商品销售额占GDP比重	%	吴冬（2009）
	人员往来	K_7	接待入境过夜游客比重	%	蒲惠荧、陈和（2010）
		K_8	国际旅游收入占GDP比重	%	吴冬（2009）

2.4 智力资本投资指标体系设计

综合前文所述,专家学者对智力资本投资的评价研究较为丰富,但对其评价多集中在区域人力资本、区域关系资本、区域结构资本、区域创新资本等方面,而这与我们所研究的经济发展以及区域创新发展指标有所重复,因此我们认为智力资本投资是建立在人力资本投资的基础上,是为了增加组织未来收益而进行的一种经济活动,它是人力资本存量的进一步增加,这里的未来收益可以是投资者货币收益的增加,也可以是其社会的心理收益增加。智力资本的投资是多方面的,投资主体也是多元的。智力资本的投资主体主要是国家、企业和个人(智力资本的承载者),在人力资本投资的基础上针对组织对其所拥有的人力资本的需求而进行的有针对性的投资。智力资本投资和物质资本投资的目的是一致的,都是为了获取收益。具体来看,组织是以智力资本投资的未来经济收益最大化为目标;个人则以智力资本投资的未来效用最大化为目标,效用包括经济收益和心理满足感等内容。因此,我们基于智力资本投资的概念,考虑数据的易得性,从智力资本不同的投资主体角度考量智力资本投资的构成,构建了智力资本投资的评价指标体系(见表2-13)。

表2-13 国家和地区智力资本投资价值估算表

指标类别	支出范围	2020年	2019年	2018年	……	2014年	2013年	2012年
国家财政的智力资本(A)	教育支出							
	科学技术支出							
	文化旅游体育与传媒支出							
	卫生健康支出							
	节能环保支出							
	资源勘探工业信息等支出							
	合计(亿元)							

续表

指标类别	支出范围	2020年	2019年	2018年	……	2014年	2013年	2012年
城镇居民的智力资本投资（B）	（0）城镇人口数量（亿人）							
	（1）人均医疗保健							
	（2）人均交通通信							
	（3）人均娱乐教育文化服务							
	（4）=（1）+（2）+（3）							
	（5）=（0）×（4）（亿元）							
农村居民的智力资本投资（C）	（0）农村人口数量（亿人）							
	（1）人均医疗保健							
	（2）人均交通通信							
	（3）人均娱乐教育文化服务							
	（4）=（1）+（2）+（3）							
	（5）=（0）×（4）（亿元）							
集体（企业）组织的智力资本投资（D）	民办学校中举办者投入							
	社会捐资经费							
	其他教育经费							
	研究与实验发展（R&D）经费							
	规模以上工业企业新产品开发支出							
	外国技术引进合同金额							
	合计（亿元）							
智力资本投资总计（亿元）（A）+（B）+（C）+（D）								
固定资产投资总额								
国内生产总值								

把区域智力资本投资定义为一定时期内（一般指1年）国家、集体（企业）组织和个人在人力资本、关系资本、过程资本和创新资本等方面的总经费投入：

智力资本投资总量 = 国家财政的智力资本投资（A）+集体组织的智力资本投资（B）+个人的智力资本投资（C+D）

国家财政的智力资本投资主要从国家财政支出部分考虑与智力资本相

关的要素，主要包括教育支出、科学技术支出、文化旅游体育与传媒支出、卫生健康支出、节能环保支出、资源勘探工业信息等支出。集体（企业）组织的智力资本投资主要从企业、社会团体、社会捐赠费用等方面考虑与智力资本相关的要素，主要包括民办学校中举办者投入、社会捐资经费、其他教育经费、研究与实验发展（R&D）经费、规模以上工业企业新产品开发支出、外国技术引进合同金额等。个人的智力资本投资主要指公民个人对智力资本的投资，分为城镇居民和农村居民的个人智力资本投资，从医疗保健、交通通信、娱乐教育文化服务支出方面进行衡量。

本指标体系的特点是：

（1）直接而客观地测度：把间接测度改为直接测度。

（2）简单且较全面地测度智力资本的增量。

（3）数据多数可以从统计年鉴获得。

本指标体系的不足之处是计算国家、个人和集体的智力资本投资时可能有所重复。

3 经济增长和经济发展的相关理论研究

经济增长是经济学研究的核心和永恒议题，经济增长带来经济规模的扩大和经济结构的演进。经济规模的扩张，主要体现一国经济发展的数量变化，而经济结构演进主要反映一国经济发展质量的提高，在这一过程中，产业结构占据重要的地位。一般来说，经济总量扩大并不意味着经济的强大，在经济规模扩大过程中实现产业结构升级对国家或区域的高质量发展至关重要。

经济增长与经济发展可以说是一个老生常谈的经济学议题，并且也是经济学理论中的关键问题之一。人类要生存发展，其前提和基础就是物质产品或物质财富的不断增加与日益丰富。对于一个国家而言，发展的基本目标是百姓富裕和国家富强，只有国家持续稳定的经济增长才能给居民提供更多福祉。在现实生活中，人们一般也不会把经济增长与经济发展加以区分，普遍认为只要经济增长了，就是经济发展了。学术界对这一问题的认识基本有两种观点：第一种观点认为经济增长与经济发展基本上是一回事，经济发展和经济增长没有什么区别。第二种观点认为经济增长与经济发展并不是一回事，两者既有一定的联系，又有根本区别，普遍认为经济增长仅仅指经济总量和人均经济总量在数量上的增加，而经济发展既包括数量的增加，又包括结构的演进。虽然在这种增长过程中也可能伴随结构的变化，但这种变化不是经济增长所追求的主要目标，它的主要目标是数量的增加，而非质的变化。

事实上，在20世纪60年代，第一种观点就受到了现实的挑战，70年代以后，就开始有专家学者区分经济增长和经济发展的概念，1980年出版的《新大英百科全书》将"经济增长"和"经济发展"作为两个词条进行释义,指出经济增长适用于人均收入升高的发达的经济体,经济发展适用于只有糊口水平的不发达的经济体。虽然这种对于经济增长和经济发展的概念释义既不准确严密,也不够全面科学,但标志着人们开始认识到经济增长与经济发展的不同。

随着时间的推移,人们认识到要转变经济增长方式,走可持续发展之路。影响经济增长的主要因素是生产要素投入量的增加和要素使用效率的提高。一国经济发展水平提高客观上要求一国的经济增长方式从粗放型增长向集约型增长转变,经济增长总是在波动中实现的。经济发展从传统经济向现代经济的转变过程包括经济增长和结构变动两个方面,具体表现为一国的工业化、城市化过程。当前,人类面临着越来越严重的资源、环境与经济发展的矛盾。解决这一矛盾的唯一选择就是走可持续发展的道路。

实践充分证明,经济增长包含在经济发展之中,持续稳定的经济增长是促进经济发展的基本动力。此外,"经济增长是一个复杂的经济和社会现象。增长核算方程虽然说明了经济增长的源泉,但在如何认识影响经济增长的因素这个问题上,人们还需要数据做进一步的分析,也需要把有关因素进一步细化。从现实角度看,影响经济增长的因素有很多,正确地认识和估计这些因素对经济增长的贡献和影响,对于理解和认识现实的经济增长和制定促进经济增长的政策都是至关重要的"。

3.1　经济增长的简要演进历程与主要学派

3.1.1　经济增长及其影响因素

关于经济增长,西方学者普遍接受的是库兹涅茨的定义:一国的经济增长可以定义为给居民提供的种类日益繁多的经济产品的能力长期上升,这种不断增长的能力是建立在先进技术以及所需要的制度和思想意识之相应的基础上的。该定义强调增长能力、先进技术以及相应的制度（机制）、思想观念基础。新古典综合学派的代表人物保罗·萨谬尔森将经济增长定义为"一个国家潜在的国民产量，或者潜在的实际 GDP 的增长"。"与之密切相关的是人均产出增长率的提高，它决定一国生活水平提高的速度。"萨缪尔森把经济增长能力具体归结为潜在 GDP 的增长，或者说是一国劳动数量和质量、资本存量、技术开发能力和水平的增长和提高，其中潜在 GDP 通俗来讲就是该国在充分就业状态下所能产生的 GDP。该定义强调潜在 GDP、GDP 和人均产出率的提高，因为收入增长是决定国民生活水平和方方面面能力增长的决定因素。

这两个定义尽管强调的角度不同，但经济学家们认为，GDP 的增长（人均 GDP 增长）、增长能力和技术水平提高，与经济制度、思想观念（教育水平）等因素是相辅相成、互相促进的。一方面，收入增长为劳动者的身体素质、教育机会、技术水平提高、资本积累等经济社会各方面能力的提高和发展提供条件；另一方面，劳动者受教育水平、技术水平、资本存量的提高和增加又会创造更多的收入。因此，经济学家们认为，仅用 GDP 和人均 GDP 增长率指标衡量经济社会增长是不够的，应该有一套综合指标来反映经济社会的增长。马克思对经济增长的看法意在强调社会物质财富的积累过程，注重社会生产的动态过程。在马克思看来，经济增长就是财富的增加、生产的扩大或产出的增多，从社会再生产的角度看，经济增长表现为规模扩大的再生产。由此可见，马克思强调经济增长是指社会物质财富的积累过程，应该从使用价值量和价值量两个方面对其进行深刻的度量和分析。已故著名经济学家高鸿业先生对经济增长这样定义，"一般地，在宏观经济学中，经济增长被定义为产量的增加，这里，产量既可以表示经济的总产量（GDP 总量），也可以表示为人均产量（人均 GDP）。经济增长的程度可用增长率来描述"。于良春教授对经济增长及其影响因素的界定是，"经济增长是指一个国家或地区产品和劳务产品数量的增加。一般用实际国民生产总值（GNP）的增长率来衡量。经济增长是总需求和总供给共同作用的结果。从短期看，由于潜在生产能力变化不大,一国的经济增长主要受总需求的影响,并随总需求水平的变动而变动。从长期看,总需求总会和潜在生产能力一致。因此,经济增长从根本上看只能是潜在生产能力增加的结果。导致潜在生产能力增加的因素有两大类:一类是生产要素投入量的增加;另一类是生产要素使用效率的提高"。

王玉民等教授认为,经济增长是指一个国家或地区产品与劳务总量的增加,即国民经济更多的产业,拥有更高的生产效率。这样,在现代经济学中,经济增长就意味着国民生产总值的增加或人均国民生产总值的增加。在衡量经济增长时,无论是采用国民生产总值还是人均国民生产总值指标,都应采用不变价格计算,以便把物价变动的影响从国民生产总值的数字中剔除。同时,如果考虑人口的增长和价格变动情况,衡量经济增长的标准应该是实际人均国民生产总值的增加。文华教授认为,经济增长通常是指在一个较长的时间跨度内,一个国家人均产出(或人均收入)水平的持续增加。较早的文献中也将一个国家的总产出(或总生产能力)作为考查对象。经济增长方式的衡量指标主要有要素投入的数量及配备比例、经济增长速度、经济总量实现翻番的时间、人均 GDP 的数量。

综上所述,本书认为,经济增长通常是指在一个较长的时间跨度内,一个国家或地区的 GDP 总量或人均 GDP 的持续增加。经济增长率的高低体现了一个国家或地区在一定时期内经济总量的增长速度,也是衡量一个国家或地区总体经济实力增长速度的标志。决定经济增长的直接因素主要有投资量、劳动量、生产率水平。影响经济增长的主要因素是生产要素投入量的增加和要素使用效率的提高。

3.1.1.1 生产要素投入量的增加对经济增长的影响

生产要素指进行物质生产所必需的一切要素及其环境条件。一般而言,生产要素至少包括人的要素、物的要素以及结合因素,具体讲来生产要素主要包括劳动、土地、资本、数据(信息)和技术等。"劳动力是生产要素中能动性的要素,是经济增长的直接推动者。特别是劳动力要素中的企业家才能,更是各种生产要素的灵魂,是经济增长的重要决定因素。从各国经济发展史可以看到,劳动力对经济增长的作用正逐渐从数量推动转向质量推动,特别是第二次世界大战以来,随着科学技术进步带来的劳动生产率的提高和技术密集型产业逐渐替代劳动密集型产业，经济增长对劳动力数量的需求不断下降，而对劳动力质量的需求上升。因而，为提高劳动力质量而进行的人力资本投资构成经济增长的重要源泉。"

在此研究中，一种观点认为资本包括物质资本、人力资本和金融资本，另一种观点认为资本包含一切投入再生产过程的有形资本、无形资本、金融资本和人力资本。物质资本，指在一定时间内用来生产其他产品的物品，比如机器设备、厂房和其他建筑物、运输工具等，主要体现在物质资源的丰缺上。人力资本表示在经济中劳动力自身所具有的体能和潜能方面的综合素质，也指人类自身在经济活动中获得收益的能力，主要体现为劳动力的质量和数量。这种能力还与受教育的程度有着直接联系，教育的普及度在一定程度上决定了国家经济增长的比率。美国经济学家舒尔茨曾在1960年关于"人力资本投资"的演说中提出，人力资本的丰缺在一定程度上决定了不同国家的经济增长。

在现代经济中，人力资本已经成为经济增长的内生要素和重要的源泉，新经济增长理论把人力资本纳入其经济增长模型，阐述了人力资本理论。改革开放以来，中国经济以年均近10%的增速迅猛增长，国内外的学者都对此做过研究，新经济增长理论认为，这种经济的快速增长正是源于人力资本投资。自然资源在不同国家对经济增长的影响不尽相同，而且自然资源在一个国家不同发展阶段对经济增长的影响也是有波动有差别的，一般情况下，随着一国经济发展水平的不断提高和技术的不断进步，自然资源对经济增长的影响会逐步下降。

3.1.1.2 生产效率使用效率的提高对经济增长的影响

实践证明，同样的要素投入，使用效率不同将会产生极不相同的经济增长率。一般认为，影响生产要素使用效率的因素主要有技术进步、劳动者素质提升和制度创新等，其中技术进步主要指通过技术革新、改造、新技术的应用、技术结构的调整和升级来提高生产要素的效率；劳动者素质提升主要包括知识的积累和人力资本的积累；制度创新通常是指对现存的具体的社会经济制度进行体制和机制的改革创新。

于良春教授研究发现，在经济增长中，技术进步是作为一种渗透性要素作用到劳动、资本、自然资源等要素上，通过提高生产要素的质量、系统地改善生产要素的组合过程而提高生产要素的使用效率，促进经济增长。首先，技术进步促进了生产设备技术水平的提高和生产工艺水平的改善，从而提高了投入产出率。其次，技术进步促进了劳动者素质的提高，这不仅使劳动者能与先进的设备、先进的工艺相互配合，并充分发挥作用，而且促进劳动者生活方式的改善和观念的现代化。再次，技术进步促进了宏观和微观管理的改善和提高。最后，技术进步使经济结构发生巨大变革，促进产业结构合理化，从而使宏观结构效益和资源配置效率得到提高。各国经济增长的事实也证明技术进步对经济增长的作用越来越大。美国经济学家库兹涅茨认为，发达国家人均收入的增加有50%—70%来自技术进步带来的生产率提高。特别是随着20世纪90年代知识经济的兴起，科学研究与创新在国民经济持续增长中的支持作用日益增加，从而形成以高新技术产业为主体的知识经济下的经济增长。

劳动者素质提升对经济增长的影响虽然在不同国家是不同的，但总体看劳动者素质提升对经济增长的影响越来越大，研究人力资本对经济增长的影响以及如何提升人力资本对经济增长贡献率的专家学者也越来越多。张勇教授收集整理《新中国60年统计资料汇编》和历年统计年鉴数据，对1978年到2012年底的数据进行分析，通过实证分析发现，推动我国经济增长的关键要素之一就是人力资本，但是简单劳动力和物质资本对经济增长的贡献高于人力资本对经济增长的贡献，并指出我国经济健康发展、持续发展的关键是要提高人力资本对经济增长的贡献。李培泓、张世奇教授以人力资本外部性模型和有效劳动模型为基础，分析了人力资本对经济增长的贡献率，发现增加落后地区人力资本投资对经济增长的贡献具有很大的提升潜力。

制度创新是影响经济增长的关键要素，对经济增长起巨大的推动作用。众所周知，经济体制是影响经济增长的核心因素。马克思主义认为，经济制度是人类社会发展到一定阶段生产关系的总和。一种社会形态经济制度的核心，是该社会的生产制度，以及由此决定的社会分配制度和交换制度。经济体制则是经济制度的具体实现形式，它是人们在经济活动过程中，各种经济行为规则、政府的经济法规、经济的组织制度和监控制度的总和。20世纪70年代以后，以美国经济学家科斯、诺斯等为代表的新制度经济学派深入研究了制度和经济增长的关系。他们认为制度和资本、技术等要素一样，是经济增长的一个内生性变量。诺斯还从历史的角度证明了这样一种情况，即技术条件基本不变，只要经济制度发生变化（包括组织形式的革新、市场制度的变化、经营管理方式的革新、产权制度的变革等），生产率就能提高，经济也能增长。

"诺思关于制度促进经济增长的机制与途径的思想，抓住了制度促进经济增长的机制与途径的最根本方面（即产权激励机制），但它并非制度促进经济增长机制与途径的全部，实际上，制度还可以通过其他机制与途径促进经济增长，例如，马克思就曾揭示建立在私有制基础上的市场经济制度通过竞争与压力机制对经济增长的巨大促进作用，这是我们应该注意的。"经济增长作为人类福利进步的一项基础，其重要性不言而喻。事实上国家间人均收入增长率即便仅存在微小的差距，如果长期持续下去，也会导致相对生活水平的显著差别。"经济增长是经济学研究的核心和永恒的议题，经济增长带来经济规模的扩大和经济结构的演进。经济规模的扩张，主要体现一国经济发展的数量变化，而经济结构演进主要反映一国经济发展质量的提高，在这一过程中，产业结构占据重要的地位。一般来说经济总量扩大并不意味着经济的强大，在经济规模扩大过程中实现产业结构升级对国家或区域的高质量发展至关重要。"

从经济增长的决定因素来看，西方学者区分了经济增长的直接原因与基本原因。直接原因主要是指经济中投入的要素，如与资本和劳动的积累有关，还与能够影响这些生产要素的变量，如规模经济和技术进步有关。经济增长的基本原因是指对一国积累生产要素的能力以及投资于知识生产的能力产生影响的变量，与人口增长、金融部门的影响力、宏观经济环境、政治社会环境、政府规模、收入分配、贸易制度等相关。本书着重研究影响经济增长的直接原因。经济增长不仅取决于资本的增长和劳动力的增长，还取决于技术进步情况，侧重分析智力资本对经济增长以及高质量发展的深远影响。

3.1.2 经济增长理论的简要演进历程和主要学派

经济增长理论200余年的发展历史其实就是经济学200多年的发展史。以拉姆齐1928年的经典论文为分水岭，学术界一般把经济增长理论一分为二。1928年以前是经济增长理论的奠基阶段，这一阶段的增长理论称为古典增长理论；1928年以后是经济增长理论的成熟阶段，这一阶段的增长理论包括新古典增长理论和新经济增长（又称内生增长）理论。

从经济学的发展角度看，古典增长理论先后跨越了古典经济学、新古典经济学两个范式，所以古典经济增长理论其实包括了很多特征完全不同的增长理论。亚当·斯密《国富论》中的"分工促进经济增长"的理论、马尔萨斯《人口原理》中的人口理论、马克思《资本论》中的两部门再生产理论（或马克思再生产图式），都属于古典经济学范式的增长理论。熊彼特《经济发展理论》中的"创新理论"、阿伦·杨格《递增的报酬和经济进步》中的"斯密定理"则可以归入新古典经济学范式的增长理论。

在上述理论中，可以说斯密奠定了经济学史上经济增长理论的基础，"斯密的经济增长理论是比较系统、比较完整的，有其科学之处，他提出的一切生产性劳动创造的物质都是国民财富的观点是当时最科学的论述，他从分工角度论述劳动生产率提高对经济增长的促进作用，积累对经济增长的决定作用，对外贸易对一国经济增长的积极作用等，都有合理性，都是至今值得重视的。他强调谋求国家经济发展需要安定的政治环境，重视初等教育和在职培训，在现代也具有重要的作用。但由于他所处的时代，他极力主张靠经济自由主义激励经济增长，具有时代的烙印"。

3.1.2.1 古典经济学的经济增长理论

古典增长理论是一个丰富多彩的思想库，而这些思想或理论又有着不同的分析框架、不同的研究思路，经济学家很难从大量的原始素材中归纳出系统的结果。可以肯定的是，像马克思的包括制度内生变量的增长理论、熊彼特的强调金融因素与产业资本结合的增长理论等古典增长理论确实包含了比现代增长理论更加丰富的思想元素。我们通常把斯密、李嘉图提出的经济增长理论称作古典经济增长理论，简称古典增长理论。

对古典经济学的经济增长理论及模型的简述与评析：连玥晗教授研究发现，斯密认为分工是促进经济增长的重要因素，人均国民收入是反映一个国家经济状况的主要指标。在如何提高人均国民收入的问题上，斯密认为应该从两个方面来入手：一方面是要提高劳动生产率，在这一点上分工起到了重要作用；另一方面是增加劳动力人口，资本积累可以实现生产性劳动者人数的增加。斯密主张的经济增长理论强调土地资源、劳动力和资本这三个因素对于经济增长的影响作用，其中土地资源由于其特殊性，无法在短时间内增加或是减少，因此可以看成固定要素，相对可变的是劳动力和资本，这两个要素在很大程度上决定了经济增长。李嘉图从收入分配的视角提出了对于经济增长的看法。他认为如果没有资本积累的保障，经济是无法实现不断增长的，而资本积累程度和速度的决定因素是利润，工资和地租又是影响利润的关键因素。工资是生产者用以维持自己及家属的正常生活所必需的所有物质资料的总价格，在当时通货膨胀影响较小，因此工资的数值从长期来看是稳定不变的，而土地价格由供给和需求决定，并且越缺少土地资源的地区地租越昂贵。如果由于土地的稀缺性造成土地价格畸高，利润几乎下降为零，这时经济增长也将停滞。因此，土地价格增长的速度与经济增长快慢呈反向关系，地租增长缓慢的国家或地区具有经济增长优势。李嘉图的经济增长理论从分析影响经济增长要素的角度提出注重收入分配，认为不合理的收入分配制度不仅不利于经济增长，而且在很大程度上阻碍经济运行。他的研究从另一个角度试图解释经济增长背后的秘密，开拓了深层次地研究经济增长的制度、结构以及影响因素的新局面。

古典增长理论的另一个重要特点表现在研究方法上。古典增长理论丰富多彩的思想在很大程度上源于经济学家们不同的研究方法和视角。马克思的经济增长理论完全建立在古典经济学的基础之上，因此，马克思以劳动价值理论、剩余价值理论为主要的分析框架。熊彼特的增长理论则完全是建立在奥地利学派的分析传统之上。

在现代经济学家看来，作为古典经济学家的亚当·斯密、马尔萨斯、马克思等人是将经济理论与增长理论完全结合起来的一代人。如果经济增长研究的是"为什么有的国家远远富于其他国家",那么古典经济学家无疑是真正的增长理论家,古典经济学是经济增长理论发展的第一个高潮。然而,继古典经济学范式之后崛起的新古典经济学范式在性质上发生了重大转变——经济学研究的重点转向了"静态的市场均衡",也就是"供求相等的价格均衡"。

从当代的角度看,宏观经济学对经济增长理论所进行的较有影响的研究分为两个时期:第一个时期是20世纪50年代后期和整个60年代,这个时期的研究产生了新古典增长理论;第二个时期是20世纪80年代后期和90年代初期,这个时期的研究产生了新经济增长(内生增长)理论。

3.1.2.2 新古典经济学的经济增长理论

新古典经济学的经济增长模型的基本假定和思路是这样的:"新古典增长模型建立在一个新古典生产方程体系之上,强调了在一个封闭的没有政府部门的经济中储蓄、人口增长及技术进步对增长的作用,它关注的焦点是经济增长的直接原因。新古典增长模型的基本假定是:(1)经济由一个部门组成,该部门生产一种既可用于投资也可用于消费的商品;(2)该经济为不存在国际贸易的封闭经济,且政府部门的作用可以被忽略;(3)生产的规模报酬不变;(4)该经济的技术进步、人口增长及资本折旧的速度都由外生因素决定;(5)社会储蓄函数为 $S = sY$,s 为储蓄率。"

新古典经济增长理论的主要创立者罗伯特·默顿·索洛(Robert Merton Solow)是美国的杰出经济学家。新古典增长模型是20世纪50年代索洛等人提出的一个增长模型。由于它的基本假设和分析方法沿用了新古典经济学的思路,故被称为新古典增长模型,直到现在该模型仍然是经济增长理论中不可或缺的内容。该模型得出的结论是,经济可以处于稳定增加状态,条件是资本增长率为0,即 $\Delta k = 0$,也就是资本存量不变,此时经济随人口增长率增长。

索洛模型一是假设储蓄全部转化为投资,即储蓄—投资转化率假设为1;二是假设投资的边际收益率递减,即投资的规模收益是常数;三是修正了哈罗德—多马模型的生产技术假设,采用资本和劳动可替代的新古典科布—道格拉斯生产函数，从而解决了哈罗德—多马模型中经济增长率与人口增长率不能自发相等的问题。

继索洛的开创性工作之后，许多在此基础上的扩充模型被不断提出。例如实际经济周期理论（Real Business Cycle Theory）就是在索洛模型基础上考虑最优消费问题的一个崭新的新古典派经济学基础理论。但是，这些模型基本上把技术进步视为某种外生的冲击，与20世纪80年代中后期产生的注重技术进步内生化的新经济增长模型（或内生经济增长模型）形成鲜明对照。除此以外，对新古典经济增长理论做出重大贡献的还有英国经济学家斯旺。对于新古典经济学来说，从短期来看，起决定性作用的其实是劳动力和资本积累的增加，但是从长远角度看，起决定性作用的其实是技术进步。

连明晗教授研究发现，索洛在1956—1957年的几篇文章中阐述了他对经济增长问题的认识，他认为从长期来看技术进步才是经济增长的源泉，而不是投资或储蓄。此后经济学家纷纷通过经济增长实证分析证实了索洛的观点，发现从经济增长中剥离出资本和劳动的作用之外，还有一部分经济增长率无法用投入要素来表示，因此将它归结为一个外生因子，也就是技术进步。在索洛观点的基础上，斯旺、萨缪尔森和托宾等人对模型进行了补充和扩展，由此形成新古典经济增长模型。这个模型的主要命题是：第一，产出的增长在长期是一个稳定的函数，与储蓄和投资占GDP的比例无关，只与劳动力增长率有关，劳动力增长率越高，产出就相应地越多。第二，储蓄—投资比正向决定人均收入水平，而人口增长与其呈反向关系，人口众多的国家往往人均收入水平较低，从而经济发展较慢。第三，在一定条件下，人均资本较少的穷国由于具有发展起点低、发展空间巨大等特点，其经济增长速度比人均资本多的富国要快，这会导致全世界经济发展水平趋同现象的发生。

"根据前面介绍的新古典增长模型，储蓄率可以影响稳态的人均资本水平，人均资本水平继而决定人均产量。从全社会的角度看，产出可用于消费和积累（储蓄）两个方面。产出一定时，消费多了，积累就少了，反之亦然。因此，这里存在一个如何处理积累与消费关系的问题。显然，对这个问题的回答取决于人们对经济发展目标的认识。一些西方学者认为，经济增长是一个长期的动态过程，因此提高一个国家的人均消费水平是一个国家经济发展的根本目的。在这一认识下，美国经济学家费尔普斯于1961年找到了与人均消费最大化相联系的人均资本应满足的关系式，这一关系式被称为资本的黄金律水平。"

新古典经济增长理论在相关生产函数中强调并且引入了技术进步的因素，表明经济长期增长的决定性因素其实是技术进步。尽管从各个方面来看，新古典增长理论存在很多优点，但是每一个事物都有两面性，新古典增长理论也存在着一个重大的缺陷：没有合理解释各国之间长期存在的经济增长差异现象。新古典经济理论之中有一个十分重要的理论，也就是我们通常所讲的收敛理论。这就表明，在长期发展过程中，每个国家的经济增长速度会趋于一致，各国的长期经济增长率和技术的进步率是一个相对平衡的状态，但是技术进步作为一种外生因素，获得它的机会对世界各国来说都是一样的，所以各个国家的经济增长率最终会趋于一致。从理论上看，这样说确实没有问题，但从事实角度来说，根本不是这样。新古典增长理论将技术进步归于一种外生的因素，但是又没有表明技术进步是出自何处。

新古典增长理论以资本积累为核心，以资本积累机制的递减规律为基本假设，核心是新古典生产函数和资本积累方程，基本结论是资本收益递减规律（源于新古典生产函数）导致资本积累动力的逐渐消减；除非存在外生的人口增长或技术进步，经济不可能实现持续增长；政府政策只有水平效应，没有增长效应。在新古典模型中，有效劳动的增长率是外生给定的。因此，新古典模型并没有对这种差异做出任何经济解释。总之，尽管新古典增长理论在逻辑上符合经验事实，它的解释力度却是远远不够的：外生的技术进步远远不能揭示经济增长的内在机制。然而不得不说的是，正是由于新古典增长理论存在着十分明显的缺陷，在此基础之上，才产生了新经济增长理论。

3.1.2.3 新经济增长理论

20世纪80年代中期以来，以卢卡斯和娜莫作为代表的新经济增长理论经过 20 多年默默无闻的阶段，迎来了新的发展契机。新经济增长理论又称"内生增长理论"，表示实际的人均 GDP 增长是因为人们在追求各大利润中所做出的重要选择，而且这种增长是能够无限持续下去的。这种内生增长理论是基于新古典经济增长模型发展起来的，从某种意义上说，内生增长理论的突破在于放开了新古典增长理论的假设，并把相关变量内生化。

新经济增长理论的重要内容之一是把新古典增长模型中的"劳动力"的定义扩大为人力资本投资，即人力不仅包括绝对的劳动力数量和该国所处的平均技术水平，还包括劳动力受教育水平、生产技能训练和相互协作能力的培养等，这些统称为"人力资本"。美国经济学家保罗·罗默 1990 年提出技术进步内生增长模型，在理论上第一次提出了技术进步内生的增长模型，把经济增长建立在内生技术进步上。技术进步内生增长模型的基础一是技术进步是经济增长的核心；二是大部分技术进步是出于市场激励而导致的有意识行为的结果；三是知识商品可反复使用，无需追加成本，成本只是生产开发本身的成本。

新经济增长理论主要模型述评：

（1）西奥多·舒尔茨（Theodore William Schultz）人力资本理论（1960）。舒尔茨提出，人力资本概念需要像其他形式的资本概念一样纳入分析体系，提出对人力资本的投资和回报理论，指出人力资本的累积是社会经济增长的源泉，是解决贫困问题的唯一真正的途径。他的另一个主要观点是教育也是使个人收入的社会分配趋于平等的因素。人力资本可以使经济增长，增加个人收入，从而使个人收入社会分配的不平等现象趋于减少。因为通过教育可以提高人的知识和技能，提高生产能力，从而增加个人收入，使个人工资和薪金结构发生变化。舒尔茨认为个人收入的增长和个人收入差别缩小的根本原因是人们受教育水平普遍提高，是人力资本投资的结果。

（2）阿罗（Kenneth J. Arrow）模型（1962）。假定全经济范围内存在技术溢出，因此不存在政府干预时的竞争性均衡是一种社会次优，均衡增长率低于社会最优增长率，政府可以采取适当政策提高经济增长率，使经济实现帕累托最优状态,将技术进步解释为由经济系统决定的内生变量。

(3) 宇泽弘文 (Hirofumi Uzawa) 两部门模型 (1965)。假定经济中存在一个生产人力资源的教育部门,将索洛模型中的外生技术进步内生化。由于人力资本部门的生产函数具有线性规模收益不变的特点,并且经济中不存在任何固定的生产要素,经济将实现平衡增长。

(4) 罗默 (Paul M. Romer) 知识溢出模型 (1986)。内生的技术进步是经济增长的唯一源泉。罗默的生产函数模型是新经济增长理论之中最具有代表性,也是最重要的函数模型之一。罗默于1990年给出了第二个模型,其中假设有四种投入,即资本、劳动、人力资本和技术,假设经济中有三种类型的部门,即研究部门、中间产品部门、最终产品部门。罗默认为:第一,最终产品 Y 是劳动力 X、物资资本 L 和用于最终产品生产的人力资本 H 的函数。第二,中间产品的生产指对资本品的生产。第三,研究部门的投入是人力资本量和已有的知识存量,产出是新技术。

罗默模型的合理性在于:一是罗默承认知识能提高投资收益,从而说明了一定时期内投资收益率的现象和各国经济增长率的非收敛性及长期收益增长的原因。二是新古典理论认为技术进步只是外生因素决定的、偶然的、无成本的资源,而罗默等人的理论认为知识是一个生产要素,经济活动则像在机器上投资一样需要在知识上投资。三是罗默承认投资促进知识积累,知识又刺激投资,两者间形成一种良性循环,从而得出投资的持续增长能永久性提高增长率的结论。这曾是传统理论一直否定的观点。罗默的模型较为系统地分析了知识与技术对经济增长的作用,强调研究与开发对经济增长贡献的实际价值,这与事实相符。其存在的主要缺陷是没有研究初始的人力资本状况和缺少对人力资本总量不变的假定。

(5) 卢卡斯 (Robert E. Lucas, Jr.) 人力资本溢出模型 (1988)。假定存在全经济范围内的人力资本外部性,其由人力资本溢出造成。人力资本既具有内部效应,又具有外部效应。具体来说,就是人力资本的积累,可以通过各种外部性的作用机制,实现各种经济系统的持续增长。

(6) 巴罗 (Robert J. Barro) 模型 (1990)。这一模型又包括两个分支:公共产品模型和拥塞模型。假定政府提供公共产品,政府产品具有非竞争性和非排他性。政府是推动经济增长的决定力量。政府服务使生产呈现规模收益递增，使经济得以实现内生增长。

综合新经济增长理论中有代表性的几个模型，它们所具有的主要共性，一是经济可持续增长，并且是内生因素的作用；二是内生技术进步是经济增长的决定因素，技术进步是追求利润最大化的厂商投资意愿的体现；三是技术、人力资本有溢出效应，这是存在经济持续增长必不可少的条件；四是国际知识和贸易流动对一国经济增长存在重要影响；五是不存在政府干预时，经济均衡增长通常表现为社会次优，增长率低于社会最优增长率；六是经济政策影响经济的长期增长率，政府向研究开发活动提供补贴有助于促进经济增长；七是普遍采用动态一般均衡分析法构建模型。

新经济增长理论将生产技术作为经济系统中的一个内生变量，其研究框架也实现了一定程度的突破，将人力资本、知识技术都引入经济增长模型，表明经济增长长期持续的关键性问题就在于对人力资本和技术进步的相关投资。这也强调了长期以来一直被主流经济学忽视的相关经济联系的重要因素。因此，从一定层面上讲，这一研究的理论框架其实是比较合理的。新经济增长理论主要实现了以下几点突破：

其一，新经济增长理论将知识和专业化的人力资本引入增长模式，认为知识和专业化的人力资本积累可以产生递增收益并使其他投入要素的收益递增，进而使总的规模收益递增，这就说明了经济增长持续和永久的源泉与动力。其二，新经济增长理论对新古典增长理论的一个重要修正是，放弃了技术外生化的假定，突出技术的内生性，强调大部分技术或知识经济主体源于利润最大化的有意识投资。其三，新经济增长理论指出了边干边学以及知识外溢在经济发展中的重要作用。其四，新经济增长理论强调发展中国家在经济发展过程中对外开放的重要性，并认为国与国之间发展对外贸易不仅可以增加对外贸易的总量，而且可以加速世界先进知识、技术和人力资本在世界范围内的流动与融合，使参与贸易各国的知识、技术和人力资本水平得到迅速提高，获取边干边学和知识外溢效应。其五，与新古典增长理论不同的是，新经济增长理论重新确立了政府政策在经济发展中的地位和作用，研究总结出一套维持并促进长期增长的经济政策。

新经济增长理论也具有一定的局限性，它在强调人力资本、知识、技术的重要性的同时，却忽略了市场、制度等各大相关因素的影响。一定的实践证明，这一理论并不符合发展中国家的现实基础。

在过去几十年的发展过程之中，相关国家的经济结构与制度背景等各种重要的变量都发生了根本性的变化，但是经济学家并没有在相关的内生增长理论的框架之中考虑这些变化。主要原因就是因为在成熟的西方经济之中，这些相关的变量只能被看作一种常量。即使从各个方面来看，内生增长理论不可避免都会存在或大或小的缺陷，但是对于新古典增长理论来说，内生增长理论在个别国家的应用及传播速度十分迅速，经济高速发展为内生增长理论的应用提供了大量的实质性证据，促进了这种理论的不断完善与发展。从未来的相关发展可以看出，内生增长理论的发展一定会沿着两个方向不断进行：一个是非线性动态模型的路线，另一个是计量检验的研究。通过这两个方向的研究，新古典经济增长理论的作用将得到更好的发挥。

从本质上讲，新经济增长理论这种内生增长理论试图解释在新古典增长模型中作为外生变量的技术进步变量。由以上分析我们可以看到，政府可以通过对决定经济增长的三个因素（即技术进步、资本形成、劳动投入）施加影响，从而制定促进经济增长的制度政策。

3.1.2.4 凯恩斯主义经济学

凯恩斯主义经济学（也称凯恩斯主义）是建立在凯恩斯著作《就业、利息和货币通论》的思想基础上的经济理论，主张国家采用扩张性的经济政策，通过增加需求促进经济增长，即扩大政府开支、实行赤字财政、刺激经济、维持繁荣。凯恩斯经济理论指出，宏观经济趋向会制约个人的特定行为。18世纪晚期以来的政治经济学或者经济学建立在不断发展生产从而增加经济产出的观点上。凯恩斯则认为对商品总需求的减少是经济衰退的主要原因。由此出发，他指出维持整体经济活动数据平衡的措施可以在宏观上平衡供给和需求。因此凯恩斯和其他建立在凯恩斯理论基础上的经济学理论被称为宏观经济学，同注重研究个人行为的微观经济学区别开来。

需要补充说明的是，凯恩斯主义经济学涉及经济学中多领域的分析研究，严格意义上讲不隶属于经济增长理论，因为凯恩斯主义经济学本来主要是用来解释短期经济波动的，而非经济增长，一般的西方经济学著作也习惯于把它放在其他章节来论述，但在实践中慢慢演变到现在成了广为流传的解释经济增长的经济学模型，而且对不少国家的经济增长产生了广泛而深远的影响。本书将其作为经济增长的相关理论进行简要探讨。

凯恩斯主义经济学与新古典宏观经济学的关系：新古典宏观经济学和凯恩斯主义经济学是现代宏观经济学的两大主流学派。这两个学派的根本区别在于承不承认市场的不完整性，承不承认政府干预的必要性。

新古典宏观经济学坚持强调市场的完善性，认为追求自身利益的经济主体对未来具有理性预期并会据此行动，因而一切经济资源的价格会迅速调整，达到市场出清，经济自动趋向均衡。这样，政府对经济的一切干预都是不必要的，也是无效的。如果政府采取超越人们预期的突如其来的政策干预行动，短期内可能使经济偏离均衡，但会使经济走向更大的非均衡，因此政府对经济的任何干预都是利少弊多。不管他们的理论结果多么精致、完善，精神实质始终是一句话：彻底的经济自由。凯恩斯主义则坚持市场的不完善性，认为追求自身利益的经济主体不可能对未来洞察一切并据此行动，因此一切经济资源的价格难以迅速调整并达到市场出清。经济从非均衡走到充分均衡需要一个相当长的过程，在此期间，经济会遭受损失，因此政府的政策干预是必要的，也是有益的。该学派的理论结构并不精致、完善，而且说法不一，缺乏统一的理论体系，但实质也始终是一句话：政府干预是必要的。

这两派的理论观点和政策主张，我们不能说谁是谁非，而只能说哪一派的观点和主张较符合真实世界。从这一点看，新凯恩斯主义可能比新古典宏观经济学更符合实际些。根本原因在于，新古典宏观经济学关于经济主体在经济活动中能理性预期的假定条件实在太苛刻。

凯恩斯主义经济学简单地说就是总需求理论。相对于新古典增长模式从总供给（生产）方面研究经济增长，凯恩斯主义理论是从需求方面思考经济增长。这一理论建立在"总需求＝投资＋消费＋净出口"这个统计恒等式基础上，因而认为经济增长决定于投资、消费和净出口这三个变量，如同新古典模型中经济增长决定于资本、劳动和全要素生产率一样。这就是所谓的"三驾马车"增长理论。凯恩斯的理论和政策主张也被实践证明，完全克服市场失灵问题是不可能的。凯恩斯主义经济学所说的政府必须干预经济这一极其深远的影响不会逐渐消散，反而会出现与时俱进的效应，也就是实现"有效市场"和"有为政府"的结合。

第二次世界大战后，一些资本主义国家的政府将凯恩斯主义作为国家政策发布实施，这足以说明凯恩斯在资本主义国家政治经济中的重要地位。第二次世界大战后，许多国家或多或少地实施了一些政府干预经济的凯恩斯主义经济政策，并取得了显著成效。同时，按照凯恩斯的"有效性不足"原则，治理的目标之一是保持充分就业，积极扩大公共支出，想方设法扩大就业，为特困人员提供必要的社会保障。这些措施在一定程度上缓解了基本的社会矛盾，也部分改善了资本主义固有的弊端。这些都对促进战后经济的恢复和发展起到了重要的推动作用。

3.1.2.5 现代经济增长理论

通常认为，现代经济增长理论有两个起点，一个起点是哈罗德—多马模型的提出，另一个是美国经济学家 E.D. 多马的《资本扩充、增长率和就业》（1946）和《扩充和就业》（1947）两篇论文的发表。

（1）哈罗德—多马模型及主要论点。哈罗德和多马为研究经济增长而建立的理论模型，是当代增长经济学中的第一个广为流行的经济增长模型，通常称为哈罗德—多马经济增长模型。他们的出发点都是凯恩斯的"有效需求原理"。该模型是现代经济增长理论的主体，一般称为现代增长理论。它显示了一个国家国民收入增长过程和在这个过程中储蓄、投资、要素投入量和产量等基本元素之间的因果关系。该模型在凯恩斯就业理论的基础上发展起来，把凯恩斯的短期比较静态分析引向长期、动态分析。哈罗德和多马认为，从长期看：一方面储蓄是一个重要因素，因为投资来源于储蓄；另一方面投资显现了两重作用，即扩大投资不但能增加有效需求和国民收入，而且还增加了资本存量和生产能力。通过扩大投资解决失业问题，就必需在下一时期增加更多的支出，才能保证新增加的资本存量及其潜在的生产能力得到充分利用。除此之外，长期来看，人口必然增加，技术也会进步。一国经济要实现长期的稳定增长，就要在以上各因素之间取得平衡。哈罗德在他的增长模型中提出实际的、合意的和自然的三种增长率来说明他的实现稳定增长的论点。

哈罗德模型有这样一些假定：①社会的全部产品只有一种，这意味着全社会所有产品不是用作消费品，就是用作投资品，故称为一个部门的增长模型；②规模报酬不变；③资本—产量比（K/Y）、劳动—产量比（L/Y）以及资本—劳动比（K/L）在增长过程中始终保持不变；④不存在技术进步，资本存量为 K 且没有折旧。

针对哈罗德模型的缺陷，在 20 世纪 50 年代中期几乎同时出现两种新的增长理论体系。一个是新古典学派增长理论，另一个是新剑桥学派增长理论。新古典学派在增长模型中引入新古典的生产函数，即生产中使用资本和劳动两种生产要素，并且假定两者可以互相代替。这意味着哈罗德模型中的资本—产出比 C 是可变的，不再是常数。新剑桥学派增长理论的代表人物是英国的 N. 卡尔多。他的增长模型引进了储蓄函数的概念，即由于收入水平的差别，资本家和工人的储蓄倾向不同，前者的储蓄倾向大于后者。他认为通过收入分配的调整可以使全社会的储蓄比例 s 具有实现均衡增长所需要的数值。其过程是，在两个阶级储蓄倾向不变的情况下，如果增加投资，首先引起物价上涨和利润增长，资本家收入增加导致储蓄量的增加，从而扩大了全社会的储蓄水平，一直到和增加的投资相适应为止。

（2）丹尼森的经济增长因素理论。美国经济学家丹尼森的经济增长因素理论又称经济增长要素分析理论，是一种通过对影响经济增长的因素及其在经济增长中的作用进行数量分析和国别比较，寻求更快增长的理论。他在《美国经济增长因素和我们面临的选择》一书中具体估计了各种因素在经济增长中的重要性。该著作中有关教育年限和知识进展等经济增长因素的分析和计量，对于我们认识智力投资对现代经济增长的巨大作用，具有较高的借鉴价值。

丹尼森把经济增长因素分为两大类：生产要素投入量和生产要素生产率。前者包括劳动力数量增加、资本和土地投入的结果，其中土地因素默认为不变的，其他两个因素是可变的。后者包括资源配置的改善、市场范围和规模的扩大、知识进展和在生产上的应用。生产要素生产率是产量与投入量之比，即单位投入量的产出量。生产要素生产率取决于资源配置、规模经济和知识进展。具体讲来，丹尼森把经济增长因素归结为六个：一是劳动，二是资本存量的规模，三是资源配置的状况，四是规模经济，五是知识进展和应用，六是其他影响单位投入产量的因素。

丹尼森进行经济增长因素分析的目的，是通过量的测定，把产量增长按照各个增长因素所做的贡献，分配到各个增长因素上去，分配的结果用来比较长期经济增长中各个因素的相对重要性。丹尼森根据美国历史和已有的统计数据对上述各个增长因素进行了分析和考察。

丹尼森在《美国经济增长的来源和我们面临的抉择》（1962）一书中建立增长来源的分析和估算体系。他首先扩大要素投入量的种类，把影响效率和使用人力和非人力生产要素的各种质的因素包括进去。例如，在劳动投入量中估算平均周工时的减少，工时的"年龄—性别"构成的变动，职工教育水平的提高等因素对劳动投入量的影响。其次，他确定每单位投入量的产出量的变化（即全部要素生产率）来源于以下四类因素：一是长期因素，主要指包括技术知识和经营管理知识在内的知识进展和反映大规模生产利益的规模经济效益；二是过渡性因素，主要指农业劳动力向非农业企业转移和小业主及其家属转变为工资劳动者后，由于生产率的提高所获得的（人力）资源再分配的利益；三是短期因素，指气候对农业收成的影响以及罢工事件、繁荣和危机期间需求变动对生产资源利用率的影响；四是立法环境和人类环境的变化，主要指治理污染和加强职工安全和保健等费用的增加，它是增长率的抵消项目。知识进展一项在其他各项因素的增长确定以后才能计算出来，因此它是余值。再次，计算各种增长因素对经济增长所做的贡献。根据丹尼森的《较慢经济增长的核算：70年代的美国》（1979）一书中的计算结果，美国非住宅性企业领域中，1948—1973年实际国民收入年平均增长率为3.56%，其中1.58个百分点来源于全部要素投入量的增长，其余的1.98个百分点来源于每单位投入量的产出量的增加。前者占该期实际国民收入增长率的44%，后者占56%。后者对实际国民收入的增长所作的贡献大于前者。根据这些分析，他认为知识进展、就业量的增长、教育水平的提高、资本投入量的增加和规模经济效益等是美国经济增长的主要来源。丹尼森对增长来源进行的质的分析和量的估算获得了一定的成功。但是他的估算仍然存在一些问题：首先是有些估算掺杂着主观成分。例如，他硬性规定国民收入每增长1%，整个经济中规模经济效益等于它的10%，这项规定无法得到验证。其次是经济增长和教育水平的提高有密切关系，但是测定它们之间的量的关系十分困难，因为职工的技巧和知识有很大一部分是在正规教育以外获得的。再次是知识进展是最后的余值。它包括所有没有明确的因素，也包括对已经明确的各种来源估算的误差。因此精确估算知识进展的问题仍然没有得到彻底的解决。

丹尼森得出的结论是：知识进展和应用是发达资本主义国家最重要的增长因素，包括"知识进展"和"知识应用的延迟时间缩短"，属于生产要素单位投入量中的项目。他的经济增长因素理论贡献主要体现在以下几方面：一是关于"知识进展"的范围。丹尼森认为知识进展包括技术知识、管理知识的进步和由于采用新的知识而产生的结构、设备的更有效的设计，包括从国内的和国外的有组织的研究、个别研究人员和发明家，或者从简单的观察和经验中得来的知识、技术知识和管理知识同等重要。他认为所谓的技术知识是，关于物品的具体性质和如何具体地制造、组合以及使用他们的知识；所谓的管理知识是广义的管理技术和有关企业组织的知识。这种知识的进展应归功于社会生产上的专业知识的增加。特别是人类知识量的扩大和学校传授越来越多的知识、信息，以及受到较好教育的积极作用，都是对经济增长贡献的"知识进展"因素的一部分。任何一个地方的科学发现、科学理论或者有关新产品、新物资、新技术和新经验的知识进展，会很快扩散，因此来源于外地和国外的知识进展对经济增长也是很重要的。二是关于"知识进展"中知识从熟知到应用的延迟时间。他的结论是知识进展到其实际应用之间的"延迟时间"的任何变化，对于美国 1929—1969 年的增长率的影响都是轻微的。三是用余数分析法对知识进展作用进行量的估计。他把知识进展对经济增长的贡献作为"剩余"估算出来。所谓"剩余",也叫"余数"或"余值",是指国民经济中得不到明确解释的增长部分,即从经济增长率中减去所有可指出的增长因素作用后剩余的余数。四是对教育的经济贡献的估算。知识进展和应用与教育密切相关,在很大程度上是教育的结果,由此对经济增长做出的贡献,被认为是教育的间接效益。按照丹尼森的假定和推算,教育对经济增长的贡献是很大的。

(3) 新剑桥增长模型及主要论点。新剑桥经济增长模型是现代凯恩斯主义新剑桥学派的经济增长模型,由英国的琼·罗宾逊(Joan Robinson)、卡尔多,意大利的帕森奈蒂提出。琼·罗宾逊 1933 年出版的经济著作《不完全竞争经济学》对于促进凯恩斯经济思想的形成曾起过相当重要的作用。1936 年,凯恩斯的《就业、利息和货币通论》问世后,她成了一个重要的凯恩斯主义者。从 20 世纪 50 年代起,她与新古典综合派论战,动摇了新古典综合派分配论的根基,同时使她成了新剑桥学派最著名的代表人物和实际领袖,在西方经济学界以"凯恩斯学派"代表人物著称。她对马克思列宁主义经济理论也作过比较深入的研究,并曾提出"向马克思学习"的口号。其 1973 年与约翰·伊特韦尔合写的《现代经济学导论》被认为是新剑桥学派阐述经济问题的入门书。

新剑桥模式的主要结论:第一,在经济增长中,收入分配有利于资本家,不利于工人。经济增长中收入分配的趋势是:利润在国民收入中的比例越来越大,工资所占比重越来越小。第二,经济增长加剧了收入分配的比例失调,收入分配的比例失调反过来又影响经济增长,并引起资本主义的经济和社会问题。这一结论与新古典学派认为经济问题来源于有效需求不足的观点完全不同。第三,要解决资本主义的经济与社会问题,根本途径不是实现经济的高速增长,而是实现收入的均等化。第四,要实现经济稳定、均衡地增长,根本办法不是调节资本—产出比例或促进技术进步,而是调节储蓄率,即调整资本收入(利润)和劳动收入(工资)在国民收入分配中的比例。

新剑桥经济增长模型具有以下特点：第一，模型是哈罗德—多马模型的延伸，其基本观点是增长率决定于储蓄率或投资率，而资本—产出比例是固定不变的。第二，模型把经济增长与收入分配结合起来，说明经济增长过程中收入分配的变化趋势以及收入分配关系对经济增长的影响。第三，模型认为：在社会分化为两个阶级"资本家和工人"的条件下，经济增长加剧了收入分配比例失调，收入分配比例失调反过来又影响经济增长。要解决这一问题，重要的不是简单地谋求经济快速增长，而是消除收入分配比例失调。第四，模型否定了新古典经济增长模型的思路，即持续稳定增长取决于投入要素比例的变化和技术进步，而认为要实现持续稳定增长必须靠国家政策对分配比例失调进行干预。

新剑桥增长模型旨在说明资本主义社会结构的症结在于国民收入分配的失衡，因而解决资本主义社会问题的途径不在于加速经济增长，而在于实现收入分配的均等化，这种改良主义的观点和主张使其博得"凯恩斯左派"的称号。新剑桥学派的基本特征是以历史的、收入分配的结构分析为凯恩斯宏观经济分析的理论基础。其分配理论是经济增长理论紧密结合在一起的动态分析方式，力图以劳动价值论为理论基础，抛弃了新古典学派在分配理论上的辩护性，不回避分配问题中所蕴藏的阶级结构。"它无非是用数学语言说出马克思早已道出的一个历史现象，即利润收入者所得恰好是工资收入者所失。"

3.2　经济发展理论的简要演进历程与主要学派

3.2.1　经济发展及其主要影响因素

一般认为经济发展是指追求自身利益最大化的人们，通过不断的技术经济组织和社会经济制度创新，使其经济总福利在经济总规模持续扩张的过程中得以不断改善。

1958年，美国经济学家金德尔伯格在《经济发展》一书中认为经济发展的一般定义包括物质福利的改善，尤其是对贫困线以下的人而言；根除民众的贫困和与此关联的文盲、疾病及过早死亡；改变投入与产出的结构，包括把生产的基础结构从农业转向工业；实现适龄劳动人口的生产性就业，而不只是由少数具有特权者来组织经济活动；相应地使具备广泛基础的利益集团更多地参与决策，以增进公众福利。经济学家们还设计了许多衡量经济发展的指标：如人均收入、文盲率、平均寿命、人均每天蛋白质消耗量、医生在千人中的占比，以及人均能源消耗量等。这一系列的分析研究丰富了经济发展的内涵。

已故著名经济学家高鸿业先生对经济发展这样定义，"如果说经济增长是一个'量'的概念，那么经济发展就是一个比较复杂的'质'的概念。从广泛意义上说，经济发展不仅包括经济增长，还包括国民的生活质量，以及整个社会各个不同方面的总体进步。总之，经济发展是反映一个经济社会总体发展水平的综合性概念"。于良春教授对经济发展这样定义，"经济发展不仅意味着一个国家（地区）产品、劳务产出量的持续增加（经济增长）和经济结构的变化，而且还意味着整个社会面貌的变化；经济发展的本质意义就是社会全体成员物质、文化生活质量的不断提高"。

文华教授认为，经济发展是指在经济增长基础上，一个国家经济与社会结构的现代化演进过程，即一个国家经济、政治、社会文化、自然环境和结构变化等方面均衡、持续和协调的发展。经济发展方式的衡量指标除经济增长方式的指标外，还包括社会发展指标，如人口总数和净增率、国内发展指数、城市化水平、三次产业结构、居民居住条件、每千人口医生数、人口平均预期寿命、政府廉政指数等；教育发展指标，如公共教育经费占GDP的比重、国民平均受教育年限、在校大学生占适龄人口的比重等；社会公平与稳定指标，如基尼系数、恩格尔系数、国民幸福指数、可持续经济福利指数、收入差距警戒线、收入阶层结构标准、贫困发生率、社会保障覆盖率等；环境指标，如自然资源和能源利用效率、环境污染综合指数等。

王玉民等教授认为，经济发展是指一国经济从不发达状态转变到发达状态的历史过程。它本身既包含着经济活动数量关系变化的范畴，如经济增长，产量、产值的增加，经济效率提高等；又包含着经济活动质量关系的变动，如产业结构、产出结构的改变，以及政治体制、文化法律，甚至观念、习俗等社会诸方面的变革。可见，经济增长的内涵较狭窄，是一个偏重于数量的概念；而经济发展的内涵较广，是一个既包含经济增长，又比经济增长更深刻的经济活动方式质量的概念，它更注重于结构协调和优化。

　　孙艳丽教授等发现，经济发展的主要内容包括三个方面：一是经济社会结构性的转变，如城乡人口结构、产业结构、就业结构、社会阶层结构、收入分配结构等的深刻变化；二是经济社会质的方面的改善，如生活质量改善、生态环境良好、文化程度提高、人的素质提高、人力资本积累、经济增长注重效益性等等；三是国民经济量的增长和扩张，如增长速度、人均国民生产总值等指标的变化。

　　综上所述，本书认为，经济发展一般是指一个国家或地区随着经济增长而出现的经济、社会和政治的整体改善，它是连续的动态的，伴随着生产结构、分配结构和消费结构变化的经济增长过程。具体地说，经济发展的内涵包括三个方面：一是经济数量的增长，即一个国家或地区产品和劳务通过增加投入或提高效率获得更多的产出，是构成经济发展的物质基础；二是经济结构的优化，即一个国家或地区投入结构、产出结构、分配结构、消费结构以及人口结构等各种结构的协调和优化，是经济发展的必然环节；三是经济质量的提高，即一个国家或地区经济效益水平、社会和个人福利水平、居民实际生活质量、经济稳定程度、自然生态环境改善程度，以及政治、文化和人的现代化，是经济发展的最终标志。简而言之，经济发展就是在经济增长的基础上，一个国家或地区经济结构和社会结构持续高级化的创新过程或变化过程。

3.2.2 经济发展理论的理论依据与主要学派

经济发展理论是研究在经济增长的基础上，一个国家经济与社会结构现代化演进过程的理论。经济发展理论是以发展中国家经济发展为研究对象，而发展中国家的经济发展问题自第二次世界大战以来一直是当今世界经济学家们关注和讨论的焦点。

文华教授研究发现，经济发展的理论依据有人的需要与全面发展理论、均衡发展理论、福利经济学、分享经济理论、创新理论（诺思等人的制度创新理论、熊彼特等人的技术创新理论）、可持续发展理论（人口与资源和环境协调理论、增长代价理论、自然回归理论、持续提升人类生活质量理论、生态发展理论）等。

虽然发展经济学形成于20世纪40—50年代，但关于经济发展的思想在经济史上源远流长，可以追溯到古典经济学时代，甚至更早。这些萌芽思想对当代经济发展理论的形成产生了极大的影响，其中代表性人物和著作有亚当·斯密的《国富论》、大卫·李嘉图的《政治经济学及其赋税原理》、马尔萨斯的《人口原理》《政治经济学原理》、卡尔·马克思的《资本论》等。从研究对象来看，这些早期思想实际上研究的是发达国家本身的增长问题，从研究内容来看，它们多是有关经济增长的较为支离破碎的论述，因缺乏系统性和全面性，它们还不能称为经济发展理论。直到20世纪初期熊彼特的《经济发展理论——对于利润、资本、信贷、利息和经济周期的考察》一书问世，这是西方经济学第一本用"创新理论"来解释和阐述资本主义的产生和发展的专著。

20世纪50—60年代前，传统理论认为，经济发展意味着国家财富增加和劳务生产规模增大以及人均国民生产总值提高。60年代后，这种观点受到国家现实的若干挑战。一些国家人均国民生产总值迅速增长，但其社会、政治和经济结构并未得到相应改善，贫困和收入分配不公正情况仍十分严重。因此，经济学家把经济发展同经济增长区别开来。其中，经济发展具有更加丰富的内涵，不仅涉及物质增长，而且涉及社会、经济制度以及文化的演变：既抓紧经济规模在数量上的扩大，又着重于经济活动效率的改进，同时认识到这是一个长期、动态的进化过程。

作为20世纪60年代初出现于欧洲和美国的一个跨学科新领域，发展研究有广义和狭义之分。前者从全球角度阐明各国、各地区社会经济发展的历史与现状，探讨社会变迁的一般规律。后者以相对贫困的第三世界发展中国家政治、经济、社会、文化的发展问题为对象，探讨其现代化的理论、模式、战略方针乃至具体政策。大致有"现代化理论""依附论"和"世界体系论"三个不同学派，从不同角度对第三世界国家的发展问题作出解释。"现代化理论"着重探讨内部因素在从"传统社会"向"现代社会"转变过程中的决定性作用。这些国家接受西方发达国家的先进技术、文化价值观后，势必重复发达国家的历史道路。"依附论"认为第三世界不发达的主要原因在于殖民主义和"依附性"。认为这些国家有迥异的发展起始点和特殊的国际环境，不可能沿袭西方工业化国家的历史老路，应走独立自主的发展道路。"世界体系论"把世界分为中心、边陲和半边陲三个部分，主要探讨各部分的发展特点及其相互关系。

经济发展理论在产生和发展过程中出现了一些较有影响力的流派，下面从理论特点、代表学说、代表人物、理论贡献和缺陷等方面对经济发展主要理论萌芽思想和学派进行简要评述。

3.2.2.1 结构主义学派发展理论

结构主义学派是研究发展中国家经济问题的先驱，他们借助发达国家的经验，结合西方经济学的某些现成原理，对发展中国家的经济发展提出若干设想。该学派特别强调资本积累、工业化、计划化，代表性学说主要有刘易斯的"二元经济理论"、普列维什的"中心—外围理论"、罗森斯坦·罗丹的"大推动理论"、纳克斯的"贫困的恶性循环论"、沃尔特·加伦森的"滴漏理论"、罗斯托的"起飞理论""平衡增长论""不平衡增长论"。结构主义经济学家反对单一经济学倾向，他们从发展中国家的实际出发来研究发展问题，西方庸俗经济学的偏见在他们的思想中相对较少，他们既不照搬凯恩斯主义，也批判新古典主义，从而形成了发展经济学最初的一个学派，其理论的合理内核具有一定的理论价值和应用价值。

结构主义的发展理论也存在着不足：一是对于"计划"与"市场"，他们过度强调了"计划"的作用，过高地估计了政府的计划能力，对市场培育重视不够。二是过度强调"进口替代"，对"出口导向"重视不足。三是自认为经济发展理论是"宏大的理论"，可以适用于一切发展中国家，这是很不现实的。

3.2.2.2 新古典主义学派发展理论

新古典主义学派发展理论的特点是强调外向发展和对外贸易、强调经济的私有化、重视农业发展和人力资本投资。该学派具有代表性的理论有收入再分配论、自由贸易论、市场机制论、农业发展论、人力资本理论。代表性人物有库兹涅茨、加里·贝克尔和舒尔茨。

新古典主义学派重视市场机制和农业在经济发展中的作用，强调人力资本投资，同时也重视贸易和外交的利用，并使实证分析方法得到快速发展，这些对发展中国家的经济发展都具有一定的指导意义。然而，它也有不适合发展中国家之处：企图建立全球"自由化"贸易，却忽略了发展中国家与发达国家之间的实际情况，反而为霸权主义提供了理论依据；过高估计发展中国家市场机制的作用，难以摆脱地用发达国家标准来审视发展中国家的问题。

新古典主义经济发展理论的中心论点可以概括为经济不发达的结果、错误的价格政策，以及第三世界政府过度活动引起的太多的国家干预所导致的资源配置不当。因此，对政府、市场各自在经济发展中的作用应进行重新评价，并应利用市场力量解决发展问题。发展经济学领域的这一思想转变被习惯性地称为"新古典复活（Neoclassical Rest Jrgence）"。

20世纪以后，现代西方经济学历经了"张伯伦革命""凯恩斯革命"和"预期革命"等所谓三次大的革命，形成了包括微观经济学和宏观经济学的基本理论框架，这个框架被称为新古典经济学，以区别于先前的古典经济学。新古典经济学集中而充分地反映了现代西方主流经济学过去100年间的研究成果和发展特征，它在研究方法上更注重假定条件的多样化、分析工具的数理化、研究领域的非经济化、案例使用的经典化和学科交叉的边缘化。

3.2.2.3 激进主义学派发展理论

激进主义学派是一种试图运用马克思主义观点来分析批判当代资产阶级庸俗经济学和现代资本主义,宣称要在西方国家实行社会主义的经济学派,又称"新马克思主义学派",或"新左派政治经济学"(Political Economy of the New Left)。其诞生的背景是:20世纪60年代,由于资本主义危机频频发生,凯恩斯主义难以医治资本主义的痼疾,经济学家纷纷另辟蹊径,各种学派纷纷涌现。激进主义学派对新古典主义持彻底的批判态度,其大量吸收马克思主义经济思想,运用马克思主义的历史唯物主义方法论和社会主义理论揭示发达国家对发展中国家的国际剥削关系,认为帝国主义和殖民主义的存在是不发达国家不发展的根源,不发达国家只有挣脱帝国主义、殖民主义统治的枷锁,才能真正为其发展创造必要的条件。这也是马克思主义学派与西方正统经济发展理论根本区别之处。激进经济学派认为,他们的历史使命是结束资本主义,为建设社会主义而努力,主张取消私有制,实行生产资料公有制,由工人生产者控制商品生产与劳务的生产过程,对收入和财富实行真正的均等分配,建立起一个为使用而生产的社会来取代为利润而生产的社会。激进主义学派主要学说有:依附性理论、不平等交换论、阶级斗争国际化论、社会主义革命论、世界资本主义体系理论。代表性人物有沙米尔·阿明、保罗·巴兰、卡尔多索、桑托斯、伊曼努尔、保罗·斯威齐等。

该学派的基本观点主要可以概括为以下五点:一是对收入分配问题的重要性重视不够,并用边际生产率、供需模式等方法来分析这个问题,回避了在各阶级间收入分配的基本问题;二是用消费者偏好来分析资源配置问题,而消费者偏好又被看作已知的或特定的;三是不注意人们的生活质量问题,只重视在数量上分析每个人如何根据自己的偏好衡量通过对消费品和闲暇的选择所得到的满足,并不考虑劳动群众的劳动条件如何,生活环境是否恶化,以及集体福利的供应是否充分;四是重视在经济制度下的边际变动,不注意较大的数量上的变化,更不研究整个经济制度的历史性变动问题;五是忽视经济与政治因素的相互作用,回避经济中权力分配问题。

3.2.3 经济发展理论的主要代表人物及其学说

3.2.3.1 丹尼斯·古里特的三大目标说

古里特在其著作《痛苦的选择：一个新的发展理论观》中提出了著名的经济发展三大目标学说，认为无论任何时代，个人和国家都要追求下列三个经济发展目标：一是维持生存（Life - sustenance）的目标。经济发展必须提高满足人们基本需要的能力，这一目标与世界银行在20世纪70年代提出的基本需要发展战略有关。它要求增加诸如食品、住房、衣服、卫生保健设施等维持生活所必需的物品量，扩大其分配范围，使人们摆脱原始的贫困并满足其基本需要，提高社会大众的生活质量。二是自重（Self - esteem）的目标。自重就是国家或个人感到自己有价值、自重自爱，而不是感到被别国或他人当作工具来使用。要实现这一目标，除了要求提供较高的收入，还必须提供较多的工作机会、较好的教育质量，较为关注文化和人类的价值，这些条件不仅会改善物质生活，而且会使个人和国家产生较深的自重感。三是自由（Freedom）的目标。古里特所说的自由不是从政治思想的意义加以理解的，而是指解除了物质条件、无知、体制、宗教信仰等限制而产生的一种自由。自由的目标就是要把个人和国家从他人和别国的奴役、依赖、无知和社会罪恶等的束缚中解脱出来，使个人和国家有更多的选择自由、更广阔的选择范围，能够决定自身的命运和行动。

古里特、托达罗和 A. P. 瑟尔沃尔等人认为，上述三个目标是经济发展的三个核心内容或三个组成部分，是构成美好生活的三个基本要素，因而应当成为理解经济发展含义的基础，也应当从上述三个目标实现的程度来判定一国经济发展的状态。

3.2.3.2 艾玛·阿德尔曼的"摆脱贫穷"说

阿德尔曼认为，根据道德观念，每个国家的发展政策适当的长期目标，必须是不断地解除体制的障碍，以便完全发挥其国民的潜力。所以，经济发展的目标是双重意义的，要提供达到这些目的的物质基础，还要建立经济条件以便解除对自我成长得到受教育的机会、称心如意的工作、社会地位、安全、自我表现以及才华的其他种种障碍。他将这一发展目标称为"摆脱贫穷"。摆脱贫穷在经济意义上着重强调要消除物质方面的贫困，在非经济意义上着重消除社会、政治及精神等方面的贫困，而目前这两个方面具有同等重要性。

阿德尔曼认为，摆脱贫穷这一目标是否能实现，完全取决于全体居民中最贫困阶层的福利是否提高，贫困阶层的收入份额增长了，即使暂时放弃国民收入的增长也不足惜。所以，摆脱贫穷这一目标不仅涉及公平，更重要的是创造使收入分配公平得到不断改善的条件。为了提高公平度，有可能需要暂时牺牲国民经济的增长，也需要有重大的社会、政治以及制度的变化。摆脱贫穷这个目标意味着，经济发展的首要目的不仅是帮助穷人达到高的生活水平，还要在经济及其他方面创造条件使穷人及其子女继续得到自我成长的机会。

除了上述两个目标学说以外，华盛顿大学教授布鲁斯赫里克和美国麻省理工学院教授查理斯·P. 金德尔伯格在其合著的《经济发展》一书中指出，如果不得不将众多的发展目标归纳成几个易于表述的目标，那么至少应包括三个：产出的快速增长、经济结构的变化、群众贫困的减少。因为经济发展意味着某些基本经济结构的变化，即国内需求和生产构成、劳动力产业和职业构成、对外贸易和金融构成等的变化，一个发达的经济体不只是传统的放射性扩展，而是要求经济结构及其功能发生变化。

那么，如何评价上述几种经济发展目标学说呢？如何确定经济发展的目标呢？要回答这两个问题，应当明确以下几点：

其一，经济发展的目标可以是多元的，如政治目标、经济目标、社会目标等，并且大目标中有小目标，如政治目标可以具体划分为各种小目标。经济是基础，经济发展是社会其他方面得以发展的前提，因而经济发展事实上总是逼迫人们运用多种工具实现目标。

其二，经济发展的目标也具有历史的特色，即处于不同历史时期的经济发展阶段、不同发展水平的国家，都应该依据客观历史条件发生的变化调整确定各具特色的经济发展目标。在阶级社会里，经济发展的目标总是打上统治阶级意愿的烙印，是统治阶段愿望的具体表现，以此而论，任何经济发展的目标都有其历史局限性，不可能存在超越历史超越国度而普遍适用的永恒的经济发展目标。

其三，各国经济发展的目标也具有某种程度的同一性。无论任何时代任何国家，人们从事经济活动、发展经济的目的之一就是满足人们物质生活的需要，改善人们的物质和文化生活条件，提高生活水平。各个政权为了维持统治，也必须实现这些目标，同时历史条件和国际地位相同或相似的国家，也会有共同的经济发展目标。当今世界，各国通过发展经济来维持生存，实现自重，取得自由，这对发展中国家依然有着突出的意义，是他们共同的目标。发展中国家尽管在历史传统、国土大小、人口多少、所有制结构、政治制度、对外依附程度等方面各有不同，但它们原有的社会经济形态相似，都有过受人奴役和剥削的历史，所处的国际环境又无多大差异，特别是都有下列共同的经济特征：生活水平低，贫困严重；人口众多，失业队伍庞大；经济结构不合理，传统农业的比重大，工业规模小；出口产品单一。建立新的国际政治经济秩序，是发展中国家在今后相当长的历史时期内实现经济发展所应追求的目标。

其四，经济发展目标有长期、中期的和短期三种区分。从其性质而言，经济发展的目标可分为政治目标、经济目标、社会目标等；从重要性的角度来看，经济发展的目标还有主、次之分，可分为主要目标、次要目标等。经济发展的目标是多元和多重性的，这些多元和多重性目标可以构成一个有机的大系统。这个大系统可由许多子系统、孙子系统组成，系统之间相互联系、相互作用，而且从不同的参照系来看，系统间存在着目标与手段的关系，手段会变成目标，目标又会变成手段。如经济结构变化、经济增长、消灭贫困三者之间，经济结构变化是实现经济增长这个目标的手段，但从经济增长与消除贫困这两个目标间的关系来看，经济增长又是达到消除贫困这个目标的手段。因此，各国在确定经济发展目标时，要注意安排好各种目标的先后顺序，使经济发展长期目标的确定和一定的价值判断相适应。

最后，有必要加以强调的是，经济发展目标的确定是以一定的价值判断为基础的，经济发展目标的性质和内容主要取决于占统治地位的社会价值观念，后者又取决于生产关系的性质。生产关系的性质不同，社会价值观念也就不同，因而经济发展的主要目标必然不同。不存在适合所有国家的发展目标系统。

总之，经济发展目标指整个国民经济预期要达到的规模和水平，包括生产力和生产关系两个方面的内容。符合客观规律要求与具体历史特点的经济发展目标为国民经济管理指明方向，助力取得良好的社会效益和经济效益。概括来讲，经济发展的目标是以价值判断为基础的，其内容是多元的。不同国家或地区的经济发展目标各不相同，且这一目标在不同历史发展阶段也是不同的，制定时既要解放思想，又要实事求是，还要与时俱进、适时调整。只有这样，才能真正促进经济社会健康可持续发展。

3.3 经济增长与经济发展的关系

一般来讲，主流的宏观经济学都把经济增长作为其重要内容之一，而对经济发展问题论述不多，这大概是由于在西方国家的经济学科中形成了专门研究经济发展的学科，称为发展经济学。

从经济增长与经济发展的关系来看，经济增长是经济发展的基础，没有一定的经济增长就不会有经济发展，但经济增长并不简单地等同于经济发展。经济发展是一个比经济增长的含义更广的概念。"经济发展和经济增长有着密切的联系。经济增长是经济发展的基础和前提，没有经济增长，没有产出的增加，就不可能有经济发展。但是，并不是所有的经济增长都能带来经济发展，很多发展中国家的经济是只有经济增长而没有发展。"

概括来讲，如果说经济增长强调"量"的概念，那么经济发展就是更加注重"质"的概念。从广泛意义上说，经济发展不仅包括经济增长，而且包括国民生活质量的提高，以及整个社会各个方面的进步。经济发展可以说是反映经济社会总体发展水平的综合性概念。经济发展比经济增长包含的内容要丰富和复杂得多。经济增长是经济发展的必要条件，但是经济增长不一定会带来经济发展，即经济增长不是经济发展的充分条件。一般用现价计算的 GDP 可以反映一个国家或地区的经济发展规模，用不变价计算的 GDP 可以用来计算经济增长的速度。

在过去几十年中，有些发展中国家虽然在增长方面取得了较好的成绩，但是增长的果实并没有产生"滴注效应"（Trickle-downeffect），让低收入阶层和贫困者得到更多增长的实惠。理论和实践证明，"滴注效应"并不能使社会财富自动地从富有阶层流向低收入者。改善收入分配状况不能依靠"滴注效应"的自发作用，应通过增加财富、转移支付、依法遏制非法收入、实施协调发展战略等措施，调节居民收入差距，从而实现共同富裕。

关于经济增长与经济发展的主要区别，孙艳丽教授研究发现：

第一，经济增长与经济发展的研究对象不同。经济增长理论以发达国家为研究对象，一般把制度结构作为既定条件，经济发展在时间与空间上都有特殊的规定：在空间上，专门指第三世界国家即发展中国家，在时间上，专门指一个国家从落后到先进，从贫穷到富裕的转变过程，即经济发展是以发展中国家作为研究对象，并把制度结构作为影响经济发展的重要因素。这就意味着产业的增长出现的经济社会和政治结构的变化，这些变化包括投入结构、产业结构、产业比重、分配状况、消费模式、文教卫生、社会福利、群众参与等在内的各种结构的协调和优化。

第二，经济增长与经济发展的周期特点不同。经济增长无明显的阶段性，而经济发展具有明显的阶段性。经济增长是指短期的经济变动；在增长过程中有时出现扩张，有时出现收缩，即经济波动。由于扩张和收缩是有规律地周而复始地出现，所以经济波动是有周期性的，一般称为经济周期。经济增长至少应是一个完整的经济周期长度，主要表现出波动性、周期性特征。经济发展是指长期的发展趋势，它包括若干个经济增长周期，主要表现为突进的形式，带有飞跃的特征。经济均衡增长，就没有波动，经济非均衡增长，出现起伏，就产生波动，而波动又促进和谐，和谐保证经济增长，经济增长导致突进，突进促进和谐，从而使经济增长进化到一个更高的经济发展阶段。

第三,经济增长与经济发展的内涵不同。经济增长是一个数量的概念,而经济发展既包含数量,又包含质量的概念。经济增长是以国民生产总值表示的产量的增加或人均产量的增加。这种增长可能是由于投入量的增加所导致的产业量的增加,也可能是生产效率提高的结果,其实质在于维持、促进已经形成的事物在数量上的变化。可以说,经济增长总是指一定发展阶段上的数量变化,它具体反映了一个国家或地区经济规模的量在外延上的扩大。经济发展不但具有上述这些内涵,还包括产业结构、产品构成、分配结构、社会福利水平变化和生产过程中各种投入量所做贡献的相对变化等情况在内。同时,经济增长是可计量的、客观的量,它表示劳动、资本、贸易等总数的扩大,经济发展则描述生产技术、社会观念、经济体制、物质福利等经济发展基本因素的改变和进一步改善。因此,经济发展意味着一个经济领域的发展导致其他经济领域的成长,这种结构变化和真实收入的增加扩散到所有经济领域的体制变化。

第四,经济增长与经济发展的地位不同。经济发展是一切社会活动和经济活动的基本目的,经济增长是实现这一目的的手段。就一般情况来说,没有经济增长是不可能实现经济发展的。手段是为目的服务的。但是,虽然具备了一定的手段,并不一定能达到预期的目的。通过具体分析可以看出,仅有经济增长却不一定必然带来经济发展。例如,第二次世界大战以后,发展中国家为了尽快摆脱贫困落后的经济状况,照搬发达国家经济发展的模式。为了使国民生产高速增长,几乎都制定了工业化方针,都需要大规模的投资,都实行高积累的政策,其结果是,发展中国家的经济不仅没有赶上发达国家,反而更拉大了距离。当然,发展中国家的经济也取得了一定增长,但与此同时,又出现了农业萎缩、结构畸形发展、财政赤字、通货膨胀、环境污染严重、损害社会福利等无发展的局面。因此,增长是手段和发展是目的应是一个统一体。

经济增长与经济发展除具有上述区别外,还有密切的内在联系:经济增长是经济发展的前提和基础,经济发展是经济增长的结果。就经济增长而言,表现为产值增长,速度提高,这种提高只是产值数量上的增加,不能反映为社会提供的剩余产品的多少,不能反映经济增长的质量。经济增长质量只能用经济效益来衡量。如果产值的增长,是靠高投入、高消耗,产出的低质量、低效益,这种经济增长,只是表现为物质耗费和劳动耗费的增加,没有向社会提供更多的产品和劳务,因此这种经济增长是低质量的,不能认定为经济发展。如果产值的增长只靠提高劳动生产率,降低消耗,提高产品的质量,产值的增长率随着经济效益提高,这种经济增长就是高质量的,可认定为经济发展。可见,只有不断提高质量的经济增长,才是经济发展的基础和前提,才是一切经济发展和进步的基本动力和不可缺少的物资保障。经济增长与经济发展相互促进,经济发展了,就会促进经济的进一步增长,经济增长了,就有可能推动经济的进一步发展。这就是经济增长与经济发展的内在联系。

经济发展的内在矛盾和客观规律要求把经济增长的重点转到提高经济增长质量和经济效益上来,要达到这一目的,在经济发展中要实现以下几方面的转变:第一,国家经济运行要从粗放型经营转为集约型经营,转到以提高经济效益为中心的轨道上来。因为经济效益既是衡量经济增长质量的尺度,又是衡量经济发展水平的重要依据。第二,国家经济总量的增加,要从主要依靠外延扩大再生产转到主要以内涵扩大再生产,因为外延扩大再生产是实现经济增长的一般途径,而内涵扩大再生产是实现经济增长的特殊途径。第三,生产要素的最优配置,从主要依靠行政手段、计划分配,转到主要依靠发挥市场机制,合理配置资源,使用稀缺的资源来保证最大限度地满足整个社会日益增长的物质和文化需要。第四,国家综合能力的提高,从主要依靠大量生产要素的投入,转到主要依靠科学技术进步,提高劳动者素质,强化科学管理,提高技术进步贡献率上来。

文华教授从以下三个方面对经济增长和经济发展的区别进行了比较:一是将经济发展和经济增长概念进行了比较。他认为经济增长与经济发展是两个既紧密联系又不完全相同的概念。经济增长是一个明确的可度量标准,是一个单纯的"量"的概念,它只计算国内生产总值增长的百分比,而经济发展就是比较复杂的"质"的概念。增长指的是物质上、数量上产出的增加;发展是指一个社会在制度、管理、生活品质、财富分配等品质上的进步。二是把经济发展和经济增长在内容上进行了比较。经济增长和经济发展虽然都追求个人所得和国民生产总值的提高，但经济增长关心的重点是物质方面的进步、生活水准的提高；而经济发展不仅关心国民生产总值的增长，更关心结构的改变，以及社会制度、经济制度、价值判断、意识形态的变革。从发展经济学角度来看，经济增长侧重于经济数量的扩张，经济发展侧重于经济结构的改善；经济增长着眼于经济的短期变化，经济发展着眼于经济的长期变化；经济增长属于战术目标，经济发展属于战略目标。经济增长是手段，经济发展是目的，经济增长方式只能解决经济发展中的"标"，而经济发展方式能够治"本"。三是从经济发展方式和经济增长方式上进行了比较。经济增长方式以生产要素利用的数量和效率为依据，经济发展方式以发展模式或处理增长问题的方式为依据。经济发展方式可带来高速的经济增长，但高速增长可能带来有增长无发展问题，从投入与产出的角度分析，是无效益或零效益情况下的经济增长；从环境经济学角度分析，是经济增长以浪费资源和破坏环境为代价；从福利经济学角度分析，是人民不能共同分享经济增长成果的经济增长；从发展经济学角度分析，是经济结构没有改善甚至恶化的经济增长。

综上所述，本书认为，经济增长与经济发展联系密切，经济增长主要体现为经济量的增长，即一个国家或地区产品和劳务的增加，它构成了经济发展的物质基础。经济发展就是在经济增长的基础上，一个国家或地区经济结构和社会结构持续高级化的创新过程或变化过程。经济发展是通过经济结构的改进和优化、经济质量的改善和提高达到经济量的增长。

经济增长和经济发展是既有联系，又有区别的。经济增长内涵相对单薄，经济发展内涵相对丰富；经济增长是一个数量概念，经济发展既是一个数量概念，又是一个质量概念；经济增长是经济发展的动因和手段，经济发展是经济增长的结果和目的，没有经济增长，不可能有经济发展。一般讲来，人类经济生活的每一次历史性进展，总会带来更高水平的经济增长。如果出现有经济发展而无经济增长的现象，那一定是个别的、短暂的、反常的现象，而绝不是一般的、长期的、正常的现象。值得注意的是，尽管经济增长是经济发展的必要的、先决的条件，但经济增长并不必然带来经济发展。经济发展实质上就是在经济增长的基础上，一个国家或地区经济结构和社会结构持续高级化的优化过程。

经济发展与经济增长又有明显的区别：一是内涵不同。经济增长主要表现为量的增长，经济发展不仅有量的增长，更注重质的提高。经济发展的内涵要比经济增长的内涵更为丰富。二是规模不同。经济发展不仅意味着国民经济规模的扩大，更意味着经济和社会生活素质的提高。所以，经济发展涉及的内容超过了单纯的经济增长，比经济增长更为广泛。三是依据不同。经济发展的财富增长体现在国民生产总值，费用与时间在流通、管理、服务等环节的分配与效率直接影响生产的质量与效率。因而，管理、服务与流通等环节越是精简、廉洁和有效率，就越能促进经济发展。经济增长通常指在一个较长的时间跨度上，一个国家人均产出（或人均收入）水平的持续增加。四是影响因素不同。经济发展是通过经济结构的改进和优化、经济质量的改善和提高实现经济量的增长；决定经济增长的直接因素则是投资量、劳动量、生产率水平。五是层级不同。经济发展是经济增长的延深和扩展。无论发达国家或发展中国家，都既有经济增长问题，又有结构变动、社会制度和思想文化等方面的经济发展问题。

因此，为了谋求经济发展，必须重视经济增长，并保持经济稳定增长的势头。但是，如果政策失误或机制上存在缺陷，则有可能不能实现持续、稳定而又协调发展的理想目标。正如习近平总书记曾经指出的，"要保持经济增长，继续实施积极的财政政策和稳健的货币政策，增强经济增长的内生活力和动力，增长必须是实实在在和没有水分的增长，是有效益、有质量、可持续的增长"。决不能认为，只要有经济增长，只要有大规模投资，生产结构就会自发地趋于合理，生产模式会自然而然地走向现代化且又适合本国国情，广大人民的福利会自然而然地逐步提高，分配状况会自然而然地走向公平，文化教育和卫生健康条件会自然而然地日益改进，自然环境会自然而然地得到保护，生态平衡会自然而然地得到保持。在确定经济增长的速度时，要考虑它在经济发展上究竟会取得什么样的效果，社会目标究竟会不会完美地实现。决不能把经济增长指标等同于经济发展战略，或者把经济发展战略简化为经济增长指标。经济发展战略的导向，是保证经济长期稳定健康发展的重要保障。

总之，"进入新发展阶段、贯彻新发展理念、构建新发展格局，是由我国经济社会发展的理论逻辑、历史逻辑、现实逻辑决定的，三者紧密关联。进入新发展阶段明确了我国发展的历史方位，贯彻新发展理念明确了我国现代化建设的指导原则，构建新发展格局明确了我国经济现代化的路径选择。把握新发展阶段是贯彻新发展理念、构建新发展格局的现实依据，贯彻新发展理念为把握新发展阶段、构建新发展格局提供了行动指南，构建新发展格局则是应对新发展阶段机遇和挑战、贯彻新发展理念的战略选择"。要努力在危机中育先机、于变局中开新局，正确认识和把握我国发展的重大理论和实践问题，在更高起点上推进改革开放，努力实现高水平的科技自立自强，积极促进全球经济从复苏到繁荣，坚定不移地走好高质量发展之路！

4 高质量发展的相关理论研究

4.1 高质量发展的历史背景

高质量发展，是在经济发展到达一定阶段，发展的国内外环境和外部的各种需求等都发生了变化，由过去的供不应求到供过于求，市场竞争日益激烈，人们对产品和服务的品质提出了更高的要求，过去高耗能、高污染的粗放式生产方式难以为继，需要转变生产方式，实现更安全、更环保、更高质量的发展。高质量发展是相对于过去的高增长低质量的发展，是一个相对的概念，也是历史发展到一定阶段的必然产物。推动我国经济社会高质量发展既是顺应世界经济发展大趋势的需要，也是我国建设社会主义现代化国家的现实需要，具有深刻的国际国内背景。

从国际背景来看，世界正处于大发展大变革大调整时期，面临百年未有之大变局，国外环境日趋复杂、挑战明显增多，逆全球化思潮和保护主义情绪持续升温，加剧了世界经济的风险和不确定性，特别是美国不断向全世界挑起经贸争端，针对中国的贸易战不断升级，使分化动荡的世界经济雪上加霜。随着新冠肺炎疫情的持续蔓延，世界面临的不稳定性不确定性更加突出。面对世界经济、国际安全、国际治理等一系列重大问题，世界需要新的方向、新的方案、新的选择。世界需要中国智慧、中国理念、中国方案。

从国内环境来看，中国经济正处在转变发展方式、优化经济结构和转换增长动力的攻关期。在过去短缺的时代，更多考虑的和需要解决的是

"有"和"无"的问题，追求经济增长的高速度，而很少关注技术含量的高低。同时，贫富差距问题、环境污染问题在当时也未充分显现，自然较少引起重视。现在则进入了一个产品相对充裕的发展新阶段，主要问题已经变成"好"和"不好"的问题，变为如何满足人们对美好生活的向往的问题。这个阶段如果环境问题、贫富差距问题变得愈发严重和突出，会使发展的风险增大，亟待防范化解。要清醒地认识到，已经不可能再一味地追求增长速度，转向高质量发展才是正确的战略选择，才能避免落入发展的"中等收入陷阱"。我们应该认清"中等收入陷阱"后面的本质，增长问题实质上是发展问题，可持续增长根本上要追求可持续发展。

从经济学的角度分析，我国经济转向高质量发展阶段的根本原因是：随着工业化、城市化进程的加快推进，我国农村剩余劳动力转移基本接近尾声，"人口红利"逐步消失。在劳动人口既定甚至逐年下降的背景下推动经济增长，就只能在提高劳动生产率上下功夫，而要提高劳动生产率，继续追加投资、提高人均资本占有量固然重要，提高资源利用效率、提高全要素生产率更是不可或缺。全要素生产率一般的含义为资源（包括人力、物力、财力、关系、文化等）综合开发利用的效率。过去40年持续的高速增长已经为我国积累下巨额社会财富，也为通过提高资源利用效率来实现经济增长提供了现实可能性。因此，当前和今后一段时期我国经济发展的主要基调，是实现从投资驱动型经济增长转向消费拉动型经济增长、从粗放式经济增长转向集约式经济增长、从外延式经济增长转向内涵式经济增长，要坚持创新成为引领发展的第一动力。这一系列的转变过程就充分体现了不断提高经济发展质量的重要性。

当前，我国已经进入新发展阶段。我们面临的主要矛盾是人民日益增长的美好生活需要和不平衡不充分的发展之间的矛盾，我国经济也已由高速增长阶段转向高质量发展阶段。同时，我们的高质量发展要符合"三个'新'"。第一个"新"是新发展阶段。新发展阶段是主要矛盾发生了变化。第二个"新"是新发展理念，也就是创新、协调、绿色、开放、共享。第三个"新"是新发展格局，要加快构建以国内大循环为主体、国内国际双循环相互促进的新发展格局。《中国经济增长报告（2017—2018

年):迈向高质量的经济发展》研究认为,"2013—2017 年,中国全要素生产率达 20.83%,表明供给侧结构性改革初见成效。高质量发展在产业上有两个表现:一方面是制造业不断集中;另一方面是政府支持中小企业发展服务业"。

2014 年,中共中央总书记习近平在中央经济工作会议上指出:"我国经济发展进入新常态后,增长速度正从 10% 左右的高速增长转向 7% 左右的中高速增长,经济发展方式正从规模速度型粗放增长转向质量效率型集约增长,经济结构正从增量扩能为主转向调整存量、做优增量并举的深度调整,经济发展动力正从传统增长点转向新的增长点。我国经济发展进入新常态,是我国经济发展阶段性特征的必然反映,是不以人的意志为转移的。认识新常态,适应新常态,引领新常态,是当前和今后一个时期我国经济发展的大逻辑。"这也正说明,随着从高速增长向高质量发展阶段迈进,中国经济正在开启新时代。

"高质量发展"是 2017 年中国共产党第十九次全国代表大会首次正式提出的新表述,表明中国经济由高速增长阶段转向高质量发展阶段。党的十九大报告中提出的"建立健全绿色低碳循环发展的经济体系"为新时代下高质量发展指明了方向,同时也提出了一个极为重要的时代课题。高质量发展的根本在于经济的活力、创新力和竞争力。经济发展的活力、创新力和竞争力都与绿色发展紧密相连,密不可分。离开绿色发展,经济发展便丧失了活水源头而失去了活力;离开绿色发展,经济发展的创新力和竞争力也就失去了根基和依托。绿色发展是我国从"速度经济"转向高质量发展的重要标志。

2017 年 12 月中央经济工作会议进一步明确指出:"中国特色社会主义进入了新时代,我国经济发展也进入了新时代,基本特征就是我国经济已由高速增长阶段转向高质量发展阶段。推动高质量发展,是保持经济持续健康发展的必然要求,是适应我国社会主要矛盾变化和全面建成小康社会、全面建设社会主义现代化国家的必然要求,是遵循经济规律发展的必然要求。推动高质量发展是当前和今后一个时期确定发展思路、制定经济政策、实施宏观调控的根本要求,必须加快形成推动高质量发展的指标体系、政策体系、标准体系、统计体系、绩效评价、政绩考核，创建和完善制度环境，推动我国经济在实现高质量发展上不断取得新进展。"国务院总理李克强在作2018年政府工作报告时提出，按照高质量发展的要求，统筹推进"五位一体"总体布局和协调推进"四个全面"战略布局，坚持以供给侧结构性改革为主线，统筹推进稳增长、促改革、调结构、惠民生、防风险各项工作。

2020年10月，党的十九届五中全会提出，"'十四五'时期经济社会发展要以推动高质量发展为主题，这是根据我国发展阶段、发展环境、发展条件变化作出的科学判断。我们要以习近平新时代中国特色社会主义思想为指导，坚定不移贯彻新发展理念，以深化供给侧结构性改革为主线，坚持质量第一、效益优先，切实转变发展方式，推动质量变革、效率变革、动力变革，使发展成果更好惠及全体人民，不断实现人民对美好生活的向往"。

"十四五"时期是开启全面建设社会主义现代化国家新征程的第一个五年。我国发展仍然处于重要战略机遇期，但机遇和挑战都有新的发展变化。要准确把握新发展阶段，深入贯彻新发展理念，加快构建新发展格局，推动高质量发展，为全面建设社会主义现代化国家开好局起好步。

中国特色社会主义进入了新时代，我国经济发展也进入了新时代。推动高质量发展，既是保持经济持续健康发展的必然要求，也是适应我国社会主要矛盾变化和全面建成小康社会，还是全面建设社会主义现代化国家的必然要求，更是遵循经济规律发展的必然要求。为加快创新驱动，促进高质量发展，国家陆续出台了一系列相关文件：2018年9月发布《中共中央 国务院关于推动高质量发展的意见》；2019年2月，国家发展改革委等24部门联合印发《关于推动物流高质量发展促进形成强大国内市场的意见》；2019年8月国家发发展改革委等21部门发布《促进健康产业高质量发展行动纲要（2019—2022年）》；2019年12月发布《中共中央 国务院关于推进贸易高质量发展的指导意见》；2020年3月发布《中共中央 国务院关于构建更加完善的要素市场化配置体制机制的意见》；2020年7月发布《国务院关于促进国家高新技术产业开发区高质量发展的若干意见》；

2020年11月文化和旅游部发布《关于推动数字文化产业高质量发展的意见》；2021年6月，《中共中央 国务院关于支持浙江高质量发展建设共同富裕示范区的意见》发布；2021年7月发布《中共中央 国务院关于新时代推动中部地区高质量发展的指导意见》；2021年11月，国家发展改革等发布关于《推进资源型地区高质量发展"十四五"实施方案》；2021年12月，国家药监局等8部门联合印发《"十四五"国家药品安全及促进高质量发展规划》；2022年4月《中共中央 国务院关于加快建设全国统一大市场的意见》发布；2022年6月《关于推进社会信用体系建设高质量发展促进形成新发展格局的意见》印发。这一系列推动高质量发展的政策文件坚持稳中求进工作总基调，立足新发展阶段，完整、准确、全面贯彻新发展理念，以深化供给侧结构性改革为主线，以改革创新为根本动力，以满足人民日益增长的美好生活需要为根本目的，坚持系统观念，更好统筹发展和安全，既有推进区域性高质量发展的规划纲要，又有促进行业领域高质量发展的指导方略和标准化体系，更有加快建立全国统一大市场的市场制度规则和保障。着力激发创新活力，完善体制机制，夯实转型基础，促进消费升级，积极融入以国内大循环为主体、国内国际双循环相互促进的新发展格局；对于促进满足人民物质需求和精神文化需求，着力补齐民生短板，降低市场交易成本，促进科技创新和产业升级，培育参与国际竞争合作新优势，建设现代化经济体系、提高全要素生产率，加快形成内生动力强劲、人民生活幸福、生态环境优美的高质量发展新局面作用巨大，影响深远！

全方位推动高质量发展是事关我国新时代发展全局的一场深刻变革。在整个社会主义初级阶段，"发展是解决我国一切问题的基础和关键"。党的十九届五中全会审议通过的《中共中央关于制定国民经济和社会发展第十四个五年规划和二〇三五年远景目标的建议》（以下简称《建议》）强调，"发展必须坚持新发展理念，在质量效益明显提升的基础上实现经济持续健康发展"，凸显"十四五"时期坚持以推动高质量发展为主题的必要性、紧迫性。可以概括地说，解决我国社会主要矛盾，要求推动高质量发展；遵循经济发展规律，要求推动高质量发展。

第一，高质量发展是适应经济发展新常态的主动选择。我国经济发展进入新常态。在这一大背景下，我们要立足大局、抓住根本，看清长期趋势、遵循经济规律，主动适应把握引领经济发展新常态。要牢固树立正确的政绩观，不简单以 GDP 论英雄，不被短期经济指标的波动所左右，坚定不移实施创新驱动发展战略，主动担当、积极作为，推动我国经济在实现高质量发展上不断取得新进展。

第二，高质量发展是贯彻新发展理念的根本体现。发展理念是否正确，从根本上决定着发展成效乃至成败。党的十八大以来，以习近平同志为核心的党中央直面我国经济发展的深层次矛盾和问题，提出创新、协调、绿色、开放、共享的新发展理念。只有贯彻新发展理念才能增强发展动力，推动高质量发展。应该说，高质量发展，就是能够很好满足人民日益增长的美好生活需要的发展，是体现新发展理念的发展。

第三，高质量发展是适应我国社会主要矛盾变化的必然要求。中国特色社会主义进入新时代，我国社会主要矛盾已经转化为人民日益增长的美好生活需要和不平衡不充分的发展之间的矛盾。不平衡不充分的发展就是发展质量不高的直接表现。要更好满足人民日益增长的美好生活需要，必须推动高质量发展。我们要重视"量"的发展，更要解决"质"的问题，在"质"的大幅度提升中实现"量"的有效增长，给人民群众带来更多的获得感、幸福感、安全感。

第四，高质量发展是建设现代化经济体系的必由之路。建设现代化经济体系是跨越关口的迫切要求和我国发展的战略目标。实现这一战略目标，必须坚持质量第一、效益优先，推动经济发展质量变革、效率变革、动力变革，提高全要素生产率，不断增强我国经济创新力和竞争力。归根结底，就是要推动高质量发展。推动高质量发展是当前和今后一个时期确定发展思路、制定经济政策、实施宏观调控的根本要求。遵循这一根本要求，我们必须适应新时代、聚焦新目标、落实新部署，推动经济社会高质量发展，为巩固全面建成小康社会成果和全面建成社会主义现代化强国奠定坚实物质基础和社会基础。

4.2　高质量发展的丰富内涵

自从提出由高速增长转向高质量发展以来，高质量发展成为研究的热点问题，但对高质量发展的内涵和外延出现了不同的解读。其中，田秋生教授认为：高质量发展，就其本质和内涵而言，是一种新的发展理念，是以质量和效益为价值取向的发展。发展理念关涉发展的价值取向、原则遵循、目标追求，是发展思路、方向、着力点的集中体现。高质量发展，是基于我国经济发展新时代、新变化、新要求，对经济发展的价值取向、原则遵循、目标追求作出的重大调整，是创新、协调、绿色、开放、共享新发展理念的高度聚合，是创新成为第一动力、协调成为内生特点、绿色成为普遍形态、开放成为必由之路、共享成为根本目的的发展。高质量发展是能够产生更大福利效应的发展，是 GDP 内涵更加丰富的发展，是动力活力更强、效率更高的发展，是更高水平、层次、形态的发展，是更加全面协调可持续的发展。高质量发展是一种新的发展方式，是现有发展方式的又一次提升。

刘伟、陈彦斌教授认为，实现高质量发展既要提高经济增长质量，也要提高经济潜在增速。新发展阶段中经济的较快增长是中国经济迈向高质量发展的基础，是提升经济增长质量的保证。高质量发展阶段提高经济增长速度需要以市场化改革为抓手，推动经济增长动力转化，提升经济的潜在增长水平。高质量发展阶段提高经济增长质量要构建以"世界工厂＋世界市场"为重要支撑的双循环发展格局，切实提高居民消费。

简新华和聂长飞教授认为，衡量高质量发展主要应该看五个方面的情况，即"四高一好"：一是产品和服务质量高。生产的产品和提供的服务性能好、品种齐全、经久耐用、价格合理、品质优良、适销对路、物美价廉，特别是不能质次价高、假冒伪劣。二是经济效益高。投入和消耗少，成本尽可能低，产出尽可能高，收入更多更合理，投入产出比、劳动生产率、资金利润率、全要素生产率高。三是社会效益高。养老、医疗、卫生、教育、住房等社会保障制度健全完善，公共基础设施和公共服务良好均等，财产和收入差距较小，发展成果共享，不断走向共同富裕，社会治安状况良好，犯罪率低，能够实现社会公平、和谐、稳定。四是生态效益高。资源节约高效利用、环境改善优化、生态保持平衡。五是经济发展状态好。产业结构、地区结构、城乡结构趋向合理优化，地区、城乡、工农差别缩小以至消失，进入世界产业价值链上游，供求、积累（投资）与消费比例协调，财政、信贷、进出口贸易、国际收支基本平衡，基本实现充分就业，物价基本稳定，实体经济与虚拟经济协调兼顾。

　　本书认为，上述对高质量发展内涵的认识和解读，都从各自研究角度和领域对高质量发展的基本内涵和外延进行了初步界定，但都不够完整准确到位，这种情况不利于正确理解和把握高质量发展，也就难以合理有效推进高质量发展。要想全面深入认识高质量发展的丰富而深刻内涵，还是要结合高质量发展提出的历史背景和重大意义，深入领会习近平总书记关于高质量发展的系列论述精神。

　　当前我国社会主要矛盾已经转化为人民日益增长的美好生活需要和不平衡不充分的发展之间的矛盾。推动高质量发展是满足人民日益增长的美好生活需要的发展，是体现创新、协调、绿色、开放、共享五大发展理念的发展。习近平总书记在2017年中央经济工作会议上指出："我国社会主要矛盾发生了重大变化，我国经济发展阶段也在发生历史性变化，不平衡不充分的发展就是发展质量不高的表现。解决我国社会的主要矛盾，必须推动高质量发展。我们要重视量的发展，但更要重视解决质的问题，在质的大幅提升中实现量的有效增长。"他还强调指出，"高质量发展，就是能够很好满足人民日益增长的美好生活需要的发展，是体现新发展理念的发展，是创新成为第一动力、协调成为内生特点、绿色成为普遍形态、开放成为必由之路、共享成为根本目的的发展。从供给看，高质量发展应该实现产业体系比较完整，生产组织方式网络化、智能化、创新力、需求捕捉力、品牌影响力、核心竞争力强，产品和服务质量高。从需求看，高质量发展应该不断满足人民群众个性化、多样化、不断升级的需求，这种需求引领供给体系和结构的变化，供给变革又不断催生新的需求。从投入产出看，高质量发展应该不断提高劳动效率、资本效率、土地效率、资源效率、环境效率，不断提升科技进步贡献率，不断提高全要素生产率。从分配看，高质量发展应该实现投资有回报、企业有利润、员工有收入、政府有税收，并且充分反映各自按市场评价的贡献。从宏观经济循环看，高质量发展应该实现生产、流通、分配、消费循环通畅，国民经济重大比例关系和空间布局比较合理，经济发展比较平稳，不出现大的起落。更明确地说，高质量发展，就是从'有没有'转向'好不好'"。

归纳起来看，高质量发展第一是以人民为中心的发展，发展归根到底是为了满足人民日益增长的美好生活需要。必须坚定不移增进民生福祉，把高质量发展同满足人民美好生活需要紧密结合起来，推动高质量发展与创造高品质生活有机结合、相得益彰。同时还要坚持以人为本，充分发挥人的主观能动性，形成人人皆可成才、人人皆能发展的生动局面，营造以共同奋斗实现共同富裕的良好环境，并持之以恒地通过促进人的自由全面发展实现共同富裕。

第二，高质量发展还要是体现新发展理念的发展。新发展理念是战略性、纲领性、引领性的。创新、协调、绿色、开放、共享的新发展理念凝聚了党和国家领导人对"实现什么样的发展、怎样实现发展"问题的思考。新发展理念和高质量发展是内在统一的。习近平总书记多次强调指出，高质量发展是体现新发展理念的发展，是创新成为第一动力、协调成为内生特点、绿色成为普遍形态、开放成为必由之路、共享成为根本目的的发展。推动高质量发展，必须始终完整、准确、全面贯彻新发展理念。

第三，高质量发展是强化高质量供给引领和创造新需求的发展。经济高质量发展既有供给因素，又有需求因素，需要从供给与需求两侧同步发力。从供给看，产业体系的完整性、生产组织方式的网络化智能化、产品和服务质量等方面对于高质量供给有着重要意义。从需求看，高质量发展应该不断满足人民群众个性化、多样化、不断升级的需求，满足人民日益增长的美好生活需要。结合供给和需求来看，有效需求引领供给体系和结构的变化，供给变革又不断催生新的需求。

第四，高质量发展是实现生产、流通、分配、消费全面进步与循环通畅的发展。从马克思主义政治经济学与中国国情相结合的角度，习近平总书记指出，"从宏观经济循环看，高质量发展应该实现生产、流通、分配、消费循环通畅，国民经济重大比例关系和空间布局比较合理，经济发展比较平稳，不出现大的起落，且能够可持续发展"。

第五，高质量发展是社会全面和谐、稳定、可持续地发展。应该告别过去过度注重数量、规模、速度和片面追求经济效益增长的粗放式发展模式，转而追求质量和效益的全面提升。高质量发展所涉及的质量是"发展质量"，而不仅仅是产品质量，其内涵和范畴远比产品质量更为丰富。产品质量是最狭义的发展质量，而发展质量，除了产品质量以外，还包括发展结构、发展模式、发展层次、发展形态、发展动力、发展活力、发展的福利效应，以及发展的全面性、充分性、均衡性、协调性、稳定性、可持续性等，所以不能把高质量发展简单等同于提高产品质量。

总体来说，本书认为高质量发展是立足新发展阶段的发展，是贯彻新发展理念的发展，是构建新发展格局的发展，是全面建设社会主义现代化国家的首要任务。高质量发展主要包括以下六个方面：一是持续创新能力更强的发展；二是更加绿色安全可持续的发展；三是产业结构和市场结构更优的发展；四是产品和服务供给品质更好的发展；五是社会综合效益更高的发展；六是促进人的自由全面的发展。

本书更多侧重分析智力资本与经济高质量发展的关系。关于经济高质量发展，有专家认为，"就其本质和内涵而言，是一种新的发展理念，是一种新的发展方式，是一种新的发展战略，是经济发展理论的重大创新。经济高质量发展是一种新的发展理念。发展理念涉及思路、着力点及目标等，高质量发展坚持'质量第一、效率优先'的思路，以创新为主要着力点，实现共享发展的目标"。"经济高质量发展是不断满足人民日益增长的美好生活需要的发展：在微观层面，经济高质量发展是活力更强、效率更高、效益更好的发展，是产品质量、市场、企业和创新进阶至更高水平；在中观层面，经济高质量发展是更加协调、更加均衡的发展，是产业经济、城乡经济、区域经济和国际经济达到更高层次的均衡；在宏观层面，经济高质量发展是供给与需求、公平与效率、短期与长期、政府与市场并重的发展,是宏观均衡质量、国民分配质量、绿色发展质量、调控能力质量实现更高水平的提升。"概括来讲,经济高质量发展就是能够很好地满足人民日益增长的美好生活需要的经济增长,要推动经济实现质的有效提升和量的有效增长,是体现新发展理念的经济增长。经济增长质量高低要用是否符合新发展理念来界定和衡量。经济高质量发展表现为经济增长的第一动力是创新,表现为经济增长具有区域、产业、社会等各方面的内在协调性,表现为绿色增长、人与自然和谐是经济增长的普遍形态,表现为全面开放、内外联动是经济增长的必由路径,表现为经济增长成果由全体人民共享。高质量发展的最终目标是推动我国经济发展方式的转变,建立现代化经济体系,为实现"两个一百年"奋斗目标,实现中华民族伟大复兴的中国梦构筑雄厚的经济基础。

4.3 高质量发展的重大意义

4.3.1 高质量发展的理论意义

中国特色社会主义进入新时代,我国社会主要矛盾发生了重大变化,发展不平衡不充分的问题更加突出,发展中的矛盾和问题集中体现在发展质量上。同时,世界新一轮科技革命和产业变革正在重构全球创新版图、重塑全球经济结构,这是我国推动高质量发展千载难逢的历史机遇。适应新形势新任务,推动高质量发展,不仅要重视量的发展,更要重视解决质的问题,在质的大幅提升中实现量的有效增长,为全面建设社会主义现代化国家奠定坚实基础。

推动高质量发展,是当前和今后一个时期确定发展思路、制定经济政策、实施宏观调控的基本要求。全方位推进高质量发展是开启全面建设社会主义现代化国家新征程、实现第二个百年奋斗目标的根本路径。"理论界研究认为，以习近平同志为核心的党中央提出的'三期叠加'的重要判断，清晰揭示了党的十八大以来，我国经济发展的主要阶段性特征，而'由高速增长阶段转向高质量发展阶段'的重要论断，则进一步揭示了新时代我国经济发展的基本特征。在认清形势、立足大局、把握规律的基础上，以习近平同志为核心的党中央提出的'新发展阶段'理论，明确把'强起来'作为全面建设社会主义现代化国家、向第二个百年奋斗目标进军的发展目标，从战略层面赋予高质量发展以更深层次的意义。"新时代我国经济发展的基本特征，是由高速增长阶段转向高质量发展阶段。高质量发展，集中体现了坚持以提高发展质量和效益为中心，是为了更好满足人民日益增长的美好生活需要的发展，是体现新发展理念的发展。推动高质量发展，对于我国发展全局具有重大现实意义和深远历史意义。

第一，推动高质量发展是"实现以人民为中心的发展思想"的时代发展。党的十九届六中全会通过的《中共中央关于党的百年奋斗重大成就和历史经验的决议》（以下简称《决议》），在概括习近平新时代中国特色社会主义思想核心内容的"十个明确"中强调，"必须坚持以人民为中心的发展思想"。中国共产党自成立时起，就把"人民"二字写在自己的旗帜上，始终践行全心全意为人民服务的根本宗旨，矢志不渝为人民谋幸福。走高质量发展之路，必须牢固树立人民至上的发展导向，始终把最广大人民根本利益放在心上，正确处理经济增长与民生改善的关系，把增进人民福祉、促进人的全面发展、朝着共同富裕方向稳步前进作为经济发展的出发点和落脚点。高质量发展是"十四五"乃至更长时期我国经济社会发展的主题，是能够很好满足人民日益增长的美好生活需要的发展。

第二，推动高质量发展是保持经济健康发展的可持续发展。过去，粗放型经济发展方式在我国发挥了很大作用，加快了我国经济发展步伐，但现在再按照过去那种粗放型经济发展方式来做，不仅国内条件不支持，国际条件也不支持，是不可持续的。如今，我国一年的经济增量，就相当于一个中等发达国家的经济规模。由于体量和基数变大，每增长一个百分点，在保就业、惠民生方面的效应就明显增大。同时，每增长一个百分点，对资源环境的消耗也成倍增加。中国经济既"做不到"也"受不了"像过去那样高速增长。我国正处于转变经济发展方式的关键阶段，劳动力成本上升，资源环境约束增大，经济循环不畅问题十分突出，粗放的发展方式难以为继。同时，世界新一轮科技革命和产业革命方兴未艾、多点突破。我们必须推动高质量发展，以适应科技新变化、人民新需要，形成优质高效多样化的供给体系，提供更多优质产品和服务。这样，供求才能在新的水平上实现均衡，我国经济才能持续健康发展。

第三，推动高质量发展是解决我国社会主要矛盾的全面发展。我国社会主要矛盾发生了重大变化，我国经济发展阶段也在发生历史性变化，不平衡不充分的发展就是发展质量不高的表现。我们要重视量的增长，但更要重视解决质的问题，在质的大幅提升中实现量的有效增长。解决我国社会主要矛盾，必须推动高质量发展。通过高质量发展，实现产业体系更加完整，生产组织方式网络化、智能化，综合创新力、需求捕捉力、品牌影响力、核心竞争力不断增强，产品和服务质量不断提高，更好地满足人民群众个性化、多样化、不断升级的需求。

第四，推动高质量发展是遵循经济规律的科学发展。有关研究表明，20世纪60年代以来，全球100多个中等收入经济体中只有十几个成为高收入经济体。那些取得成功的国家和地区，就是在经历高速增长阶段后实现了经济发展从"量"的扩张转向"质"的提高。那些徘徊不前甚至倒退的国家和地区，就是没有实现这种根本性转变。经济发展是一个螺旋式上升的过程，上升不是线性的，量积累到一定阶段，必须转向质的提升，我国经济发展也要遵循这一规律。通过高质量发展，实现投资有回报、企业有利润、员工有收入、政府有税收，实现生产、流通、分配、消费循环通畅，国民经济重大比例关系和空间布局比较合理，不出现大的起落，经济发展比较平衡，能够可持续发展。

概括来讲，高质量发展符合马克思主义政治经济学解释的发展规律，它既是主动适应我国社会主要矛盾变化的必然选择，又是贯彻新发展理念，建设现代化经济体系的内在要求，还是坚持高水平对外开放，构建新发展格局的必然要求。"我国经济已由高速增长阶段转向高质量发展阶段。""高质量发展,就是能够很好满足人民日益增长的美好生活需要的发展,是体现新发展理念的发展,是创新成为第一动力、协调成为内生特点、绿色成为普遍形态、开放成为必由之路、共享成为根本目的的发展。"这一系列重要论断切实充实了习近平经济思想的丰富内涵,也进一步丰富和发展了习近平新时代中国特色社会主义思想。

4.3.2 高质量发展的实践意义

党的十九大明确提出"我国经济已由高速增长阶段转向高质量发展阶段",党的十九届五中全会提出"十四五"时期经济社会发展要以推动高质量发展为主题。"高质量发展不只是一个经济要求,而是对经济社会发展方方面面的总要求;不是只对经济发达地区的要求,而是所有地区发展都必须贯彻的要求;不是一时一事的要求,而是必须长期坚持的要求。"这蕴含三个"要求"的重大论断和重要论述,不仅深刻阐明了推动高质量发展的重大现实意义,而且更加明确了推动高质量发展的全面性、普遍性、长期性要求。我们要认真学习领会,深入贯彻落实,坚持以高质量发展统揽全局,围绕立足新发展阶段、贯彻新发展理念、构建新发展格局带来的新形势,提出的新要求,加强对新时代各项工作的前瞻性思考、全局性谋划、战略性布局、整体性推进,不断在推动高质量发展上取得新进展。我们要把准高质量发展的实践要义,深刻认识长期坚持全面高质量发展的现实意义。

高质量发展是全面的要求,而不仅仅是经济要求。党中央反复强调,高质量发展是能够很好满足人民日益增长的美好生活需要的发展,是体现新发展理念的发展。人民美好生活的需要,不只是物质方面的需要,还是包括精神文化、民主、法治、公平、正义、安全、环境等在内的全面需要。顺应我国社会主要矛盾变化,解决发展不平衡不充分问题,决定了高质量发展必须涵盖政治、经济、文化、社会、生态等各方面,是一个总要求。在实际工作中,我们要精准全面把脉群众需求,对照更高要求检视各项工作,以高质量发展推动实现人的全面发展和社会全面进步。

高质量发展是普遍的要求，所有地区发展都必须自觉贯彻、主动发力。经济发达地区起步早、条件好、基础厚，具有推动高质量发展的明显优势，固然要勇于担当、创新作为、走在前列。高质量发展不是经济发达地区的专属任务，而是所有地区都可以大显身手、大有作为的新舞台。特别是欠发达地区，必须克服底气不够、信心不足的问题，深入挖掘自身资源禀赋，因地制宜打造自身特色，走出差异化高质量发展之路。比如，守护好碧水蓝天和冰天雪地，把"绿水青山"和"冰天雪地"转化为"金山银山"，就是生态建设高质量发展的体现。

高质量发展是长期的要求，必须长期坚持、久久为功。解决我国发展不平衡不充分的问题，是一项长期而艰巨的复杂任务。这就意味着，推动高质量发展不是一时之计，也非一日之功，更不可能一蹴而就，而是对发展初心、转型耐心、攀登恒心的全面考验；不是一场速战速决的短跑赛事，而是一场需要体力毅力和技术的马拉松比赛，跑赢这场马拉松，要求我们保持坚如磐石的定力，排除各种干扰，无论情况如何变化，都不能再沿袭老做法、回到老路子、陷入旧模式。必须坚定不移贯彻新发展理念，加快构建新发展格局，以高质量发展的实践成效，加快中国式现代化进程。

4.4 高质量发展要处理的基本关系

推动高质量发展离不开辩证法的指导。经济发展是一个螺旋式上升的过程，上升不是线性的，量积累到一定阶段，必须转向质的提升，这是经济发展的规律使然，也合乎唯物辩证法的基本原理。我们要学好、用好辩证法，审时度势，科学设计，以辩证思维来处理推动高质量发展中遇到的各种矛盾关系。

一是供给和需求的关系。供给和需求贯穿于生产、交换、消费、分配四大经济活动之中，两者的均衡是社会再生产的基础与条件。"经济增长实质上就是指总需求与总供给均衡总量的不断扩大。这就说明要想经济稳定持续地增长,必须同时增加总需求与总供给,并实现两者的均衡。这就要求我们要把需求管理与供给管理置于统一的范畴之中,在动态的经济发展中协调好需求与供给的关系,以确保两者在总量不断扩大的前提下实现均衡。"需求多样化是当今世界市场的一个重要特点,区域经济差异和居民收入差异等都会导致消费需求多样化。当前居民的需求内涵大大扩展,需求层次不断提升,对多样化、个性化、多层次商品和服务的需求,对人的全面发展和社会全面进步的需求都不断增加,但现有的供给体系还不能充分满足这些需求,许多产品仍处在价值链的中低端。实现高质量发展,就是要顺应、培育和释放新的需求,拉动供给侧的转型升级,在更高水平上实现供需平衡。

二是旧动能与新动能的关系。 发展动力决定发展速度、效能、可持续性。推动高质量发展必须坚定不移推进供给侧结构性改革,大力破除无效供给,着力培育壮大新动能,促进新旧动能加快接续转换,加快建设现代化经济体系。加快新旧动能转换,是以新发展理念引领经济发展新常态的重要举措。加快培育壮大新动能,改造提升传统动能,实现新旧动能转换,是促进经济结构转型和实体经济升级的重要途径,也是推进供给侧结构性改革的重要着力点。简单地说,"新旧动能转换是指培育新动能、改造旧动能。所谓新动能,是指新一轮科技革命和产业变革中形成的经济社会发展新动力,包括新技术、新产业、新业态和新模式。所谓旧动能,是指传统产业,包括采用传统生产经营方式的农业、工业和服务业。具体而言,新旧动能转换有三层含义:一是通过新动能的增量来对冲传统动能的减弱,加快培育新技术、新产业,找到新的经济增长点;二是通过大众创业万众创新、'互联网+'等,创造出新业态、新模式来改造传统动能;三是通过新动能创造的'战略纵深'为传统动能升级赢得空间"。处理好新旧动能关系的关键在于实现新旧动能转换,而新旧动能转换不是一夜之间就可以实现的,而是一个久久为功的系统工程。这就需要处理好供给和需求、新经济和传统产业改造提升、技术创新和模式创新、技术进步与制度变革等多种关系,真正形成新动能,成为增长的持续动力。

三是政府与市场的关系。 在市场与政府的关系上,就要更充分地发挥市场在资源配置中的决定性作用，这就要求产品和要素市场是充分竞争的"有效的市场"，这是按照比较优势来发展经济的制度基础。不过，竞争的市场固然能够引导企业家按照要素禀赋结构所决定的比较优势来选择产业和技术，但这影响到的只是在生产过程中的要素成本。要变成竞争优势，还需要有和所要发展的产业相适应的硬的基础设施和软的制度环境，这就需要政府协调解决或政府直接来提供。所以，要按各地的比较优势来发展特色产业，除了有效市场要充分发挥作用之外，还需要有"有为的政府"，根据各个地方具有比较优势的产业，提供合适的硬的基础设施，以及软的制度安排，帮助企业家把当地的比较优势变成国内外市场的竞争优势。因此，要实现高质量发展，"有效的市场"和"有为的政府"这两只手不仅都要硬，更要协调配合好。

四是公平与效率的关系。这是人类社会永恒的课题，也是关系我国能否顺利跨越中等收入陷阱、实现建成社会主义现代化强国目标的关键问题。党的十九大报告强调，增进民生福祉是发展的根本目的。必须多谋民生之利、多解民生之忧，在发展中补齐民生短板、促进社会公平正义，保证全体人民在共建共享发展中有更多获得感，不断促进人的全面发展和全体人民共同富裕。

正确把握维护公平与讲求效率的关系，对于我们这个拥有14亿多人的发展中国家来说，如何将做好做大的"蛋糕"公平合理地分好，是我们必须解决好的关键问题。实现高质量发展就是要把"做大蛋糕"和"分好蛋糕"有机统一起来，着力解决收入分配差距较大的问题，调整国民收入分配格局，使发展成果更多更公平惠及全体人民。这样不仅有利于激发各种生产要素特别是劳动者的积极性，扩大中等收入群体，而且有利于提升全社会购买力，创造更大规模市场，推动经济更有效率、更加公平、更高质量、更可持续发展。

五是虚拟经济与实体经济的关系。"理论界对虚拟经济与实体经济关系的研究主要有三个假说：关联假说、背离假说和边界假说。三个假说反映出虚拟经济与实体经济动态演变的三个阶段，即派生阶段、背离阶段和良性互动阶段。其中，从背离阶段向良性互动阶段的转变重在把握虚拟经济发展的'度',虚拟经济过度膨胀可能导致其与实体经济完全背离,适度发展才能实现两者良性互动。"

一般认为虚拟经济是与实体经济相对应、与传统的物质生产及其劳务活动相区别的一种经济形态,它以金融系统、金融机构、金融工具和金融市场为主要依托,是与虚拟资本的循环运动密切相关的经济活动。简单点说,虚拟经济就是以"钱"生"钱"的活动。虚拟经济是市场经济发展到高级阶段的产物,是为实体经济服务的;而实体经济是一个国家或区域经济发展的基石和支柱。随着虚拟经济迅速发展,其规模已超过实体经济,成为与实体经济相对独立的经济范畴。与实体经济相比,虚拟经济具有明显不同的特征。概括起来,主要表现为高度流动性、不稳定性、高风险性和高投机性四个方面。

虚拟经济与实体经济是标与本的关系。实体经济是虚拟经济的基础,虚拟经济不能脱离实体经济,两者相互制约、相互作用。虚拟经济既可以促进实体经济发展,也可以制约实体经济发展。虚拟经济离实体经济越远,泡沫越大,泡沫破灭后的危害也越大。虚拟经济过度的发展,脱离实体经济,就如空中楼阁。因此在推进经济高质量发展过程中,既不能偏废虚拟经济,也不能偏废实体经济,特别要加强对虚拟经济的监管力度,引导虚拟经济更好地服务于实体经济。

六是扩大内需和对外开放的关系。处理好扩大内需和对外开放的关系,是关系我国国民经济发展的重大问题。把扩大内需和对外开放有效结合,是高质量发展的关键环节。扩大内需主要包括投资需求和消费需求两个方面。对外开放一方面是指国家积极主动地扩大对外经济交往;另一方面是指放宽政策,放开或者取消各种限制,不再采取封锁国内市场和国内投资场所的保护政策,发展开放型经济。"对外开放"是中国的一项基本国策,是中国经济腾飞的一个秘诀,也是实现高质量发展的一件法宝。

扩大内需与对外开放不是相互矛盾的关系,而是相辅相成、相互促进的关系。处理好扩大内需和对外开放的关系,一要按照全球分工的要求配置资源,提高资源的配置效率。二要通过开放的国际市场解决发展的瓶颈。三要发挥我国的比较优势,用出口劳动密集型产品来换取资本密集型和资源密集型产品，为扩大内需提供多方面的支持。四要扩大利用外资和吸引外资投资来满足扩大内需的需要。五要增强国内居民消费这一拉动内需的根本动力。实践证明，增加就业和收入水平是扩大居民消费的关键。一方面通过切实鼓励城乡创业，扩大就业增加收入。实施鼓励创业投资的积极财政税收政策，通过鼓励创新创业，增加企业或提升效能，扩大就业。实施鼓励创业投资的货币金融体制和政策。另一方面要提高农民和城镇低收入者的收入水平。高质量发展离不开高质量的对外开放。改革开放以来，我国充分抓住全球化和主要经济体产业转移的机遇，发挥劳动力成本低、产业配套齐全、基础设施完善等优势融入国际市场，快速成为"智能制造世界工厂"。转向高质量发展，我国需要抓住新一轮国际分工调整的新机遇，培育竞争新优势，争取在全球产业链和价值链中占据更高地位，并通过积极构建新型大国关系和人类命运共同体，促进全球治理变革朝更加公平正义方向发展，为我国及广大发展中国家争取更有利的发展环境。

4.5 高质量发展应遵循的基本原则

　　立足新发展阶段、贯彻新发展理念、构建新发展格局，推动高质量发展，是当前和今后一个时期全党全国必须抓紧抓好的工作。新发展阶段是我国社会主义发展进程中的一个重要阶段，不仅在我国现代化进程中具有重大意义，而且在我国社会主义初级阶段整个历史进程中也具有不同寻常的意义。习近平总书记曾深刻指出，社会主义初级阶段不是一个静态、一成不变、停滞不前的阶段，也不是一个自发、被动、不用费多大气力自然而然就可以跨过的阶段，而是一个动态、积极有为、始终洋溢着蓬勃生机活力的过程，是一个阶梯式递进、不断发展进步、日益接近质的飞跃的量的积累和发展变化的过程。

　　《关于〈中共中央关于制定国民经济和社会发展第十四个五年规划和

二〇三五年远景目标的建议〉的说明》（以下简称《说明》）中指出："以推动高质量发展为主题，必须坚定不移贯彻新发展理念，以深化供给侧结构性改革为主线，坚持质量第一、效益优先，切实转变发展方式，推动质量变革、效率变革、动力变革，使发展成果更好惠及全体人民，不断实现人民对美好生活的向往。"

4.5.1 始终践行以人民为中心的发展思想

以人民为中心的发展思想既是习近平新时代中国特色社会主义思想的重要内容，又是习近平总书记在新时代对马克思主义唯物史观中人民主体论的重大创新。以人民为中心的发展思想强调全体人民共同富裕，共同富裕体现了社会主义的本质要求。发展为了谁？就是为了人民。因此，以人民为中心是发展的出发点和立足点，这也是马克思主义政治经济学的根本立场。

马克思主义政治经济学代表劳动人民的利益，把发展为了人民作为根本立场。中国共产党的百年历史表明，中国共产党人始终坚持和发展以人民为中心的马克思主义政治经济学，推进了马克思主义中国化时代化的历史进程。中国共产党坚持把人民利益放在第一位，始终与人民心连心、同呼吸、共命运，始终依靠人民推动历史前进。党的十八大以来，习近平总书记进一步提出"以人民为中心"的发展思想，作出了"人民对美好生活的向往就是我们的奋斗目标""只有坚持以人民为中心的发展思想，坚持发展为了人民、发展依靠人民、发展成果由人民共享，才会有正确的发展观、现代化观"等一系列重要论述，深刻阐明了中国共产党以人民为中心这一根本立场的丰富内涵，进一步丰富和发展了马克思主义政治经济学，成为指导我们推动经济社会发展的有力理论武器，也是新时代实现高质量发展的根本遵循。

党的十八届五中全会鲜明提出要坚持以人民为中心的发展思想，把增进人民福祉、促进人的全面发展、朝着共同富裕方向稳步前进作为经济发展的出发点和落脚点。这一点，我们任何时候都不能忘记，部署经济工作、制定经济政策、推动经济发展都要牢牢坚持这个根本立场。习近平总书记指出,"着力践行以人民为中心的发展思想,这是党的十八届五中全会首次提出来的,体现了我们党全心全意为人民服务的根本宗旨,体现了人民是推动发展的根本力量的唯物史观"。"共享理念实质就是坚持以人民为中心的发展思想,体现的是逐步实现共同富裕的要求。"

践行以人民为中心的发展思想,就是要坚持人民主体地位,顺应人民群众对美好生活的向往,不断实现好、维护好、发展好最广大人民根本利益,做到发展为了人民、发展依靠人民、发展成果由人民共享。2018年5月4日在纪念马克思诞辰200周年大会上习近平总书记重申:"人民对美好生活的向往就是我们的奋斗目标。我们要坚持以人民为中心的发展思想,抓住人民最关心最直接最现实的利益问题,不断保障和改善民生,促进社会公平正义,在更高水平上实现幼有所育、学有所教、劳有所得、病有所医、老有所养、住有所居、弱有所扶,让发展成果更多更公平惠及全体人民,不断促进人的全面发展,朝着实现全体人民共同富裕不断迈进。"

4.5.2 完整、准确、全面贯彻新发展理念

理念是行动的先导,一定的发展实践都是由一定的发展理念来引领的,发展理念是否正确,从根本上决定着发展的成效乃至成败。新发展理念是一个整体,在贯彻落实中要完整把握、准确理解、全面落实,把新发展理念贯彻到经济社会发展全过程和各领域。"党的十八大以来我们对经济社会发展提出了许多重大理论和理念,其中新发展理念是最重要、最主要的。新发展理念是一个系统的理论体系,回答了关于发展的目的、动力、方式、路径等一系列理论和实践问题,阐明了我们党关于发展的政治立场、价值导向、发展模式、发展道路等重大政治问题。全党必须完整、准确、全面贯彻新发展理念。"

2019年12月10日,习近平总书记在中央经济工作会议上指出,"必须强调的是,新时代新阶段的发展必须贯彻新发展理念,必须是高质量发展"。2020年10月26日,党的十九届五中全会的《说明》中指出,"当

前，我国社会主要矛盾已经转化为人民日益增长的美好生活需要和不平衡不充分的发展之间的矛盾，发展中的矛盾和问题集中体现在发展质量上。这就要求我们必须把发展质量问题摆在更为突出的位置，着力提升发展质量和效益"。

新发展理念是一个系统的理论体系，是习近平新时代中国特色社会主义经济思想的主要内容，要把贯彻新发展理念同贯彻习近平新时代中国特色社会主义经济思想贯通起来，同贯彻党的十八大以来中共中央总书记习近平对经济形势作出的科学判断、对经济工作作出的科学部署、对经济社会发展提出的重大理论贯通起来。对此，总书记2021年1月11日在省部级主要领导干部学习贯彻党的十九届五中全会精神专题研讨班上的重要讲话从以下13个主要方面作出了概要阐述：一是坚持以人民为中心的发展思想；二是不再简单以国内生产总值增长率论英雄；三是我国经济处于"三期叠加"时期；四是经济发展进入新常态；五是使市场在资源配置中起决定性作用、更好发挥政府作用；六是绿水青山就是金山银山；七是坚持新发展理念；八是推进供给侧结构性改革；九是发展不平衡不充分；十是推动高质量发展；十一是建设现代化经济体系；十二是构建以国内大循环为主体、国内国际双循环相互促进的新发展格局；十三是统筹发展和安全。这13个方面的重要思想理念，体现了习近平新时代中国特色社会主义经济思想的核心要义，是完整、准确、全面贯彻新发展理念的重要遵循。

4.5.3 从全局高度加快构建新发展格局

加快构建以国内大循环为主体、国内国际双循环相互促进的新发展格局，是以习近平同志为核心的党中央根据我国新发展阶段、新历史任务、新环境条件作出的重大战略决策，是习近平新时代中国特色社会主义经济思想的又一重大理论成果，为我国全面建设社会主义现代化强国明确了路径选择。

2020年4月10日，习近平总书记在中央财经委员会第七次会议上创造性提出"构建以国内大循环为主体、国内国际双循环相互促进的新发展格局"。在其后的一系列重要讲话中,特别是在党的十九届五中全会上,总书记对构建新发展格局作出全面部署。在2021年省部级主要领导干部学习贯彻党的十九届五中全会精神专题研讨班上的重要讲话中,总书记进一步指出,构建新发展格局是把握未来发展主动权的战略性布局和先手棋,是新发展阶段要着力推动完成的重大历史任务,也是贯彻新发展理念的重大举措。

习近平总书记还强调指出构建新发展格局最本质的特征是实现高水平的自立自强。当前,我国经济发展环境出现了巨大变化,特别是生产要素的相对优势出现了复杂变化的态势,必须要更强调自主创新,重视激活高质量发展的动力活力,更加重视催生高质量发展的新动能新优势。构建新发展格局的关键在于经济循环的畅通无阻。中国社会科学院张明研究员提出,"要构建双循环新发展格局,第一个层次是构建以国内大循环为主体的新发展格局;第二个层次是构建国内国际双循环相互促进的新发展格局。构建以国内大循环为主体的新发展格局有三大支柱:一是消费扩大与消费升级;二是产业结构升级和技术创新;三是要素自由流动与区域一体化。构建国内国际双循环相互促进的新发展格局也有三大支柱:一是在贸易层面通过构建双雁阵模式来强化中国在全球产业链的地位;二是在金融层面以新的思路推动人民币国际化;三是在开放层面以风险可控的方式推动更高水平的开放"。

在我国发展现阶段,畅通经济循环最主要的任务就是供给侧有效畅通。为此必须坚持深化供给侧结构性改革这条主线,全面优化升级产业结构,提升创新能力和核心竞争力,促进经济高质量可持续发展。构建新发展格局要坚持扩大内需这个战略基点。坚持扩大内需要根据我国经济发展实际情况,建立起扩大内需的有效制度,释放内需潜力,加快培育完整内需体系,加强需求侧管理,扩大居民消费,提升消费层次,建设成熟开放的全国统一大市场,促使国内市场与国际市场更好联通接轨,使我国在国际竞争合作中取得新优势,有助于加快构建以国内大循环为主体、国内国际双循环相互促进的新发展格局。

4.5.4 加强党对社会主义现代化建设的全面领导

习近平总书记曾强调指出，"中国特色社会主义，最本质的特征是中国共产党领导，最鲜明的特色是理论创新和实践创新、制度自信和文化自信紧密结合，在推动发展上拥有强大的政治优势、理论优势、制度优势、文化优势。贯彻落实党的十九届五中全会精神要同贯彻落实党的十九届四中全会精神紧密结合起来，不断推进国家治理体系和治理能力现代化，把坚持党的全面领导的政治优势、坚持中国特色社会主义制度的制度优势同坚持新发展理念的理论优势统一起来，推动党对社会主义现代化建设的领导在职能配置上更加科学合理、在体制机制上更加完备完善、在运行管理上更加高效"。

2021年1月11日，习近平在省部级主要领导干部学习贯彻党的十九届五中全会精神专题研讨班开班式上强调，"要加强党对社会主义现代化建设的全面领导"，各级领导干部要"心怀'国之大者'，不断提高政治判断力、政治领悟力、政治执行力，不断提高把握新发展阶段、贯彻新发展理念、构建新发展格局的政治能力、战略眼光、专业水平"。"在推动高质量发展过程中，如何应对国内外、党内外复杂形势的深刻变化所带来的新矛盾、新挑战，统筹中华民族伟大复兴战略全局和世界百年未有之大变局，准确把握新发展阶段的新特征、新要求，准确把握错综复杂国际环境带来的新矛盾、新挑战，准确把握新形势下党面临的种种考验，关键还是要坚持党的全面领导。要在党的坚强领导下，最大限度凝聚社会共识，汇聚社会发展正能量，共同应对发展过程中的困难和挑战，确保党在世界形势深刻变化的历史进程中始终站在时代前列，站在攻坚克难最前沿、站在最广大人民之中，在应对国内外各种风险和考验的历史进程中始终成为全国人民的主心骨，在全面建设社会主义现代化国家中始终成为坚强领导核心。"全面加强党的领导，为推动高质量发展提供坚强保证。党的领导是做好各项工作的根本保证，是战胜一切困难和风险的"定海神针"。坚持党中央对经济工作的集中统一领导，是中国特色社会主义制度的一大优势,是做好经济工作的根本保证。国有企业是中国特色社会主义的重要物质基础和政治基础,是我们党执政兴国的重要支柱和依靠力量,党中央一贯高度重视国有企业党建工作。习近平总书记2016年10月10日在全国国有企业党的建设工作会议上强调指出,"坚持党对国有企业的领导是重大政治原则,必须一以贯之;建立现代企业制度是国有企业改革的方向,也必须一以贯之"。

坚持党中央对经济工作的集中统一领导,是习近平经济思想的重要内容,是做好经济工作的根本保证,对于坚持和完善中国特色社会主义经济制度,推动经济持续健康发展,全面建成社会主义现代化强国具有十分重大的意义。中国共产党是领导我们事业的核心力量。治理好我们这个世界上最大的政党和人口最多的国家,必须坚持党的全面领导特别是党中央集中统一领导,坚持民主集中制,确保党始终总揽全局、协调各方。经济建设是党的中心工作,党的领导必然要在经济工作中得到充分体现。

从历史看,没有中国共产党,就没有新中国,就没有中华民族伟大复兴。我们用几十年时间走完了发达国家几百年走过的工业化历程,创造了世所罕见的经济快速发展和社会长期稳定两大奇迹。尤其是党的十八大以来,我国经济发展平衡性、协调性、可持续性明显增强,国内生产总值突破百万亿元大关,人均GDP超过一万美元,国家经济实力、科技实力、综合国力跃上新台阶,我国经济迈上更高质量、更有效率、更加公平、更可持续、更为安全的发展之路。一切成绩的取得,靠的正是中国共产党的坚强领导。

从现实看,党对经济工作的集中统一领导是社会主义经济持续健康发展的根本保证。中国经济是一艘巨轮,体量越大,风浪越大,掌舵领航越重要。能不能驾驭好世界第二大经济体,能不能保持经济社会持续健康发展,从根本上讲取决于党在经济社会发展中的领导核心作用发挥得好不好。实践充分证明,以习近平同志为核心的党中央作出的决策部署是完全正确的,党中央具有驾驭复杂局面的娴熟能力,具有引领中国经济巨轮破浪前行的高超智慧,这是我们战胜一切风险挑战的主心骨。

党对经济工作的集中统一领导体现了社会主义市场经济的本质特征和

制度优势。坚持党的领导，发挥党总揽全局、协调各方的领导核心作用，是我国社会主义市场经济体制的一个重要特征。我国经济建设取得历史性成就、实现历史性变革，关键是因为我们始终坚持党的领导、善于把党领导经济工作的制度优势转化为治理效能。

当前，我国经济发展依然面临需求收缩、供给冲击、预期转弱三重压力。在新冠肺炎疫情冲击下，百年变局加速演进，外部环境更趋复杂严峻和不确定。我们既要正视困难，又要坚定信心。越是重大关头，越要在经济工作中坚持党中央集中统一领导，坚持以习近平经济思想为指导，这是中国经济化危为机、破浪远行的根本依靠。我们坚持观大势、谋全局、干实事，成功驾驭了我国经济发展大局，在实践中形成了以新发展理念为主要内容的习近平新时代中国特色社会主义经济思想，这也充分体现了党对经济工作的集中统一领导。

推动高质量发展是一场关系经济社会全局的深刻变革，必须加强党对经济工作的统一领导和战略谋划，完善党领导经济工作的体制机制。要在党的领导下，准确判断所处的历史阶段和面临的主要矛盾，从长远大势出发制定正确的重大战略，持之以恒加以推进，才能真正实现高质量发展！

4.6 高质量发展的总体思路

构建以国内大循环为主体、国内国际双循环相互促进的新发展格局，是实现经济高质量发展的战略举措。"深刻把握世界百年未有之大变局，统筹谋划中华民族伟大复兴战略全局，理性分析发展阶段、环境、条件变化，准确识变、科学应变、主动求变，加快构建以国内大循环为主体、国内国际双循环相互促进的新发展格局，是事关全局的系统性、深层次变革，是把握发展主动权的战略举措。国内循环是国民经济有序运行和高质量发展的基础，国际市场是国内市场的空间延伸和发展拓展，国内大循环为国内国际双循环提供坚实基础。在推动经济高质量发展的过程中，必须坚持实施更大范围、更宽领域、更深层次、更广内涵的对外开放，发挥我国超大规模市场优势，更加紧密地同世界经济联系互动，为世界各国提供更加广阔的市场发展机会和共赢发展空间，依托国内大循环吸引全球商品和资源要素，同时提升国内大循环的效率和水平，重塑国际合作和竞争新优势，推进新型经济全球化。"40多年改革开放的实践充分证明，只要我们坚持立足国内大循环，发挥比较优势，协同推进强大国内市场和贸易强国建设，以国内大循环吸引全球资源要素，充分利用国内国际两个市场两种资源，积极促进内需和外需、进口和出口、引进外资和对外投资协调发展，就能加快形成以国内大循环为主体、国内国际双循环相互促进的新发展格局，全面塑造我国发展新优势，从而实现全面的高质量发展。

4.6.1 以科技创新引领高质量发展

当前我国正处于从高速增长阶段向高质量发展阶段转变的一个重要阶段，这两个阶段是有本质区别的，是从"量"到"质"、从"外延式扩张"向"内涵式发展"、从"速度型""数量型"向"创新型""高质量"的转变，无论从哪一个转向来看，科技创新都是不可缺少的核心要素，是国家或区域高质量发展的核心驱动力。科技创新是一个国家、一个民族发展的重要力量。以科技创新引领高质量发展，是破解当前经济发展深层次矛盾和问题的必然选择，也是加快转变经济发展方式、调整经济结构、提高发展质量和效益的重要抓手。

要理解科技创新，先来让我们认识一下什么是"创新"吧，根据熊彼特《经济发展理论》中的观点，创新是建立一种新的生产函数，把一种从来没有过的关于生产要素和生产条件的新组合引入生产体系。创新可分为5类：新的产品、新的工艺、新的供应源、新的市场、新的创新主体组织方式。归纳学术界的基本观点，一般通过定义来分析创新、科学创新、技术创新与科技创新的主要差别。创新是有计划的、有目的的行为，是对旧有事物和观念的改变和改进，创新以直接或者间接的方式推动经济发展、社会进步。科学创新是对自然、社会和人的自然规律和本质的新发现和新认识,是应用于改造自然、社会和人的活动。科学创新包括自然科学创新和人文社会创新两类。技术创新是指创新参与者通过应用创新的信息和知识来使用新技术和新过程开发新的生产方法、开发新产品或提高产品质量或改善服务,通过技术成果占据市场,实现市场价值。科技创新主要包括技术创新、知识创新和管理创新。科学发现不仅仅是知识创新的重要组成部分,也是知识创新的物质基础。科技创新是技术创新理论发展到成熟阶段的产物。国内比较具有代表性的研究学者之一是周寄中,基于国内学者对科技创新概念的理解,他认为科技创新是科学和技术的综合体,是两者的共同创新。其中科学创新是指实验、理论等方面的研究创新,而技术创新是指将试验开发、技术产出、成果转化到商业领域,将两者紧密结合起来就是科技创新的全过程。科技创新以科学知识为基础,依托技术创新,是两者的综合体。

科技创新对高质量发展的影响与作用主要表现在以下几方面:

第一,科技创新是破解增长瓶颈的关键。在2020年9月召开的科学家座谈会上,中共中央总书记习近平强调,现在我国经济社会发展和民生改善比过去任何时候都更加需要科学技术提供解决方案,都更加需要增强创新这个第一动力。从经济增长理论出发,可以更加深刻地理解总书记关于科技创新的重要论述具有的强大学理支撑、长远的战略眼光。根据上一章阐述的经济增长理论,经济增长的动力在于资本的积累、劳动力的增加和生产效率的提高。在科技水平一定的条件下,资本的扩张也好,劳动力的增加也好,都不可能是一个无限的过程,总会遇到发展极限。唯有以科技创新带来生产效率的提升,才是一个可以在知识累积基础上不断进行创造的无限过程,才能够为经济增长提供取之不尽、用之不竭的动力。

第二,科技创新是贯彻新发展理念的支点。推动高质量发展,必须坚定不移贯彻新发展理念,不断破解发展难题、厚植发展优势。把科技创新作为贯彻新发展理念的支点,有助于破解前进路上的风险挑战。从创新发展看,科技创新是全面创新的核心。就创新发展的动力而言,科技创新提供了最根本、最持久的动力源泉。历史上的每一轮科技革命,都大幅提高了生产效率和生产力水平，进而推动生产组织和生产关系发生变革。就创新发展的方式而言，科技创新提供了最基本的创新方式，就创新发展的潜力而言，科技创新提供了无穷无尽的可能性空间。

从协调发展看，科技创新是统筹平衡的关键。解决发展不平衡、不充分问题，一个重要方面就是解决区域之间、城乡之间存在的发展不协调问题。这其中，科技创新是提高发展协调性、平衡性的重要途径。研究表明，通过科技知识在区域间的扩散、促进区域间科技协同发展，能够有效缩小区域发展差异，形成协同高效的区域科技创新分工体系，从而提高整个国家的科技创新能力。

从绿色发展看，科技创新是建设美丽中国的钥匙。科技创新，尤其是与环境治理相关的绿色技术创新，在推动绿色发展中将扮演更为重要的角色。实现碳达峰、碳中和目标存在一个平衡稳增长与碳减排之间关系的权衡问题，绿色技术创新既能够显著抑制碳排放，又能够促进经济增长，有助于处理好发展和减排的关系。绿色技术创新不仅是绿色发展的关键，而且是未来新的经济增长点。

从开放发展看，科技创新对构建新发展格局至关重要。从国内循环的角度来说，科技创新能有效地推动循环层次和范围的逐步优化，为更多依靠国内市场实现经济发展奠定了基础。从国际循环的演进看，创新牵引了国际循环参与方式的变化，是一国提升其全球价值链位势的决定性因素。从国内国际循环的关系变化看，创新能有力促进一国对循环控制力的提升。

从共享发展看，科技创新是共同富裕的杠杆。实现共同富裕需要在不断"做大蛋糕"的过程中"分好蛋糕"。要不断推进科技创新，实现经济发展质量变革、效率变革、动力变革，不断"做大蛋糕"，为二次分配、三次分配创造条件。实现共同富裕还要畅通向上流动通道，给更多人创造致富机会，形成人人参与的发展环境。推进科技创新的题中应有之义，就是提高普通劳动者的科学素质、技能水平，这就能够为促进共同富裕提供源源不断的内生动力。

第三，科技创新可以提高区域的基本竞争力，保证区域的高质量发展。"首先，绿色创新引致的绿色技术推动了清洁能源的发展，优化了能源结构，可以推动产业前后端节能减排。同时，绿色产业培育及绿色产品推广应用深刻影响市场环境，大量低效企业和僵尸企业的淘汰和转型改善了资源配置方向和效率，有效弥补传统工业中支柱产业萎缩带来的不利影响。其次，专家王伟光等认为绿色创新模式下生产要素组合方式的优化推动了城市劳动力分工的深入发展，提高了经济配置效率，有利于城市高质量发展。此外，随着科学与绿色技术融合度的不断提升，新兴产业资源向传统产业的渗透能够通过提升传统产业生产效率和延伸产业价值链促进传统产业优化升级，推动城市产业高质量发展。最后，辜胜阻、王慧艳等专家研究发现绿色创新作为传统创新的一部分，不仅能够通过市场机制和企业逐利机制推动企业技术进步产生环境成本效应，降低外部环境成本，实现产业服务高质量供给，促进效率变革，而且可以通过人力资本效应、知识外溢效应和投入产出效应等促进低碳经济产业发展，推动城市高质量发展。"

4.6.2 推动有效市场和有为政府更好结合

推动有效市场和有为政府更好结合，实际上就是统筹运用好看得见和看不见的"两只手"的关系问题。关于"看不见的手"追根溯源是亚当·斯密在《国富论》中提出的。他认为通过"看不见的手"，企业家获得利润，工人获得由竞争的劳动力供给决定的工资，土地所有者获得地租。供给自动地创造需求，储蓄与投资保持平衡。通过自由竞争，整个经济体系达到一般均衡，在处理国际经济关系时，遵循自由放任原则，政府不对外贸进行管制。"看不见的手"论断反映了早期资本主义自由竞争时代的经济现实。我们必须看到，亚当·斯密对"一只无形的手"的描述是建立在完全竞争市场的假设之上，而完全竞争市场只是一种理论上的理想状态，在现实中难以实现。历史实践充分证明，在社会经济发展的历史进程中，每一个国家，单纯地依靠"一只无形的手"（市场自由经济）是不能解决国内与国际关系中发生的一切问题的，这只"无形的手"必须与

"看得见的另一只手"（政府干预经济）相互发生作用，才能有效地组织、推动社会经济的发展和促进人类的进步。

40多年中国改革开放的成功实践充分证明了"有效市场"和"有为政府"这两只手缺一不可。不仅两手都要硬，而且要协调配合好。党的十九届五中全会审议通过的《建议》提出"推动有效市场和有为政府更好结合"这一新论断，将市场与政府之间关系的认识提升到一个新的高度，这是新时代中国特色社会主义政治经济学的重大创新，极大地丰富和发展了中国特色社会主义市场经济理论，开创了统筹运用好看得见和看不见的"两只手"的理论新境界，对构建高水平社会主义市场经济体制、推动高质量发展、全面建设社会主义现代化国家具有重要意义。

要推动有效市场和有为政府更好结合，首先要科学把握有效市场和有为政府的辩证关系。"有效市场"需匹配"有为政府"，两者相伴共生、缺一不可。宏观上，政府要以问题为导向，将供给侧结构性改革的创新突破作用和国内大市场的需求引领作用有机结合起来，尤其在科技创新、产权保护、要素市场化配置、宏观经济治理、法治体系建设等具有重要牵引作用的领域，要在顶层设计上更加系统完备，实现更高水平的市场供需均衡，抢占发展的制高点。微观上，要从管理者向服务者转变，大力营造优良营商环境，完善市场规则准则，推动构建高水平社会主义市场经济体制。

一是有效市场和有为政府是有机统一的。两者是有机的整体，既有分工，又要合作。分工在于市场和政府发挥作用的领域和方式不同，合作在于两者要相互促进、相互补充，高水平的社会主义市场经济体制，应该是"看不见的手"和"看得见的手"都要用好的有效市场和有为政府共存模式。

二是有效市场和有为政府相互依存、相伴共生。有为政府是有效市场的前提和保障。市场经济本质上是通过市场配置社会资源的经济形式，市场在资源配置中起决定性作用，但并不是全部作用。政府应该"有所为"，问题是要明确在哪些方面"有所为"。著名经济学家吴敬琏曾经指出，"政府应该要做一些事情，应该'有所为'，问题是在哪些方面有所为？政府的基本功能是提供公共品，比如说好的制度、稳定的宏观经济环境、基本的社会保障，还有良好的教育体系和科研体系。教育和科研，特别是一些基础性的教育和基础性的科研是有外部性的、引领性的，企业很难去做，这是政府的责任，也应该去做。在市场发育程度比较低的情况下，有一些微观的事情可能也需要政府介入，但要讲究方法"。市场存在自身无法克服的缺陷，尤其在经济社会转型升级的过程中，市场失灵问题更加突出，需要政府及时干预才能解决发展中的问题，进而保障市场的有效性。全面深化改革过程中，向市场主体放权、为市场主体减负、激发市场主体活力等一系列措施，需要有为政府予以实施。经济发展中市场秩序、市场监管、社会公平公正等问题需要有为政府予以维护。

三是有效市场和有为政府要在改革实践中协同共进。有效市场和有为政府的边界不是一成不变的，而是随着经济社会发展水平的变化处在一种动态调整之中。著名经济学家厉以宁曾经指出："市场也不是万能的，有效的政府加上有效的市场，这就是中国政府与市场的关系。两者都要讲效率，都要有效，政府做政府该做的事情，市场做市场可以做的事情。"有效市场和有为政府的平衡点要在遵循市场经济一般规律的前提下，依据高水平社会主义市场经济体制的要求与现阶段我国经济社会发展的实际确定。社会主义市场经济体制改革要根据市场发育水平和政府治理能力动态推进。在向市场放权、激发市场活力的同时，强化监管和服务，政府既要完善市场监管和执法体制，做好"裁判员"，该管的管起来，又要培育市场发展，做好"陪练员"，以市场发展倒逼政府改革，以政府改革促进市场发展，实现有效市场与有为政府的良性互动。

4.6.3 深化供给侧结构性改革

要实现高质量发展，最根本的一条主线就是推进供给侧结构性改革。推进供给侧结构性改革，是以习近平同志为核心的党中央在综合分析世界经济长周期和我国发展阶段性特征及其相互作用的基础上，集中全党和全国人民智慧，从理论到实践不断探索的结晶；是适应和引领经济发展新常态的重大创新，也是适应国际金融危机发生后综合国力竞争新形势的主动选择。

2015年11月10日，中共中央总书记习近平在中央财经领导小组第十一次会议上首次提及"供给侧结构性改革"。他强调推进经济结构性改革，是贯彻落实党的十八届五中全会精神的一个重要举措。我们应该认识到当时中国经济的发展状况与昔日西方发达国家所面临的"滞胀"局面有很大的不同。一方面，中国经济发展进入新常态，即经济发展面临速度换挡节点、结构调整节点、动力转换节点；另一方面，当前和今后一个时期，中国经济发展面临的问题，供给和需求两侧都有，但矛盾的主要方面在供给侧。因此，推进供给侧结构性改革，是解决中国经济发展长期积累的结构性、体制性矛盾的必然选择。他还强调供给侧结构性改革的关键是抓好去产能、去库存、去杠杆、降成本、补短板，提出巩固、增强、提升、畅通的8字要求并强调这八字方针是当前和今后一个时期深化供给侧结构性改革、推动经济高质量发展管总的要求。

党的十九届五中全会通过的《建议》提出"以推动高质量发展为主题，以深化供给侧结构性改革为主线"，紧紧把握了我国社会主要矛盾变化，具有很强的现实针对性、长远指导性，是"十四五"时期经济社会发展指导思想，对指导"十四五"时期经济社会发展至关重要。回顾历史，"九五"计划强调推动经济增长方式从粗放型向集约型转变，"十五"计划突出把发展作为主题、把结构调整作为主线，"十一五"规划提出以科学发展观统领经济社会发展全局，"十二五"规划提出以科学发展为主题、以加快转变经济发展方式为主线，"十三五"规划提出创新、协调、绿色、开放、共享的新发展理念。

实践证明，以深化供给侧结构性改革为主线，是实现高质量发展的必然要求。当前和今后一个时期，我国经济发展面临的问题，在供给和需求这两侧都有，但矛盾的主要方面在供给侧。我国一些行业和产业，一方面产能严重过剩，另一方面又有大量关键装备、核心技术、高端产品还依赖进口。解决这些结构性问题，需要从供给侧发力，把改善供给侧结构作为主攻方向。供给侧结构性改革，说到底就是要使我国供给能力更好满足人民日益增长的美好生活需要。换句话说，深化供给侧结构性改革、推动经济高质量发展是坚持问题导向、解决经济社会发展主要矛盾的重要手段。要把问题作为研究制定政策的起点，把工作的着力点放在解决最突出的矛盾和问题上。

腾泰等专家研究认为，所谓"供给侧改革"是指从供给侧入手的改革。所谓"结构性改革"是指针对结构性问题而推进的改革。所谓"供给侧结构性改革"是指从供给侧入手，针对经济结构性问题而推进的改革。这样看来，供给侧结构性改革是从提高供给质量出发，用改革的办法推进结构调整，矫正要素配置扭曲，提高供给水平，增强供给结构对需求变化的适应性和灵活性，提高全要素生产率，更好满足广大人民群众的需要，促进经济社会持续健康发展。供给侧结构性改革，既强调供给，又关注需求，既突出发展社会生产力，又注重完善生产关系，既发挥市场在资源配置中的决定性作用，又更好发挥政府作用，既着眼当前，又立足长远。

黄奇帆等专家研究认为，应坚定地推进供给侧结构性改革。供给侧是生产要素一侧，结构性改革是制度性变革。但常常看到的是，将下指标"去产能、去库存""关停并转升"调结构等行政手段调整称为供给侧结构性改革。2020年4月9日，党中央、国务院发布《关于构建更加完善的要素市场化配置体制机制的意见》（以下简称《意见》）。《意见》实际是供给侧结构性改革的纲领性文件，其中有些措施还属于探索性的，要加速落实、加速探索，这对于动员国内需求是最为根本的。

总之，供给侧结构性改革的重点，就是进一步解放和发展生产力，用改革的办法推进结构调整，减少无效和低端供给，扩大有效和中高端供给，增强供给结构对需求变化的适应性和灵活性，着力提高全要素生产率。通过深化供给侧结构性改革，优化存量资源配置，扩大优质增量供给，减少无效供给，扩大有效供给，不断让新的需求催生新的供给，让新的供给创造新的需求，提高全要素生产率，从而实现更高水平和更高质量的供需动态平衡。

4.6.4 全面推进乡村振兴战略

党的十九大提出了乡村振兴战略，提出了"产业兴旺、生态宜居、乡风文明、治理有效、生活富裕"的总要求。党的十九届五中全会提出，"走中国特色社会主义乡村振兴道路，全面实施乡村振兴战略"。其中"全面"二字内涵丰富，既体现了乡村振兴已取得阶段性成果，又指明了乡村振兴下一阶段的重点将往"扩面提质"方向发力。

中共中央总书记习近平2020年12月28日在中央农村工作会议上发表重要讲话，体现了坚持把解决好"三农"问题作为全党工作重中之重、举全党全社会之力推动乡村振兴的决心，成为做好新发展阶段全面推进乡村振兴的行动纲领。总书记在强调提高党领导"三农"工作的能力和水平的基础上指出，全面实施乡村振兴战略"必须加强顶层设计，以更有利的举措、汇聚更强大的力量来推进"，从以下七个方面的思路进行重点部署："一是加强发展乡村产业；二是加强社会主义精神文明建设；三是加强农村生态文明建设；四是深化农村改革；五是实施乡村建设行动；六是推动城乡融合发展见成效；七是加强和改进乡村治理。"同时还指出，"构建新发展格局是我们应对世界大变局的战略举措，也是我们顺应国内发展阶段变化、把握发展主动权的先手棋。把战略基点放在扩大内需上，农村有巨大空间，可以大有作为。几亿农民同步迈向全面现代化，能够释放出巨量的消费和投资需求。城乡经济循环是国内大循环的题中应有之义，也是确保国内国际双循环比例关系健康的关键因素。""当前，扩内需、稳投资、搞建设，不能只盯着城镇。农村这块欠账还很多，投资空间很大。"

改革开放以来，我国快速推动工业化和城市化，不断提高要素配置效率，释放改革红利，为创造"两大奇迹"发挥了重要作用，但与城市发展的日新月异相比，农业、农村、农民的发展相对滞后。实施乡村振兴战略，对支撑城乡融合发展、促进新型城镇化建设具有至关重要的作用，也为我国经济增长和经济发展提供了新契机。针对乡村产业和基础设施总体比较薄弱的情况，自然资源、人力资本等要素的利用率和劳动生产率均有待进一步提升的现状,在全面推进乡村振兴的过程中,应重点聚焦加快农村基础设施建设、充分挖掘农村地区自然资源优势、加速人力资本积累三个维度。运用前面阐述的经济增长理论来分析,资金、土地和人才依然是全面推进乡村振兴的关键要素。实现在资本的带动下,人才、技术、产业等要素向乡村流动,关键是要加快清除阻碍城市要素下乡的各种障碍,畅通城市各要素下乡的通道。资本投资将会引导相关企业根据外部环境的变化进行改革,不断提高生产效率,逐步满足"碳达峰""碳中和"的时代发展要求,激发农村经济增长新活力,促进乡村振兴高质量发展。

加快推进乡村产业振兴。产业兴旺是乡村振兴的重要基础,也是解决农村一切问题的前提。"推进乡村产业振兴。产业发展是乡村发展的前提,促进乡村发展就要聚焦乡村产业。当前农业发展方式转型任务繁重,加快推进农业农村绿色低碳发展,除了保持农业生产价值和粮食生产基本功能外,要更加充分拓展农业多功能产业、挖掘乡村多元价值,纵向上推进农业生产、加工、销售、消费全产业链发展,横向上促进农业与生态、休闲、旅游、康养、文化等产业深度融合,以一、二、三次产业融合发展延伸产业链、完善供应链、提升价值链,壮大繁荣乡村经济、提升乡村经济价值,探索多种价值实现形式,带动农村居民增收。"

全面推进乡村振兴战略为新发展阶段"三农"工作的开展提供了方向和指南,是进一步促进城乡融合发展的重要路径,是解决当前我国农村社会主要矛盾的战略举措,是实现农村共同富裕的必经之路。全面推进乡村振兴战略,不能就乡村论乡村,必须走城乡融合发展之路。文丰安教授研究认为,我国农业农村发展仍然面临农业发展质量和效益不高、核心竞争力不强、农民增收后劲不足、农村自我发展能力较弱、城乡差距依然较大等问题。破解这些难题,关键要在体制机制上下功夫,不断深化农业农村改革,清除不利于科技、人才、资本等要素下乡的各种障碍,统筹治理主体,推进产业结构变革,推动农业特色发展,形成新的人才资源动力,努力实现乡村振兴。"一是统筹乡村治理主体,增强乡村振兴治理动力;二要深入推进农村改革,激发乡村振兴内生动力;三要加快农业数字化转型,构建乡村振兴新型动力;四要培养专业人才队伍,形成乡村振兴人才动力。"

4.6.5 深入推进区域协调发展战略

区域协调发展，是贯彻新发展理念、建设现代化经济体系的重要组成部分。党的十九大报告中指出，实施区域协调发展战略，加大力度支持革命老区、民族地区、边疆地区、贫困地区加快发展，强化举措推进西部大开发形成新格局，深化改革加快东北等老工业基地振兴，发挥优势推动中部地区崛起，创新引领率先实现东部地区优化发展，建立更加有效的区域协调发展新机制。党的十九届五中全会要求，推进区域协调发展，健全区域协调发展体制机制。我国区域发展存在着南北、东西、城乡不平衡，需要推动形成优势互补高质量发展的区域经济布局。习近平主席2019年8月26日在中央财经委员会第五次会议上指出，"我国经济由高速增长阶段转向高质量发展阶段，对区域协调发展提出了新的要求。不能简单要求各地区在经济发展上达到同一水平，而是要根据各地区的条件，走合理分工、优化发展的路子。要形成几个能够带动全国高质量发展的新动力源，特别是"京津冀""长三角""珠三角"三大地区，以及一些重要城市群。不平衡是普遍的，要在发展中促进相对平衡。这是区域协调发展的辩证法。"他还提出推进区域协调发展的四项基本要求，"一要尊重客观规律；二要发挥比较优势；三要完善空间治理；四要保障民生底线"，同时强调要从多方面健全区域协调发展新机制，提出促进区域协调发展的六大主要举措，"第一，形成全国统一开放、竞争有序的商品和要素市场；第二，尽快实现养老保险全国统筹；第三，改革土地管理制度；第四，完善能源消费双控制度；第五，全面建立生态补偿制度；第六，完善财政转移支付制度"。

实践证明，区域协调发展战略是解决发展不平衡问题的一把金钥匙。党的十八大以来，以习近平同志为核心的党中央以协调发展理念引领经济社会发展，用大战略运筹区域协调发展大棋局，为中国经济巨轮破浪前行定向领航。从京津冀到粤港澳，从长江之滨到黄河之畔，从东部到中部、西部，党中央提出的京津冀协同发展、长江经济带发展、粤港澳大湾区建设、"长三角"一体化发展等区域重大战略、区域协调发展战略相继落地生根、开花结果，不同地区发展相互促进、相得益彰，共同推动中国经济高质量发展。

陈健教授指出，"中共中央总书记习近平强调要在高质量发展中促进共同富裕，这就对实施区域协调发展战略，助力区域协调发展赋予了新内涵、新特征，即赋予了区域协调发展的高质量性的内涵特征。一是区域协调发展的整体性；二是区域协调发展的绿色性；三是区域协调发展的创新性；四是区域协调发展的互联互通性；五是市场的统一性"。陈健教授同时提出新发展阶段共同富裕目标下区域协调发展战略的三种推进路径，"一是以经济治理的现代化为手段，构建东中西部区域各行政主体协同合作共同体；二是以中国式经济现代化建设为目标，构建东中西部地区各市场主体利益攸关共同体；三是以中国式共同富裕现代化为价值指向，构建区域协调发展成果惠及于民的共享共富共同体"。

4.6.6 推进生态文明建设的重大战略

生态文明建设是关系民生福祉、关系中华民族永续发展的根本大计和长远之策。狭义上的生态文明是要改善人与自然的关系，用文明和理智的态度对待自然，注重保护和利用生态环境；广义上的生态文明，是指建设一种人与自然、人与人、人与社会和谐共生、良性循环、全面发展、持续繁荣为基本宗旨的文化伦理形态。我们对于生态文明的认识也是逐步深入的。2007年，党的十七大首次把"生态文明"写入党代会报告，第一次提出"建设生态文明"的重要命题。表明了党中央对于加强生态文明建设的信心和决心。进入新时代，人们逐渐认识到环境就是民生，青山就是美丽，蓝天就是幸福。加强生态文明建设就是贯彻新发展理念、推动高质量发展的必然要求，是坚持以人民为中心的发展思想的生动体现。

中共中央总书记习近平多次强调保护生态环境应该而且必须成为发展的题中应有之义，反复强调要树立"绿水青山就是金山银山"的强烈意识。生态环境保护是功在当代，利在千秋的事业。要正确处理好经济发展同生态环境保护的关系，牢固树立保护生态环境就是保护生产力、改善生态环境就是发展生产力的理念,更加自觉地推动绿色发展、循环发展、低碳发展,决不以牺牲环境为代价去换取一时的经济增长。要按下绿色发展快进键,进入生态文明快车道,推进"绿水青山"与"金山银山"双赢的中国式现代化。

在推进生态文明建设的进程中,党中央高度重视,多次进行了重点部署。中共中央总书记习近平在2017年5月26日主持十八届中央政治局第四十一次集体学习时指出推动形成绿色发展方式和生活方式对于加强生态文明建设的重大意义,并就此提出了六项工作任务,"一要加快转变经济发展方式;二要加大环境污染综合治理;三要加快推进生态保护修复;四要全面促进资源节约利用;五要倡导推广绿色消费;六要完善生态文明制度体系"。总书记在2018年5月18日全国生态环境保护大会上进一步强调,"党的十八大以来,我们党深刻回答了为什么建设生态文明、建设什么样的生态文明、怎样建设生态文明的重大理论和实践问题,提出了一系列新理念新思想新战略。新时代推进生态文明建设,必须坚持好以下原则:一是坚持人与自然和谐共生;二是绿水青山就是金山银山;三是良好生态环境是最普惠的民生福祉;四是山水林田湖草是生命共同体;五是用最严格制度最严格法治保护生态环境;六是共谋全球生态文明建设"。

习近平总书记在2022年1月24日中共中央政治局会议上指出,"实现碳达峰碳中和,是贯彻新发展理念、构建新发展格局、推动高质量发展的内在要求,是党中央统筹国内国际两个大局作出的重大战略决策"。推进"双碳"工作,必须坚持全国统筹、节约优先、双轮驱动、内外畅通、防范风险的原则,更好发挥我国制度优势、资源条件、技术潜力、市场活力,加快形成节约资源和保护环境的产业结构、生产方式、生活方式、空间格局。第一,加强统筹协调;第二,推动能源革命;第三,推进产业优化升级;第四,加快绿色低碳科技革命;第五,完善绿色低碳政策体系;第六,积极参与和引领全球气候治理。

2022年8月出版发行的《习近平生态文明思想学习纲要》简明扼要、系统全面地阐释了习近平生态文明思想的核心要义、精神实质、丰富内涵、理论贡献和实践要求,是我们推进生态文明建设的根本遵循。在我国经济由高速增长阶段转向高质量发展阶段的过程中，要保持生态文明战略定力，必须坚持不懈、持之以恒地推进生态文明建设，优化区域发展空间，建设生态文明五大体系，即：建设生态文化体系，提高生态意识；建设生态产业体系，推进绿色发展；建设生态环境体系，维护生态安全；建设人居体系，建设宜居环境；建设生态制度体系，完善体制机制。同时还要创新绿色低碳发展模式来构建清洁低碳安全高效能源模式，形成节约资源和保护环境的空间格局、产业结构、生产方式、生活方式，全面实现绿色低碳循环发展，促进环境保护与高质量协同发展，才能绘就天更蓝、山更绿、水更清的美丽中国画卷。

4.6.7 深入推进高水平对外开放

党的十一届三中全会以来，我国始终坚持对外开放的基本国策，不断拓展对外开放的深度和广度。2013 年 11 月，党的十八届三中全会通过的《中共中央关于全面深化改革若干重大问题的决定》提出"构建开放型经济新体制"。2015 年 10 月，党的十八届五中全会进一步提出开放发展理念，对我国开放型经济进行了全方位升级。中共中央总书记习近平在党的十九大报告中明确提出，"推动形成全面开放新格局。全面开放新格局是以'一带一路'建设为重点，坚持引进来和走出去并重，遵循共商共建共享原则，加强创新能力开放合作，形成陆海内外联动、东西双向互济的开放格局"。党的十九届五中全会通过的《决议》指出，要加快构建以国内大循环为主体，国内国际双循环相互促进的新发展格局，为此必须推动更高水平的对外开放，深度融入全球经济，积极推动构建人类命运共同体。

党的十九届六中全会审议通过的《决议》深刻指出，"开放带来进步，封闭必然落后；我国发展要赢得优势、赢得主动、赢得未来，必须顺应经济全球化，依托我国超大规模市场优势，实行更加积极主动的开放战略"。2021 年底召开的中央经济工作会议强调，要扩大高水平对外开放，推动制度型开放；以高水平开放促进深层次改革、推动高质量发展，构建以国内大循环为主体、国内国际双循环相互促进的新发展格局。

推动高水平对外开放,既包括开放范围扩大、领域拓宽、层次加深,也包括开放方式创新、布局优化、质量提升。要坚持主动开放,把开放作为发展的内在要求,更加积极主动地对外开放;要坚持双向开放,把引进来和走出去更好结合起来,拓展经济发展空间;要坚持全面开放,推动形成陆海内外联动、东西双向互济的开放格局;要坚持公平开放,构建公平竞争的内外资发展环境;要坚持共赢开放,推动经济全球化朝着普惠共赢方向发展;要坚持包容开放,探索求同存异、包容共生的国际发展合作新途径。

对外开放取得的突破性进展和标志性成果也充分表明,中国开放的大门只会越开越大,永远不会关闭。"深入推进高水平对外开放,不仅是打造国际合作和竞争新优势的需要,也是推动高质量发展的需要。我国经济持续快速发展的一个重要动力就是对外开放。在新发展格局下,中国开放的大门将进一步敞开。我国经济韧性强,长期向好的基本面不会改变,但面临需求收缩、供给冲击、预期转弱三重压力,更加需要以高水平开放促进深层次改革、推动高质量发展。从需求端看,扩大进口有利于丰富国内市场供给,满足消费者个性化、多元化、高品质的消费升级需要。从供给端看,开放有利于全球优质资源要素进入中国,发挥'鲇鱼效应',带动市场充分竞争,助力产业转型升级"。我国要赢得发展优势、赢得主动、赢得未来,必须顺应经济全球化,实行更加主动的开放战略。

必须坚持正确义利观,始终不渝走和平发展道路,奉行互利共赢的开放战略,建设开放型世界经济,促进共同发展。不断贡献中国智慧,提出中国方案,积极参与国际经贸规则制定。尊重各国自主选择的社会制度和发展道路,积极倡导共同安全理念,共同应对全球化新挑战,共创和平、安宁、繁荣、开放、美丽的世界。

总而言之,深入推进高水平对外开放是全面建设社会主义现代化国家的内在要求,是立足新发展阶段、贯彻新发展理念的主动作为,是构建新发展格局、推动高质量发展的战略选择。面对新形势新任务,我们必须统筹中华民族伟大复兴战略全局和世界百年未有之大变局,坚持实施更大范围、更宽领域、更深层次对外开放,依托中国大市场优势,促进国际合作，实现互利共赢。"中国的发展离不开世界，世界的繁荣也需要中国。把握国内外大势，统筹两个大局，奉行互利共赢的开放战略，以更加积极有为的行动推进高水平对外开放，发展更高层次的开放型经济，我们就能以对外开放的主动赢得经济发展的主动、赢得国际竞争的主动，打造发展新优势，并为世界经济稳定增长与和平发展贡献更多中国智慧、中国方案、中国力量。"

5　智力资本投资与经济增长相关性研究

5.1　经济增长的理论模型与实证研究

5.1.1　经济增长的理论模型

经济增长理论认为,一个国家的经济增长具有3个主要特征:一是可以给居民提供日益繁多的经济产品的能力长期上升;二是这种不断增长的能力建立在先进技术上;三是这种能力的增长来自技术的不断创新。

自从哈罗德、多马提出了经济增长模型以来,人类就开始寻求技术与生产的关系。1912年,约瑟夫熊彼特在《经济发展理论》一书中将经济发展的动力归结于企业家的创新活动,由此揭开了人类在经济领域中的创新序幕。人类在探索经济增长因素的同时,逐渐认识到技术进步对经济增长的影响。据索洛估算,1909—1946年美国以2.9%的增长率发展。其中,资本增加引起的增长率为0.32%,劳动增长率为1.09%,由于技术进步产生的经济增长率为1.49%。也就是说,技术进步带来的经济增长高于另外两个变量的总和。由此可见,科学技术对经济增长的影响非同小可。美国经济学家库滋涅茨认为,"生产力的提高取决于技术进步和知识的进展程度,取决于经济思想、经济制度以及经济体制的调整"。他所强调的技术进步和知识进展程度,包括高校科研对经济增长的影响程度。

关于经济增长模型的研究，在 20 世纪上半叶先后建立了哈罗德—多马模型、新古典模型等，这些模型都是外生模型，在经济学史上属于第一代模型。在阿罗（1962 年）、宇泽（1965 年）等人的基础上，罗默（1986 年）、卢卡斯（1988 年）、雷贝多（1991 年）、格罗斯曼（1991 年）、巴罗（1995 年）等的模型则是内生模型，这些模型是第二代模型。在这些模型基础上，形成了"新增长理论"。包括新增长理论模型在内，现在经济学家们提出了数百种生产函数模型，几乎每一个研究经济增长的学者都提出了自己的经济增长模型。

20 世纪 80 年代，罗默（Romer，1986）和卢卡斯（Lucas，1988）放弃技术中性的假设，分别建立了知识积累模型和人力资本模型，由此获得长期的内生经济增长路径。罗默的内生型生产函数模型是"新增长理论"中最主要、最有代表性的。"新增长理论模型"强调知识积累和人力资本开发，并且规模收益递增，具有一定的先进性，但它们走的仍是"从假设出发、构建具体的生产函数，然后估计参数"的道路。目前在生产函数中估计参数的方法（如分配法、比例法、经验法及回归分析法等）都需要一定的经济或数学方面的假设，各有优缺点，不同方法又可能导致不同的计算结果，且一般都静态地假定参数是常数。

从经济增长理论的发展过程来看，被称为第一代增长模型的索洛模型和被称为第二代的内生增长模型对于资本和劳动要素的认识大同小异，主要分歧在于如何处理技术中性问题，换句话说就是如何恰当地把知识技术要素 A 引入生产函数。索洛模型假定技术进步是中性的，在生产函数中只是与资本 K 和劳动 L 以不同的方式结合而已，这种结合方式在长期稳态路径上能够保持经济的某种特征不变。

实践证明，现代经济增长不仅取决于资本投入量的积累，还取决于劳动、技术进步与其他非实体性要素的增加。经济产出和要素投入的关系可用函数形式表示为：

$Y = F(IC1, IC2, IC3, \cdots, ICn)$

1928 年美国经济学家、数学家柯布（Charles W. Cob）和道格拉斯（Paul Howard Douglas）在继承与发展前人研究成果的基础上，认为产出主要是资本和劳动要素贡献的结果。由此作出假设：(1) 要素可以相互替代；(2) 要素的边际产出大于零；(3) 要素边际产出递减；(4) 非负性。这样，产出和投入的关系就简化成以下 C–D 生产函数形式：

$$Y = AK^{\alpha}L^{\beta}$$

大量证据表明，随着经济形态的巨变，尤其是虚拟经济、网络经济等的兴起，科技的作用形态也在发生改变。基于传统 C–D 函数的新古典增长理论认为科技创新总是以某种形式和资本劳动等实体要素结合，现代的观点则认为科技的依赖性正在减小，其独立推动经济增长的能力日益增强。越来越多的要素被引入 C–D 函数，例如制度分析、人力资本等参数。

基于道格拉斯生产函数的经济计量，Arrow 提出了"干中学"（learning by doing）概念，将技术进步最早纳入经济增长模型内在因素进行分析。Uzawa 则通过修改 Solow 单纯生产部门的模型，假定经济中存在一个生产人力资本的教育部门，为解释内生技术变化提供了一个可能的尝试。

在 Arrow 的研究基础上，Romer 建立了两个增长模型。第一个模型将知识作为最主要的投入要素加以内生化；第二个模型把投入的人力分为物质劳动和具有专业化知识的人力资本两种形式，并认为经济增长的主要源泉来自知识积累（人力资本），而不是物质资本积累。因而一个企业，乃至一个国家，要提高经济增长率，就必须在 R&D 领域中投入较多资源，提高知识积累率。

Lucas 吸收了 Uzawa 模型的基本思想，但他假定每一个生产者用一定比例的时间从事实物生产，而用剩余的时间从事人力资本建设。为此，Lucas 也提出了两个增长模型。第一个模型假设劳动者脱离生产、从学校正规或非正规的教育中所积累的人力资本对产出与经济增长的作用，它所产生的是内部效应（internal effect）。第二个模型假设劳动者的时间全部用于商品的生产，人力资本是通过"干中学"形成的，它所产生的是外部效应（external effect）。对于经济增长来说，外部效应比内部效应更重要，特别是"干中学"的办法，尤其适用于那些教育经费缺乏的发展中国家或地区。

经过历代经济学家的长期艰辛探索，人力资本理论在经济研究的各个领域得到了广泛应用。20世纪80年代兴起的内生增长理论（endogenous growth theory）更是将利用人力资本理论分析经济增长推进到一个新阶段。人力资本要素已被作为一个独立变量引入经济增长模型，以此来解释各国（地区）经济增长中出现的新问题。

第一，从经济增长因素的作用机制看，经济增长取决于有形资本、人力资本（包括从事科研开发的人力资本和从事物质生产的人力资本和从事教育的人力资本、劳动力投入。初始的道格拉斯生产函数考虑了有形资本，即固定资本投入和劳动力投入。建立了以下的函数关系：

$$Y = A\prod_{i=1}^{n} x_i^{\alpha_i}$$

其中，A 是一个效率参数，x_i 是生产过程中的投入，该函数要求 n 种生产要素都是必需品，不可以互相替代。该函数被广泛用于计量分析，以求得不同的生产要素对于产出的弹性系数。这里的生产要素一般包括固定资本和劳动力投入，其更加具体的计量模型一般写成：

$$\ln Y(t) = \gamma(t) + \alpha \ln K(t) + \beta \ln L(t) + u_t$$

其中 α、β 分别是资本和劳动力的产出弹性，γ 为外生的技术进步率，u_t 为随机变量。该计量模型没有将人力资本变量从劳动力要素中分离出来，将包含人力资本要素的劳动力要素纳入经济增长影响因素的模型加以估计。

第二，在将人力资本引入生产方程式后，人们对 C-D 函数进行多种变形以求得人力资本及其他生产要素的产出弹性。

其中一种是只考虑两种投入：物质资本和人力资本。沈利生（1999）在对各部门人力资本的产出弹性进行计量时，利用了以下计量模型：

$$Y_i = AK_i^{\alpha} H_i^{\beta}$$

其中，Y_i 是 i 部门的产出，K_i 为该部门的物质资本投入，H_i 为该部门人力资本投入。

第三，按劳动力的工作类型，对不同劳动力在产出中的作用进行回归分析。Belton M. Fleisher 和 Xiaojun Wang（2004）在《过渡经济中的技术差异，学费收益和市场分割：中国大陆的案例》中，为了估计两类工人对产出的边际生产率，对道格拉斯生产函数进行了扩展，其方程为：

$$Y = K^{\alpha} \left(\prod_j (e_j L_j)^{\beta_j} \right) \exp(\varphi Z + \epsilon)$$

其中：Y 为总产出量，K 为资本投入量，L_j 为 j 组工人的劳动量，$j = 1, 2$（1 组为生产工人，2 组为技术管理工人），e_j 为 j 组职工的努力函数，Z 为企业的特征向量，ϵ 为随机变量。

进一步，在对农村企业不同的生产要素边际生产率进行估计时，给出以下方程：

$$\ln GY = Const. + \eta K \ln K + \eta P \ln PW + \eta T \ln TAS + \eta R \ln RM$$

其中：GY 是总产量，K 是固定资本投入净值，PW 是生产工人的数量，TAS 是技术工人的数量，RM 是原材料的价值。

在这两个模型中，按劳动力所具有的工作类型进行分类，回归不同类型劳动力对产出的影响是可以借鉴的。需要指出的是，这里不同类型劳动力都具有一定的人力资本含量，单独使用该模型来计量人力资本对产出增长的贡献通常是不可行的。

第四，建立人力资本对经济增长的回归模型，其中包括的因素是固定资本和人力资本。

赵达薇（1998）从马克思经济学出发推导索洛方程中的参数 α 和 β，并得到一个新的方程。在这里，除去不变资本对经济增长的贡献，就是人力资源对经济增长的贡献，包括两部分：一是技术进步的贡献，二是劳动力的贡献。这里测算的是人力资源对经济增长的贡献，从我们对人力资源和人力资本的定义的理解看，人力资源包括简单的劳动力数量，即只要有劳动能力即为人力资源，人力资本则更多地体现为对人投资的结果，即通过专门的教育和训练而形成的人力资源，因此我们在就人力资本对经济增长贡献的估计中，一般不将简单劳动力列入人力资本加以估算。

总之，在经济增长模型中，把人力资本要素引入经济增长函数的较多，把智力资本要素引入模型的则很少。

5.1.2 基于道格拉斯生产函数对我国经济增长的实证研究

2000 年诺贝尔经济学奖得主芝加哥大学教授詹姆斯·海克曙指出，中国应该警醒对人力资本的投资。根据目前的统计资料显示，中国各级政府现在大约把 GDP 的 2.5% 进行教育投资，同时大约 30% 的 GDP 用于物质投资。在美国这些指标分别是 5.4% 和 17%，在韩国分别是 3.7% 和 30%。各国统计显示，中国对人进行投资的支出远远低于各国平均水平，而物质资本投资和人力资本投资的比率大大高于世界大多数国家。

据统计，美国 1927—1957 年的经济增长中，整个国民收入额中 33% 是通过教育投资获得的，而另一统计数据表明，1920—1969 年人力资本对美国经济增长的贡献率高达 23.83%。据研究，在 1960—1978 年的近 20 年中，注重人力资本投资密集战略的国家和地区，实际人均国民生产总值平均增长率为 4.68%，而实施物质资本战略的国家和地区为 3.86%。进入 20 世纪 80 年代，差距越来越大，人力资本存量水平高，积累越快的企业、国家和地区，产出和经济增长就越快。同时，教育也已成为个人经济效益提高的重要途径和手段。在知识经济社会中，优质人力资本能迅速集聚大量人力资源，知识对决定个人和国家的命运展现了前所未有的重要性。知识创新已经成为一个国家经济发展的重要推动力和衡量经济发展的重要指标之一。目前许多中国企业对人力资本投资的重要性认识不足，有的企业将人力资本投资这样一本万利的事当作亏本的买卖。根据调查，我国国有企业中 30% 以上的人力资本投资只是象征性地拨一点教育培训费，年人均 10 元以下，20% 左右企业的教育培训费年人均 10—30 元，大多数亏损企业已经基本停止了人力资本投资。由于缺乏人力资本的积累，我国企业人力资本的增值能力十分低下。我国平均每个劳动者创造的国民生产总值，只有西方发达国家的 2%—4%。每年我国工业产品的平均合格率只有 70%，不良损失达 2000 亿元，国有企业约有 20% 的员工人力资本的存量低于"临界点"，30% 的员工的人力资本存量产出与人力资本成本正处于"平衡点"附近。国有企业的资本利税率与产值利税率，近年来只有 10% 左右。

经济学家 Fabricant Soloman 估计，1889—1957 年，美国国内私人经济总产出年平均增长 3.5%，而其年均全部投入仅增长 1.7%，两者相差 1.8 个百分点；1919—1957 年，前者年均增长 3.1%，后者年均仅增长 1%，两者相差 2.1 个百分点。一些经济学家认为，导致经济增长快于投入增长的原因是规模报酬递增和劳动者素质提高,并且劳动者素质提高是最主要因素。据舒尔茨估计,1929—1959 年,教育收益占余值增长率①的 30%—50%。美国经济学家丹尼森根据美、英、西北欧 9 国 1950—1962 年的统计数据估计,教育、医疗卫生、知识的增进等因素对经济增长的贡献占余值增长率的 60% 以上。1970 年,Maddison 研究了 1950—1965 年的 22 个发展中国家的增长,在考虑了劳动者素质、劳动者年龄构成的基础上,"有效的"劳动供给包括就业增长、劳动者素质的变化、劳动者年龄构成的变化,有效劳动供给对经济增长的贡献率平均为 35%。1972 年,Nadiri 对一些发展中国家经济增长的实证研究进一步证实了人力资本投入对经济增长的显著贡献。大量实证研究表明,人力资本是经济增长的重要引擎。20 世纪 80 年代以来兴起的内生增长理论系统地分析了人力资本对经济增长的作用,认为由生产中的专业化知识积累而形成的人力资本对经济增长会产生"溢出效应";研究发展部门的人力资本开发对经济增长将产生促进作用;正规教育开发积累的人力资本对经济增长将产生"内生效应"。经济快速增长是落后地区缩小与发达地区发展差距的基础。以上分析表明,经济增长速度不仅取决于实物资本的投入,还在相当程度上取决于人力资本的投入。落后地区要缩小与发达地区的差距,必须增加对人力资本的投入。

对中国经济增长的实证研究,近年来比较有代表性的研究成果有:

查军瑶(2022)通过利用柯布·道格拉斯生产函数和经济增长模型,并结合云南省 1990—2019 年的相关数据,分析资本和劳动力等生产要素对农业经济发展的贡献程度。研究发现,在云南省农业发展中,固定资本投入的弹性为 0.875559,劳动力投入的贡献率为 -2.248949,抑制了经济的增长速度,总体上属于粗放式农业经济。

蒋亮(2018)采用柯布·道格拉斯生产函数,基于长江中游城市群 2008—2015 年的数据建立面板回归模型,对长江中游城市群经济增长影响因素进行实证分析。分析结果表明,各因素对城市群经济增长均有正向作用,其中储蓄率投入的弹性系数最大,其次是固定资本投资、劳动力投

---

① 余值增长率 = 国民收入增长率 - 国民资源(资本和劳动)

入、政府支出，最低的是外商投资。

李玄煜（2015）采用柯布·道格拉斯生产函数模型，根据中国 1980—2012 年时间序列数据，对改革开放以来中国经济增长的影响因素进行实证分析，得到资本、劳动、科技进步的产出弹性分别为 0.257、0.682 和 0.220，这说明中国年均资本存量、从业人员和科技进步每增长 1 个百分点，可促进中国 GDP 分别上升 0.257、0.682 和 0.220 个百分点。

张晓婧（2013）采用柯布·道格拉斯生产函数，基于 1980—2011 年的时间序列数据对中国经济增长的影响因素进行实证分析，研究劳动力投入与固定资本投资对中国经济发展的影响情况，得到劳动力投入的弹性为 0.7380，固定资本投入的弹性为 0.6300，表明劳动投入和固定资本投资的增加均会带来产出的相应增加。

吴海民（2006）构建了引入制度变量的新 C-D 生产函数 $Y_t = \theta_t K_t^\alpha L_t^\beta S_t^\gamma$（$Y$ 代表产出，θ 代表制度变革系数，K 代表资本，L 代表劳动，S 代表科技），研究资本、劳动、科技和制度要素共同作用下的经济增长，运用广东省的时间序列数据进行了实证分析，发现改革开放 25 年（1980—2004 年）时广东省经历了以"开放化、市场化、民营化"为主要内容的三次制度创新，平均制度变革速率达 15.17%；资本、劳动、科技、制度的产出弹性分别为 0.41、0.43、0.16、0.29，对经济增长的贡献率分别为 58.4%、10.4%、27.5%、3.7%。

薛贺香（2006）基于河南省 1978—2003 年的数据分析了人力资本对经济增长的贡献。分析表明，在只考虑资本和人力资本的情况下（有效劳动模型），资本和人力资本的产出弹性分别为 0.84 和 0.17；如果采用人力资本外部性模型 $Y_t = A(t) K_t^\alpha H_t^{1-\alpha} h_t^\beta$，则资本存量、人力资本存量和人力资本水平的产出弹性分别为 0.87、0.13 和 0.16。

刘荣添（2006）把信息化水平引入 C-D 生产函数，采用面板数据的分析方法分析了我国 29 个省份的信息化与经济增长的关系。函数的基本形式为 $\ln y_{it} = \ln a_i^* + \beta \ln K_{it} + \gamma \ln L_{it} + \lambda \ln I_{it} + \varepsilon_i$，其中 β，γ，λ 分别是资本份额 K、劳动份额 L 和信息份额 I 对经济发展 Y 的产出弹性系数，下标 i 代表各省份，下标 t 代表时间序列。回归结果表明，1992—2004 年间，全国范围内资本份额、劳动份额和信息份额对经济增长的弹性系数分别为0.2419、0.3259 和 0.1073。2001—2004 年信息增长对经济增长的弹性系数为 0.2122，说明信息化水平提高对经济增长的贡献越来越大。

程冬旭（2006）基于 C-D 函数分析了 1978—2003 年我国高等教育和中等教育与经济增长的相关性，得到 ln（GDP）= 0.3317ln（资本）+ 0.3308ln（劳动力）+ 0.1862ln（高等教育投资）+ 0.1062ln（中等教育投资）的结果。

李雪峰（2005）基于 C-D 函数分析我国 1978—2001 年经济增长的影响因素。结果表明：

（1）如果只考虑资本和劳动因素，则 ln（GDP）= 0.712ln（K）+ 0.296ln（L）。

（2）如果考虑资本、劳动和人力资本，各要素产出的弹性系数分别为 0.327（资本）、0.425（劳动力）、0.271（人力资本）。

（3）如果把资本、劳动、人力资本和 R&D 全部考虑，各要素的产出弹性分别为 0.327（K）、0.431（L）、0.295（H）和 -0.032（R&D）。

任志娟（2005）基于 C-D 函数分析了我国 1978—2002 年劳动力对经济增长贡献率的变化。分析表明：在 1990 年前，生产函数的形式为 $GDP = 0.255 e^{0.015 t} K^{0.912} L^{0.088}$；在 1990 年后，$GDP = 0.255 e^{0.015 t} K^{0.691} L^{0.309}$，说明劳动力对我国经济的增长越来越重要。

李占风（2005）分析了湖北省 1990—2003 年的经济增长因素，得到回归方程：ln（GDP）= 0.123Ln（人力资本）+ 0.131Ln（知识资本）+ 0.116Ln（劳动力投入）+ 0.139Ln（政府支出）+ 0.021Ln（对外开放程度）+ 0.078Ln（市场化程度）+ 0.500Ln（资本存量）+ u。

夏同水（2004）基于 C-D 函数形式，分析了我国 1991—2001 年智力资本投资和固定资本投资对经济增长的贡献，分析结果表明固定资本投资对经济增长的产出弹性为 0.6386，智力资本投资对经济增长的产出弹性为 0.2276。

胡文国（2004）分析了影响中国经济增长的直接因素（资本、自然资源和劳动力）和间接因素（技术、制度），在 C-D 函数形式中，以 GDP

为被解释变量，分析了劳动力要素 L、资本存量 K、知识资本（采用研发费用测度）R&D、人力资本 HC、产权制度 CAP、产业调整 CY、对外开放度 ICM 和市场化指数 MAR 等因素在 1981—1999 年对经济增长的贡献，产出弹性分别为 0.6731（L）、0.0536（K）、0.1398（HC）、0.1335（R&D）、－0.0182（CY）、0.0113（CPA）、0.0014（ICM）、－0.0011（MAR）。

刘华（2004）分析了我国 1978—2002 年间人力资本对经济增长的贡献，得到：$Y_t = A_t K_t^{0.630} H_t^{0.370} h_t^{0.393}$，其中，$Y$ 代表产出，K 代表资本，H 代表人力资本存量，h 代表人力资本水平（用平均受教育年限表示）。

曹晋文（2004）测算了我国 1978—1998 年综合技术生产率（含产业结构、市场经济制度水平、技术水平）、物质资本和人力资本对 GDP 产出的弹性分别为 4.17、0.311、0.1158。

王文博（2003）分析了我国 1982—1999 年经济，劳动力、资本、制度和技术对我国经济增长的产出弹性系数分别为 0.297、0.468、0.102、0.378。

王金堂（2001）分析了 1988—1999 年福建省经济增长的贡献因素，得到：$\frac{\Delta y}{y} = -0.003495 + 0.745 \frac{\Delta L}{L} + 0.346 \frac{\Delta K}{K} - 0.108 \frac{\Delta R}{R} + 0.766 \frac{\Delta E}{E}$，其中 Y 代表国内生产总值，L 代表从业人员减去各类各专业技术人员数，K 代表固定资本投资，R 代表研究开发经费支出，E 代表教育支出。

陈昌兵（2001）分析了我国 1981—1999 年制度变迁、产业结构变动、劳动力和有形资本、人力资本、R&D 资本对经济增长（GDP 增长）的弹性系数分别为 0.225、0.276、0.4238、0.0262 和 0.3446。

盛乐（2000）基于 C－D 函数对全国 1982—1996 年和浙江省 1978—1995 年固定资本和人力资本投资对经济增长的贡献做了测度，选取函数 $y_i = s + \alpha \frac{\Delta K_i}{K_i} + \beta \frac{\Delta L_i}{L_i}$，其中 y_i 为 GDP 年均增长率，K 为资本，L 为人力资本投资，结果表明：(1) 全国范围内固定资本的贡献系数为 0.269，人力资本的贡献系数为 0.505；(2) 浙江省固定资本的贡献系数为 0.325，人力资本的贡献系数为 0.504。

李玲（2000）分析 1978—1997 我国 GDP 增长的速度与教育投入增长的速度的关系为：人均 GDP 增长速度 = 5.5040305 + 0.7076489 × 教育投入增长速度。

近年来有关我国经济增长影响因素的分析综述如表 5-1 所示。

表 5-1　我国经济增长影响因素的实证分析

姓名	研究时间（年）	研究区域	时间跨度（年）	研究内容（弹性系数）					
				资本	劳动	人力资本	R&D	制度和技术	科技	教育
查军瑶	2022	云南省	1990—2019	0.875559	-2.248949					
蒋亮	2018	长江中游城市	2008—2015	0.847	0.185					
李玄煜	2015	中国	1980—2012	0.257	0.682				0.220	
张晓婧	2013	中国	1980—2011	0.6300	0.7380					
吴海民	2006	广东	1980—2004	0.41	0.43		0.29	0.16		
胡文国	2004	中国	1981—1999	0.0536	0.6731	0.1398	0.1335			
李雪峰	2005	中国	1978—2001	0.327	0.431	0.295	-0.032			
任志娟	2005	中国	1978—1990	0.912	0.088					
			1990—2002	0.691	0.309					
薛贺香	2006	河南	1978—2003	0.87	0.16（人力资本水平）					
					0.13（人力资本存量）					
盛乐	2000	全国	1982—1996	0.269		0.505				
		浙江	1978—1995	0.325		0.504				

续表

姓名	研究时间（年）	研究区域	时间跨度（年）	研究内容（弹性系数）					
				资本	劳动	人力资本	R&D	制度和技术	科技	教育
刘荣添	2006	中国	1992—2004	0.2419	0.3259	0.1073（信息份额）				
			2001—2004			0.2122（信息份额）				
夏同水	2004	中国	1991—2001	0.6386	0.2276（智力资本）					
王金堂	2001	福建	1988—1999	0.346	0.745 非技术人员	−0.108				0.766
刘华	2004	中国	1978—2002	0.630	0.370	0.370（人力资本存量）0.393（人力资本水平）				
曹晋文	2004	中国	1978—1998	0.311		0.1158		4.17（含产业结构、市场经济制度水平、技术水平）		
陈昌兵	2001	中国	1981—1999	0.276	0.4238	0.0262	0.3446	0.225		
李玲	2000	中国	1978—1997							0.7076489
程冬旭	2006	中国	1978—2003	0.3317	0.3308					0.1862 高等教育 0.1062 中等教育
李占风	2005	湖北	1990—2003	0.500	0.116	0.123		0.131（知识资本）		
王文博	2003	中国	1982—1999	0.102	0.468			0.378		

综合分析可以看到，我国经济增长的主要因素主要是基于 C‑D 函数形式分析固定资本、劳动、人力资本、科技（或 R&D）、教育等因素对经济增长的产出弹性，不同学者的研究结果差别很大，总体上看，我国经济发展处于经济发展规模收益递减的阶段；多数研究表明固定资本的投资产出弹性系数还是高于其他经济增长要素的产出弹性系数，表明我国经济增长中固定资本投资的因素是最重要的。

5.1.3　区域智力资本与区域经济发展的关系

5.1.3.1　区域智力资本是区域经济发展的主要动力和决定因素

区域经济的发展主要表现为各种资源要素的增加，以及这些要素的优化组合所促进的效率的提高，它包含着生产发展和消费增长的双重过程。生产和消费的主体都是一定的人口，人力资源作为人口的最重要组成部分，代表着社会的基本生产能力和消费能力。随着经济社会的发展，劳动不断复杂化，劳动者的生产技能不断提高，社会财富相伴而生。财富的积累，使人力资源的生产处于更好的境地，而人力资源的再增加又为进一步生产社会财富准备了前提。人力资源的存在和使用过程也是社会的消费过程，这种过程与生产过程同时存在，使生产行为得以最终完成，并为生产过程不断提出需要，从而形成经济发展的动力。

实践表明，区域智力资本的培育和合理配置，不仅是经济发展的强大动力，而且是区域经济发展的决定因素。40 多年来，深圳从"蛇口模式"到"前海模式"，从一个小渔村一跃成为国际化大都市，通过不断创新，创造了世界奇迹，体现的不正是区域智力资本对区域高质量发展的巨大贡献吗？一个地区乃至一个国家，特别是在经济转型和起飞阶段，对资金、技术、人才、智力的需求大量增加，尤其是智力资源的开发利用显得尤为重要。随着社会经济的不断发展，信息社会、网络技术、高新技术产业的出现，区域经济转型发展的需要，区域智力资本作为一个新的开发领域，已经成为国家和地区经济发展和社会管理的重要内容，一切经济活动将需要通过获取智力资本而展开，智力资本的扩张速度决定着知识经济的发展速度。

5.1.3.2　区域智力资本对区域经济发展的贡献越来越大

智力资源的开发和利用已经成为区域经济的发展核心问题，智力资源和经济的发展有着密切的联系，对区域经济的发展起着主导作用。区域经济一般是指一定的地区及地区间空间的资源配置和利用的经济。缺少区域智力资本，社会经济活动将无从谈起，经济发展也无法保证。我国区域智力资本中的人力资本对经济增长的贡献率大体为35%,而发达国家的这一比率大体为75%,说明我国区域人力资本对经济增长的贡献存在着很大的发展空间。区域智力资本对区域经济增长的贡献表现在直接作用和间接作用上。直接作用表现为:区域智力资本直接增加劳动者的边际生产率,推动区域经济增长。劳动的边际产品是指在资本投入量保持不变的前提下,增加一单位劳动投入量所增加的产品产出量,边际产品的上升代表劳动者生产效率的提高。区域智力资本质量比较高的地区,劳动力的边际产量也比较高,所以区域智力资本对生产效率的提高起着关键的作用。间接作用表现在:区域智力资本投资通过区域创新,产生溢出效应,促进全要素生产率的增长,进而推动区域经济增长。区域智力资本不仅能提高劳动力的生产效率,还推动其他要素的进步。它对技术进步的促进作用主要表现在以下两方面:其一,智力资本积累能够增强经济主体的创新能力,新技术、新知识、新产品和新工艺将促进经济增长;其二,智力资本的增长能够促进技术的扩散与吸收,从而促进经济增长。

5.1.3.3 区域智力资本是实现区域经济可持续发展的源泉

现代经济发展表明,高质量的区域智力资本不仅可以替代自然资源,缓解自然资源短缺,而且能深度开发和有效利用自然资源,创造出新的资源,以弥补原有资源存量的不足,对经济增长产生乘数效应。中华人民共和国成立70多年来,我国GDP增长了70多倍,在经济迅速增长的同时,能源供应紧跟需求出现高速增长。我国经济发展中高能耗、高排放带来的环境问题也日益严重,耕地面积一度逐年减少,一些矿产资源严重短缺。如果沿袭原来的发展模式,很难实现区域经济可持续发展。区域智力资本打破了传统经济发展对土地、设备、资金的依赖,把发展的中心更多地转向人才、组织、创新,经济发展以智力资源为本,落实新经济发展理念,通过转变发展思路,创新发展模式,寻求科技含量高、资源消耗低、环境污染少的新型工业化道路。因此,在自然资源相对固定的前提下,区域智力资本是实现区域经济可持续发展的源泉。

5.1.4 本章的经济函数形式

本章假设推动我国经济增长的主要因素是两种类型的投资——智力资本投资和固定资本投资，把经济函数的基本形式写成：

$$GDP = A(IC)^{\alpha}(FC)^{\beta}e^{\mu}$$

式中：IC 代表该国家或地区在一定时期内的智力资本总投资量，用智力资本的投资量，代替原生产函数中的劳动力变量；FC 代表固定资本投资总量；A 为常数项；α 和 β 为智力资本投资和固定资本投资的弹性系数，$0<\alpha<1$，$0<\beta<1$，μ 为随机干扰项。

其中，根据 α 和 β 的组合情况有三种类型：

①$\alpha+\beta>1$，规模报酬递增，在生产技术水平不变的条件下，单位投入将会带来更大的产出。

②$\alpha+\beta<1$，规模报酬递减，在生产技术水平不变的条件下，单位投入不会带来产出的增加，出现产出递减。

③$\alpha+\beta=1$，规模报酬不变，在生产技术水平不变的条件下，单位投入既不会带来产出的增加，也不会带来产出递减。

本函数的特点一是量纲统一，所有指标均采用经济指标；二是函数形式直接简单，把固定资本（有形资本）投资之外的经济增长影响因素统一包含在智力资本投资范围内。缺陷是没有考虑劳动对经济增长的贡献，在估算两类资本的产出弹性系数数值时会偏大。

5.2 基本假设

假设1：社会上的资本要素有两类，即固定资本和智力资本；一个国家或地区的经济增长是由两类资本来推动的，即智力资本投资和固定资本投资。

假设2：两类资本的投资和特定时期的运营，促使两类资本的价值提高，促进社会经济增长。

假设3：固定资本投资和智力资本投资对经济增长的贡献是不同的。

假设4：智力资本和固定资本在运营过程中是相互作用的，在特定技术与管理条件下应该存在最优的投资比例关系。

假设5：国家和地区的经济、社会等环境保持基本稳定。

5.3 数据选取

本书数据选取的时间段主要为2012—2020年9年的数据，选取这一时段的数据主要是考虑：

（1）在指标体系中，可得的数据比较完整。

（2）2012年是中国经济发展的一个重大转折点。2012年11月8日，党的十八大胜利召开，中国共产党站在历史和时代的高度，着眼中国特色社会主义事业的长远发展，顺应全党全国人民的共同意愿，确立科学发展观的历史地位，确定全面建成小康社会和全面深化改革开放的目标，这是党在全面建设小康社会的关键时期和深化改革开放、加快转变经济发展方式的攻坚时期召开的一次十分重要的会议。2013年，我国经济进入三期叠加阶段，进入"增长速度换挡期，结构调整阵痛期，前期刺激政策消化期"；2014年，中央提出经济发展新常态；2015年提出在适度扩大总需求的同时，着力加强供给侧结构性改革；2016年提出进一步深化供给侧结构性改革；2017年党的十九大正式提出我国经济已由高速增长阶段转向高质量发展阶段。可见，这9年见证了中国经济从高速增长向高质量发展的转变，在这个转变过程中，智力资本投资的变化及其对经济增长的贡献是值得研究的问题。

本章选取的数据范围包括我国北京、天津、山西、内蒙古、辽宁、吉林、上海、江苏、安徽、福建、江西、山东、河南、广东、广西、四川、云南、陕西、甘肃、新疆等20个省、市、自治区。所有数据均为二手资料，来源为《中国统计年鉴》和地方统计年鉴以及《中国科技统计年鉴》。全章约采集3200个原始数据，不能收集到的极个别数据采用趋势外延法进行估算。

5.4 分析方法

本书采用的数据分析方法包括回归方法、统计检验、协整检验，面板数据协整检验等。

5.4.1 最小二乘法

最小二乘法（Ordinary Least Square，OLS）是传统的线性回归方法，在应用它进行系数估计时，必须满足回归模型的假设条件：①同方差性随机误差项具有不变方差，即方差为常数；②非自相关随机误差项之间相互独立，即协方差为零；③非多重共线性解释变量之间不相关，即相互独立。

我们将满足这些假设条件的回归模型称为古典回归模型。OLS回归模型的参数估计和统计检验，都是以这些假设为基础的。换句话说，这些假设是否成立将直接影响回归分析中统计推断的结论。该方法的基本思想是使被解释变量的实际值与估计值偏差的平方和达到最小，即让 $S = \sum (y - \hat{y})^2$ 达到最小，其中 y 为被解释变量的实际值，$\hat{y}$ 为被解释变量的估计值。

5.4.2 统计检验

利用样本数据估计得到的样本回归方程只是对总体回归方程的一个近似估计模型，所估计的模型是否确切反映了经济变量之间的相互关系还需要进行检验。回归分析主要是通过统计检验来保证模型统计意义（即以样本推断总体）的可靠性。

5.4.2.1 拟合优度检验

所谓拟合优度是指模型对样本数据的近似程度。为了考察模型的拟合优度，需要构造一个数量指标，即判定系数 R^2。判定系数 R^2 是衡量被解释变量与解释变量关系密切程度的指标，可表示为：

$$R^2 = \sum (y - \hat{y})^2 / \sum (y - \bar{y})^2 = 1 - / \sum (y - \bar{y})^2$$

显然，$0 \leq R^2 \leq 1$，且当 $R^2 \rightarrow 1$ 时，$\sum \varepsilon^2 \rightarrow 0$。因此当 R^2 值越接近 1，则表明模型对样本数据的拟合优度越高。判定系数 R^2 不仅反映了模型拟合程度优劣，而且有直观的经济含义：它定量地描述了 y 的变化中可以用回归模型来说明的部分，即模型的可解释程度。

如果我们用 R^2 值的大小作为解释变量 IC 对被解释变量 Y 影响程度判别准则的话，若把某个解释变量添进模型能使 R^2 值增大，就认为这一变量对 Y 有重要影响，应该把它添进模型，以增强模型的说明能力。但是，由于 R^2 的递增性，这将变成一个有取无舍、毫无意义的准则。

这一问题可通过对 R^2 进行所谓自由度修正来解决。将 $\sum \varepsilon^2$ 用 $\sum \varepsilon^2 / (n - k - 1)$ 来代替，将 $\sum (y - \bar{y})^2$ 用 $\sum (y - \bar{y})^2 / (n - 1)$ 来代替，其中 n 为样本容量，k 为模型中解释变量个数，则 R^2 变为 $\bar{R}^2 = 1 - \hat{\rho} =$

$$\frac{\sum_{2}^{n} e_t e_{t-1}}{\sum_{1}^{n} e_{t-1}^2}$$，这里的 $\bar{R}^2$ 称为修正拟合优度。

当模型中解释变量个数改变时，$\sum (y - \bar{y})^2 / (n - 1)$ 保持不变，$\sum \varepsilon^2 / (n - k - 1)$ 则随之改变，而且可能变大，也可能变小，因此引起 $\bar{R}^2$ 值减小或增大。当模型中增加一个解释变量，则 $\sum \varepsilon^2 / (n - k - 1)$ 变小，从而使 $\bar{R}^2$ 增大，这样便可认为这个解释变量对被解释变量有显著影响，该解释变量可以放进模型中，否则应予以抛弃。

5.4.2.2 总体显著性检验

拟合优度检验只能说明模型对样本数据的预测近似情况，但是建立计量经济模型的目的是描述总体的经济关系。所谓总体显著性检验就是检验模型对总体情况的近似程度，而且最常用的检验方法是 F 检验。

对于多元线性回归模型：

$$y_t = b_0 + b_1 x_{1t} + b_2 x_{2t} + \cdots + b_k x_{kt} + \varepsilon_t$$

①原假设 $H_0 : b_1 = b_2 = \cdots = b_k = 0$；备选假设 $H_1 : b_j$ 不全为零，$j = 1, 2, \cdots, k$

②构造统计量 $F = \dfrac{\sum (\hat{y} - \bar{y})^2 / k}{\sum \varepsilon^2 / (n - k - 1)}$，$F(k, n - k - 1)$，其中 n 为样本容量，k 为模型中解释变量的个数。

③检验总体显著性。对于给定的显著水平 α，可由 F 分布表查得临界值 $F_\alpha(n - k - 1)$。如果根据样本数据计算得出的 F 值大于 F_α，则拒绝原假设 H_0，即回归系数 $b_1, b_2, \cdots, b_k$ 中至少有一个显著地不为零，可以认为模型的线性关系是显著的。若 F 值小于 $F_\alpha(n - k - 1)$，则接受原假设 H_0，即认为模型的线性关系不显著，所设定的模型没有意义。

可以看出判定系数 R^2 和统计量 F 有如下关系：

$$F = \frac{R^2 / k}{(1 - R^2)/(n - k - 1)}$$

因此，模型对样本拟合优度越高，就越能通过 F 检验。当判定系数 R^2 接近于 1 时，F 统计量的值将趋近于正无穷大，百分之百通过 F 检验。

5.4.2.3 解释变量的显著性检验

如果模型通过了 F 检验，则表明模型中所有解释变量对被解释变量的"总影响"是显著的，但这并不同时意味着模型中的每一个解释变量对被解释变量都有重要影响，或者说并不是每个解释变量的单独影响都是显著的。在设定经济模型时，人们往往根据经济理论和对所研究问题的经验认识尽量找出被解释变量的所有影响因素。这些初步选定的影响因素中很有可能就有一些实际上并不重要，或其影响可以由其他变量代替的变量。为了使模型更加简单、合理，应该剔除这些并不重要的变量，使模型中只保留有显著影响的变量。因此,有必要对模型中每个解释变量的显著性进行检验,即 t 检验。

对于多元线性回归模型:

①原假设: $H_0: b_i = 0$,即假设 x_i 对 y 没有显著影响。

②构造统计量 $t = \dfrac{\hat{b}_i - b_i}{S(\hat{b}_i)} \sim t(n - k - 1)$,其中 $S(\hat{b}_i)$ 为系数估计值 $\hat{b}_i$ 的标准差。

③检验解释变量的显著性。对于给定的显著水平 α,可以由 t 分布表查得临界值 $t_{\alpha/2}$,若 $|t| > t_{\alpha/2}$,则拒绝原假设 H_0,即认为系数 b_i 显著地不为零,x_i 对 Y 有显著影响;反之,则认为影响不显著,应考虑将 x_i 从模型中剔除,重新建立模型。

5.4.2.4 自相关检验

如果模型中随机误差项存在自相关,则最小二乘估计将不再是有效估计,它一般会低估最小二乘估计的标准误差,同时 t 检验值的可靠性也会降低。因此,有必要在回归分析时对模型,尤其是时间序列模型进行自相关检验。如果确实存在自相关,就需要寻求新的估计方法消除自相关。

检验自相关的方法有残差图分析、DW(Durbin – Watson)检验、偏自相关系数检验和 LM 检验。

(1)残差图分析。通过对残差分布图的分析,可以大致判断随机误差项的变化特征。如果随着时间的推移,残差分布呈现周期性的、有规律的变动,可以认为残差存在自相关,需进一步推断随机误差项是否存在自相关性。

(2)DW 检验。DW 检验是目前检验自相关性的最常用方法,其基本原理和步骤为:

①原假设 $H_0: \hat{\rho} = 0$,ρ 为自相关系数,即残差项不存在(一阶)自相关。

②构造检验统计量

$$DW = \dfrac{\sum\limits_{2}^{n}(e_t - e_{t-1})^2}{\sum\limits_{1}^{n} e_t^2}$$

其中 e_t 为随机项 ε_t 的估计量，即 $e_t = y_t - \hat{y}_t$。DW 统计量与自相关系数 ρ 存在着线性关系，DW $\approx 2(1 - \hat{\rho})$。其中 e_t 为 ρ 的估计值，$\hat{\rho} = \dfrac{\sum_{2}^{n} e_t e_{t-1}}{\sum_{1}^{n} e_{t-1}^2}$。

③检验自相关性。因为自相关系数 ρ 的值介于 -1 和 1 之间，所以 $0 \leqslant$ DW $\leqslant 4$。

当 DW $= 0 \Leftrightarrow \rho = 1$，即模型存在正自相关性；

DW $= 4 \Leftrightarrow \rho = -1$，即模型存在负自相关性；

DW $= 2 \Leftrightarrow \rho = 0$，即模型不存在一阶自相关。

当 DW 的值显著地接近 0 或 4 时，则存在自相关性，接近 2 时，则不存在（一阶）自相关性。当然，DW 检验只能判断模型是否存在一阶自相关性。当 DW 值接近 2 时，只能说明随机误差项不存在一阶自相关性，但并不同时意味着不存在高阶自相关性，即不能得出"不存在自相关"的结论。DW 检验不适用自回归模型。另外，检验有两个无法判定的区域，此时可以扩大样本容量或改用别的检验方法。

5.4.3 协整检验

在实证相关检验之前测试时间序列是否稳定很重要，因为时间序列是否稳定将会很强烈地影响序列的行为与特性。一个时间序列当有不变的均值、方差和自协方差时被定义为稳定。Brook（2002）指出：第一，对于不平稳时间序列，在特定时间段中变量的变化在系统中的影响不会渐渐消逝，相反，持续的影响将趋向无穷；第二，如果应用非平稳序列建立模型，很可能形成伪回归（spurious regressions）的问题，即使变量之间没有任何关系，回归的变量仍会表现出很高的 R^2 值；第三，非平稳序列变量会导致回归模型系数无效的假设检验。所以，在建立关于利率和证券价格相关关系的模型前有必要先对时间序列做稳定性检验。

检验经济时间序列是否平稳，需要先检验单位根的存在。常用测验单位根的方法是由 Dickey 和 Fuller（Fuller, 1976；Dickey 和 Fuller, 1979）

提出的 Dickey – Fuller（DF）检验。由于 DF 检验仅在 u_t 是白噪声序列时才有效，有一定的局限性，本章应用增项的 Dickey – Fuller 检验（Augmented Dickey – Fuller，ADF），它利用因变量的 p 阶滞后来吸收被解释变量中表现的动态结构。根据 Brook（2002）的研究，ADF 检验如下：

$$\Delta y_t = \varphi y_{t-1} + \sum_{i=1}^{p} a_i \Delta y_{t-i} + u_t H_o : \varphi = 0$$

比较检验值与临界值的绝对值大小，如果前者大于后者，就拒绝序列存在单位根的原假设，该时间序列是平稳序列。

协整检验是用来检验非平稳变量之间是否存在长期均衡关系的方法，如果非平稳变量之间存在协整关系，则它们之间的离差，即非均衡误差是平稳的检验时间序列变量间长期均衡关系，最常用的是 Engle – Granger 两步法（EG 两步法）和基于 VARs 的协整方法，分别由 Engle 与 Granger（1987）和 Johansen（1988）提出。虽然 EG 两步法被证明是解决非稳定性的好方法，但它也不是没有缺点（Brooks 2002）：首先，数据的有限性导致有限样本在单位根和协整检验中有缺陷；其次，可能会导致联立因果偏差，因为在现实中可能存在两个方向的因果关系，而该单一方程的方法需要明确指明一个变量；最后，该方法无法对出现在第一步的真实的协整关系进行假设检验。此外，因为 EG 检验基于 DF 检测，所以它"不是很有效，且如果数据中存在结构性断层会产生误导性结论"（Koop，2000）。综上所述，能克服后两个缺点的基于 VARs 的协整法被更广泛地应用于计量分析中。

基于 VARs 的协整方法如下：假定有一组协整变量（$g \geq 2$）经检验证明是 $I_{(1)}$，则可以建立有 k 阶滞后的向量自回归模型（VAR）：

$$y_t = \beta_1 y_{t-1} + \beta_2 y_{t-2} + \cdots + \beta_k y_{t-k} + u_t$$

调整 VAR 形成向量误差修正模型（VECM）：

$$\Delta y_t = \prod \Delta y_{t-k} + G_1 \Delta y_{t-1} + G_2 \Delta y_{t-2} + \cdots + \beta_{k-1} y_{t-(k-1)} + u_t$$

其中：$\prod = (\sum_{i=1}^{k} \beta_i) - I_g$；$G_j = (\sum_{i=1}^{k} \beta_i) - I_g$

方程式一阶差分 g 变量作为因变量，与 $k-1$ 阶滞后的因变量在方程的右边,每个都有 G 个矩阵系数。因为在均衡时期,所有的 Δy_{t-1} 都将会是零,假设误差项是零,$\prod y_{t-k}$ 值将等于零,所以可以认为 $\prod$ 是一个长期系数矩阵。另外需要注意的是,因为 VECM 中使用的滞后期长度将会很大程度上影响检验的结果,所以选择一个最优的滞后阶数很重要。为检测协整关系,需要计算矩阵 $\prod$ 的秩。如果变量之间没有协整关系,矩阵 I 的秩将不会显著的不同于零。基于 VARs 的协整法中有两个测试值被使用(Brooks,2002):

$$\lambda_{trance}(r) = -T\sum_{i=r+1}^{g} \ln(1-\hat{\lambda}i)$$

$$\lambda_{max}(r,r+1) = -T\ln(1-\hat{\lambda}_{r+1})$$

其中,λ 是特征值(矩阵的秩);原假设下协整向量数是 r,且 $\hat{\lambda}_1$ 表示 I 矩阵估计的 i^{th} 级行列数特征值数。显著的特征值说明协整向量的存在。如果测试值大于临界值,拒绝有 r 个协整向量的原假设并接受有 $r+1$(对于 λ_{trance})或大于 r(对于 λ_{max})的协整向量。需要注意的是,如果 $H_0: r = 0$ 的原假设没有被拒绝,则变量之间没有协整关系。

基于 VARs 的协整法具有一些优于其他方法的特点。具体来讲,一方面此法允许测验协整向量的约束因素;另一方面,它通过同时估计短期均衡增加了估计的效率(Kennedy,1998)。此外,通过估计一个方程式的系数,应用该法系统中其他方程的信息也可以得到。

5.5 数据分析

5.5.1 国家及 20 省份智力资本投资、固定资本投资、GDP 数据

对国家及 20 省份智力资本投资、固定资本投资以及 GDP 数据进行统计整理分析,可得数据如表 5-2、表 5-3、表 5-4 所示。

表 5-2　　　　　　国家及 20 省份智力资本投资数据　　　　　单位：亿元

地区	2020 年	2019 年	2018 年	2017 年	2016 年	2015 年	2014 年	2013 年	2012 年
全国	225410.54	225184.44	203776.26	153505.33	170737.76	155073.06	138531.32	129605.54	114334.69
北京	8051.00	8811.09	7842.83	5167.69	6653.56	6299.71	5532.42	6157.46	4784.37
天津	3131.95	3683.22	3410.68	2411.02	3357.86	3105.47	2902.64	3029.77	2343.01
山西	4089.03	4211.78	3864.65	3242.00	3207.56	2963.26	2677.65	2727.64	2260.27
内蒙古	3454.06	3605.14	3344.92	7347.87	7061.37	2922.89	2666.42	3217.75	2186.56
辽宁	5555.61	6002.51	5719.74	4704.65	5087.78	4044.15	4553.77	4760.54	4037.46
吉林	3034.99	3404.71	3198.11	2758.15	3004.17	2758.32	3615.74	4097.45	2107.63
上海	8915.49	9239.91	8413.02	6758.56	7036.69	6315.84	5892.24	9342.14	5216.18
江苏	18008.17	17797.70	16220.48	10453.48	14071.45	13171.09	12082.62	12012.71	10468.46
安徽	8011.30	8107.55	7043.04	5478.82	5946.46	5213.21	4508.33	4894.68	3837.54
福建	6604.05	6335.50	5636.50	4075.72	4731.76	5852.30	3808.76	3873.24	3112.54
江西	6173.06	5917.90	5177.80	3957.55	4059.55	3680.68	3156.82	5081.28	2465.00
山东	15121.11	14328.56	13620.08	9767.49	11890.36	10727.23	9414.90	9508.74	7725.45
河南	10634.42	10717.52	9659.14	7411.83	7544.05	6926.00	6150.55	8896.47	4948.05
广东	26181.81	25078.16	21775.66	14206.78	18188.23	15464.80	13346.82	14021.92	11930.03
广西	5315.99	5335.16	7142.52	4023.91	3803.16	3497.88	3019.38	3526.18	2513.39
四川	10596.33	10263.78	9234.36	7322.53	7331.10	6685.68	5867.74	5542.99	4631.31
云南	5726.34	5416.80	5007.43	4356.97	4043.91	3633.73	3136.02	3312.80	2509.64
陕西	5519.20	5437.63	4939.39	3862.44	4191.09	3899.89	3574.63	3390.42	2927.98
甘肃	2906.92	2894.71	2711.47	2379.27	2357.42	2053.10	1697.50	1617.39	1378.34
新疆	3377.10	3271.22	3093.60	2813.51	2538.43	2293.98	1981.96	1773.73	1525.50

表 5-3　　　　　　国家及 20 省份固定资本投资数据　　　　　单位：亿元

地区	2020 年	2019 年	2018 年	2017 年	2016 年	2015 年	2014 年	2013 年	2012 年
全国	736497.8	715741.3	679071.5	641238.4	606465.7	561999.8	512020.7	446294.1	374694.7
北京	7881.947	7712.277	7910.028	8370.4	7943.9	7496	6924.2	6847.1	6112.4
天津	12414.33	12052.75	10656.72	11288.9	12779.4	11832	10518.7	9130.2	7934.8
山西	7718.327	6978.596	6384.809	6040.5	14198	14074.2	12354.5	11031.9	8863.3
内蒙古	10559.83	10720.64	10047.46	14013.2	15080	13702.2	17591.8	14217.4	11875.7
辽宁	7125.066	6944.509	6923.738	6676.5	6692.2	17917.9	24730.8	25107.7	21836.3
吉林	12248.75	11310.02	13496.44	13283.9	13923.2	12705.3	11339.6	9979.3	9511.5
上海	8837.476	8012.218	7623.423	7246.5	6755.9	6352.7	6016.4	5647.8	5117.6
江苏	59251.03	59073.8	56207.24	53277	49663.2	46246.9	41938.6	36373.3	30854.2

续表

地区	2020 年	2019 年	2018 年	2017 年	2016 年	2015 年	2014 年	2013 年	2012 年
安徽	37563.46	35740.68	32729.56	29275.1	27033.4	24386	21875.6	18621.9	15425.8
福建	31067.2	31191.97	29454.17	26416.3	23237.4	21301.4	18177.9	15327.4	12439.9
江西	28991.27	26794.15	24536.77	22085.3	19694.2	17388.1	15079.3	12850.3	10774.2
山东	54652.93	52753.8	57466.01	55202.7	53322.9	48312.4	42495.5	36789.1	31256
河南	54183.06	51949.24	48101.15	44496.9	40415.1	35660.3	30782.2	26087.5	21450
广东	49786.09	46442.25	41802.2	37761.7	33303.6	30343	26293.9	22308.4	18751.5
广西	25938.98	24893.45	22713	20499.1	18236.8	16227.8	13843.2	11907.7	9808.6
四川	39248.57	38179.54	35156.11	31902.1	28812	25525.9	23318.6	20326.1	17040
云南	24694.37	22928.84	21132.58	18936	16119.4	13500.6	11498.5	9968.3	7831.1
陕西	28059.15	26954.03	26296.62	23819.4	20825.3	18582.2	17191.9	14884.1	12044.5
甘肃	6435.822	5970.15	5600.516	5827.8	9664	8754.2	7884.1	6527.9	5145
新疆	10770.24	9268.713	9042.647	12089.1	10287.5	10813	9447.7	7732.3	6158.8

表 5 - 4　　　　国家及 20 省份 GDP 数据　　　单位：亿元

地区	2020 年	2019 年	2018 年	2017 年	2016 年	2015 年	2014 年	2013 年	2012 年
全国	1015986.2	986515.2	919281.1	832035.9	746395.1	685505.8	643974	595244.4	540367.4
北京	36102.55	35371.28	30319.98	28014.94	25669.13	23014.59	21330.83	19800.81	17879.4
天津	14083.73	14104.28	18809.64	18549.19	17885.39	16538.19	15726.93	14442.01	12893.88
山西	17651.93	17026.68	36010.27	15528.42	13050.41	12766.49	12761.49	12665.25	12112.83
内蒙古	17359.82	17212.53	17289.22	16096.21	18128.1	17831.51	17770.19	16916.5	15880.58
辽宁	25114.96	24909.45	25315.35	23409.24	22246.9	28669.02	28626.58	27213.22	24846.43
吉林	12311.32	11726.82	15074.62	14944.53	14776.8	14063.13	13803.14	13046.4	11939.24
上海	38700.58	38155.32	32679.87	30632.99	28178.65	25123.45	23567.7	21818.15	20181.72
江苏	102718.98	99631.52	92595.4	85869.76	77388.28	70116.38	65088.32	59753.37	54058.22
安徽	38680.63	37113.98	30006.82	27018	24407.62	22005.63	20848.75	19229.34	17212.78
福建	43903.89	42395	35804.04	32182.09	28810.58	25979.82	24055.76	21868.49	19701.78
江西	25691.5	24757.5	21984.78	20006.31	18499	16723.78	15714.63	14410.19	12948.88
山东	73129	71067.53	76469.67	72634.15	68024.49	63002.33	59426.59	55230.32	50013.24
河南	54997.07	54259.2	48055.86	44552.83	40471.79	37002.16	34938.24	32191.3	29599.31
广东	110760.94	107671.1	97277.77	89705.23	80854.91	72812.55	67809.85	62474.79	57067.92
广西	22156.69	21237.14	20352.51	18523.26	18317.64	16803.12	15672.89	14449.9	13035.1
四川	48598.76	46615.82	40678.13	36980.22	32934.54	30053.1	28536.66	26392.07	23872.8
云南	24521.9	23223.75	17881.12	16376.34	14788.42	13619.1	12814.59	11832.31	10309.47

续表

地区	2020 年	2019 年	2018 年	2017 年	2016 年	2015 年	2014 年	2013 年	2012 年
陕西	26181.86	25793.17	24438.32	21898.81	19399.59	18021.86	17689.94	16205.45	14453.68
甘肃	9016.7	8718.3	8246.07	7459.9	7200.37	6790.32	6836.82	6330.69	5650.2
新疆	13797.58	13597.11	12199.08	10881.96	9649.7	9324.8	9273.46	8443.84	7505.31

国家及 20 省份的智力资本投资、固定资本投资和 GDP 数据及增长趋势图示见图 5-1 至图 5-21。

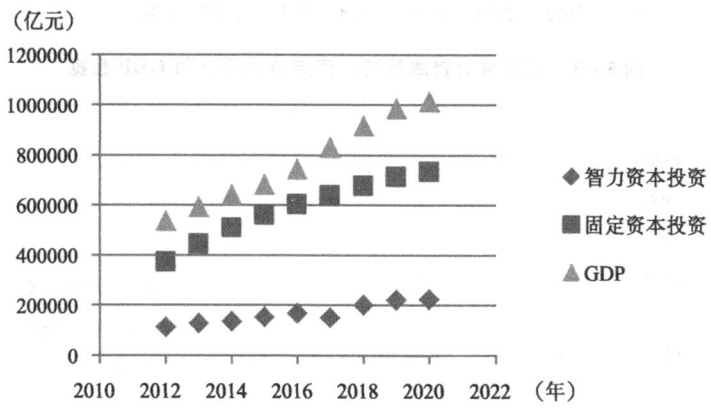

图 5-1 全国智力资本投资、固定资本投资和 GDP 数据

由图 5-1 可以看出，2012—2020 年我国智力资本投资、固定资本投资和 GDP 稳步上升，智力资本投资额占固定资本投资额的 30% 左右。

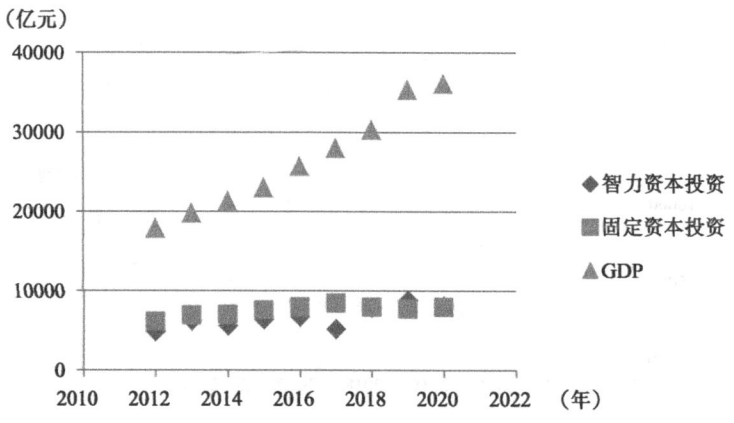

图 5-2 北京智力资本投资、固定资本投资和 GDP 数据

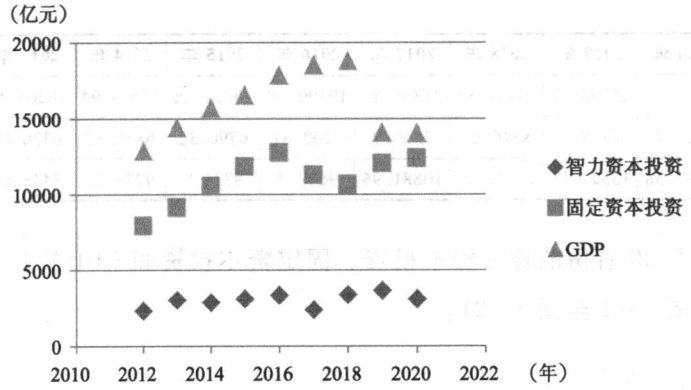

图 5−3　天津智力资本投资、固定资本投资和 GDP 数据

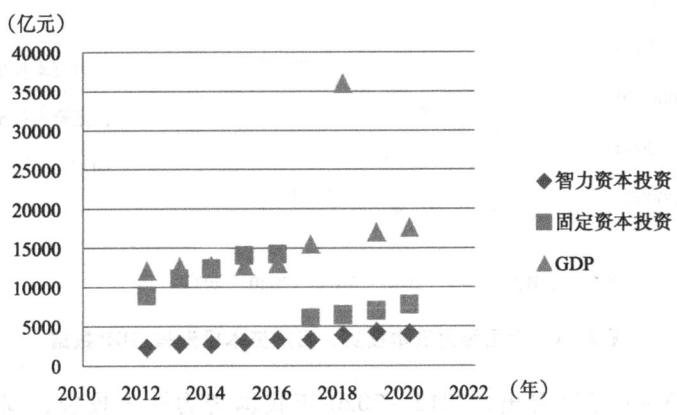

图 5−4　山西智力资本投资、固定资本投资和 GDP 数据

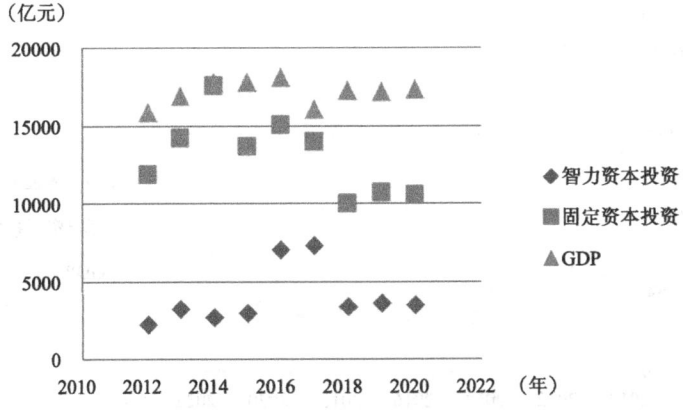

图 5−5　内蒙古智力资本投资、固定资本投资和 GDP 数据

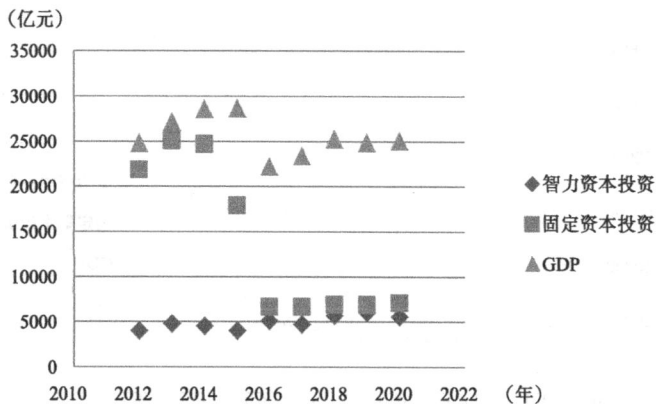

图 5-6 辽宁智力资本投资、固定资本投资和 GDP 数据

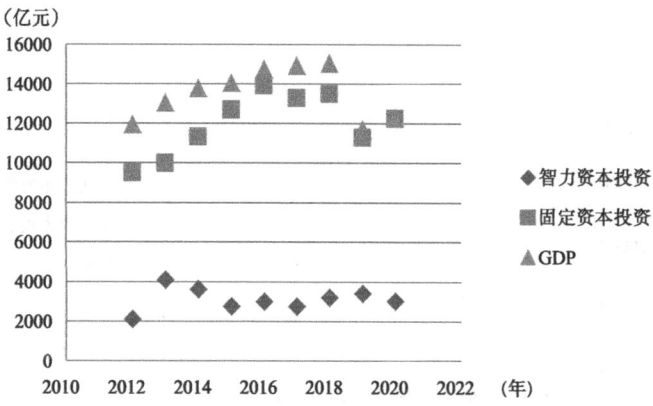

图 5-7 吉林智力资本投资、固定资本投资和 GDP 数据

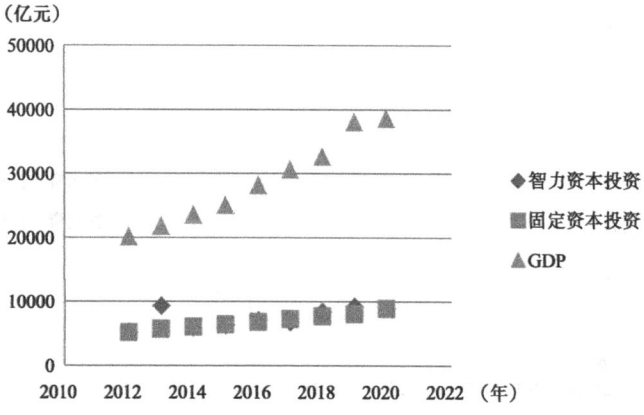

图 5-8 上海智力资本投资、固定资本投资和 GDP 数据

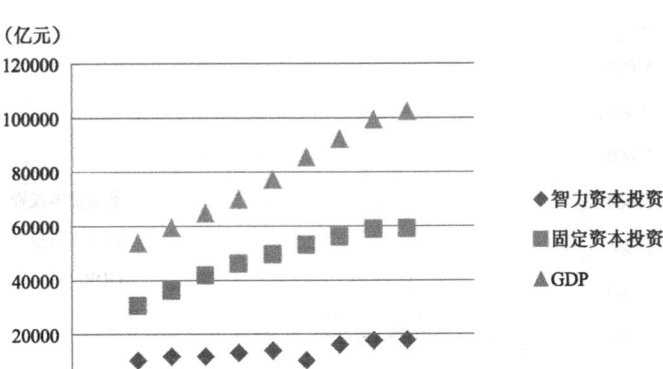

图 5-9　江苏智力资本投资、固定资本投资和 GDP 数据

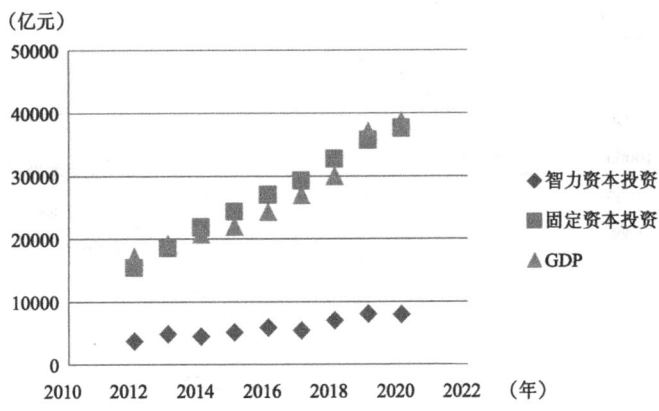

图 5-10　安徽智力资本投资、固定资本投资和 GDP 数据

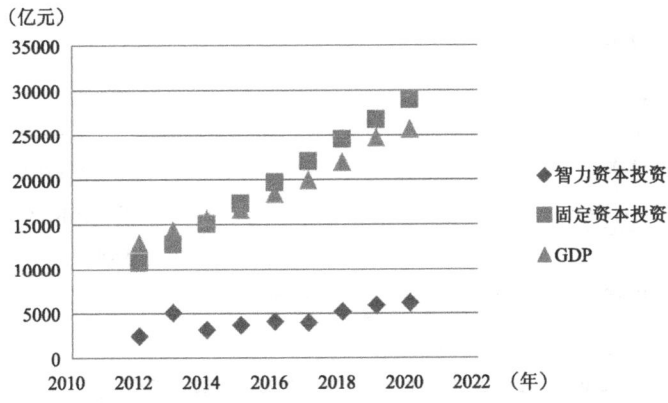

图 5-11　江西智力资本投资、固定资本投资和 GDP 数据

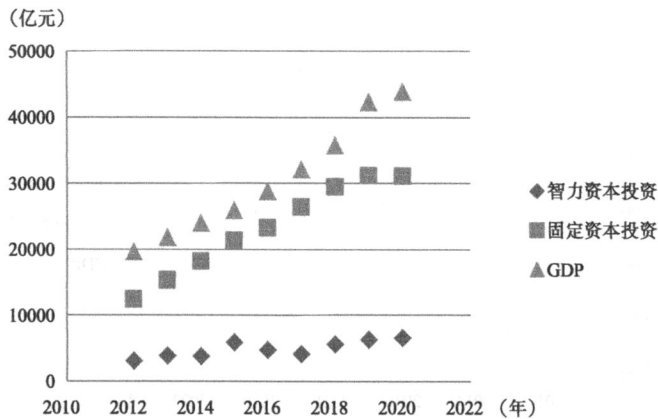

图 5-12 福建智力资本投资、固定资本投资和 GDP 数据

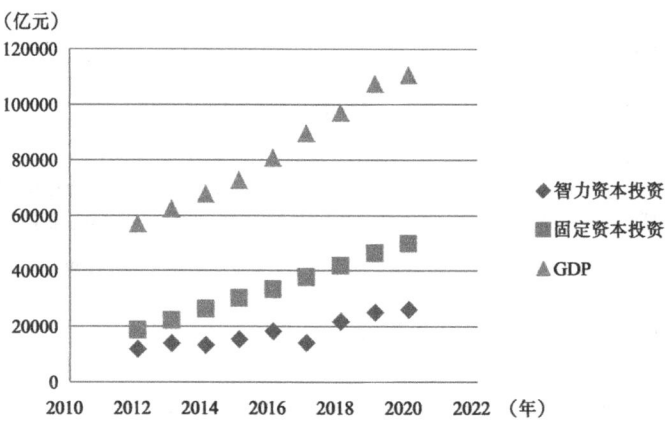

图 5-13 广东智力资本投资、固定资本投资和 GDP 数据

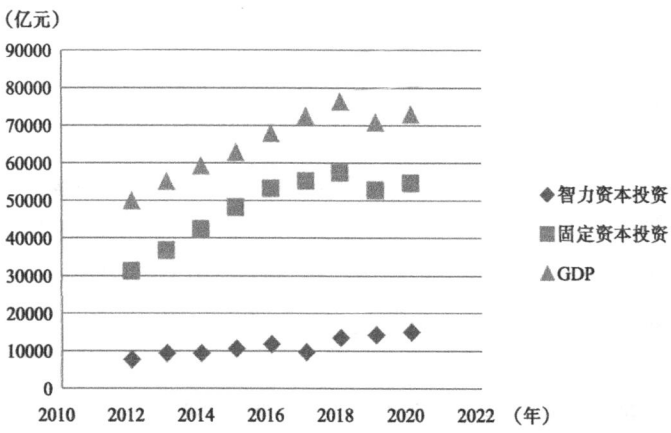

图 5-14 山东智力资本投资、固定资本投资和 GDP 数据

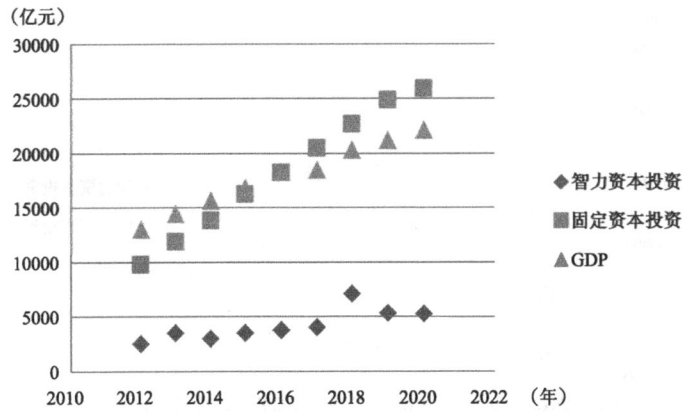

图 5-15　广西智力资本投资、固定资本投资和 GDP 数据

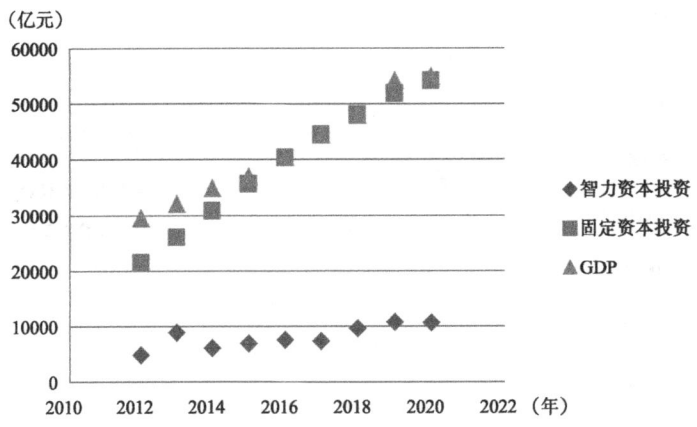

图 5-16　河南智力资本投资、固定资本投资和 GDP 数据

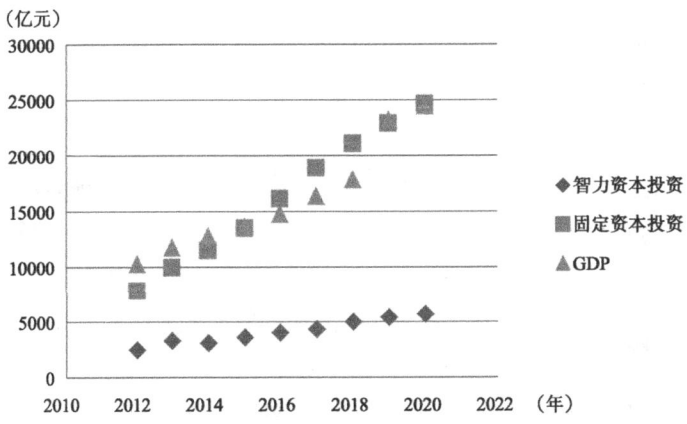

图 5-17　云南智力资本投资、固定资本投资和 GDP 数据

5 智力资本投资与经济增长相关性研究 | 177

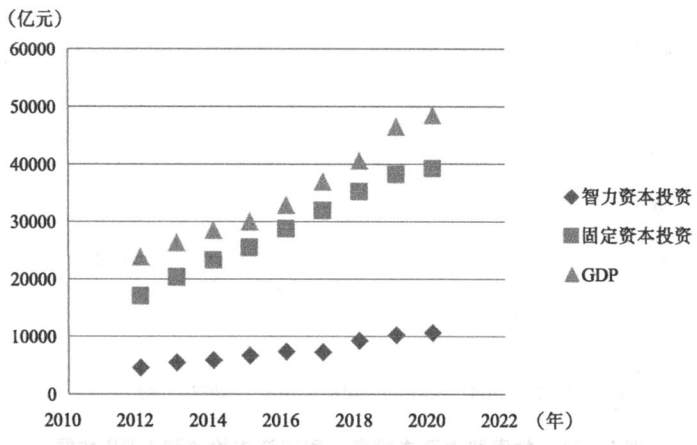

图 5-18 四川智力资本投资、固定资本投资和 GDP 数据

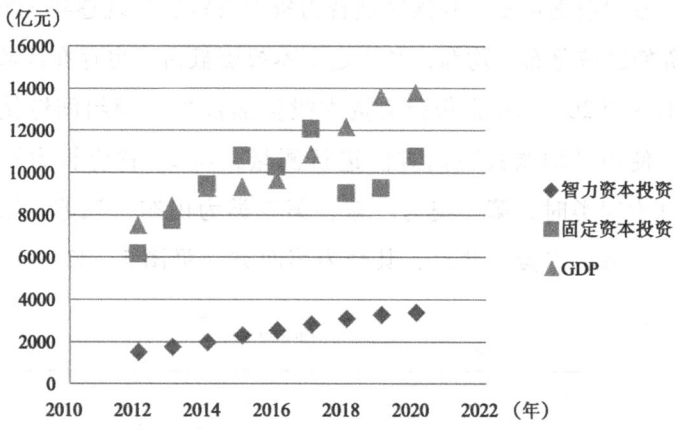

图 5-19 新疆智力资本投资、固定资本投资和 GDP 数据

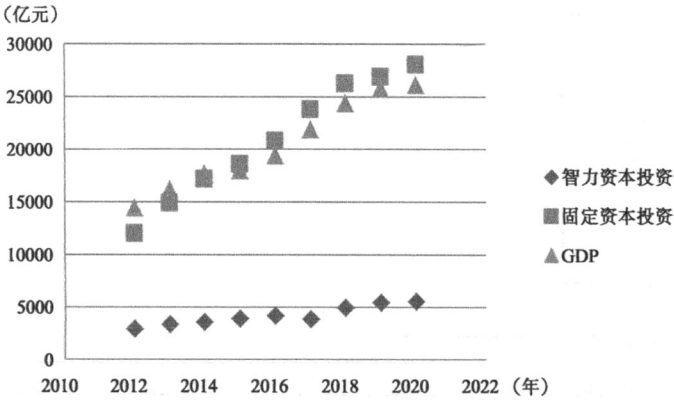

图 5-20 陕西智力资本投资、固定资本投资和 GDP 数据

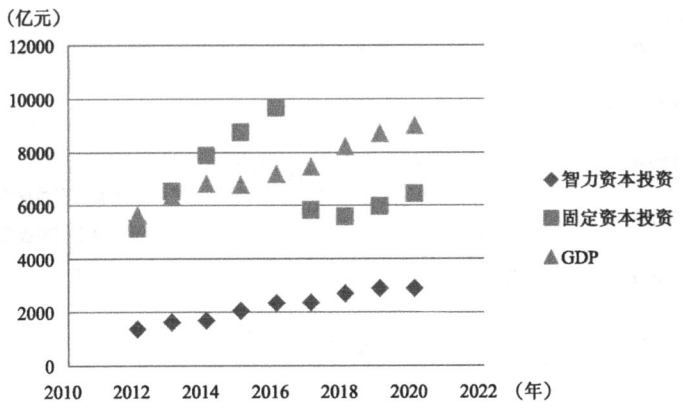

图 5-21　甘肃智力资本投资、固定资本投资和 GDP 数据

由以上各图数据可知，我国区域智力资本投资也呈现逐年上升趋势。智力资本投资额区域分布不均衡，与固定资本投资额占比也存在区域差异。

对 2012—2020 年 20 省份智力资本投资额数据使用组间链接方法进行系统聚类，使用平均欧式距离方法进行测量，将 20 省份智力资本投资额从大到小分为四类时，第一类为广东，第二类为山东、江苏，第三类为四川、河南、上海、安徽、北京，其余为第四类（见图 5-22）。

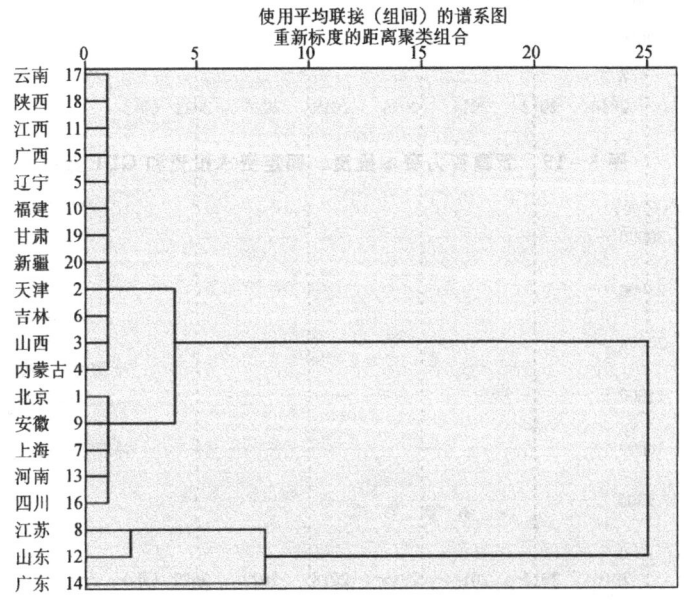

图 5-22　我国 20 省份智力资本投资聚类分析谱系

可见，各地对智力资本的投资总量存在差异，排在前三名的是广东、山东、江苏，四川、河南、上海、安徽、北京为"第二梯队"，其余为"第三梯队"，与区域经济发展水平发展趋势类似。

5.5.2 相关性分析

我们再分析智力资本投资（IC）和固定资本投资（FC）的比例关系，分析智力资本投资和经济增长（GDP）之间的比例关系。从图 5-1 至图 5-21 中看到，各地在智力资本投资总量上，较固定资本投资存在差异，有的省份智力资本投资与固定资本投资额相当，甚至超过固定资本投资额，有的省份智力资本投资明显小于固定资本投资额，具有显著差异，由表 5-2、表 5-3、表 5-4 数据得到的各地智力资本投资、固定资本投资与 GDP 的关系如表 5-5 所示。

表 5-5　各地智力资本投资、固定资本投资和 GDP 关系表

年份	全国		北京		天津	
	IC/FC	IC/GDP	IC/FC	IC/GDP	IC/FC	IC/GDP
2012	0.305141	0.211587	0.782732	0.267591	0.295283	0.181715
2013	0.290404	0.217735	0.89928	0.31097	0.33184	0.209788
2014	0.270558	0.215119	0.798998	0.259363	0.275963	0.184565
2015	0.275931	0.226217	0.840409	0.273727	0.262463	0.187775
2016	0.281529	0.22875	0.837569	0.259205	0.262756	0.187743
2017	0.239389	0.184494	0.617377	0.184462	0.213574	0.12998
2018	0.300081	0.221669	0.991504	0.258669	0.32005	0.181326
2019	0.314617	0.228263	1.142476	0.249103	0.305592	0.261142
2020	0.306057	0.221864	1.021448	0.223004	0.252285	0.222381
平均值	0.287079	0.2173	0.88131	0.25401	0.279979	0.194046
年份	山西		内蒙古		辽宁	
	IC/FC	IC/GDP	IC/FC	IC/GDP	IC/FC	IC/GDP
2012	0.255014	0.186601	0.184121	0.137688	0.184897	0.162497
2013	0.24725	0.215364	0.226325	0.190214	0.189605	0.174935

续表

年份	山西		内蒙古		辽宁	
	IC/FC	IC/GDP	IC/FC	IC/GDP	IC/FC	IC/GDP
2014	0.216735	0.209823	0.151572	0.15005	0.184133	0.159075
2015	0.210546	0.232113	0.213316	0.163917	0.225704	0.141063
2016	0.225917	0.245783	0.468261	0.389526	0.760255	0.228696
2017	0.536711	0.208779	0.524353	0.456497	0.704637	0.200974
2018	0.605288	0.107321	0.332912	0.193469	0.826106	0.22594
2019	0.603528	0.247363	0.33628	0.209448	0.864353	0.240973
2020	0.529782	0.231648	0.327094	0.198969	0.779727	0.221207
平均值	0.381197	0.209421	0.307137	0.232198	0.52438	0.19504

年份	吉林		上海		江苏	
	IC/FC	IC/GDP	IC/FC	IC/GDP	IC/FC	IC/GDP
2012	0.221588	0.17653	1.019263	0.258461	0.339288	0.193652
2013	0.410595	0.314067	1.654121	0.428182	0.330262	0.201038
2014	0.31886	0.261951	0.979364	0.250014	0.288103	0.185634
2015	0.2171	0.196139	0.994198	0.251392	0.284799	0.187846
2016	0.215767	0.203303	1.041562	0.249717	0.283338	0.181829
2017	0.207631	0.184559	0.932653	0.22063	0.19621	0.121736
2018	0.23696	0.212152	1.103576	0.257438	0.288583	0.175176
2019	0.301035	0.290335	1.153228	0.242166	0.301279	0.178635
2020	0.247779	0.24652	1.008828	0.230371	0.30393	0.175315
平均值	0.264146	0.231728	1.098532	0.265374	0.290644	0.177874

年份	安徽		福建		江西	
	IC/FC	IC/GDP	IC/FC	IC/GDP	IC/FC	IC/GDP
2012	0.248774	0.222947	0.250206	0.157983	0.228787	0.190364
2013	0.262845	0.254542	0.252701	0.177115	0.395421	0.352617
2014	0.20609	0.21624	0.209527	0.15833	0.209348	0.200884
2015	0.213779	0.236903	0.274738	0.225263	0.211678	0.220086
2016	0.219967	0.243631	0.203627	0.164237	0.206129	0.219447
2017	0.18715	0.202784	0.154288	0.126646	0.179194	0.197815
2018	0.215189	0.234715	0.191365	0.157426	0.211022	0.235517
2019	0.226844	0.21845	0.203113	0.14944	0.220865	0.239035

续表

年份	安徽		福建		江西	
	IC/FC	IC/GDP	IC/FC	IC/GDP	IC/FC	IC/GDP
2020	0.213274	0.207114	0.212573	0.150421	0.212928	0.240276
平均值	0.221546	0.22637	0.216904	0.162985	0.230597	0.232894

年份	山东		河南		广东	
	IC/FC	IC/GDP	IC/FC	IC/GDP	IC/FC	IC/GDP
2012	0.247167	0.154468	0.230678	0.167168	0.636217	0.20905
2013	0.258466	0.172165	0.341024	0.276362	0.628549	0.224441
2014	0.221551	0.158429	0.199809	0.176041	0.507601	0.196827
2015	0.222039	0.170267	0.194222	0.187178	0.509666	0.212392
2016	0.222988	0.174795	0.186664	0.186403	0.546134	0.224949
2017	0.176939	0.134475	0.166569	0.16636	0.376222	0.158372
2018	0.237011	0.178111	0.200809	0.200998	0.520921	0.22385
2019	0.271612	0.201619	0.206308	0.197525	0.539986	0.232915
2020	0.276675	0.206773	0.196268	0.193363	0.525886	0.236381
平均值	0.237161	0.172345	0.213595	0.1946	0.532354	0.213242

年份	广西		四川		云南	
	IC/FC	IC/GDP	IC/FC	IC/GDP	IC/FC	IC/GDP
2012	0.256243	0.192817	0.271791	0.194	0.320471	0.243431
2013	0.296126	0.244028	0.272703	0.210025	0.332333	0.279979
2014	0.218113	0.19265	0.251633	0.205621	0.272733	0.244723
2015	0.215549	0.208169	0.261918	0.222462	0.269153	0.26681
2016	0.208543	0.207623	0.254446	0.222596	0.250872	0.273451
2017	0.196297	0.217235	0.229531	0.198012	0.230089	0.266053
2018	0.314468	0.35094	0.262667	0.22701	0.236953	0.28004
2019	0.21432	0.251218	0.268829	0.220178	0.236244	0.233244
2020	0.204942	0.239927	0.26998	0.218037	0.231888	0.233519
平均值	0.236067	0.233845	0.260389	0.213105	0.264526	0.257917

年份	陕西		甘肃		新疆	
	IC/FC	IC/GDP	IC/FC	IC/GDP	IC/FC	IC/GDP
2012	0.243097	0.202577	0.267899	0.243946	0.247694	0.203256
2013	0.227788	0.209215	0.247766	0.255485	0.229392	0.210062

续表

年份	陕西		甘肃		新疆	
	IC/FC	IC/GDP	IC/FC	IC/GDP	IC/FC	IC/GDP
2014	0.207925	0.202071	0.215307	0.248288	0.209782	0.213724
2015	0.209872	0.216398	0.234527	0.302357	0.21215	0.246008
2016	0.20125	0.21604	0.243939	0.327403	0.246749	0.263058
2017	0.162155	0.176377	0.408263	0.318942	0.232731	0.258548
2018	0.187834	0.202117	0.484147	0.32882	0.342112	0.253593
2019	0.201737	0.210817	0.484864	0.332027	0.352931	0.240582
2020	0.196699	0.210802	0.451679	0.322393	0.313558	0.24476
平均值	0.204262	0.205157	0.337599	0.29774	0.265233	0.237066

由图 5-23、图 5-24 可知，2012—2020 年全国智力资本投资占固定资本投资比重略呈上升趋势，但变动不大，均值为 28.7%，占 GDP 的比重趋势类似，均值为 21.7。

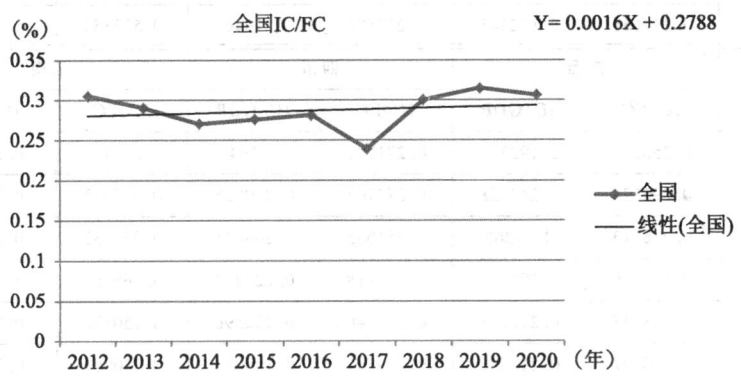

图 5-23　全国智力资本投资/固定资本投资变化趋势

对各省 2012—2020 年智力资本投资占固定资本投资比重平均值进行聚类分析，得出谱系图（如图 5-25 所示），若将 20 个省份分为两类，上海、北京为一类，其余省市为一类；若分为三类，上海、北京为一类，广东、辽宁为一类，其余省市为一类；若分为四类，上海为一类，北京为一类、广东、辽宁为一类，其余省份为一类。可见，智力资本投资占固定资本投资比重较高的区域为北京、上海、广东、辽宁。

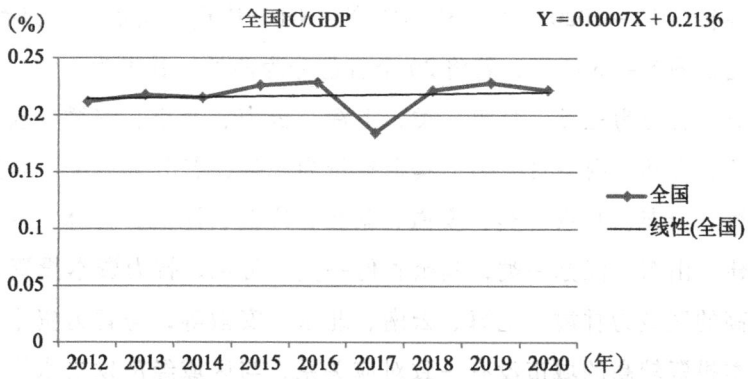

图 5-24　全国智力资本投资/GDP 变化趋势

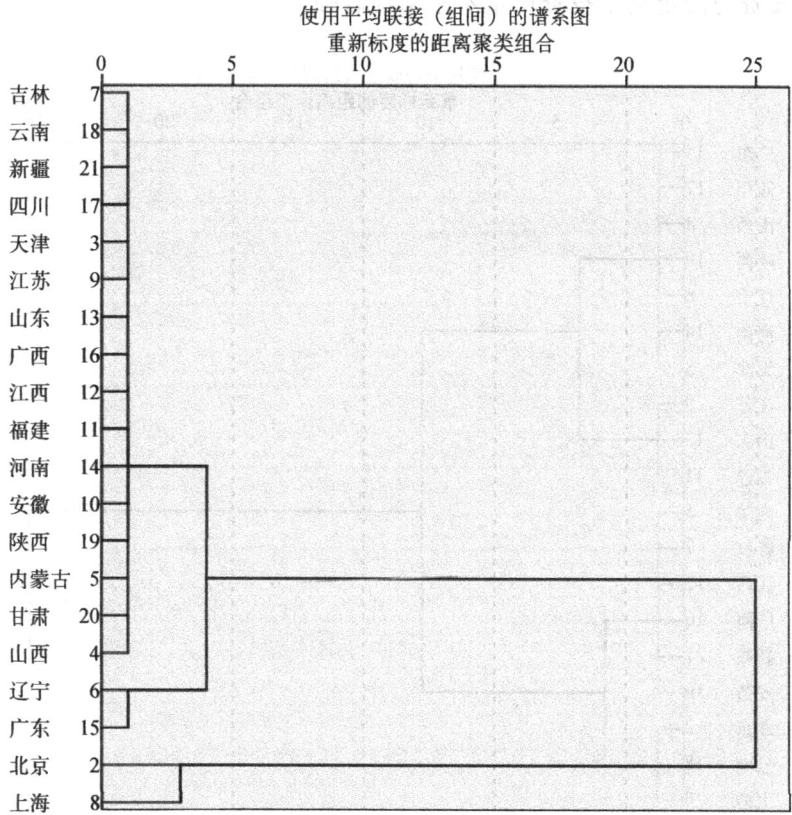

图 5-25　我国 20 省份智力资本投资占固定资本投资比重聚类分析谱系

对各省 2012—2020 年智力资本投资占 GDP 比重平均值进行聚类分析，得谱系图如图 5-26 所示，若将 20 个省份分为两类，甘肃为一类，其余省份为一类；若分为三类，甘肃一类，上海、云南、北京、安徽、新疆、广西、江西、吉林、内蒙古一类，其余省份为一类；若分为五类，甘肃为一类，上海、云南、北京一类，安徽、新疆、广西、江西、吉林、内蒙古一类，福建、山东、江苏一类，其余省份一类。可见，智力资本投资占 GDP 比重较高的区域为甘肃、上海、云南、北京、安徽等，与智力资本投资占固定资本投资较高的城市没有一致对应关系，与区域经济发展水平也不一致，但从图 5-27 可知，各省份智力资本投资与 GDP 比重较为均衡，智力资本投资与固定资本投资比重不平衡性较强。

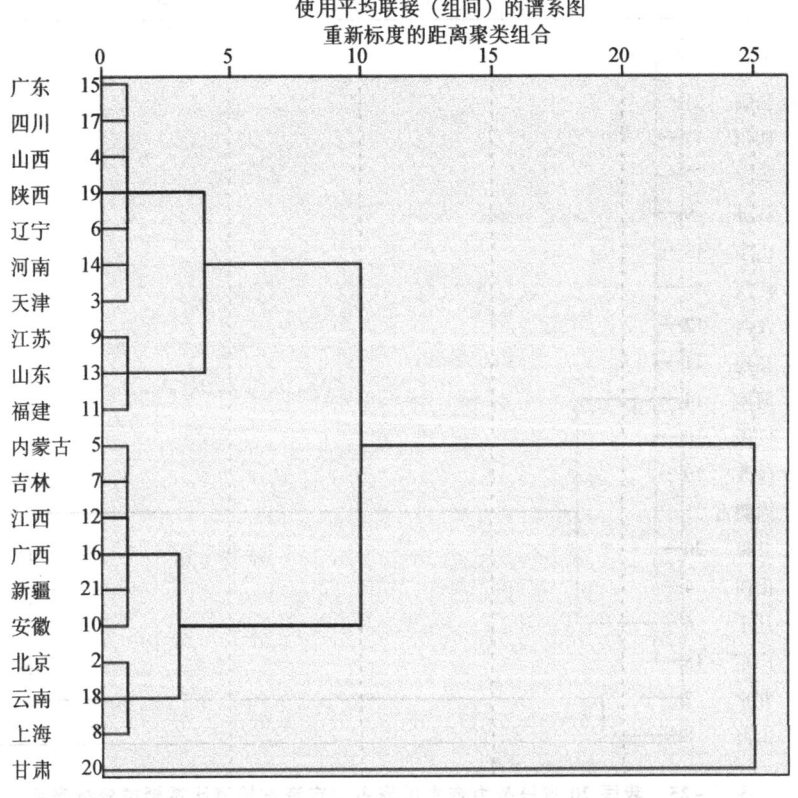

图 5-26　我国 20 省份智力资本投资占 GDP 比重聚类分析谱系

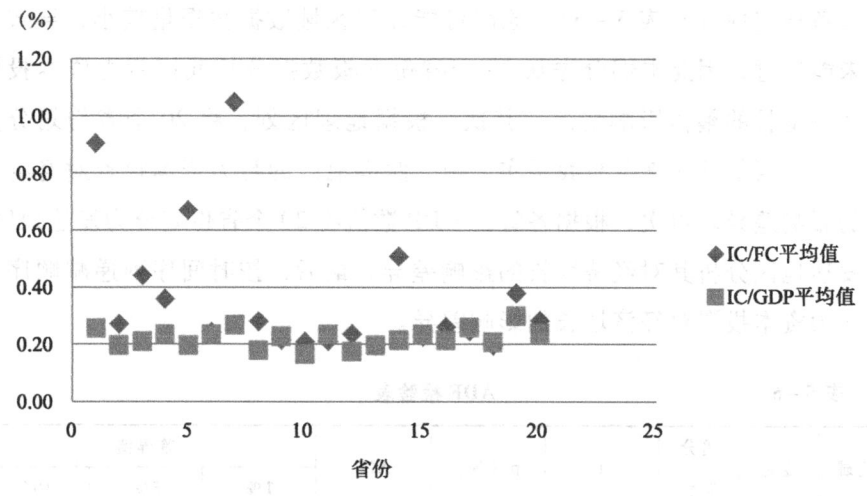

图 5-27 我国 20 省份 IC/FC、IC/GDP 关系

5.5.3 回归分析

为了研究智力资本投资、固定资本投资与经济增长的关系，我们运用协整方法。协整概念及理论是 20 世纪 80 年代提出来的，Engle 和 Granger (1987) 对此进行了总结、估计和实际检验，它是处理非平衡时间序列长期均衡关系的有效办法。检验一个序列是否平稳，常用单位根检验、ADF 检验或者 PP 检验，Dickey 和 Fuller (1979) 研究了这些检验方法，而对于变量的偏离速度及短期调整，误差修正模型（ECM）采取将变量的水平值与差分值联系起来的方法建模，并对此进行分析。协整分析的目的就是求出一个矩阵，使多维时间序列分成平稳部分与非平稳部分。下面我们遵循协整方法程序研究智力资本投资、固定资本投资与经济增长的关系。

根据经济函数 $GDP = A(IC)^{\alpha}(FC)^{\beta}e^{u}$，考虑到数据的经济学意义和避免数据分析产生异方差，对模型两边取对数，得到线性模型如下：

$$LnGDP = LnA + \alpha LnIC + \beta LnFC + \mu$$

本部分将首先对 20 个省份智力资本投资、固定资本投资以及 GDP 对数数据进行 ADF 稳定性检验，研究结果显示部分区域数据在二阶差分下仍不具备稳定性（见表 5-6），原因可能在于区域数据数据量较小，导致检验未能通过，因此本部分先从 20 个省份面板数据分析我国智力资本投资对经济增长的整体影响情况。其次，根据地理区划，将 20 个省份划分为东、中、西部地区来分析我国东、中、西部地区的智力资本投资对经济增长的影响差异。再次，根据各省区 GDP 数值将 20 个省份划分为发达地区、欠发达地区分析其对经济增长的影响差异。最后，按时间序列递减顺序探讨智力资本投资对经济增长的影响差异。

表 5-6 ADF 检验表

区域	变量	差分阶数	t	p（%）	AIC	临界值 1%	5%	10%
北京	LnIC	0	-1.824	0.369	-0.467	-4.665	-3.367	-2.803
		1	-3.081	0.028**	1.587	-5.354	-3.646	-2.901
		2	-3.962	0.002***	2.28	-6.045	-3.929	-2.987
	LnFC	0	-1.439	0.564	-22.631	-4.939	-3.478	-2.844
		1	-2.417	0.137	-13.713	-4.939	-3.478	-2.844
		2	-3.372	0.012**	-11.081	-5.354	-3.646	-2.901
	LnGDP	0	2.696	0.999	-29.972	-5.354	-3.646	-2.901
		1	-5.027	0.000***	-20.179	-4.939	-3.478	-2.844
		2	-5.255	0.000***	-19.192	-6.045	-3.929	-2.987
天津	LnIC	0	-3.427	0.010**	-3.518	-4.665	-3.367	-2.803
		1	-3.296	0.015**	0.387	-5.354	-3.646	-2.901
		2	-3.602	0.006***	3.401	-6.045	-3.929	-2.987
	LnFC	0	-2.906	0.045**	-15.052	-5.354	-3.646	-2.901
		1	-1.87	0.346	-6.156	-5.354	-3.646	-2.901
		2	-2.694	0.075*	-4.349	-6.045	-3.929	-2.987
	LnGDP	0	-1.686	0.439	-5.883	-4.939	-3.478	-2.844
		1	0.895	0.993	-3.031	-5.354	-3.646	-2.901
		2	-4.443	0.000***	-3.203	-5.354	-3.646	-2.901
山西	LnIC	0	0.431	0.983	-14.342	-5.354	-3.646	-2.901
		1	-3.626	0.005***	-11.675	-5.354	-3.646	-2.901
		2	-3.109	0.026**	-8.595	-6.045	-3.929	-2.987

续表

区域	变量	差分阶数	t	p(%)	AIC	临界值 1%	临界值 5%	临界值 10%
山西	LnFC	0	-1.292	0.633	6.541	-4.665	-3.367	-2.803
		1	-2.341	0.159	8.083	-4.939	-3.478	-2.844
		2	-3.099	0.027**	11.538	-5.354	-3.646	-2.901
	LnGDP	0	-1.907	0.329	8.166	-4.665	-3.367	-2.803
		1	-1.26	0.647	7.836	-6.045	-3.929	-2.987
		2	-2.503	0.115	10.588	-6.045	-3.929	-2.987
内蒙古	LnIC	0	-1.76	0.400	7.549	-4.939	-3.478	-2.844
		1	1.261	0.996	5.63	-6.045	-3.929	-2.987
		2	-4.879	0.000***	8.388	-6.045	-3.929	-2.987
	LnFC	0	-1.254	0.650	-3.842	-4.665	-3.367	-2.803
		1	-1.086	0.720	-4.025	-6.045	-3.929	-2.987
		2	-4.675	0.000***	-2.128	-6.045	-3.929	-2.987
	LnGDP	0	-3.12	0.025**	-18.546	-4.665	-3.367	-2.803
		1	-3.318	0.014**	-11.462	-4.939	-3.478	-2.844
		2	-4.723	0.000***	-7.369	-5.354	-3.646	-2.901
辽宁	LnIC	0	-1.681	0.441	-4.69	-4.665	-3.367	-2.803
		1	-4.182	0.001***	-7.099	-4.939	-3.478	-2.844
		2	-4.722	0.000***	-3.973	-6.045	-3.929	-2.987
	LnFC	0	-0.896	0.789	4.06	-4.665	-3.367	-2.803
		1	-2.033	0.272	8.977	-4.939	-3.478	-2.844
		2	-2.569	0.100*	11.337	-5.354	-3.646	-2.901
	LnGDP	0	-1.854	0.354	-9.857	-4.665	-3.367	-2.803
		1	-2.544	0.105	-3.382	-4.939	-3.478	-2.844
		2	-2.898	0.046**	0.508	-5.354	-3.646	-2.901
吉林	LnIC	0	-4.962	0.000***	-10.485	-4.665	-3.367	-2.803
		1	-5.336	0.000***	-6.241	-4.939	-3.478	-2.844
		2	-4.271	0.000***	-0.89	-6.045	-3.929	-2.987
	LnFC	0	-10.867	0.000***	-29.227	-5.354	-3.646	-2.901
		1	-2.554	0.103	-18.469	-6.045	-3.929	-2.987
		2	-5.073	0.000***	-11.104	-5.354	-3.646	-2.901

续表

区域	变量	差分阶数	t	p(%)	AIC	临界值 1%	5%	10%
吉林	LnGDP	0	-1.78	0.390	-7.572	-4.665	-3.367	-2.803
		1	0.553	0.986	-4.74	-5.354	-3.646	-2.901
		2	-5.406	0.000***	-5.393	-5.354	-3.646	-2.901
上海	LnIC	0	-3.03	0.032**	-9.105	-4.665	-3.367	-2.803
		1	-6.605	0.000***	-6.415	-4.939	-3.478	-2.844
		2	-3.318	0.014**	-3.455	-6.045	-3.929	-2.987
	LnFC	0	-0.455	0.901	-29.356	-4.665	-3.367	-2.803
		1	-2.336	0.160	-40.298	-5.354	-3.646	-2.901
		2	-1.071	0.726	-19.931	-5.354	-3.646	-2.901
	LnGDP	0	1.914	0.999	-25.951	-5.354	-3.646	-2.901
		1	-1.51	0.528	-24.825	-6.045	-3.929	-2.987
		2	-7.028	0.000***	-20.885	-6.045	-3.929	-2.987
江苏	LnIC	0	-1.383	0.591	0.47	-4.665	-3.367	-2.803
		1	-3.745	0.004***	2.472	-4.939	-3.478	-2.844
		2	-2.918	0.043**	4.887	-6.045	-3.929	-2.987
	LnFC	0	-10.8	0.000***	-32.412	-4.665	-3.367	-2.803
		1	-0.666	0.855	-22.806	-4.939	-3.478	-2.844
		2	-1.912	0.326	-23.008	-5.354	-3.646	-2.901
	LnGDP	0	-2.163	0.220	-27.257	-4.665	-3.367	-2.803
		1	-0.342	0.919	-19.186	-4.939	-3.478	-2.844
		2	-1.728	0.417	-19.178	-5.354	-3.646	-2.901
安徽	LnIC	0	1.472	0.997	-13.672	-5.354	-3.646	-2.901
		1	0.01	0.959	-7.837	-6.045	-3.929	-2.987
		2	-7.776	0.000***	-9.837	-6.045	-3.929	-2.987
	LnFC	0	-5.955	0.000***	-29.475	-4.665	-3.367	-2.803
		1	-1.399	0.583	-20.243	-4.939	-3.478	-2.844
		2	-2.238	0.193	-19.542	-5.354	-3.646	-2.901
	LnGDP	0	1.655	0.998	-21.637	-4.939	-3.478	-2.844
		1	-2.895	0.046**	-12.162	-4.939	-3.478	-2.844
		2	-3.781	0.003***	-12.482	-5.354	-3.646	-2.901

续表

区域	变量	差分阶数	t	p（%）	AIC	临界值 1%	5%	10%
福建	LnIC	0	-1.606	0.481	-0.512	-4.665	-3.367	-2.803
		1	-2.318	0.166	-1.682	-6.045	-3.929	-2.987
		2	-2.862	0.050 **	5.578	-6.045	-3.929	-2.987
	LnFC	0	-5.495	0.000 ***	-21.769	-4.665	-3.367	-2.803
		1	-0.274	0.929	-14.14	-4.939	-3.478	-2.844
		2	-2.684	0.077 *	-14.292	-5.354	-3.646	-2.901
	LnGDP	0	1.658	0.998	-26.243	-4.939	-3.478	-2.844
		1	-3.448	0.009 ***	-16.413	-4.939	-3.478	-2.844
		2	-4.414	0.000 ***	-16.773	-5.354	-3.646	-2.901
江西	LnIC	0	-2.459	0.126	-8.154	-4.665	-3.367	-2.803
		1	-7.833	0.000 ***	-5.753	-4.939	-3.478	-2.844
		2	-3.994	0.001 ***	-4.584	-6.045	-3.929	-2.987
	LnFC	0	-50.404	0.000 ***	-87.366	-5.354	-3.646	-2.901
		1	-89.366	0.000 ***	-78.248	-6.045	-3.929	-2.987
		2	-1.887	0.338	-37.19	-5.354	-3.646	-2.901
	LnGDP	0	1.008	0.994	-26.517	-5.354	-3.646	-2.901
		1	-3.437	0.010 ***	-21.014	-4.939	-3.478	-2.844
		2	-3.273	0.016 **	-18.072	-6.045	-3.929	-2.987
山东	LnIC	0	-1.28	0.638	-3	-4.665	-3.367	-2.803
		1	-2.984	0.036 **	-1.812	-5.354	-3.646	-2.901
		2	-3.723	0.004 ***	-0.055	-6.045	-3.929	-2.987
	LnFC	0	-2.407	0.140	-30.349	-5.354	-3.646	-2.901
		1	1.614	0.998	-19.727	-5.354	-3.646	-2.901
		2	-8.462	0.000 ***	-20.119	-5.354	-3.646	-2.901
	LnGDP	0	-2.621	0.089 *	-18.919	-4.665	-3.367	-2.803
		1	-1.908	0.328	-11.066	-4.939	-3.478	-2.844
		2	-3.688	0.004 ***	-11.103	-5.354	-3.646	-2.901
河南	LnIC	0	-2.315	0.167	-8.259	-4.665	-3.367	-2.803
		1	-7.157	0.000 ***	-5.381	-4.939	-3.478	-2.844
		2	-2.948	0.040 **	-2.631	-6.045	-3.929	-2.987

续表

区域	变量	差分阶数	t	p(%)	AIC	临界值 1%	5%	10%
河南	LnFC	0	-2.203	0.205	-39.892	-4.939	-3.478	-2.844
		1	-2.225	0.197	-35.898	-6.045	-3.929	-2.987
		2	-2.658	0.082*	-28.981	-6.045	-3.929	-2.987
	LnGDP	0	0.648	0.989	-23.613	-4.939	-3.478	-2.844
		1	-4.317	0.000***	-19.915	-4.939	-3.478	-2.844
		2	-4.257	0.001***	-16.533	-5.354	-3.646	-2.901
广东	LnIC	0	1.187	0.996	-1.717	-5.354	-3.646	-2.901
		1	-4.013	0.001***	1.346	-4.939	-3.478	-2.844
		2	-4.504	0.000***	0.931	-6.045	-3.929	-2.987
	LnFC	0	-5.589	0.000***	-29.267	-4.665	-3.367	-2.803
		1	-1.025	0.744	-22.38	-4.939	-3.478	-2.844
		2	-3.812	0.003***	-19.197	-5.354	-3.646	-2.901
	LnGDP	0	-1.019	0.746	-23.824	-4.665	-3.367	-2.803
		1	-2.117	0.238	-18.395	-4.939	-3.478	-2.844
		2	-2.619	0.089*	-16.522	-5.354	-3.646	-2.901
广西	LnIC	0	-1.626	0.469	2.066	-4.665	-3.367	-2.803
		1	-2.395	0.143	4.373	-5.354	-3.646	-2.901
		2	-2.223	0.198	7.32	-6.045	-3.929	-2.987
	LnFC	0	-7.572	0.000***	-31.368	-4.665	-3.367	-2.803
		1	0.517	0.985	-21.926	-5.354	-3.646	-2.901
		2	-5.043	0.000***	-23.708	-5.354	-3.646	-2.901
	LnGDP	0	-1.866	0.348	-25.916	-5.354	-3.646	-2.901
		1	-1.043	0.737	-19.335	-6.045	-3.929	-2.987
		2	-3.26	0.017**	-17.656	-6.045	-3.929	-2.987
四川	LnIC	0	0.25	0.975	-11.51	-5.354	-3.646	-2.901
		1	-3.328	0.014**	-10.036	-5.354	-3.646	-2.901
		2	-3.602	0.006***	-7.41	-6.045	-3.929	-2.987
	LnFC	0	-4.86	0.000***	-25.72	-4.665	-3.367	-2.803
		1	3.633	1.000	-29.633	-6.045	-3.929	-2.987
		2	-2.294	0.174	-19.263	-5.354	-3.646	-2.901

续表

区域	变量	差分阶数	t	p(%)	AIC	临界值		
						1%	5%	10%
四川	LnGDP	0	-0.093	0.950	-19.825	-4.665	-3.367	-2.803
		1	-2.476	0.121	-17.653	-4.939	-3.478	-2.844
		2	-2.71	0.072*	-14.702	-5.354	-3.646	-2.901
云南	LnIC	0	-1.321	0.619	-24.181	-4.665	-3.367	-2.803
		1	-3.657	0.005***	-17.818	-5.354	-3.646	-2.901
		2	-3.644	0.005***	-16.766	-6.045	-3.929	-2.987
	LnFC	0	-8.623	0.000***	-41.641	-5.354	-3.646	-2.901
		1	-0.643	0.861	-26.699	-6.045	-3.929	-2.987
		2	-3.656	0.005***	-26.968	-6.045	-3.929	-2.987
	LnGDP	0	4.181	1.000	-21.029	-5.354	-3.646	-2.901
		1	-0.728	0.839	-11.077	-5.354	-3.646	-2.901
		2	-1.27	0.643	-11.002	-6.045	-3.929	-2.987
陕西	LnIC	0	-0.923	0.780	-7.452	-4.665	-3.367	-2.803
		1	-3.566	0.006***	-5.123	-4.939	-3.478	-2.844
		2	-2.9	0.045**	-2.762	-6.045	-3.929	-2.987
	LnFC	0	-4.961	0.000***	-31.633	-5.354	-3.646	-2.901
		1	-0.201	0.938	-18.044	-6.045	-3.929	-2.987
		2	-4.928	0.000***	-19.847	-6.045	-3.929	-2.987
	LnGDP	0	-0.06	0.953	-22.294	-5.354	-3.646	-2.901
		1	-2.715	0.071*	-23.416	-6.045	-3.929	-2.987
		2	-2.63	0.087*	-14.792	-6.045	-3.929	-2.987
甘肃	LnIC	0	-7.313	0.000***	-27.633	-5.354	-3.646	-2.901
		1	-0.085	0.951	-17.433	-6.045	-3.929	-2.987
		2	-9.55	0.000***	-19.397	-6.045	-3.929	-2.987
	LnFC	0	-1.889	0.337	0.783	-4.665	-3.367	-2.803
		1	-2.108	0.241	3.281	-4.939	-3.478	-2.844
		2	-2.983	0.036**	6.733	-5.354	-3.646	-2.901
	LnGDP	0	-0.148	0.944	-20.387	-4.939	-3.478	-2.844
		1	-2.936	0.041**	-19.472	-4.939	-3.478	-2.844
		2	-3.162	0.022**	-16.046	-5.354	-3.646	-2.901

续表

区域	变量	差分阶数	t	p（%）	AIC	临界值 1%	临界值 5%	临界值 10%
新疆	LnIC	0	-4.693	0.000***	-32.273	-4.665	-3.367	-2.803
		1	2.086	0.999	-29.557	-6.045	-3.929	-2.987
		2	-4.586	0.000***	-24.886	-5.354	-3.646	-2.901
	LnFC	0	-2.836	0.053*	-7.248	-4.665	-3.367	-2.803
		1	-2.162	0.220	-13.471	-6.045	-3.929	-2.987
		2	-5.952	0.000***	-6.792	-6.045	-3.929	-2.987
	LnGDP	0	0.283	0.977	-16.257	-5.354	-3.646	-2.901
		1	-2.335	0.161	-16.968	-6.045	-3.929	-2.987
		2	-1.477	0.545	-10.21	-5.354	-3.646	-2.901

注：***、**、*分别代表1%、5%、10%的显著性水平。

5.5.3.1 20省份智力资本投资、固定资本投资与经济增长回归分析

（1）单位根检验。由表5-7可知，该序列检验的结果显示，在差分为0阶时，固定资本投资和智力资本投资显著性P值为0.005***和0.014**，呈现显著性，拒绝原假设，该序列为平稳的时间序列，可以作为变量进行分析。

表5-7　　　　　　　　　　　　单位根检验表

变量	差分阶数	t	p（%）	AIC	临界值 1%	临界值 5%	临界值 10%
IC	0	-3.635	0.005***	223.737	-3.47	-2.879	-2.576
FC	0	-3.309	0.014**	172.965	-3.471	-2.879	-2.576

（2）协整检验。我们使用ADF进行协整检验，见表5-8。当我们对残差项e进行预测，并进行滞后一阶的协整检验时，发现检验值为-11.505，远小于1% Critical Value、5% Critical Value、10% Critical Value，因此拒绝原假设，不存在单位根，通过协整检验。

表 5-8　　协整检验

Dickey – Fuller test for unit root		Number of obs = 179	
——Interpolated Dickey – Fuller——			
	Test Statistic	1% Critical Value	5% Critical Value	10% Critical Value
Z (t)	-11.505	-3.484	-2.885	-2.575
MacKinnon approximate p – value for Z (t) = 0.0000			

（3）描述性统计。表 5-9 展示了全部数据以及北京、天津、山西、内蒙古、辽宁、吉林、上海、江苏、安徽、福建、江西、山东、河南、广东、广西、四川、云南、陕西、甘肃、新疆描述性统计的结果，包括样本量、最大值、最小值等统计量，用于研究定量数据的整体情况。结果显示，变异系数（CV）全部远小于 0.15，当前数据中较小概率出现异常值，可以进一步进行分析。

表 5-9　　描述性统计表

变量名	样本量（个）	最大值	最小值	平均值	标准差	方差	峰度	偏度	变异系数（CV）
总体	180	10.173	7.229	8.538	0.596	0.355	0.181	0.425	0.029
北京	9	9.084	8.473	8.774	0.209	0.044	-1.185	0.098	0.024
天津	9	8.212	7.759	8.01	0.152	0.023	-0.304	-0.709	0.019
山西	9	8.346	7.723	8.067	0.211	0.044	-0.938	-0.094	0.026
内蒙古	9	8.902	7.69	8.206	0.413	0.17	0.092	0.999	0.050
辽宁	9	8.7	8.303	8.496	0.143	0.021	-1.205	-0.017	0.017
吉林	9	8.318	7.653	8.026	0.19	0.036	1.19	-0.554	0.024
上海	9	9.142	8.56	8.897	0.213	0.045	-1.43	-0.236	0.024
江苏	9	9.799	9.255	9.513	0.21	0.044	-1.447	0.209	0.022
安徽	9	9.001	8.253	8.652	0.258	0.066	-0.992	0.069	0.030
福建	9	8.795	8.043	8.465	0.264	0.07	-1.369	-0.204	0.031
江西	9	8.728	7.81	8.352	0.303	0.092	-0.44	-0.488	0.036
山东	9	9.624	8.952	9.314	0.226	0.051	-1.059	-0.028	0.024
河南	9	9.28	8.507	8.97	0.26	0.068	-0.494	-0.453	0.029
广东	9	10.173	9.387	9.749	0.288	0.083	-1.446	0.444	0.030

续表

变量名	样本量（个）	最大值	最小值	平均值	标准差	方差	峰度	偏度	变异系数（CV）
广西	9	8.874	7.829	8.305	0.322	0.104	-0.212	0.416	0.039
四川	9	9.268	8.441	8.887	0.285	0.081	-1.046	-0.031	0.032
云南	9	8.653	7.828	8.293	0.274	0.075	-0.782	-0.275	0.033
陕西	9	8.616	7.982	8.32	0.217	0.047	-0.982	0.086	0.026
甘肃	9	7.975	7.229	7.675	0.271	0.074	-1.194	-0.473	0.035
新疆	9	8.125	7.33	7.797	0.283	0.08	-1.112	-0.463	0.036

（4）回归结果分析。将自变量智力资本投资（LnIC）、固定资本投资（LnFC）引入模型，将 LnGDP 作为因变量进行回归，结果见表 5-10 和表 5-11，可得回归方程：$\ln GDP = 0.574 + 0.869\ln IC + 0.215\ln FC$，拟合优度检验 R^2 为 0.9103，拟合优度较高，可以认为被解释变量基本上可以用多元线性回归方程中的解释变量来解释。智力资本投资（LnIC）、固定资本投资（LnFC）两个解释变量的 P 值均为 0.000，均小于 0.01，F 值高达 1259.39，D.W. stat 值为 1.681，方程不存在自相关，说明智力资本投资（LnIC）、固定资本投资（LnFC）能较强地解释被解释变量经济增长（LnGDP）。

表 5-10　　　　　　　　　变量回归结果表

Linear regression						
				Number of obs = 180		
				F (2, 177) = 1259.39		
				Prob > F = 0.0000		
				R - squared = 0.9103		
				Root MSE = 0.1963		
				D. W. stat = 1.681		
LnGDP	Coef.	Robust Std. Err.	t	P > |t|	[95% Conf. Interval]	
LnIC	0.8687031	0.0308723	28.14	0.000	0.8077779	0.9296283
LnFA	0.2146034	0.0305283	7.03	0.000	0.154357	0.2748498
_cons	0.5739542	0.2081574	2.76	0.006	0.1631645	0.9847438

表 5-11　　　　　　　　　显著性分析表

VARIABLES	(1) gdp
LnIC	0.869***
	(28.14)
LnFA	0.215***
	(7.03)
Constant	0.574***
	(2.76)
Observations	180
R-squared	0.910

注：(1) 括号内为稳健标准误。

(2) "***"表示 $p<0.01$，"**"表示 $p<0.05$，"*"表示 $p<0.1$。

根据模型分析的结果，可以得出以下结论：柯布—道格拉斯生产函数通过了显著水平等于 0.05 的检验和 F 检验，说明可信度较强。参数 $\alpha = 0.869$，$\beta = 0.215$，即智力资本投资、固定资本投资的产出弹性分别为 0.869 和 0.215，这说明智力资本投资和固定资本投资每增长 1 个百分点，可促进 GDP 分别上升 0.869 个和 0.215 个百分点。智力资本投资在中国经济总量 GDP 的增长中占据着非常重要的地位，即中国经济增长主要是智力资本投资驱动。这与前些年专家学者夏同水等进行的相关研究结果有较大的不同，说明推动我国经济增长的主要因素已经由固定资本投资转为智力资本投资。此外，我们还发现 $\alpha + \beta = 1.084 > 1$，说明我国经济增长是规模报酬递增的，经济发展态势良好。

5.5.3.2　东中西部地区智力资本投资、固定资本投资与经济增长回归分析

按照地理位置划分标准，本章所选 20 省份属于东部地区的区域有北京、天津、辽宁、上海、江苏、福建、山东、广东 8 个省份；属于中部地区的区域有山西、吉林、安徽、江西、河南 5 个省份；属于西部地区的区域有内蒙古、广西、四川、云南、陕西、甘肃、新疆 7 个省份。本部分我们将对东、中、西部地区智力资本投资对经济增长的作用分别进行分析，比较其差异性。

(1) 东部地区

①单位根检验。我们使用 ADF 进行单位根检验（见表 5-12、表 5-13）。智力资本投资的单位根检验值为 -6.823，固定资本投资的单位根检验值为 -7.272，均小于 1% Critical Value、5% Critical Value、10% Critical Value，拒绝原假设，自变量不存在单位根，通过单位根检验。因此智力资本投资和固定资本投资可以作为变量进行分析。

表 5-12　　　　　　　　　智力资本单位根检验表

Dickey-Fuller test for unit root		Number of obs = 71		
——Interpolated Dickey-Fuller——				
	Test Statistic	1% Critical Value	5% Critical Value	10% Critical Value
Z (t)	-6.823	-3.551	-2.913	-2.592
MacKinnon approximate p-value for Z (t) = 0.0000				

表 5-13　　　　　　　　　固定资本单位根检验

Dickey-Fuller test for unit root		Number of obs = 71		
——Interpolated Dickey-Fuller——				
	Test Statistic	1% Critical Value	5% Critical Value	10% Critical Value
Z (t)	-7.272	-3.551	-2.913	-2.592
MacKinnon approximate p-value for Z (t) = 0.0000				

②协整检验。我们使用 ADF 进行协整检验（见表 5-14）。当我们对残差项 e 进行预测，并进行滞后一阶的协整检验时，发现检验值为 -6.401，远小于 1% Critical Value、5% Critical Value、10% Critical Value，因此拒绝原假设，不存在单位根，通过协整检验。

表 5-14　　　　　　　　　协整检验

Dickey-Fuller test for unit root		Number of obs = 71		
——Interpolated Dickey-Fuller——				
	Test Statistic	1% Critical Value	5% Critical Value	10% Critical Value
Z (t)	-6.401	-3.551	-2.913	-2.592
MacKinnon approximate p-value for Z (t) = 0.0000				

③描述性统计。表5-15给出了基本统计分析数据,包括平均数、标准差、最小值和最大值。未出现异常值,因此自变量适于做进一步的分析。

表5-15　　　　　　　　　　描述性统计

VARIABLES	(1) N	(2) mean	(3) sd	(4) min	(5) max
LnIC	72	8.902	0.592	7.759	10.17
LnFA	72	9.787	0.806	8.540	10.99
LnGDP	72	10.52	0.607	9.465	11.62

④回归结果分析。将自变量智力资本投资(LnIC)、固定资本投资(LnFC)引入模型,将LnGDP作为因变量进行回归分析,由表5-16、表5-17可得回归方程:lnGDP=1.36+0.699lnIC+0.299lnFC,通过拟合优度检验,R方为0.9609,拟合度非常好,可以认为被解释变量可以用多元线性回归方程中的解释变量来解释。LnIC、LnFC两个解释变量的P值均为0.000,均小于0.01,F值高达978.05,说明LnIC、LnFC能较强地解释被解释变量经济增长(LnGDP)。

根据模型分析的结果,可以得出以下结论:柯布—道格拉斯生产函数通过了显著水平等于0.05的检验和F检验,说明可信度较强。参数 $\alpha =$

表5-16　　　　　　　　　　变量回归结果表

Linear regression				Number of obs = 72	
				F (2, 177) = 978.05	
				Prob > F = 0.0000	
				R - squared = 0.9609	
				Root MSE = 0.1217	
LnGDP	Coef.	Robust Std. Err.	t	P > |t|	[95% Conf. Interval]
LnIC	0.699337	0.0351269	19.91	0.000	0.6292607　0.7694133
LnFA	0.2993956	0.0259815	11.52	0.000	0.2475638　0.3512274
_cons	1.360062	0.2146681	6.34	0.000	0.9318111　1.788314

表 5-17　　　　　　　　　显著性分析

VARIABLES	(1) gdp
LnIC	0.699***
	(19.91)
LnFC	0.299***
	(11.52)
Constant	1.360***
	(6.34)
Observations	72
R-squared	0.961

注：(1) 括号内为稳健标准误。
　　(2) "***"表示 p<0.01，"**"表示 p<0.05，"*"表示 p<0.1。

0.699，β = 0.299，即智力资本投资、固定资本投资的产出弹性分别为 0.699 和 0.299，这说明智力资本投资和固定资本投资每增长 1 个百分点，可促进中 GDP 分别上升 0.699 个和 0.299 个百分点。智力资本投资在东部地区 GDP 的增长中占据着非常重要的地位，即东部地区经济增长主要是智力资本投资驱动。

(2) 中部地区

①单位根检验。我们使用 ADF 进行单位根检验（见表 5-18、表 5-19）。智力资本投资的单位根检验值为 -6.754，固定资本投资的单位根检验值为 -7.085，均小于 1% Critical Value、5% Critical Value、10% Critical Value，拒绝原假设，自变量不存在单位根，通过单位根检验。因此智力资本投资和固定资本投资可以作为变量进行分析。

表 5-18　　　　　　　　　智力资本单位根检验表

Dickey-Fuller test for unit root		Number of obs = 44		
—— Interpolated Dickey-Fuller ——				
	Test Statistic	1% Critical Value	5% Critical Value	10% Critical Value
Z (t)	-6.754	-3.621	-2.947	-2.607
MacKinnon approximate p-value for Z (t) = 0.0000				

表 5-19　　　　　　　　　　固定资本单位根检验

Dickey – Fuller test for unit root		Number of obs = 44		
——Interpolated Dickey – Fuller——				
	Test Statistic	1% Critical Value	5% Critical Value	10% Critical Value
Z (t)	-7.085	-3.621	-2.947	-2.607
MacKinnon approximate p – value for Z (t) = 0.0000				

②协整检验。我们使用 ADF 进行协整检验（见表 5-20）。当我们对残差项 e 进行预测，并进行滞后一阶的协整检验时，发现检验值为 -5.373，小于 1% Critical Value、5% Critical Value、10% Critical Value，因此拒绝原假设，不存在单位根，通过协整检验。

表 5-20　　　　　　　　　　协整检验

Dickey – Fuller test for unit root		Number of obs = 44		
——Interpolated Dickey – Fuller——				
	Test Statistic	1% Critical Value	5% Critical Value	10% Critical Value
Z (t)	-5.373	-3.621	-2.947	-2.607
MacKinnon approximate p – value for Z (t) = 0.0000				

③描述性统计。表 5-21 给出了基本统计分析数据，包括平均数、标准差、最小值和最大值。未出现异常值，因此自变量适于做进一步的分析。

表 5-21　　　　　　　　　　描述性统计

VARIABLES	(1) N	(2) mean	(3) sd	(4) min	(5) max
LnIC	45	8.414	0.432	7.653	9.280
LnFA	45	9.812	0.587	8.706	10.90
LnGDP	45	9.949	0.466	9.370	10.92

④回归结果分析。将自变量 LnIC、LnFC 引入模型，将 LnGDP 作为因变量进行回归，由表 5-22、表 5-23 可得回归方程 lnGDP = 1.649 + 0.855lnIC + 0.112lnFC，通过拟合优度检验，R^2 为 0.8399，拟合度比较

好,被解释变量可以用多元线性回归方程中的解释变量来解释。LnIC 的 P 值为 0.000,显著性较高,中部地区 LnFC 的 P 值为 0.539,未能通过检验,说明中部地区固定资本投资不能解释经济增长(LnGDP),但 F 值高达 248.45,说明回归方程是有意义的。

表 5-22　　　　　　　　　变量回归结果表

Linear regression			Number of obs = 45　　F (2.6) = 248.45　　Prob > F = 0.0001　　R - squared = 0.8399　　Root MSE = 0.19074			
LnGDP	Coef.	Robust Std. Err.	t	P > |t|	[95% Conf. Interval]	
LnIC	0.8553696	0.1993089	4.29	0.000	0.4531479	1.257591
LnFA	0.1124681	0.1814266	0.62	0.539	-0.2536655	0.4786017
_cons	1.649177	0.4019132	4.1	0.000	0.8380833	2.460271

表 5-23　　　　　　　　　显著性分析

VARIABLES	(1) gdp
LnIC	0.855***
	(4.29)
LnFC	0.112
	(0.62)
Constant	1.649***
	(4.10)
Observations	45
R - squared	0.840

注:(1)括号内为稳健标准误。
　　(2)"***"表示 $p < 0.01$,"**"表示 $p < 0.05$,"*"表示 $p < 0.1$。

根据模型分析的结果,可以得出以下结论:柯布—道格拉斯生产函数通过了显著水平等于 0.05 的检验和 F 检验,说明可信度较强。参数 $\alpha = 0.855$,$\beta = 0.112$,即智力资本投资、固定资本投资的产出弹性分别为 0.855 和 0.112,这说明智力资本投资和固定资本投资每增长 1 个百分点,可促进中 GDP 分别上升 0.855 个和 0.112 个百分点。智力资本投资在中部地区的 GDP 增长中占据着非常重要的地位，即中部地区经济增长主要受智力资本投资驱动。

(3) 西部地区

①单位根检验。我们使用 ADF 进行单位根检验（见表 5 – 24、表 5 – 25）。智力资本投资的单位根检验值为 – 4.423，固定资本投资的单位根检验值为 – 5.530，均小于 1% Critical Value、5% Critical Value、10% Critical Value，拒绝原假设，自变量不存在单位根，通过单位根检验。因此，西部地区智力资本投资和固定资本投资可以作为变量进行分析。

表 5 – 24 智力资本单位根检验表

Dickey – Fuller test for unit root		Number of obs = 62	
——Interpolated Dickey – Fuller——			
Test Statistic	1% Critical Value	5% Critical Value	10% Critical Value
Z (t) – 4.423	– 3.563	– 2.920	– 2.595
MacKinnon approximate p – value for Z (t) = 0.0003			

表 5 – 25 固定资本单位根检验

Dickey – Fuller test for unit root		Number of obs = 62	
——Interpolated Dickey – Fuller——			
Test Statistic	1% Critical Value	5% Critical Value	10% Critical Value
Z (t) – 5.530	– 3.563	– 2.920	– 2.595
MacKinnon approximate p – value for Z (t) = 0.0000			

②协整检验。我们使用 ADF 进行协整检验（见表 5 – 26）。当我们对残差项 e 进行预测，并进行滞后一阶的协整检验时，发现检验值为 – 7.684，小于 1% Critical Value、5% Critical Value、10% Critical Value，因此拒绝原假设，不存在单位根，通过协整检验。

③描述性统计。表 5 – 27 给出了基本统计分析数据，包括平均数、标准差、最小值和最大值。未出现异常值，因此自变量适于做进一步的分析。

表 5-26　　　　　　　　　　　协整检验

Dickey – Fuller test for unit root		Number of obs = 62	
	—— Interpolated Dickey – Fuller ——		
	Test Statistic	1% Critical Value	5% Critical Value	10% Critical Value
Z (t)	-7.684	-3.563	-2.920	-2.595
MacKinnon approximate p – value for Z (t) = 0.0000				

表 5-27　　　　　　　　　　　描述性统计

VARIABLES	(1) N	(2) mean	(3) sd	(4) min	(5) max
LnIC	63	8.212	0.467	7.229	9.268
LnFA	63	9.566	0.521	8.546	10.58
LnGDP	63	9.664	0.498	8.639	10.79

④回归结果分析。将自变量智力资本投资（LnIC）、固定资本投资（LnFC）引入模型，将 LnGDP 作为因变量进行回归，由表 5-28、表 5-29 可得回归方程 lnGDP = 0.814 + 0.421lnIC + 0.564lnFC，通过拟合优度检验，R^2 为 0.9609，拟合度非常好，被解释变量可以用多元线性回归方程中的解释变量来解释。LnIC、LnFC 两个解释变量的 P 值均为 0.000，均小于 0.01，F 值高达 489.38，说明 LnIC、LnFC 能较强地解释被解释变量经济增长（LnGDP）。

根据模型分析的结果，可以得出以下结论：柯布—道格拉斯生产函数通过了显著水平等于 0.05 的检验和 F 检验，说明可信度较强。参数 α = 0.421，β = 0.564，即智力资本投资、固定资本投资的产出弹性分别为 0.421 和 0.564，这说明智力资本投资和固定资本投资每增长 1 个百分点，可促进中 GDP 分别上升 0.421 个和 0.564 个百分点。可以看出，与东中部地区不同，西部地区智力资本投资产出弹性小于固定资本投资产出弹性，说明西部地区 GDP 的增长中固定资本投资所起的作用更强，即西部地区经济增长主要是固定资本投资驱动。

表 5-28   变量回归结果表

Linear regression				Number of obs = 63	
				F (2, 6) = 489.38	
				Prob > F = 0.0000	
				R-squared = 0.9056	
				Root MSE = 0.15552	
LnGDP	Coef.	Robust Std. Err.	t	$P>|t|$	[95% Conf. Interval]
LnIC	0.4209976	0.0949197	4.44	0	0.23113 0.6108651
LnFA	0.5637573	0.0715514	7.88	0	0.4206331 0.7068815
_cons	0.8141601	0.307821	2.64	0.01	0.1984265 1.429894

表 5-29   显著性分析

VARIABLES	(1) gdp
LnIC	0.421***
	(4.44)
LnFC	0.564***
	(7.88)
Constant	0.814**
	(2.64)
Observations	63
R-squared	0.906

注：(1) 括号内为稳健标准误。

(2) "***"表示 $p<0.01$，"**"表示 $p<0.05$，"*"表示 $p<0.1$。

由以上研究，我们可以得到 20 个省份及东部 8 省、中部 5 省及西部 7 省的回归方程：

20 省份：lnGDP = 0.574 + 0.869lnIC + 0.215lnFC；

东部 8 省：lnGDP = 1.36 + 0.699lnIC + 0.299lnFC；

中部 5 省：lnGDP = 1.649 + 0.855lnIC + 0.112lnFC；

西部 7 省：lnGDP = 0.814 + 0.421lnIC + 0.564lnFC。

从本部分实证结果来看，我们可以得出以下结论：

首先，东中西部地区智力资本投资、固定资本投资与经济增长之间均存在正相关关系。

其次,东中西部地区智力资本对经济增长的贡献程度不同,东中部地区省份智力资本投资在经济发展中起主要作用,西部地区固定资本投资产出弹性系数大于智力资本投资产出弹性系数,说明西部地区的经济发展仍然较多依赖固定资本投资,东中部经济较为发达的地区智力资本投资在拉动经济增长方面越能够起主要动力作用,这与盛乐、夏同水、王金堂、曹晋文等学者的研究结论较为一致。

5.5.3.3 按经济发展水平划分地区比较分析

为了更好地分析智力资本和 GDP 之间的关系,我们进一步按经济发展水平分地区进行比较分析。省份和直辖市的经济发达程度是按照各省份 2012—2020 年平均 GDP 来划分,排前 10 名的定为发达地区,有广东、江苏、山东、河南、四川、福建、上海、北京、安徽、辽宁,后 10 名为欠发达地区,有陕西、江西、广西、内蒙古、山西、云南、天津、吉林、新疆、甘肃。

(1) 发达地区。将自变量智力资本投资(LnIC)、固定资本投资(LnFC)引入模型,将 LnGDP 作为因变量进行回归分析,结果见表 5 – 30,可得回归方程 lnGDP = 1.319 + 0.7771lnIC + 0.228lnFC,通过拟合优度检验,R^2 为 0.915,拟合度非常好,被解释变量可以用多元线性回归方程中的解释变量来解释。LnIC、LnFC 两个解释变量的 P 值均为 0.000,均小于 0.01,F 值高达 469.110,DW 值为 2.068,说明 LnIC、LnFC 能较强地解释被解释变量经济增长(LnGDP),不存在自相关。

表 5 – 30 发达地区智力资本投资、固定资本投资和 GDP 的面板协整

Variable	Coefficient	Std. Error	t – Statistic	Prob.
LnA	1.319	0.305	4.327	0.000
LnIC	0.777	0.040	19.563	0.000
LnFC	0.228	0.025	9.205	0.000
R – squared	0.915		Mean dependent var	10.5655
Adjusted R – squared	0.913			
Durbin – Watson stat	2.068		F – statistic	469.110

根据模型分析的结果，可以得出以下结论：柯布—道格拉斯生产函数通过了显著水平等于 0.05 的检验和 F 检验，说明可信度较强。参数 α = 0.777，β = 0.228，即智力资本投资、固定资本投资的产出弹性分别为 0.777 和 0.228，这说明智力资本投资和固定资本投资每增长 1 个百分点，可促进中 GDP 分别上升 0.777 个和 0.228 个百分点。可以看出，发达地区智力资本投资产出弹性远大于固定资本投资产出弹性，说明发达地区 GDP 的增长主要是智力资本投资驱动。

（2）欠发达地区。将自变量智力资本投资（LnIC）、固定资本投资（LnFC）引入模型，将 LnGDP 作为因变量进行回归，结果见表 5-31，可得回归方程 LnGDP = 2.383 + 0.557LnIC + 0.285LnFC，通过拟合优度检验，R^2 为 0.674，拟合度较好，被解释变量可以用多元线性回归方程中的解释变量来解释。LnIC、LnFC 两个解释变量的 P 值均为 0.000，均小于 0.01，F 值 89.998，DW 值为 1.671，说明 LnIC、LnFC 能较强地解释被解释变量经济增长（LnGDP），不存在自相关。

表 5-31　发达地区智力资本投资、固定资本投资和 GDP 的面板协整

Variable	Coefficient	Std. Error	t – Statistic	Prob.
LnA	2.383	0.537	4.435	0.000
LnIC	0.557	0.090	6.157	0.000
LnFC	0.285	0.072	3.934	0.000
R – squared	0.674		Mean dependent var	9.5870
Adjusted R – squared	0.667			
Durbin – Watson stat	1.671		F – statistic	89.998

根据模型分析的结果，可以得出以下结论：柯布—道格拉斯生产函数通过了显著水平等于 0.05 的检验和 F 检验，说明可信度较强。参数 α = 0.557，β = 0.285，即智力资本投资、固定资本投资的产出弹性分别为 0.557 和 0.285，这说明智力资本投资和固定资本投资每增长 1 个百分点，可促进中 GDP 分别上升 0.557 个和 0.285 个百分点。可以看出：

（1）欠发达地区智力资本投资产出弹性也大于固定资本投资产出弹

性,说明欠发达地区 GDP 的增长主要是由智力资本投资驱动。

(2) 欠发达地区智力资本投资产出弹性 0.557 小于 20 省份智力资本投资产出弹性 0.869,也小于发达地区智力资本投资产出弹性 0.777,这也可以反映出智力资本投资对于经济欠发达省份经济增长的促进力度要低于全国平均水平以及发达省份平均水平。

(3) 欠发达地区固定资本投资产出弹性 0.285,大于 20 省份智力资本投资产出弹性 0.215,也大于经济发达省份固定资本投资产出弹性 0.228,说明固定资本投资对于经济欠发达省份的作用要明显大于经济发达省份,反之,也可以解释为固定资本投资在经济欠发达省份对 GDP 的增长更能够发挥积极作用,智力资本投资在经济发达地区对 GDP 的增长更能够发挥积极作用。

5.5.3.4 按年份递减的时间序列协整分析

从表 5-10、表 5-32、表 5-33、表 5-34 中面板数据的协整分析结果看到,2012—2020 年智力资本投资的产出弹性系数为 0.869,2014—2020 年智力资本投资的产出弹性系数为 0.924,2016—2020 年智力资本投资的产出弹性系数为 0.947,2018—2020 年智力资本投资的产出弹性系数为 0.997,智力资本投资的产出弹性系数呈逐渐增加的趋势,2018—2020 年,智力资本投资对经济增长的贡献更是达到 99.7%,所以,随着时间的推移,智力资本投资的作用也越来越显著。

表 5-32　　2014—2020 年 20 省份的面板数据协整结果

Variable	Coefficient	Std. Error	t-Statistic	Prob.
LnA	0.452	0.271	1.669	0.097
LnIC	0.924	0.039	23.795	0.000
LnFC	0.178	0.033	5.405	0.000
R-squared	0.908		Mean dependent var	10.1445
Adjusted R-squared	0.907		F-statistic	678.929
Durbin-Watson stat	1.654			

表 5-33　2016—2020 年 20 省份的面板数据协整结果

Variable	Coefficient	Std. Error	t-Statistic	Prob.
LnA	0.460	0.344	1.336	0.185
LnIC	0.947	0.051	18.506	0.000
LnFC	0.155	0.040	3.855	0.000
R-squared	0.895		Mean dependent var	10.2093
Adjusted R-squared	0.892		F-statistic	411.902
Durbin-Watson stat	1.715			

表 5-34　2018—2020 年 20 省份的面板数据协整结果

Variable	Coefficient	Std. Error	t-Statistic	Prob.
LnA	0.603	0.374	1.612	0.113
LnIC	0.997	0.059	16.865	0.000
LnFC	0.094	0.045	2.093	0.041
R-squared	0.923		Mean dependent var	10.2800
Adjusted R-squared	0.920		F-statistic	341.392
Durbin-Watson stat	1.649			

5.6　分析结论

本章基于柯布—道格拉斯生产函数的形式分析了智力资本投资和固定资本投资对我国经济增长的推动作用。首先，基于资本投资视角建立智力资本投资指标体系，测度估计了 2012—2020 年，我国北京、天津、山西、内蒙古、辽宁、吉林、上海、江苏、安徽、福建、江西、山东、河南、广东、广西、四川、云南、陕西、甘肃、新疆等 20 省份的智力投资量；其次，运用 OLS 回归方法、协整分析和面板数据的协整分析，分析了我国 20 省份的智力资本投资、固定资本投资对经济增长的促进作用。

分析表明：

（1）2012—2020年我国智力资本投资、固定资本投资和GDP稳步上升，从全国数据来看，智力资本投资额占固定资本投资额的30%左右，20省份智力资本投资额也呈现逐年上升趋势，但区域间存在不均衡性，排在前三位的是广东、山东、江苏，智力资本投资占固定资本投资比重也不均衡，名列前茅的有上海、北京、广东、辽宁。

（2）由2012—2020年20省份面板数据分析得，智力资本投资、固定资本投资的产出弹性分别为0.869和0.215，智力资本投资在中国经济总量GDP的增长中占据着非常重要的地位，即中国经济增长已经由固定资本投资驱动经济发展转变为智力资本投资驱动的高质量发展。

（3）东、中、西部地区智力资本对经济增长的贡献程度不同，东、中部地区省份智力资本投资产出弹性系数大于固定资本投资产出弹性系数，在经济发展中起主要作用，而西部地区恰恰相反，说明西部地区的经济发展仍然较多地依赖于固定资本投资。

（4）发达地区智力资本投资产出弹性（0.777）明显高于欠发达省份智力资本投资产出弹性（0.557），可以说越是经济发达的地区，智力资本投资力度（智力资本投资占GDP的比重）越高，智力资本投资的产出弹性系数往往越大；欠发达地区固定资本投资产出弹性（0.285），大于经济发达地区固定资本投资产出弹性（0.228），说明固定资本投资对于经济欠发达省份的作用要明显大于经济发达省份。

（5）从我国20省份的时间序列递减的面板数据协整结果看，2012—2020年智力资本投资和固定资本投资的产出弹性系数分别为0.869，0.215；2014—2020年的智力资本投资的产出弹性系数为0.924，固定资本投资的产出弹性系数为0.178；2016—2020年，智力资本和固定资本的投资产出弹性系数分别为0.947，0.155；2018—2020年分别为0.997，0.094。智力资本投资的产出弹性逐年增加，固定资本投资产出弹性逐年减小，智力资本对经济增长的促进作用越来越大。

6 区域智力资本与区域创新发展相关性研究

区域智力资本投资对拉动经济发展有明显的促进作用,那么区域智力资本投资是否能够带来区域创新的发展呢?本章我们将从国家财政智力资本投资、居民智力资本投资、集体(企业)组织智力资本投资三个层面探讨智力资本投资对区域创新发展的影响。智力资本投资从资金投入角度考虑,区域创新发展从创新产出及创新影响角度考虑,并选取影响区域创新发展的其他因素作为控制变量。理论模型如图6-1所示。

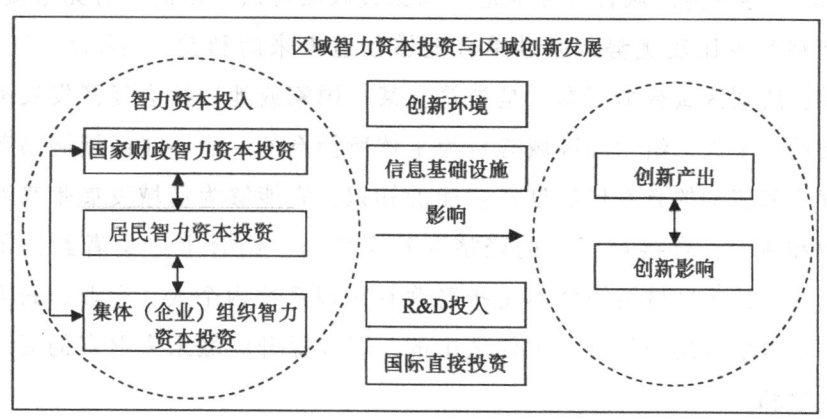

图6-1 理论模型

6.1 区域智力资本的内涵与构成

6.1.1 区域智力资本的内涵

随着智力资本理论的不断发展，加上人们对于区域经济研究的重视，智力资本理论逐渐被应用到区域经济层面，研究者发现可以运用智力资本理论来指导区域经济发展。Amidon 是最早将智力资本理论应用于宏观研究的学者，他较为系统地梳理了相关研究成果，对国家智力资本理论研究做出了突出贡献。在知识经济时代，研究区域智力资本相关理论可以对国家经济和区域经济的发展起到重要的指导作用，所以区域智力资本问题逐渐成为智力资本研究的一个热点问题。关于区域智力资本的定义，许多学者给出了自己的解释，但是含义差别不大。Andriessen (2005) 等认为区域智力资本是"国家或区域可以利用的所有无形资源，它能够产生比较优势，通过整合能够创造未来的利益"。陈武 (2010) 提出：所谓区域智力资本，是指符合某一国家或地区社会经济发展战略需要的，个人、组织和区域等行为主体所拥有的，能够在区域网络范围内存在和流动的具有价值创造功能的知识，它能够为区域发展带来新的动力和活力、直接和间接的经济和社会效益。结合上述学者给出的界定，本书认为区域智力资本是指隐藏在区域系统内个人、企业、研究机构、社区以及组织等行为主体之中的，可以提升区域未来财富的无形资产的总和。

6.1.2 区域智力资本的构成

国外学者将区域智力资本基本分为两个构成要素或三个构成要素，国内研究者将区域智力资本基本分为三个或四个构成要素,其中,陈武等将其划分为区域人力资本、区域结构资本、区域关系资本;王孝斌等将其划分为区域人力资本、区域结构资本、区域关系资本和区域创新资本。本书认为,从区域发展角度来考察,区域智力资本包括区域人力资本、区域结构资本、区域关系资本三个构成要素,而区域创新资本只能说是在人力资本和关系资本的共同作用下建立和发展的,更多地包含在区域人力资本里,或者渗透在区域结构资本和区域关系资本之中。

区域人力资本是区域内与人力资源相关的无形资产,是人们所具备的分析能力、集成能力、综合能力和创新能力,是每个人知识、技术、经验、优秀品质和能力的总和,是其他三大资本的支持和保证,也是价值实现和价值增值的重要基础。区域人力资本一般是以区域内个人、企业、各类中介组织、科研机构和地方政府为载体,体现区域内企业的设计能力、制造生产能力和创业水平等。除此之外,区域人力资本还应该反映该区域内居民生活水平,主要包括该区域内的医疗卫生和社会保障情况。也就是说,区域人力资本包含教育水平、医疗卫生和社会保障三个方面,其中教育是人力资本的基础。

区域结构资本是指那些为了提高个体或区域的效率,一国或一个地区创造、共享、传播知识的程序、活动及相关基础设施,指所有确保区域人力资本、区域关系资本发挥作用,保证区域经济安全、有序、高效运转的无形资产。这些无形资产嵌入区域创新网络,形成区域社会运行平台。可以说,区域结构资本是区域智力资本的基础设施,可以激励人才创造知识,发挥知识的增值作用,在很大程度上决定和影响着区域人力资本的水平和区域关系资本水平。

区域关系资本是指区域内部以及区域与外部联系的所有资源,在企业层面,关系资本也称为顾客资本或者市场资本,指的是企业同客户、供应商和合作伙伴的关系。上升到区域的层次后,区域关系资本则表示为同国内其他地区或世界各国的经贸往来,包括跨国界或跨区域的联系与连接、政府和金融机构的支持以及区域合作能力等。区域关系资本蕴涵于社会网络和社会文化之中,也深嵌于社会框架,通过信息流通、技术扩散、生产组织、市场规模效应、区域贸易等发挥效应。

国内外学者对区域智力资本构成的研究情况如表 6-1 所示。

表 6-1　　　　　　　　　区域智力资本构成汇总

作者	年份	人力资本	结构资本	关系资本	创新资本	组织资本	客户资本	市场资本	过程资本	管理资本
Brooking	1996	✓	✓					✓		
Bontis	1996	✓	✓			✓				
Roos	1997	✓	✓				✓			
Edvisson	1997	✓	✓							
Dzinkowski	2000			✓						
潘忻	2003	✓		✓	✓				✓	
赵静杰	2005	✓			✓			✓		✓
陈钰芬	2006	✓	✓	✓						
刘晓宁	2006	✓	✓	✓					✓	
李平	2007	✓	✓	✓						
王晓鸿	2012	✓	✓	✓						
薛龙	2015	✓	✓	✓						
王彦淇	2017	✓	✓	✓	✓					
刘超	2020	✓	✓	✓						
出现频次		14	11	10	6	1	1	2	2	1

6.1.3　区域智力资本的特征

区域智力资本与企业智力资本相比，研究对象不同，企业智力资本的研究对象是企业，而区域智力资本研究将研究层面转换到了区域。另外，区域智力资本和企业智力资本还有一个显著的区别，企业智力资本研究属于管理学范畴，而区域智力资本研究属于区域经济学的范畴。管理学虽然要兼顾社会的整体利益，但重点是为企业利益服务，以改善企业的经营业绩、增加股东回报率、提高企业的竞争力为目标，为企业决策提供依据。经济学更多注重的是社会整体的公平与效率，和管理学的重点不一样，经济学以节约成本、扩大产出、优化资源配置为目标,以提高社会公共福利为宗旨,可以为政府制定政策提供依据。

区域智力资本具有很多特征,除了具有智力资本共有的特征之外,如无形性、价值性、复杂性等,还具有一些其他的特征:

(1) 地域性。区域智力资本是以一定的地理空间的经济发展现象为研究对象的。不同区域之间的智力资本情况是具有可比性的,虽然不同区域的智力资本状况不一样,但是可以通过一些测量方法分析出区域智力资本各个方面的情况,这样就可以通过测量一个国家或地区的智力资本,考察国家或地区的比较优势,参照其他区域的情况来帮助政府制定政策方案,以指导国家或区域未来的经济发展,提升区域竞争力。

(2) 政策性。区域智力资本研究属于区域经济学的范畴,其经济学属性反映了它的政策性。区域智力资本研究通过分析国家或者区域的智力资本各个方面的情况,为政府决策提供指导和依据,通过政府的政策制定,可以进一步发展区域经济,提升区域竞争力。

(3) 多元性。区域智力资本的研究对象包括不同的社会经济主体,如个人、企业、政府部门、科研机构、大学、基础设施等,这些因素对区域竞争力都有重大影响。

(4) 创新性。智力资本的载体是知识,要提升一个区域的竞争力,人力资本作为其他资本的基础当然很重要,但更重要的是要实施区域的创新,也就是进一步提升区域的创新能力。创新的范围很广,包括知识创新、技术创新、制度创新、政策创新等。

综上所述,可以看到前些年大部分学者沿用智力资本的"H – S – C"范式,但是随着科技创新的发展,创新资本在智力资本中的地位也越来越重要。2003 年以后,专家学者大多将区域智力资本划分为区域人力资本、区域关系资本、区域结构资本和区域创新资本四大要素;2015 年以后,区域创新的研究成为热门,专家学者又开始将智力资本投资的人力资本、结构资本、关系资本单独拿出来与创新资本进行相关性等方面的研究。

基于前期学者的研究,本章沿用第 5 章的思路,在对区域智力资本与区域创新发展的相关性进行实证研究时,用智力资本投资额来度量智力资本，并从不同投资主体的角度，将智力资本投资划分为国家财政智力资本投资、集体（企业）智力资本投资以及居民智力资本投资。国家财政的智力资本投资主要从国家财政支出部分考虑与智力资本相关的要素，主要包括教育支出、科学技术支出、文化旅游体育与传媒支出、卫生健康支出、节能环保支出、资源勘探工业信息等支出。集体（企业）组织的智力资本投资主要从企业、社会团体、社会捐赠费用等方面考虑与智力资本相关的要素，主要包括民办学校中举办者投入、社会捐资经费、其他教育经费、研究与实验发展（R&D）经费、规模以上工业企业新产品开发支出、外国技术引进合同金额等。居民智力资本投资主要指公民个人对智力资本的投资，分为城镇居民和农村居民的居民智力资本投资，从医疗保健、交通通信、娱乐教育文化服务支出方面进行衡量。

6.2 区域创新发展相关理论与综合评价

6.2.1 区域创新发展的内涵

区域创新发展涉及经济、社会、科技等多个方面，其理论溯源也相应地来自经济学、系统学、创新学等多学科的集成。从区域创新发展理论产生的历程来看，其理论溯源主要集中于区域经济理论、创新经济学和创新系统论三个方面，其中区域经济理论阐述了区域创新体系诞生的最本质经济原理，为区域创新体系提供了研究的理论基础；而创新经济学通过对区域创新体系内涵与运行发展模式的研究，为区域创新体系提供了一些理论分析的框架；创新系统学以中观分析为主，微观、宏观分析相融通的研究范式，将区域创新体系引入系统研究范畴。

"创新"最早由熊彼特（1912）提出，他总结了创新具有的创造新产品、采用新生产方法、拓展新市场、控制上游供应、再造组织形态这5种基本形式。创新系统的研究经历了国家创新系统、区域创新系统、集群创新系统等发展阶段。Freeman（1995）提出了国家创新体系的概念，国家创新体系成为分析国家创新能力和绩效的主要理论评价体系。Jeffrey L. Furman，Michael E. Porter 和 Scott Stern（2002）在创新能力理论、国家竞争优势理论和国家创新体系理论的基础上对国家创新能力的概念进行了深入研究。Mei‑Chih Hu 和 John A. Mathews（2005）认为国家创新能力为国家持续创新活动提供了制度潜能，创新的持续性以及制度对创新能力形成起到重要作用。John A. Mathews 和 Mei‑Chih Hu（2007）又对 Porter 等人的概念进行了修正，认为衡量技术领先或技术落后国家的创新（能力）的标准应当不同。在国内，"十五计划"首次提出"建设国家创新体系"，在国家创新体系研究的基础之上对区域创新体系进行研究。1992 年，英国的 Cooke 教授最早提出区域创新系统的概念，将区域创新体系定义为"企业及其他机构经由以根植性为特征的制度环境系统地从事交互学习"。

目前，对于区域创新发展的概念还没有统一的定义，个别学者认为区域创新发展就是将区域无形知识资源转化为有形财富的能力，转化的前提是创新要素合理配置。陈武（2010）认为区域创新能力是区域创新系统的主体要素（大学和科研院所、企业、政府、中介机构）在充分利用现代信息与通信技术的基础上，运用政策、体制、法律的力量，动员与组织区域的创新资源，不断将知识、技术、信息、人才等要素纳入社会生产过程，协调与推动区域创新活动的能力。

1996 年，我国第一次将区域发展体系的定义写入国家发展计划，预示着中央政府开始将创新能力作为评价各行政地区经济发展潜力的标准，以国家为主体的创新理论开始成为领域分析和研究的重要基础。国内学者在区域创新发展评价方面的研究较多，中国科技战略发展小组发布的《中国区域创新能力评价报告》和科技部发布的《中国区域创新能力监测报告》所涵盖的评价指标是目前国内学术界学者构建区域创新能力评价指标体系的重要依据。

6.2.2 区域创新发展相关理论

1. 创新驱动发展理论

最早对创新驱动发展有比较完整理论表述的是美国学者迈克尔·波特，他在研究国家竞争的时候提出了四阶段理论，即国家经济发展经历要素驱动（factor-driven）、投资驱动（investment-driven）、创新驱动（innovation-driven）、财富驱动（wealth-driven）这 4 个发展阶段。所谓创新驱动指的是科技创新成为推动社会经济转型升级和持续增长的主要动力，与其他阶段相比，在创新驱动阶段，要素和投资均由科技创新来带动。创新一词包含的内容很广，既包括文化、制度、管理、教育的创新，也包括市场、技术、科技的创新，所有这些创新内容都是当前的经济发展必不可少的，而科技创新才是推动社会经济持续增长的基本点，其他方面的创新则都围绕着科技创新在该领域发挥作用，而且此处的科技创新也应该明确界定为与经济发展紧密结合的科技创新。

在 2015 年 3 月，中共中央国务院对外发布了《中共中央 国务院关于深化体制机制改革加快实施创新驱动发展战略的若干意见》，其中提出建立以市场需求为导向、科技人才为先、遵循社会发展规律的全面创新理念，把创新发展界定为"强化科技同经济对接、创新成果同产业对接、创新项目与现实生产力对接、研发人员创新劳动同其利益收入对接"，为制定更具体、更科学、更切合实际的创新驱动发展战略奠定了更加明确的方向。国内学者张利珍和秦志龙认为，从狭义的创新驱动概念来说，创新仅指科技创新，但是在广义的创新驱动概念层面，其却是一个内涵很丰富的概念，具有较强的系统性，主要包括教育、文化、科技、政策、管理、协同、能源等诸多领域的创新发展，是国家发展的新方向、新境界和新阶段。

在相当长的时间内，我国经济增长大都建立在自然能源的基础上，靠投资加大生产来实现，所提到的技术创新也只是日常生产过程中的经验、技术的改进和升级。但是，随着时代的发展和社会经济的整体提升，旧有增长方式和驱动动力就不足以提供进一步的动力，创新的着重点逐渐转移到知识和科技的创新上来，新知识和新科技在实际生产中的应用越发凸显，也将进而影响经济增长、环境建设、人才引进等相关政策的完善和转变。

2. 创新生态理论

创新生态系统是从自然生态系统理论中类比派生出的一套理论体系，指在一定的区域范围内以及在不同区域之间，由不同类型的企业和机构、不同层次的消费者和多样化的市场，以及相关因素所处的自然、社会和经济环境共同构成的社会发展系统，其中还包括多种形式的生产、服务、信息、交通、物流、技术研发，以及其他组织所构成的具有一定集成度、开放性的共生网络结构，能够给每个系统成员提供灵活的关系选择和生存条件。

一个完整的创新生态系统，应该包括产业关系链中的合作伙伴、竞争对手、政府、高校和科研机构、科技服务中介、各类金融机构等创新主体，以及这些机构之间的紧密联系和有效互动，其中包括参与创新的自然资源、劳动、知识、资本、技术等各种创新因素在各系统主体之间的流动和溢出。

一个健康的创新生态系统是企业之间的系统合作与竞争，从单纯的产品竞争和独立发展向平台竞争和互利共生转变，系统中的企业不再是单个封闭的、只讲究自身生存利益的组织，而是主动与系统内其他组织和机构组成整体，重视整体利益和系统内共生、互利共赢的经营理念，将自身命运与整个系统紧密联系在一起。

该理论系统的研究具有以下特点：第一，该系统强调管理政策、产业建设、大专院校、研究机构之间的深入合作，强调管理政策的市场介入程度，并试图建立广泛科技合作中的平衡点，在促进各方发展的基础上，都能实现收益最大化，还不至于使市场发展方向发生扭曲，并确保在一定的管理控制范围之内。第二，生态系统强调的是区域内产业结构的布局和融合，防止区域内的产业结构出现过度同质化或异质化竞争，避免各类资源的重复性利用或研究，造成资源浪费和整体收益率偏低，区域创业生态环境失衡。创新生态系统是一个具有高度开放性的行为主体，主要由创新主体和其所处的创新发展环境的相互作用形成，系统中的每个创新主体都基于共同的发展目标，通过共享和深入整合区域内的创新资源，构建促进科技与经济有效结合的通道和平台，在促进科技创新和社会发展的基础上，组建以"共赢"为目的的共生生存网络，利用各自所长互惠互利、共同成长，最终实现共创、共赢与共享。

3. 协同发展理论

协同发展，理论上是指协调两个或两个以上的不同资源或个体，相互协作共同完成某一个发展目标，进而达到共同发展的双赢效果①。所以，在协同发展理论指导下的社会竞争不是将优胜劣汰置对手于死地，而是在促进发挥各自特长的前提下，通过继续发挥优势或转型升级，以求得到双方的共同发展。由于理论中的"资源"和"个体"概念较为笼统，这一理论的包含面很广。目前，我国在协调发展理论的指导下已经探索出涵盖区域、经济、产业、物流、交通、教育及教学、产业集群、科技创新及知识产权、城镇化、农业农村现代化等社会发展的各种发展要素内部，以及这些要素之间的协同整合发展模式，可以说，在很大程度上扩展了社会发展的指导面，拓宽了经济发展渠道。

全国主体功能区规划，就是要根据不同区域的资源环境承载能力、现有开发密度和发展潜力，统筹谋划未来人口分布、经济布局、国土利用和城镇化格局，将国土空间划分为优化开发、重点开发、限制开发和禁止开发四类，确定主体功能定位，明确开发方向，控制开发强度，规范开发秩序，完善开发政策，逐步形成人口、经济、资源环境相协调的空间开发格局。

2011年6月8日，国务院办公厅印发《国务院关于印发全国主体功能区规划的通知》（国发〔2010〕46号），按开发方式将国土空间划分为优化开发区域、重点开发区域、限制开发区域和禁止开发区域。优化开发区域主要包括环渤海地区、长江三角洲地区、珠江三角洲地区三大区域。重点开发区域主要包括冀中南地区、太原城市群、呼包鄂榆地区、哈长地区、东陇海地区、江淮地区、海峡西岸经济区、中原经济区、长江中游地

---

① 智库百科网站，http://wiki.mbalib.com/wiki/协同发展。

区、北部湾地区、成渝地区、黔中地区、滇中地区、藏中南地区、关中—天水地区、兰州—西宁地区、宁夏沿黄经济区、天山北坡地区等 18 个区域。其中的长江三角洲地区作为我国经济发展最活跃、开放程度最高、创新能力最强的区域之一，在国家现代化建设大局和新发展格局中具有举足轻重的战略地位。该地区依据《长江三角洲区域一体化发展规划纲要》创新区域协同发展的体制机制，实现了高质量一体化发展。

此外，国家发展改革委 2016 年 8 月和 2019 年 2 月先后印发《关于贯彻落实区域发展战略 促进区域协调发展的指导意见》和《关于培育发展现代化都市圈的指导意见》，从中可以看出优先开发区域和重点开发区域领域内的协同发展已是大势所趋，明确指出要在优先开发区域加快城市群建设发展，着力解决区域发展不平衡、不协调问题。特别是后者强调以促进中心城市与周边城市（镇）同城化发展为方向，以创新体制机制为抓手，培育发展一批现代化都市圈，形成区域竞争新优势。

6.2.3 区域创新发展评价

6.2.3.1 指标体系的设计原则

本书在区域创新发展评价指标体系的构建中，以系统论为指导思想，利用系统分析方法做方法指导，综合考虑选择评价指标并建立相应评价体系，力求在数据分析的基础上能够较为完整地分析区域创新发展水平，为智力资本投资与之相关性研究分析打好基础。评价指标构建时遵循以下选择原则：

整体性原则：按照系统整体性的要求，所选取的各个指标既能够相互独立，又能够成为一个评价整体，在相互配合和影响中较为全面、科学、准确地描述和反映区域创新发展的特征。

可行性原则：在所能找到的公开性的信息数据基础上，或能够利用已有数据通过相关计算得到的可信性较好的信息，并将此数据信息作为指标，计算方法可行，数据可信，相互独立，指导性高，概括性强。

动态性原则：创新发展评价指标体系要具备动态性，一方面要选取能反映其内在规律的指标，另一方面应选取若干年度的数据，而不是仅使用一个年度的数据。

独立性原则：在对区域创新发展评价有较好现实指导意义的基础上，各个选取的指标之间应该做到相互独立，并且不重复、不冗余、不遗漏。

评价和描述相结合原则：指标评价是对区域创新发展的整体运行情况的总结，其发展指数能够作为区域创新发展的指标。

6.2.3.2 评价指标体系的构建

关于评价和促进创新，国外有关研究机构和政府推出了一些关于创新评价的指标体系，其中美国的国家创新能力指数、经济合作与发展组织（OECD）的"科学、技术和产业计分表"、欧盟的创新记分牌等被较多引用。我国的学者也积极进行研究，构建了不同的创新能力评价指标体系，其中包括中国区域创新能力评价指标体系、深圳自主创新城市评价指标体系，以及中关村指数、杭州创新指数等。但是，国内外学者尚未形成一套较为系统和完善的"创新驱动，转型发展"评价指标体系。关于创新驱动发展指标体系，一些国内学者进行了研究。学者甄峰等从区域综合条件、教育资源和科技资源等角度出发构建评价指标体系，采用因子分析法对沿海10个省市进行创新能力的评估。上海财经大学课题组，徐国祥（2014）从创新驱动、转型发展和民生改善3个方面构建了上海"创新驱动，转型发展"评价指标体系。徐本华（2015）从创新驱动、创新环境、转型发展、创新成效4个方面构建了河南省"创新驱动，转型发展"评价指标体系。单东方，田英楠（2016）从知识创新能力、企业创新能力、重点产业创新能力、创新环境4个方面构建了山西省创新驱动指标体系。杜霞（2016）和王文寅，梁晓霞（2016）从创新人员投入能力、经费投入能力、活动能力、产出能力和外部环境5个方面建立了区域创新能力评价指标体系。靳思昌（2016）从创新资源投入、研究开发活动、研究开发成果的转化、驱动经济社会发展4个维度设计创新驱动转型发展评价指标体系。李冻菊等利用TOPSIS法在郑州市2010—2015年年度数据的基础上进行区域创新能力的综合评价；李兴光等对京津冀地区的创新能力分析主要从动态的角度考虑，从知识创造能力、知识获取能力、企业创新能力、创新环境、创新绩效等 5 个维度进行动态趋势分析并构建区域能力创新评价体系。

本书将国内学者研究的创新驱动发展指标进行了部分汇总，如表 6-2 所示。

表 6-2　　　　　　　　创新驱动转型发展指标体系汇总

名称	准则层	基础指标
中国创新指数	创新环境	经济活动人口中大专及以上学历人数、信息化指数、享受加计扣除减免税企业占比、人均 GDP、科技拨款占财政拨款的比重
	创新投入	每万人 R&D 人员全时当量、基础研究人员人均经费、R&D 经费占主营业务收入的比重、开展产学研合作的企业所占比重、R&D 经费占 GDP 比重、有研发机构的企业所占比重
	创新产出	每万人科技论文数、发明专利授权数占专利授权数的比重、每万名科技活动人员技术市场成交额、每万名 R&D 人员专利授权数、每百家企业商标拥有量
	创新成效	新产品销售收入占主营业务收入的比重、单位 GDP 能耗、劳动生产率、科技进步贡献率、高技术产品出口额占货物出口额的比重
创新驱动发展评价指标体系（吴海建，2015）	创新基础	创新人才、创新经费、创新平台
	创新支撑	人文环境、交流环境、生活环境
	创新成果	论文著作、专利标准
	创新驱动	创业孵化、科技引导、技术市场
	创新绩效	经济发展、结构优化、持续发展
上海"创新驱动，转型发展"评价指标体系（上海财经大学课题组，2014）	创新驱动	高新技术产业人均贡献、研发经费支出占地区生产总值的比重、高新技术产品产值占工业总产值的比重、每百万人发明专利授权量技术市场成交合同额、人均受教育年限
	转型发展	居民消费占地区生产总值的比重、环境质量指数、第三产业增加值占地区生产总值的比重、三次产业间发展速度协调度、万元地区生产总值标准煤耗
	改善民生	人类发展指数、城镇失业登记率、人均基本公共服务支出、城镇人口占总人口比重、城乡居民生活质量协调度、社会安全指数、基本社会保障覆盖面

续表

名称	准则层	基础指标
创新驱动发展评价指标体系（吴优等，2014）	创新投入	经费、人才、创新主体
	创新产出	知识产权、创新产品
	创新影响	民生、环境、产业
河南创新驱动转型发展评价指标体系（徐本华，2015）	创新驱动	科学与工程专业大学生比例、人均 R&D 人员数、人均受教育年限、人均科技论文数、人均三方专利拥有量
	创新环境	企业 R&D 支出占 GDP 比例、公共 R&D 支出（政府和高校）占 GDP 比例、人均基本公共服务支出、科技中介企业总产值增长率、金融机构贷款占科技经费比重、实际利用外资额
	转型发展	第三产业增加值占地区生产总值比重、每平方公里产出、金融业增加值占全国金融业增加值比重、文化产业增加值占地区生产总值比重、商品销售总额占全国销售总额比重等
	创新成效	社会劳动生产率、高科技产品产值占工业总值比重、环境质量指数、高新技术项目转化率、居民消费占地区生产总值比重、高新技术产业产值
创新驱动转型发展水平（陈烨，2018）	创新驱动类	每万人 R&D 人员全时当量、普通高等学校 R&D 人员数、公有经济企事业单位专业技术人员数、研发机构数量
	转型发展类	高技术产品出口额占货物出口额的比重、地区生产总值增长率、人均 GDP
	创新产出类	每万人专利授权量、企业商标有效注册量、规模以上工业企业新产品销售收入占主营业务收入比重
	创新影响类	城镇居民人均可支配收入、工业固体废弃物综合利用率、建成区绿化覆盖率
皖北地区区域创新能力评价体系（周风等，2021）	创新投入	R&D 人员折合全时当量、科技活动人员数、R&D 人员较上年增长、每万就业人口中从事 R&D 活动人员、R&D 经费数值、R&D 经费较上年增长、R&D 占 GDP 比重数值、规模以上工业企业 R&D 经费投入
	创新环境	专利申请量、高新技术企业数、申请 PCT 国际专利量、规模以上工业企业中有研发机构企业数、科研院所数、省级以上研发平台、高等院校数、生产力促进中心数、科技企业孵化器、吸纳技术合同数、吸纳技术成交额、输出技术合同数、输出技术成交额
	创新产出	专利授权量、发明专利授权量、万人发明专利拥有量、高新技术企业数与规模以上工业企业占比、新产品销售收入、区域内 GDP 增长率、第三产业占比、高新技术产值

可以看出，学者对区域创新发展评价指标具有比较统一的观点，本书按照设定的评价体系设计原则，参考前人建立评价指标体系的指标，并考虑本部分的研究目标及数据的可获得性，从创新产出及创新影响的角度来评价区域创新发展，建立评价指标体系如图 6-2 所示。

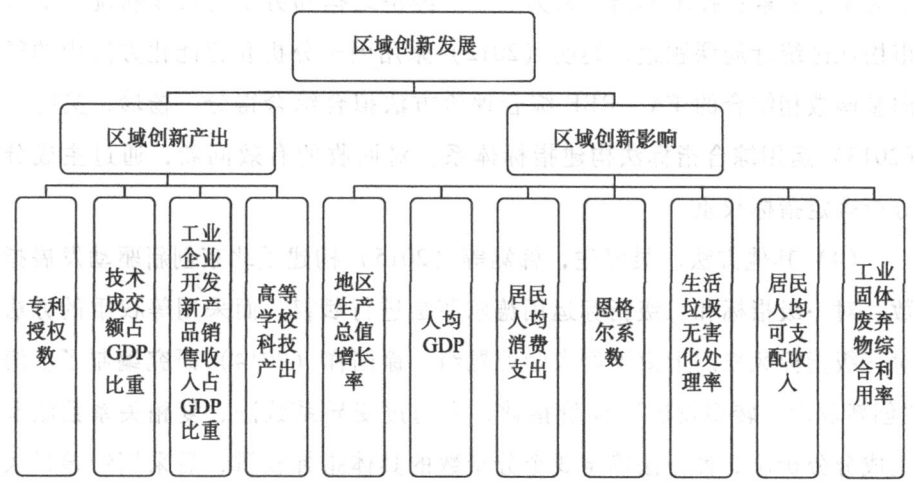

图 6-2 区域创新发展评价指标体系

6.2.3.3 评价方法

权重的确定方法目前大致可以分为两类：主观赋权法和客观赋权法。主观赋权法主要是通过定性的方法得到权重，包括层次分析法、指数加权法、模糊评价法、德尔菲法、综合评分法、功效系数法等。客观赋权法确定权重主要通过定量的分析计算，包括熵值法、神经网络分析法、灰色关联分析、变异系数法、数据包络分析等。

（1）层次分析法。李玲玲，张耀辉（2011）采用了层次分析法，指标权重的确定是先进行专家打分，再综合调整赋值。李林峰（2014）选择层次分析方法和主成分分析法确定权重，二级指标和三级指标的权重确定分别运用层次分析法、主成分分析法。

（2）熵值法。吴优，李文江等（2014）对深圳、北京、上海、广州 4 个城市 2012 年评价指标数据进行分析，利用熵值法计算得出各级分项指标最终得分。杜霞（2016）依照指标体系中的各个评价指标，应用熵权值法，综合分析了河南省创新驱动转型发展情况，以及河南省各地市的区域创新能力情况。

（3）主成分分析法。Hugo Pinto 等（2010）对欧盟 175 个地区的区域创新体系情况进行研究分析，通过因子分析法将区域创新评价指标综合归纳为 4 个要素：技术创新、人力资本、经济结构和劳动力市场状况。上海市松江区统计局课题组，姚明（2012）采用因子分析和智能化方法中的径向基函数相结合的 FA – RBF 综合评价方法拟合综合得分。杨珍，吴晓云（2013）运用综合指标法构建指标体系，对回收的有效问卷，通过主成分分析确定指标权重。

（4）其他方法。吴海建，韩嵩等（2015）构建了北京创新驱动发展指数，对一级指标和二级指标运用德尔菲法进行赋权，而采用等权重的方法对三级指标赋权。上海财经大学课题组，徐国祥（2014）研究编制了上海"创新驱动，转型发展"评价指数，先通过变异系数法、复相关系数法和主成分分析法 3 种方法确定 3 个分指数的具体指标权重，后采用级差最大化组合评价模型综合 3 种方法得到评价总指数。

熵值法是一种客观赋权的方法，因其客观性，近年来被广泛应用于高质量发展评价研究中。下面我们运用此方法对 2012—2020 年我国 20 省市区域创新发展评价指标面板数据进行测算并获得发展指数。具体步骤如下：

步骤 1，对原始数据进行整理，设有 m 个评价对象，n 个评价指标，形成如下原始数据矩阵：

$$X = \begin{bmatrix} x_{11} & x_{12} & \cdots & x_{1n} \\ x_{21} & x_{22} & \cdots & x_{2n} \\ \vdots & \vdots & & \vdots \\ x_{m1} & x_{m2} & \cdots & x_{mn} \end{bmatrix} = (X_1\ X_2 \cdots X_n) \quad (1)$$

式中：$x_{ij}(i = 1,2,\cdots,m;j = 1,2,\cdots,n)$ 表示第 i 个评价指标在第 j 项指标中的数值，并采用极值法对原始数据进行标准化处理。

步骤 2，坐标平移和比重矩阵：

为避免标准化处理后的数据出现为 0 或负数的情况，根据实际情况将矩阵进行平移 k，得到 $y'_{ij} = x'_{ij} + k$，求 y'_{ij} 占该指标的比重，得到比重矩阵 $Y = (y_{ij})_{m \times n}$

$$y_{ij} = \frac{y'_{ij}}{\sum_{i=1}^{m} y'_{ij}} \tag{2}$$

式中：$k = 0.0001$

步骤 3，计算第 j 项指标的信息熵 e_j：

$$e_j = -K \sum_{i=1}^{m} y_{ij} \ln y_{ij} \tag{3}$$

式中：$K = \frac{1}{\ln m}$，为非负常数，且 $0 \leq e_j \leq 1$

步骤 4，计算第 j 项指标的差异系数 d_j：

$$d_j = 1 - e_j \tag{4}$$

步骤 5，计算第 j 项指标的权重 w_j：

$$w_j = \frac{d_j}{\sum_{j=1}^{n} d_j} \tag{5}$$

步骤 6，计算第 i 个评价对象的区域创新发展指数 U_i：

$$U_i = \sum_{i=1}^{m} y'_{ij} \times w_j \tag{6}$$

6.2.3.4 数据来源

本部分研究所需数据来源于 2012—2021 年《中国统计年鉴》《中国科技统计年鉴》以及各省、自治区统计年鉴，对个别无法获得的数据，本书以趋势拓展法获得。首先，根据研究要求以时间序列为标准，整理了 2012—2020 年 20 省市的区域创新发展指标数据，评价对象为 20 省市，即 m = 20，指标数为 n = 11，得到每个时点各省市的创新发展指数，并分析了各地区的创新发展水平。其次，对数据重新整理，以区域为标准，获得 20 省市 2012—2020 年的创新发展衍变数据，评价对象为 9 个年度，即 m = 9，指标数 n = 11，得到 20 省区区域创新发展时间衍变指数。

6.2.4 评价结果

6.2.4.1 区域创新发展水平评价

由表 6-3 可知，各地区创新发展水平存在差异，通过对 9 年数据均值进行排序，得到创新发展指数较高的省市分别为北京、上海、江苏，发展指数居于 0.6—0.8 之间，排在第二梯队的有天津、广东、山东、安徽、福建，发展指数居于 0.4—0.6 之间，其余省市位列第三梯队，发展指数居于 0.18—0.4 之间，其中新疆、甘肃创新发展指数明显偏低。

表 6-3　　2012—2020 年我国 20 省份区域创新发展指数

年份 地区	2020	2019	2018	2017	2016	2015	2014	2013	2012	均值
北京	0.7065	0.8083	0.7490	0.7963	0.8514	0.7882	0.8334	0.7757	0.7191	0.7809
天津	0.4802	0.5194	0.4602	0.5172	0.6030	0.5983	0.6235	0.6326	0.6667	0.5668
山西	0.2854	0.2276	0.3386	0.3119	0.2906	0.2495	0.2435	0.2671	0.3001	0.2794
内蒙古	0.2243	0.2834	0.2432	0.2396	0.3228	0.2819	0.3282	0.2992	0.3529	0.2862
辽宁	0.2541	0.3697	0.3232	0.3653	0.2946	0.3178	0.3627	0.3727	0.3375	0.3331
吉林	0.3580	0.2247	0.1621	0.2221	0.3369	0.2924	0.2784	0.3142	0.3144	0.2781
上海	0.6872	0.7546	0.6934	0.7444	0.7928	0.7703	0.7828	0.6832	0.6479	0.7285
江苏	0.6723	0.6602	0.6158	0.6717	0.7244	0.7456	0.7353	0.7048	0.6952	0.6917
安徽	0.4223	0.4308	0.3565	0.4242	0.4441	0.4173	0.4224	0.3915	0.3989	0.4120
福建	0.3888	0.4177	0.3208	0.3818	0.4147	0.4400	0.4502	0.4140	0.4194	0.4053
江西	0.3289	0.3461	0.2353	0.2747	0.2871	0.2959	0.2930	0.2556	0.2315	0.2831
山东	0.4717	0.4546	0.4162	0.4765	0.5168	0.5281	0.5298	0.5239	0.5224	0.4933
河南	0.3245	0.3676	0.3239	0.3823	0.4028	0.3999	0.3935	0.3516	0.3491	0.3661
广东	0.5925	0.6197	0.5556	0.6011	0.6269	0.5951	0.5474	0.4979	0.4617	0.5665
广西	0.2581	0.2673	0.2111	0.2407	0.2948	0.2999	0.2708	0.2899	0.2903	0.2692
四川	0.3049	0.3128	0.2362	0.2983	0.3075	0.2979	0.2884	0.2588	0.2714	0.2862
云南	0.2943	0.2841	0.1727	0.2116	0.2389	0.2323	0.2397	0.2332	0.2146	0.2357
陕西	0.3293	0.3655	0.2895	0.3486	0.4197	0.3477	0.4003	0.3820	0.3985	0.3646
甘肃	0.2425	0.2524	0.1771	0.2173	0.1604	0.0948	0.1697	0.1661	0.1788	0.1843
新疆	0.0878	0.2314	0.1202	0.2311	0.2035	0.1695	0.2561	0.2544	0.2401	0.1993

6.2.4.2 时间衍变评价

以年度为标志测度 20 个省份 2012—2020 年区域创新发展情况，只能观测各省区创新相对发展水平、分析区域发展差异，不能够评价其时间衍变规律。为总体考察我国 20 省份 9 年间创新发展水平的变化，本部分参照熵值法应用领域专家学者的处理方式，以区域为标志，分别测度各省份 2012—2020 年发展情况，得出 20 省份域创新发展时间衍变指数（见表 6 - 4）。

表 6 - 4　　　　　20 省份域创新发展时间衍变指数（1）

地区 年份	北京	天津	山西	内蒙古	辽宁	吉林	上海	江苏	安徽	福建
2012	0.279	0.361	0.193	0.255	0.269	0.257	0.216	0.168	0.077	0.287
2013	0.401	0.440	0.330	0.345	0.417	0.367	0.317	0.352	0.256	0.367
2014	0.516	0.478	0.326	0.427	0.417	0.390	0.487	0.423	0.319	0.339
2015	0.430	0.484	0.374	0.484	0.443	0.492	0.450	0.479	0.400	0.392
2016	0.610	0.552	0.422	0.553	0.491	0.621	0.556	0.512	0.451	0.418
2017	0.654	0.523	0.539	0.516	0.655	0.591	0.558	0.592	0.602	0.522
2018	0.698	0.648	0.633	0.655	0.792	0.651	0.641	0.633	0.687	0.632
2019	0.824	0.621	0.670	0.632	0.813	0.659	0.764	0.666	0.771	0.797
2020	0.688	0.780	0.682	0.715	0.880	0.780	0.703	0.798	0.798	0.747

20 省份域创新发展时间衍变指数（2）

地区 年份	江西	山东	河南	广东	广西	四川	云南	陕西	甘肃	新疆	平均
2012	0.219	0.309	0.25	0.158	0.344	0.211	0.28	0.211	0.319	0.218	0.244
2013	0.331	0.448	0.361	0.263	0.422	0.314	0.343	0.345	0.447	0.357	0.361
2014	0.351	0.486	0.412	0.305	0.269	0.343	0.372	0.371	0.453	0.468	0.398
2015	0.344	0.507	0.535	0.432	0.426	0.442	0.417	0.403	0.436	0.504	0.444
2016	0.44	0.541	0.582	0.57	0.525	0.46	0.519	0.568	0.537	0.496	0.521
2017	0.503	0.612	0.645	0.629	0.506	0.598	0.518	0.591	0.564	0.587	0.575
2018	0.647	0.633	0.763	0.718	0.638	0.68	0.67	0.705	0.66	0.609	0.67
2019	0.823	0.6	0.756	0.817	0.648	0.761	0.734	0.785	0.697	0.685	0.726
2020	0.83	0.808	0.84	0.786	0.79	0.811	0.752	0.833	0.813	0.608	0.772

从平均值来看，2012—2020 年，我国 20 省份创新发展指数由 0.2440 上升到了 0.7720，发展水平显著提升，并呈现逐年上升发展的良好态势（见图 6-3）。

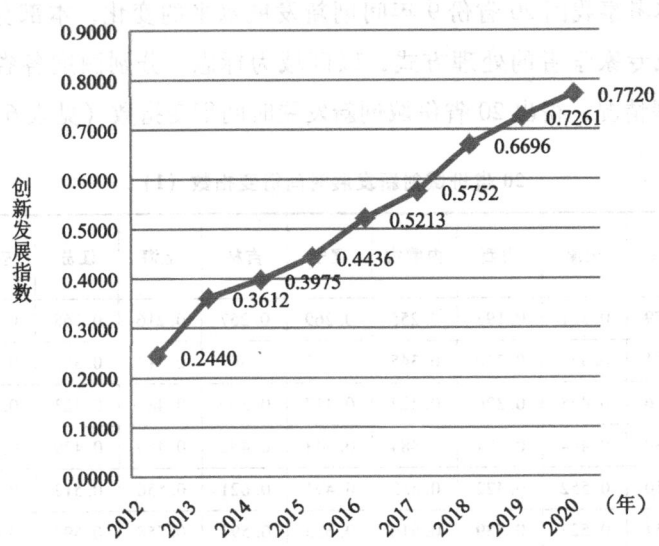

图 6-3　我国 20 省份 2012—2020 年创新发展指数时间衍变整体规律

从各省市发展情况来，9 年间所有城市区域创新发展水平均呈现上升趋势（见图 6-4），个别省份会在某一年出现短暂回落，例如广西 2014 年较 2013 年创新发展指数有所降低，但 2015 年上升反超 2014 年；2020 年北京、新疆的发展指数为 0.6878、0.6078，较 2019 年的 0.8238、0.6850 有较大幅度下降，分析原因可能与 2020 年新冠肺炎疫情影响了创新发展有一定关系。

通过以上研究发现，本书研究选取的 20 省份创新发展势态良好，但呈现区域发展不平衡性，对区域经济高质量发展也产生一定影响，那么区域智力资本投资对其影响关系如何，其中国家财政投资、集体组织投资、公民个人投资分别对区域创新发展的影响贡献如何？接下来我们将研究区域智力资本投资和区域创新发展的相关性。

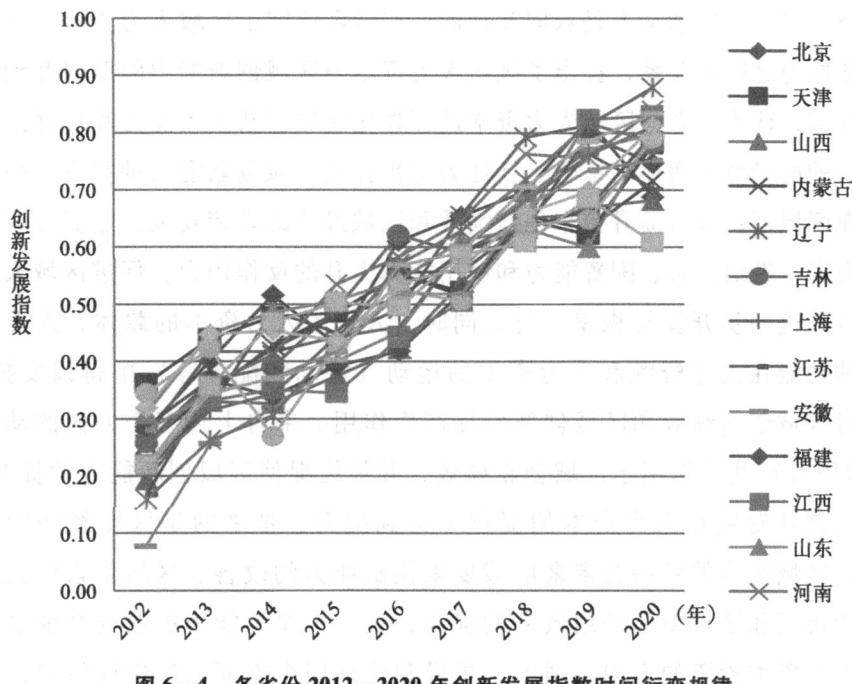

图 6-4　各省份 2012—2020 年创新发展指数时间衍变规律

6.3　区域智力资本和区域创新发展的关系

6.3.1　区域人力资本与区域创新发展的关系

任何国家和区域的发展都离不开区域人力资本的支撑和区域创新发展能力的提高。区域人力资本的积累是提升区域创新发展能力的基础，区域创新能力如果没有坚实的人力资本做基础，便成为无源之水、无本之木。区域创新主体主要包括区域内的企业、大学和科研院所等，区域创新发展能力实际上就是区域创新主体创新能力的集成，区域人力资本存量和素质高低直接影响区域创新主体的创新绩效。因此可以说区域人力资本与区域创新发展在一定意义上是双向互动的。有学者研究了区域人力资本与区域创新能力之间的关系，提出了区域人力资本与区域创新能力的双向互动关系模型，认为一方面区域人力资本通过强化区域创新投入能力和增强人力资本的配置效率而提高综合创新能力等来促进区域创新能力的提升，另一方面区域创新能力提升带来创新绩效和区域经济的繁荣发展，进而形成对人力资本吸纳能力、配置能力和利用能力提升的反作用力，促进区域人力资本的进一步开发与积累。与此同时，人作为人力资本的载体，人力资本的功能在人才资源和人力资本的运动（流动和配置等）中得以发挥，并对区域创新绩效和区域创新发展产生作用。来自上述三个方面的动力（作用力）共同作用于区域创新绩效，并最终促使区域创新能力的提升。区域创新发展在人力资本的促进下得到提升，带来的是区域经济的发展，区域经济的发展会带来区域要素供给能力的改善、区域要素配置效率的提高和区域要素利用效率的提高，这三个要素能力的改变会使区域在人力资本投资的方向、强度、质量和管理四个方面做适应区域经济发展的调整，也会使区域根据区域经济发展状况调整人力资本在区域、产业、行业、企业内的配置，以及根据区域经济发展水平改善区域人力资本利用的深度、广度，并提高人力资本利用效率，扩大人力资本的利用效益。这种根据区域创新发展能力提升带来的区域经济发展水平所做的区域人力资本的适应性调整就是区域创新发展能力对区域人力资本的反作用。

有学者依据理论假设，构建区域人力资本的评价指标体系，采用1999—2009年的《云南统计年鉴》数据，针对区域的特殊性，运用因子分析法分别评估区域人力资本的构成和区域创新能力各要素的贡献度，进而建立模型分析两者的相关性。通过对云南省的人力资本与创新能力样本的研究发现：其一，人力资源存量与创新能力呈正相关关系。其二，人力资源结构与区域创新能力正向相关，合理的人力资源结构能够提高区域创新能力的水平。其三，区域人力资本的受教育水平越高，对区域创新能力的影响越大。其四，培训机构为区域人力资本提供快速的、专业的技能培训，满足专业性人才需求。其五，医疗卫生和社会保障为区域人力资源提供基本生活保障，有利于吸引、留住人才，为区域创新能力储备大量的人才。由此可以得出结论，区域人力资本存量多少与素质高低决定区域创新能力的高低和持续性。

6.3.2 区域关系资本与区域创新发展的关系

一般来讲，区域关系资本对区域创新发展的促进作用主要体现在三个方面：首先，关系资本的存在使区域创新系统中的技术创新主体生存在一个需要进行关系资本投入的社会关系网络中，不同创新主体之间存在着合作、竞争等复杂的博弈关系；其次，区域中的关系资本能够实现新的资源配置，降低创新资源的交易成本，实现关系性租金；最后，关系资本使区域创新系统的创新主体既可能形成一个技术创新的社会关系网络，又可能升级为一个产业价值链网络。两者的关系具体表现在以下四个方面：

第一，有助于营造良好的信任关系，减少机会主义、扩大知识共享、增强学习和冲突应对能力，为区域创新系统创造良好的合作信任关系。关系资本的存在可以大大降低仅仅依靠合作契约而无法有效控制合作伙伴的机会主义行为，通过沟通能有效地降低创新主体的签约成本、监督成本和各种适应性成本，有利于提高区域创新业绩，有效防范区域创新网络中的机会主义行为。市场交易活动中契约的不完备性使机会主义有机可乘，关系资本的有效运营使区域创新网络各成员之间通过非正式的约束大大减少了机会主义行为的发生。从博弈论的角度看，关系资本投资使得各种组织间构成错综复杂的关系网，这种关系网的存在使经济交易主体间的交易活动从一次博弈转为重复博弈，从一对一的两人博弈转为关系网中的多人博弈，大大增加了机会主义行为发生的成本。

关系资本为创新网络成员带来更多的学习机会、增强处理冲突的能力。冯·希伯耳认为隐性知识的获取过程就是面对面的交互作用和频繁的接触行为所产生的结果。因此，成功的学习依赖于网络成员间反复的交易过程和个体间直接、紧密地接触，关系资本通常为区域创新系统的组织间或个体间的紧密接触提供了空间，关系人之间的相互信任也扩大了相互交流的广度和深度,增强了双方的学习潜力,促进了关系主体之间信息、知识和技能的交流和创新。当然,网络成员间的学习过程中发生冲突时,关系资本越雄厚,解决冲突的能力越强。

第二,打破区域创新系统中的传统资源配置方式、降低创新的交易成本、创造关系性租金和关系收益。打破传统的区域资源配置形式,使创新网络成员获得外部市场的利益优势和内部组织控制的成本优势。在新制度经济学家看来,资源配置有市场价格机制和企业行政管理机制两种。随着经济的发展,现实中还存在着大量的中间组织形态,中间性经济组织的根本特点是其带有企业和市场的双重特性,这一点正好说明了企业通过关系资本经营可以打破原有的资源配置形式,从而获得双重效益。当内部组织交易成本小于通过外部市场来组织交易的成本,说明内部化具有成本优势,一旦内部化的收益小于其成本时,纯粹的内部化是不利的。关系资本的存在刚好弥补这一不足,因为区域创新网络内的成员能够通过自己的关系网利用外部市场来组织内部交易成本,即利用外部市场来组织一项交易时所获得的较大收益值,来替代同样的活动在内部科层组织时获得的较小收益值,从而使该成员同时获得了外部市场的利益优势和内部组织的成本优势,降低创新网络成员之间的交易成本。在没有任何关联的两个企业间的交易活动,需要付出所有的交易成本,而一旦交易双方建立了某种良好关系,就可以避免一部分签约成本、降低监督成本和减少合约调整频率,为此它们所付出的各项交易成本(包括信息搜集成本、谈判成本、契约制定和执行成本等)都会小于初次交易中所支付的成本。因此,在现实中,由于企业所拥有的关系资本不同,在同样的交易活动中,不同的交易者所支付的交易成本也是不同的。

创造区域创新系统中的关系性租金。关系性租金是指基于关系资本可以降低交易成本的作用使拥有关系资本的企业在利用内部资源的交换关系中与没有关系资本的竞争对手相比产生的一种超额利润,即拥有关系资本的企业能够获得超出平均收益的关系性租金,并随着关系资本经营的好坏,产生不同的获利。拥有关系资本的网络成员之间通过与其关系人进行共同投入、共同运作,实现资产、信息和资源等要素的交换和结合,在长期重复的交易过程中逐步培育出默契和信任，借助于一种特殊有效的制度来降低交易成本，为创新带来空间和可能。

拥有关系资本的企业能够获得超出平均收益的关系性租金，并且随之带来更好的创新绩效，利用网络外部资源产生关系收益。企业内部资源只是竞争优势产生的基础，任何企业都不可能具备企业发展需要的所有关键资源，而关系资本除了利用内部资源创造关系性租金外，还可以充分利用其他企业或组织的资源产生关系收益。当企业所需的互补性资源是特有的及不可分割的，以至于不能在要素市场上轻易取得的时候，关系资本的存在为企业使用资源开辟了特殊的获取渠道，从而在网络群体中产生一种大于单个企业收益之和的超额利润，这就是关系收益，这种收益成为提高企业生产绩效和实现竞争优势的新源泉。

第三，关系资本有利于区域创新网络成员的价值创造。从宏观层面上讲，区域创新网络及其成员都是开放的反馈系统，需要不断与外界进行物质、能量的交换，才能有效地创新。区域创新网络的外部交易对象往往直接或间接地对接着网络系统的输入和输出端。区域创新系统的输入要素——人力、物力、财力与信息资源，是其进行系统功能转换的必备条件，这需要区域创新系统与人才市场、供应商、金融机构及一切能给创新提供各种信息的组织或个人发生往来关系；创新系统的输出（产品和服务）需要有接受对象，才能实现反馈循环，推动创新系统持续运转，这需要区域创新网络与消费者建立良好的互动关系。从这个意义上说，深厚的关系资本是区域创新系统运行的必要条件。关系资本不仅为区域创新系统带来创新绩效的改善，而且为网络成员带来创新绩效的改善，增加创新的实际价值。

第四，关系资本提升区域创新绩效。正如前文所述，高质量的关系资本能够减少创新网络成员间的竞争和冲突性行为，促进合作。合作的增加进一步通过以下几个途径促进区域创新绩效：减少交易和生产费用，如降低签约、履约和监督的费用，促进生产协作等；增进知识转移，高质量的关系资本能有效促进创新网络成员间知识的交流与转移；提高协调和利用资源的能力，资源协同优势的实现需要区域创新系统统一行动，步调一致，而这需要创新网络成员间建立高质量的关系资本。

6.3.3 区域结构资本与区域创新发展的关系

区域创新发展的提升和区域结构资本是相互依赖、互为因果、共同进化的，两者是一种"互动"的因果关系。所谓两者"互动"，并不意味着两者总要一次性对应、一次性发生。但在中国的现实情况下，影响区域创新发展水平的主要障碍很大程度是在结构资本方面（例如制度、机制的不健全），结构资本的改善就成了提升区域创新发展水平的关键。根据马克思主义政治经济学和新制度经济学关于技术创新和制度创新互动关系的理论进行引申，本书认为区域创新发展水平和区域结构资本是两个不可分割的范畴，一个区域乃至一个国家要想获得创新能力的持续改善，必须同时进行区域创新发展建设和结构资本建设，并使两者步入良性循环的轨道。

第一，区域结构资本为区域创新发展建设提供了前提条件。许多成功的实践都证明，如果没有必要的结构资本作为保障，区域创新发展水平的持续提升就是一句空话。区域结构资本对区域创新发展建设的作用具体表现为：区域结构资本为区域创新发展建设提供激励和约束机制；区域结构资本为区域创新发展建设提供保障和相应的自由空间；区域结构资本为区域创新发展建设提供信息机制；区域结构资本为区域创新过程提供整合机制。

第二，区域结构资本是区域创新发展建设的长期支撑和保障。生产关系对生产力有反作用，就区域创新系统而言，就是区域的结构资本有利于支持和保障区域创新发展水平的建设。在区域创新发展建设过程中，由于技术本身以及市场和社会具有不确定性，创新常常表现出超前、高风险和高收益等特点。在此情况下，企业技术创新要持续进行，必然需要相应的结构资本和制度安排作为支撑和保障；技术创新的超前性要求建立鼓励探索、允许失败的保障制度；技术创新的高风险性要求建立相应的保险和约束机制；技术创新的高收益性要求建立相应的分配制度。

第三，区域结构资本降低区域创新的交易费用。区域创新发展建设必然伴随着区域创新系统建设、区域创新网络建设和区域创新集群等创新网络及平台的搭建。区域创新主体之间在进行各种形式的创新合作时,将存在交易属性,这种交易属性就会发生交易成本。区域结构资本的好坏则直接影响到交易成本的高低,区域结构资本可以通过提供一系列规则和机制来界定创新主体的选择空间,减少不确定性,约束创新主体之间的相互关系,减少交易费用,促进创新活动。

第四,区域结构资本为区域创新合作创造条件。创新的本质属性要求创新主体之间进行广泛而密切的交流与合作。区域结构资本实际上就是确保区域内的经济、社会活动顺利展开的各种体制、制度、机制以及社会环境氛围等。作为"软""硬"两种形式存在的区域结构资本,一方面包含区域的制度规范、区域文化、区域机制、区域政府办事流程和效率等,另一方面也包含区域的信息技术系统、网络通信系统、图书馆建设,以及区域的知识流通媒介、出版物等,它们嵌入区域创新网络,形成区域社会运行平台。当区域结构资本水平较高、各个要素匹配得当时,区域创新主体之间能够便利地搜寻到创新合作的信息,快速地寻找到合适的创新合作伙伴,敏捷地发现自己需要的资源,这些都将为区域创新主体的合作带来便利。与此同时,当区域结构资本适应区域创新及其发展时,区域创新系统及网络内的创新合作则会保持透明和开放,从而更加有力地维持区域创新的持久合作。

第五,区域创新发展水平的提升是结构资本改善的不竭动力。从区域结构资本的含义我们知道,结构资本中有相当大的一部分存在较大的惰性,尤其是以制度、机制、体制等形式存在的"软性"结构资本。这部分结构资本一旦形成,没有足够的压力和刺激,人们不会轻易考虑改变它。实际上,区域内的创新总是持续进行的,它开始往往是在既定的结构资本水平下和制度框架内进行,这是稳定发展阶段。随着区域创新活动达到一定规模水平,现有结构资本尤其是制度便成为阻碍进一步进行创新的因素,按照马克思主义政治经济学关于生产力和生产关系的原理,就迫切需要属于生产关系范畴的结构资本和制度变革以适应属于生产力范畴的技术不断发展的需要,即为实现区域创新的连续进行而改善区域结构资本、推进制度创新。由此可见,区域创新发展水平的提升是区域结构资本改善的源泉和动力。区域结构资本的改善为区域创新发展建设提供了更为广阔的空间和宽松的创新条件，激励进一步的创新，而随着区域创新发展水平的不断提升，生产力也不断发展，生产力的发展必将推动"惰性"结构资本进行改革。

第六，区域创新发展水平的提升将为区域结构资本的改善提供持续的支持条件。首先，在区域创新发展建设过程中产生的知识，会有力地推动后续的创新与结构资本提升，有助于进一步辨识继续创新的时机和方向。其次，创新的成果是对结构资本变革的最好激励。创新成果本身及其所衍生的文化将使结构资本安排得到行动者的认同，创新成功所展现的区域远景将使结构资本的优化更好地推行。最后，区域创新的成功带来的是区域经济的发展，只有区域经济得到又快又好地发展，区域政府才有财力和物力来投入区域结构资本的改善与优化，从这个意义上将，区域创新发展建设为区域结构资本的优化提供持续的支持条件，也只有区域创新发展水平得到改善、区域经济得到发展，区域结构资本才会具有持续优化的根基。

6.4 区域智力资本投资和区域创新发展实证研究

学者通过实证证明了区域创新发展水平确实与区域经济发展密切相关，区域智力资本是区域经济发展的重要元素。如今，部分学者又尝试着把区域智力资本与创新发展联系起来，证明两者在一定程度上是存在联系的。一方面，随着科学的发展进步，创新变得越来越艰难，对知识的依赖越发强烈，如果创新的来源不能得以保障，那么创新速度就会大大减缓；另一方面，创新成果也使知识进一步拓展，打开了新的科学领域，这使得知识发展与创新之间密切相连，相辅相成。

随着学术研究对智力资本理论和创新能力之间关系的关注，经济学家开始用理论和实证来论证区域中两者间的关联以及内部结构。如学者陈武（2011）发表多篇论文来论述和证明区域创新发展水平和智力资本间是相互关联的。他们针对两者的测量问题，建立起了一套指标体系用于测量区域智力资本水平并做出理论上的阐述，同时建立了区域创新发展水平和智力资本间的联系模型，后又研究了湖北省近10年的统计数据，发现两者之间具有很强的相关性，对智力资本进行模块化分析，并测量了各个模块对区域创新发展能力的支持程度，由此证明其观点。蒲惠荧与陈和 (2012) 两位学者同样建立起区域范围内智力资本的三维指标系统，并应用聚类分析等数学法对广东省的经济发展与区域范围内智力资本的内在联系进行了研究，在实证研究中发现，广东各个地区的发展水平差异明显，这跟各区域的人力资本、地理环境和基础设施建设参差不齐相关。这说明广东省经济发展很大程度是依赖于本区域范围内智力资本的支撑，建设水平越高的地区，经济实力越会明显高于建设水平低的地区，学者们认为经济实力与智力资本的水平相互作用。王向华 (2012) 构建了区域智力资本三螺旋协同创新模型，并验证了其对区域创新能力和区域经济发展有较好的解释。薛龙 (2015) 以四川省为研究对象，用实证分析论证两者之间是否具有相关性，并根据四川省区域创新能力及智力资本现状，提出四川省区域创新能力和区域智力资本的开发策略。

从国内外研究可以看出，区域智力资本的研究较多、区域创新发展的研究较多，但是区域智力资本对创新发展的研究较少，从区域智力资本投资主体较多研究其对区域创新发展的研究更是少之又少。因此，我们从国家财政智力资本投资、集体（企业）组织财政智力资本投资、居民智力资本投资三个层面展开智力资本投资与区域创新发展的相关性研究。

6.4.1　研究方法、变量选取及数据来源

6.4.1.1　研究方法
本章沿用前文所采用的回归方法、协整分析等进行研究。

6.4.1.2　变量选取及数据来源
（1）解释变量：沿用前文所用智力资本投资总额、国家财政智力资本投资额、集体（企业）组织财政智力资本投资额、居民智力资本投资额数据。

(2) 被解释变量：2012—2020 年 20 省、市、自治区域创新发展指数作为被解释变量。创新包括思维创新、产品或服务创新、技术创新、制度创新、管理创新、知识创新等多种类型，其本质在于是否能创造新的市场价值、驱动经济增长和提高生活质量。Arundel 和 Kabla 认为专利数是评价区域创新能力最合适的指标之一，专利授权量是技术创新最常见和可靠的衡量指标。Brouwer 和 Kleini - kneeht 提出新产品销售总额是评价创新能力的常用指标之一，且其与发明专利数之间存在着一定关联。新产品产值主要是指采用新技术、新设计在性能方面显著改进的产品或全新产品的生产总值，这与产品创新的概念和要求在很大程度上契合。尤航（2022）用单位 GDP 的专利授权量（专利授权量/GDP）衡量地区创新发展水平。熊励（2020）选取专利授权量和新产品产值作为技术创新和产品创新的指标。我们于 6.2 部分运用熵权法对 2012—2020 年面板数据对我国 20 省市区域创新水平进行评价，得到区域创新发展指数，是区域创新综合水平的体现。本书选用该指数作为被解释变量。

(3) 控制变量：高等院校数、高技术产业 R&D 活动研发机构数、基础设施建设以及区域信息设施水平、对外开放水平。

选取的依据是，寻找除资本投资以外，影响区域创新发展的其他因素进行控制。那么，区域创新发展的影响因素有哪些呢？

第一，创新环境。从区域创新发展水平形成机理中不难看出，创新是创新主体与创新环境之间密切互动的过程。脱离了创新环境，创新活动则无法进行。诸多学者在研究区域创新发展体系时都将创新环境考虑在内。熊宇将创新环境归纳为基础设施、机制环境、技术环境、人文环境和市场环境五大要素。邵云飞等从人文环境角度进行研究，发现一个区域由于惯性所积累的文化基础环境对创新活动大有影响。Buesa 等基于 C–D 生产函数的分析发现，国家环境、区域环境、研发环境等都对区域创新能力有着重要影响。赖永剑、孙晓阳和詹祥从创新基础设施以及市场环境角度进行研究，认为贸易开放度较高、创新基础设施较好的地区，其创新能力也较强，但存在一定的门槛效应。党文娟等利用泊松分布技术模型研究发现，市场化程度是培育区域创新能力的重要环境。因此，为提高区域创新能力，需要进一步深化市场经济体制改革，营造良好营商环境，积聚高素质人力资本，特别是创新型人力资本。

根据表6-2中专家学者对创新环境所选指标，初步选定普通高等学校R&D人员数（专任教师数）、普通高校生师比、高等院校数、众创空间数量、科技企业孵化器数量作为创新环境指标，经数据整理验证，排除共线因素，保留高等院校数作为控制变量。

第二，国际直接投资。大量实证研究表明，国际直接投资对于区域创新能力存在一定影响。根据投资流向，国际直接投资可分为内向直接投资（IFDI）和外向直接投资（OFDI）。就内向直接投资而言，Haske、Fritsch和Slavtchev等研究均认为，内向FDI对区域创新能力有显著的促进作用。冉光和等基于面板门槛模型的研究发现，内向直接投资对于区域创新能力的影响依赖于金融市场发展水平，只有跨过金融发展水平门槛之后，内向直接投资才会对区域创新能力产生显著的促进作用。鲁钊阳和廖杉杉则认为，内向直接投资对区域创新能力的影响存在明显的知识产权保护水平双门槛效应，这也使区域之间的创新能力差异明显。与上述文献不同，侯鹏和刘思明在考察内生创新努力和区域知识溢出时发现，内向直接投资并不能促进区域创新能力的提升。魏守华、吕国范等也得出类似的结论。就外向直接投资而言，陈菲琼、宋跃刚和杜江等研究表明，外向直接投资对包括投入能力、产出能力、环境支持能力、扩散能力在内的区域技术创新能力都具有显著的提升作用。阚大学则认为，外向直接投资对于创新的影响取决于市场化进程，只有当市场化指数达到一定水平之后，外向直接投资才能为区域创新带来正效应。刘焕鹏和严太华认为，外向直接投资对于区域创新能力的影响存在显著的金融发展门槛效应。王欣以江苏、浙江两省为例的研究发现，只有当外向直接投资与人力资本、基础设施、金融发展水平等因素相结合时，才能促进区域创新能力发展。因此，选取对外开放水平为控制变量，用外商投资总额/GDP来衡量。

第三，R&D投入与风险投资。赵健研究发现，跨国公司在华R&D投资具有两面性：一方面它有利于人才的引进和区域R&D结构的改善；另一方面，它对区域创新能力也可能存在负面效应，即过度引进不利于企业获得政府的支持。侯鹏和刘思明,鲁亚军和张汝飞从R&D投资的性质出发,认为高校的R&D投入对区域创新能力的促进作用最为显著。寸晓宏和卢启程则立足风险投资的角度,将风险投资划分为企业的出现与存在、融资、嵌入以及集体学习等功能。他们认为,风险投资有利于企业进行持续的技术革新,从而推动区域创新能力的发展。因此,选择高技术产业R&D活动研发机构数为控制变量。

第四,信息基础设施建设。党的十九大报告指出,要加强信息等基础设施网络建设,强化国家创新体系建设,加快建设创新型国家。党的十九届五中全会公报进一步强调,要坚定不移建设网络强国、数字中国,坚持创新在我国现代化建设全局中的核心地位,把科技自立自强作为国家发展的战略支撑。因此,持续推进以信息网络为核心的新型基础设施建设,着力迈入创新型国家先进行列成为推动我国实现2035年远景目标的必然选择。伴随着全球新一轮科技革命和产业变革加速演进,我国经济逐步迈入数据要素驱动、万物互联互通的数字经济发展新阶段,以5G、大数据、人工智能为代表的新型基础设施建设逐渐成为带动有效投资的关键投入、释放经济活力的强劲引擎以及实现创新驱动的有效路径,并成为驱动创新型国家建设的新动能。数字经济的深层次发展离不开信息网络基础设施的支撑,网络性能和服务质量的提升依赖于信息网络基础设施的升级。信息网络基础设施作为现代数字经济发展的"网络传输纽带"和"信息物质载体",对重塑现代化经济体系与数字经济网络格局、推动实现经济高质量发展具有基础性战略意义。张杰(2021)、楼泽秀(2020)、尤航(2022)等认为信息网络基础设施建设对激发城市创新动力具有重要意义,因此,选取基础设施建设及区域信息水平为控制变量(见表6-5)。

表6-5　　　　　　　　变量定义及计量方法

指标名称	变量名	计算方法及数据来源	变量符号
被解释变量	创新发展指数	熵值法	LnID
解释变量	智力资本投资	历年统计年鉴	LnIC

续表

指标名称	变量名	计算方法及数据来源	变量符号
控制变量	高等院校数	科技统计年鉴	X_2
	高技术产业R&D活动研发机构数	科技统计年鉴	X_3
	基础设施建设	固定资产投资与地区/GDP	X_4
	区域信息设施水平	各地区邮电业务总量/GDP	X_5
	对外开放水平	外商投资总额/GDP	X_6

智力资本投资及控制变量的衡量指标部分需要通过计算获得，对收集的数据进行整理，然后通过公式计算出各个变量的指标数据。通过Excel软件对选取的各项指标进行筛选和整理，后期对于样本的平衡性检验、数据的描述性统计、相关性分析、回归分析等分析主要采用Stata15.1和SPSS26软件进行处理。

6.4.2 实证分析

选取我国2012—2020年20个省（自治区、直辖市）的数据，采用最小二乘法构建模型：$LnID = \beta_0 + \beta_1 LnIC + CV + \varepsilon$。其中，$LnID$为创新指数，$LnIC$为智力资本投资额，包括国家财政智力资本投资额$LnIC_1$、集体（企业）组织财政智力资本投资额$LnIC_2$、居民智力资本投资额$LnIC_3$，$CV = \beta_2 LnX_2 + \beta_3 LnX_3 + \beta_4 LnX_4 + \beta_5 LnX_5 + \beta_6 LnX_6$为控制变量集合，$\varepsilon$为随机误差项。

6.4.2.1 智力资本投资总额对区域创新的影响

（1）描述性统计。表6-6为描述性统计的结果，展示了最大值、最小值、方差、标准差等统计量，数据的整体情况较好，无异常值。

（2）回归分析。将自变量智力资本投资（$LnIC$），控制变量LnX_2、LnX_3、LnX_4、LnX_5、LnX_6引入模型，将$LnID$作为因变量进行回归，结果见表6-7。未添加控制变量时，回归方程拟合优度检验R^2为0.771，拟合度较好，可以认为被解释变量可以用多元线性回归方程中的解释变量来解释。智力资本投资（LnIC）P 值均为 0.000，非常显著，添加控制变量后，R^2 为 0.926，拟合度进一步提升，DW 值为 1.963，不存在自相关，说明该模型智力资本投资（LnIC）能较强的解释被解释创新发展。

表 6-6　　　　　　　　　　描述统计表

	N	最小值	最大值	均值	标准偏差	方差
LnID	180	-2.57	-0.13	-0.7166	0.39737	0.158
LnIC	180	7.23	10.17	8.5385	0.59609	0.355
X_3	180	1.61	8.97	5.1202	1.48188	2.196
X_2	180	3.66	5.12	4.4582	0.38479	0.148
X_5	180	-4.24	-1.24	-3.0282	0.71781	0.515
X_4	180	-2.93	0.25	-0.6056	0.80995	0.656
X_6	180	-3.04	0.61	-1.1891	0.89112	0.794
有效个案数（成列）	180					

表 6-7　　　　　20 省份智力资本投资总额回归结果

DV：LnID	20 省份	
	模型 1	模型 2
LnIC	1.777***	0.510***
	(0.073)	(0.092)
X_2		0.461
		(0.043)
X_3		0.002***
		(0.149)
X_4		-0.057
		(0.035)
X_5		0.251***
		(0.042)
X_6		0.286***
		(0.040)
Constant	-4.714	4.803
	(0.623)	(0.676)
Observations	180	180

续表

DV: LnID	20 省份	
	模型 1	模型 2
R – squared	0.771	0.926
F – statistic	72.553	596.616
Durbin – Watson stat		1.963

注：1. 括号内为稳健标准误。

2. 表中"*""**""***"分别表示在 10%、5%、1% 的水平上显著。

智力资本投资总额系数 0.51 在 0.001 水平上显著，说明智力资本投资总额对区域创新发展的是正向影响关系，智力资本投资每提升 1 个单位将带来区域创新水平 0.51 的发展。从控制变量来看，研发机构数、区域信息设施水平、对外开放度对区域创新也存在显著影响，其中区域信息设施水平、对外开放水平对区域创新的影响在 0.25 以上，也是推动创新发展的重要因素。

6.4.2.2 东中西部地区智力资本投资总额对区域创新的影响

按照地理位置划分标准，我们所选 20 省市属于东部地区的有北京、天津、辽宁、上海、江苏、福建、山东、广东 8 个省份；属于中部地区的有山西、吉林、安徽、江西、河南 5 个省份；属于西部地区的有内蒙古、广西、四川、云南、陕西、甘肃、新疆 7 个省份。本部分我们将对东、中、西部地区智力资本投资总额对区域创新的作用分别进行分析，比较其差异性。

（1）东部地区。将东部地区数据代入回归模型，分析结果见表 6 – 8。未添加控制变量时"模型 1"显示回归方程拟合优度检验 R^2 为 0.780，拟合度较好，但智力资本投资（LnIC）系数不显著，模型解释力不强，但添加控制变量后，R^2 为 0.932，拟合度进一步提升，DW 值为 2.177，不存在自相关，智力资本投资系数 0.001 水平上显著，说明添加控制变量后模型能很好的解释智力资本投资（LnIC）对创新发展的影响。

智力资本投资总额系数 0.534，说明智力资本投资总额对区域创新发展的是正向影响关系，智力资本投资每提升 1 个单位将带来区域创新水平 0.534 的发展。略大于 20 省份智力资本投资系数，说明东部 8 省份智力资本投资对创新发展的推动作用更加敏感。从控制变量来看，研发机构数、区域信息设施水平对区域创新也存在显著影响，且系数较大，研发机构数、区域信息设施水平也是推动创新发展的重要因素。

表 6-8 东部地区智力资本投资总额回归结果

DV: LnID	东部 8 省份	
	模型 1	模型 2
LnIC	1.313	0.534***
	(0.083)	(0.121)
X_2		-0.592***
		(0.163)
X_3		0.486***
		(0.048)
X_4		-0.031
		(0.050)
X_5		0.355***
		(0.067)
X_6		0.005
		(0.082)
Constant	-0.285	7.502***
	(0.744)	(0.905)
Observations	72	72
R-squared	0.780	0.932
F-statistic	248.070	29.089
Durbin-Watson stat		2.177

注：1. 括号内为稳健标准误。
2. 表中"*""**""***"分别表示在 10%、5%、1% 的水平上显著。

（2）中部地区。将中部地区数据代入回归模型，分析结果见表 6-9。"模型 1"显示回归方程拟合优度检验 R^2 为 0.730，拟合度较好，智力资本投资（LnIC）系数为 1.802，在 0.001 水平上显著，添加控制变量后，R 方为 0.946，拟合度进一步提升，DW 值为 2.296，不存在自相关，但智力资本投资系数不显著，说明添加控制变量后智力资本投资（LnIC）对创新发展没有明显的影响关系。观察控制变量来看,5 个控制变量均显著影响区域创新发展,其中高等院校数、研发机构数、区域信息设施水平对区域创新发展正向影响很大,基础设施建设以及对外开放水平对区域创新略呈现负相关关系,说明中部地区基础设施建设以及对外开放水平的提高对区域创新没有积极的促进作用,反而会抑制区域创新。另外,不添加控制变量时,中部地区智力资本投资对区域创新影响非常显著,正向影响比例为 1.802,而加入控制变量直接变为不显著,说明在中部地区相较于高等院校数、研发机构数、区域信息设施水平,智力资本投资对推动区域创新发展的作用微乎其微。

表 6-9　　中部地区智力资本投资总额回归结果

DV：LnID	中部 5 省份	
	模型 1	模型 2
LnIC	1.802***	0.031
	(0.167)	(0.195)
X_2		0.957***
		(0.269)
X_3		0.501***
		(0.073)
X_4		-0.083*
		(0.044)
X_5		0.511***
		(0.086)
X_6		-0.284*
		(0.143)
Constant	-5.021***	4.004***
	(1.408)	(1.268)
Observations	45	45
R-squared	0.730	0.946
F-statistic	116.371	30.374
Durbin-Watson stat		2.296

注：1. 括号内为稳健标准误。

2. 表中"*""**""***"分别表示在 10%、5%、1%的水平上显著。

(3) 西部地区。将西部地区数据代入回归模型，分析结果见表 6-10。"模型 1"显示回归方程拟合优度检验 R^2 为 0.634，拟合度较好，智力资本投资（LnIC）系数为 1.578，在 0.001 水平上显著，添加控制变量后，R^2 为 0.899，拟合度进一步提升，DW 值为 2.494，不存在自相关，智力资本投资系数 0.1 水平上显著，说明添加控制变量后模型能够解释智力资本投资（LnIC）对创新发展的影响。

表 6-10　　西部地区智力资本投资总额回归结果

DV：LnID	西部 7 省份	
	模型 1	模型 2
LnIC	1.578***	0.316*
	(0.154)	(0.177)
X_2		1.298**
		(0.498)
X_3		0.302**
		(0.123)
X_4		-0.133**
		(0.052)
X_5		0.500***
		(0.076)
X_6		-0.227
		(0.140)
Constant	-3.366***	1.310
	(1.263)	(1.537)
Observations	63	63
R-squared	0.634	0.899
F-statistic	105.588	29.532
Durbin-Watson stat		2.494

注：1. 括号内为稳健标准误。
2. 表中"*""**""***"分别表示在 10%、5%、1%的水平上显著。

智力资本投资总额系数 0.316，说明智力资本投资总额对区域创新发展的是正向影响关系，智力资本投资每提升 1 个单位将带来区域创新水平

0.316 的发展，比东部地区（0.534）以及 20 省份智力资本投资系数（0.510）都小，说明西部地区智力资本投资对区域创新发展的推动作用没有东部区以及整体的作用大。从控制变量来看，高等院校、研发机构数、基础设施建设、区域信息设施水平对区域创新影响都显著。其中，区域信息设施水平以及研发机构数对区域创新的影响较大，基础设施建设负向影响区域创新发展，对外开放水平对创新发展的影响不显著，与西部地区对外开放水平较低有一定关系。

6.4.2.3 不同经济发展水平下的智力资本投资总额对区域创新的影响

为了更好的分析智力资本投资和区域创新发展之间的关系，我们进一步按经济发展水平分地区进行比较分析。划分省份和直辖市的经济发达程度是按照各省区 2012—2020 年平均 GDP 来进行，排前 10 名的定为发达地区，有广东、江苏、山东、河南、四川、福建、上海、北京、安徽、辽宁，后 10 名为欠发达地区，省份有陕西、江西、广西、内蒙古、山西、云南、天津、吉林、新疆、甘肃。

（1）发达地区。将发达地区数据代入回归模型，分析结果见表 6-11。"模型 1" 显示回归方程拟合优度检验 R^2 为 0.755，拟合度较好，智力资本投资（LnIC）系数为 1.467，在 0.001 水平上显著，添加控制变量后，R^2 为 0.918，模型拟合度进一步提升，DW 值为 2.147，不存在自相关，智力资本投资系数 0.001 水平上显著，说明该模型能够很好地解释发达地区智力资本投资（LnIC）对创新发展的影响。

表 6-11　　　　　　　　发达地区智力资本投资总额回归结果

DV: LnID	发达地区	
	模型 1	模型 2
LnIC	1.467***	0.633***
	(0.089)	(0.105)
X_2		-0.465***
		(0.168)
X_3		0.440***
		(0.042)

续表

DV：LnID	发达地区	
	模型 1	模型 2
X_4		-0.028
		(0.039)
X_5		0.249***
		(0.052)
X_6		0.094**
		(0.045)
Constant	-1.797**	5.984
	(0.801)	(0.862)
Observations	90	90
R-squared	0.755	0.918
F-statistic	270.720	33.151
Durbin-Watson stat		2.147

注：1. 括号内为稳健标准误。

2. 表中"*""**""***"分别表示在 10%、5%、1% 的水平上显著。

智力资本投资总额系数 0.633，说明智力资本投资总额对区域创新发展的是正向影响关系，智力资本投资每提升 1 个单位将带来区域创新水平 0.633 的发展，20 省份智力资本投资系数（0.510）有较大提高，说明经济发达地区智力资本投资对区域创新发展的推动作用更加明显。从控制变量来看，研发机构数、区域信息设施水平对区域创新影响都非常明显。其中，研发机构数对区域创新的影响系数达到了 0.440，但是发达地区高等院校数对创新发展呈现显著负向影响关系。

(2) 欠发达地区。将欠发达地区数据代入回归模型，分析结果见表 6-12。"模型 1"显示回归方程拟合优度检验 R^2 为 0.319，拟合度较好，智力资本投资（LnIC）系数为 1.310，在 0.001 水平上显著，添加控制变量后，R^2 为 0.846，模型拟合度提升明显，DW 值为 1.571，智力资本投资系数不显著，说明添加控制变量后智力资本投资（LnIC）对创新发展没有明显的影响关系。观察控制变量，除高等院校数不显著之外，其余 4 个控制变量均显著影响区域创新发展，其中研发机构数、区域信息设施水平以及对外开放水平对区域创新发展正向影响都较大,基础设施建设以及高等院校数对区域创新略呈现负相关关系,说明欠发达地区基础设施建设以及对高等院校数的提高对区域创新没有积极的促进作用,反而会抑制区域创新。另外,不添加控制变量时,欠发达地区智力资本投资对区域创新影响程度达 1.31,而加入控制变量直接变为不显著,说明在欠发达地区,相较于研发机构、区域信息设施水平以及对外开放水平,智力资本投资对推动区域创新发展的作用微乎其微。

表 6-12　　欠发达地区智力资本投资总额回归结果

DV: LnID	欠发达地区	
	模型 1	模型 2
LnIC	1.310***	0.159
	(0.204)	(0.147)
X_2		-0.356
		(0.256)
X_3		0.458***
		(0.071)
X_4		-0.109**
		(0.045)
X_5		0.358***
		(0.053)
X_6		0.426***
		(0.066)
Constant	-1.077	9.594***
	(1.654)	(1.103)
Observations	90	90
R-squared	0.319	0.846
F-statistic	41.287	75.980
Durbin-Watson stat		1.571

注:1. 括号内为稳健标准误。
　　2. 表中" * "" ** "" *** "分别表示在 10%、5%、1%的水平上显著。

6.4.2.4 不同投资主体下智力资本投资对区域创新的影响

智力资本的投资是多方面的，投资主体也是多元的。智力资本的投资主体主要是国家、企业和个人（智力资本的承载者），是在人力资本投资的基础上针对组织对其所拥有的人力资本的需求进行的有针对性的投资。智力资本投资和物质资本投资的目的是一致的，都是为了获取收益。具体来看，组织是以智力资本投资的未来经济收益最大化为目标；个人则以智力资本投资的未来效用最大化为目标，效用包括经济收益和心理满足感等内容。本书按照投资主体的不同，将智力资本投资划分为国家财政智力资本投资 LnIC1、集体（企业）组织财政智力资本投资 LnIC2、居民智力资本投资 lnIC3，分别分析其对区域创新发展的影响。

将国家财政智力资本投资、集体（企业）组织财政智力资本投资、居民智力资本投资数据分别代入回归模型，分析结果见表 6-13。3 种投资主体下，不加控制变量时，R^2 拟合度都较好，智力资本投资（LnIC）系数均在 0.001 水平上显著，从系数来看，国家财政智力资本投资（2.145）最大，集体（企业）组织财政智力资本投资（1.536）次之，居民智力资本投资（1.121）最小，与表 6-7 智力资本投资总额系数（1.777）比较发现，国家财政智力资本投资在 3 种投资主体中对区域创新发展起主要拉动作用。

表 6-13   不同投资主体智力资本投资总额回归结果

DV：LnID	国家财政智力资本投资 LnIC1		集体（企业）组织财政智力资本投资 LnIC2		居民智力资本投资 LnIC3	
	模型 1	模型 2	模型 1	模型 2	模型 1	模型 2
LnIC	2.145*** (0.090)	0.791*** (0.105)	1.536*** (0.200)	0.037 (0.411)	1.121*** (0.041)	0.891*** (0.083)
X_2		0.007 (0.135)		0.216 (0.528)		0.643*** (0.106)
X_3		0.401*** (0.042)		0.452*** (0.165)		-0.097*** (0.033)

续表

DV: LnID	国家财政智力资本投资 LnIC1		集体（企业）组织财政智力资本投资 LnIC2		居民智力资本投资 LnIC3	
	模型1	模型2	模型1	模型2	模型1	模型2
X_4		-0.038		-0.224*		-0.033
		(0.033)		(0.131)		(0.026)
X_5		0.153***		0.144		0.002
		(0.045)		(0.175)		(0.035)
X_6		0.348***		0.174		0.070**
		(0.037)		(0.145)		(0.029)
Constant	-5.639***	3.282***	-5.257***	3.220	-0.635**	-1.207**
	(0.679)	(0.716)	(1.501)	(2.800)	(0.311)	(0.564)
Observations	180	180	180	180	180	180
R-squared	0.760	0.935	0.805	0.843	0.250	0.360
F-statistic	564.085	413.054	736.757	154.424	59.183	16.234
Durbin-Watson stat		2.119		1.704		0.413

注：1. 括号内为稳健标准误。

2. 表中"*""**""***"分别表示在10%、5%、1%的水平上显著。

添加控制变量后，模型 R^2 拟合度都得到了提升，F 统计量均通过检验，国家财政智力资本投资（0.791）、居民智力资本投资系数（0.891）在 0.001 水平上显著，说明这两个模型能够很好地解释国家财政智力资本投资、居民智力资本投资对创新发展的影响，且居民智力资本投资系数大于国家财政的系数，说明在控制变量下，居民智力资本投资对区域创新的影响作用非常大，甚至超过了国家财政支出。然而，集体（企业）组织财政智力资本投资对区域创新的影响却不显著，可能是相较控制变量，集体（企业）组织财政智力资本投资对创新发展的影响关系变弱了。

观察控制变量，"国家财政智力资本投资"一栏中，研发机构数、对外开放水平、区域信息设施水平对区域创新的作用也很明显；"集体（企业）组织财政智力资本投资"一栏，研发机构数对区域创新的作用非常大，冲淡了集体（企业）组织财政智力资本投资对区域创新的影响，基础设施建设对区域创新发展起反作用；"居民智力资本投资"一栏，高等院校数系数为 0.643，对区域创新发展也起到了非常积极的拉动作用。

6.4.3 研究结论

本章通过构建回归模型分析了区域智力资本投资对区域创新发展的影响。首先,基于资本投资视角建立智力资本投资指标体系,测度估计了 2012—2020 年我国北京、天津、山西、内蒙古、辽宁、吉林、上海、江苏、安徽、福建、江西、山东、河南、广东、广西、四川、云南、陕西、甘肃、新疆 20 个省份的智力投资总量,以及国家财政智力资本投资额、集体(企业)组织财政智力资本投资额、居民智力资本投资额,以此作为解释变量。其次,基于熵权法对 20 省份区域创新发展面板数据进行了测度,得到了 2012—2020 年 20 省份区域创新发展指数,以此作为被解释变量。再次,选取高等院校数、高技术产业 R&D 活动研发机构数、基础设施建设、区域信息设施水平、对外开放水平等除智力资本投资以外影响区域创新发展的因素作为控制变量,在此基础上进行了回归分析。分析表明:

首先,从空间分布来看,20 省份创新发展水平具有不平衡性,北京、上海、江苏、广东等省市创新发展水平较高,新疆、甘肃排名靠后,从时间演进来看,20 省份 2012—2020 年创新发展指数由 0.2440 上升到了 0.7720,呈逐年上升的良好态势。

其次,从回归结果来看,20 省份智力资本投资总额(系数为 0.51)显著正向影响区域创新发展,东、中、西部地区智力资本投资对区域创新发展的贡献程度不同,东部地区影响(系数为 0.534)智力资本投资对区域创新的作用明显高于西部地区(系数 0.316);发达地区智力资本投资(系数为 1.467)对区域创新的作用高于欠发达地区(系数为 1.31)。

再次,不考虑控制变量时,国家财政智力资本投资(系数为 2.145)对区域创新发展的作用大于总体智力资本投资系数(系数为 1.777),大于集体(企业)组织财政智力资本投资(系数为 1.536),大于居民智力资本投资(系数为 1.121),国家财政智力资本投资在 3 种投资主体中对区域创新发展起主要拉动作用。考虑控制变量后,居民智力资本投资(系数为

0.891）相较于国家财政智力资本投资（系数为 0.791）对区域创新发展的作用更明显。

最后，通过对不同区域、不同经济发展水平以及不同智力资本投资主体分别对区创新发展的影响分析发现，除智力资本投资因素外，信息设施水平对区域创新发展的影响效果显著，是拉动区域创新发展的重要因素，传统基础设施建设对区域创新发展影响微乎其微。所以，无论是建设创新型国家，还是建设智慧城市，推动区域创新发展都应把握智力资本投资、信息基础设施建设等主要方面，筑牢数字经济发展底座，助力新旧动能转换，支撑经济社会高质量发展。这是由于研究发现"区域智力资本三要素——人力资本、关系资本、结构资本可以通过改善区域创新投入和区域创新环境来间接改善区域创新绩效，从而提高区域创新能力；与此同时，它们也可以直接对区域创新绩效产生作用，从而直接提升区域创新能力。区域智力资本对区域创新能力的作用机理表现为：一方面，通过直接改变区域创新投入、区域创新环境和区域创新绩效来改变区域创新能力；另一方面，通过对区域创新投入和区域创新环境发生作用来间接改变区域创新绩效，最终改变区域创新能力"。

7 智力资本与企业创新发展相关性研究

7.1 企业智力资本的内涵与构成分析

7.1.1 企业智力资本的内涵

知识经济时代,知识成为企业最为重要和倚重的战略资源,高新技术企业的兴起使智力资本成为企业快速发展和持续创新的战略支撑。Stewart于1991年首次对企业智力资本概念进行了完整的定义,指出智力资本应当是由企业全体成员所明晰的、能为企业在市场竞争中获取持续竞争优势的所有无形资源之和,这一观点被学术界广泛接受,并由此奠定了智力资本的理论基础,从而推动了学术界对智力资本的研究发展。此后,国内外学者从不同角度对智力资本展开了广泛的研究,通过对智力资本的文献梳理,发现对企业智力资本的研究主要从三个角度展开,即无形资产视角、核心能力视角、竞争优势视角。本书从不同方面对企业智力资本的概念和内涵进行归纳和分析。

7.1.1.1 无形资产观

无形资产观认为智力资本是知识等无形资产的集合。Stewart(1997)指出,智力资本是能为企业赢得持续竞争优势的无形资源的总和。李平(2006)认为企业智力资本是指组织拥有或控制的、为实现企业快速稳定发展所需要的、能够为企业创造增值价值的无形资产。邹国平和郭韬（2017）指出企业智力资本的本质为一种知识型财富，为企业所有无形资源的总和，包括企业所拥有的显性和隐形知识，这种智力资本能够为企业带来独特的核心竞争优势，并创造价值。具体来讲，企业的智力资本包括企业员工的技能、员工的创造性能力、动手操作能力以及员工自身的工作经验等。

7.1.1.2 核心能力观

Sveiby（1997）认为智力资本是组织中的一种无形资源，这种无形资源是企业的核心能力的主要来源。原毅军和张晓峰（2006）认为企业智力资本是组织自身所独有的、能够为企业创造价值的一种无形资源和能力，这种无形资源和能力不仅能为企业创造财富，其本身对于企业而言也具有一定价值。孙羡（2012）认为企业智力资本源于企业所拥有的知识资源，具有巨大的创造价值的能力，是企业的产生经营和持续发展过程中员工所拥有的全部脑力资产和财富的加总，体现为组织和员工拥有的创新性想法、技术能力、无形知识和创造性才能等。王莉丽（2015）指出，企业的智力资本是企业所拥有的一种创造性潜力，主要包括员工技能、工作经验、创新知识等无形资源，这种创造性潜力可以通过发明专利、企业的规章制度、企业与客户合作方的关系等的形式体现。

7.1.1.3 竞争优势观

Stewart（1997）认为，智力资本应当能够被企业员工所知晓，同时能在市场竞争中帮助企业获得持续的核心竞争优势。Edvinsson 和 Malone（1997）认为智力资本是组织和员工共同拥有的具有创造性的知识、丰富的员工工作经验及专业技能、创新技术和客户关系等，这种智力资本能够在企业参与市场竞争的过程中获得竞争优势。姚山季（2016）则从企业发展创新的角度指出，智力资本是企业自身拥有的、在企业持续发展和不断追求创新的过程中带来核心竞争优势的所有资源的集合体。王聪和冯琰等（2017）将智力资本定义为一种优先于企业自身特性的环境和氛围，这种企业智力资本得以形成和发展的环境塑造了企业所特有的文化氛围和企业价值观，为企业保持持续竞争优势提供源源不断的动力。

7.1.2 企业智力资本的构成

自 1991 年 Stewart 完整提出智力资本的概念与内涵以来，关于智力资本基本要素的研究一直就没有停止过，研究者基于不同的研究角度对其进行了不同维度的划分，主要分为如下几类。

7.1.2.1 二元论的智力资本

Edvinsson 和 Sullivan（1996）把智力资本划分为人力资源和结构性资本两部分，是两者之和。其中，人力资源主要指组织中那些与人有关的方面，如企业所有者、员工、合作伙伴、供应商，以及能够将自己的知识、能力、经验等带到企业的个人等；结构性资本则是指那些人力资源以外且不依赖于企业人力资源而单独存在于组织之中的其他有形和无形资源。Roos（1997）等提出智力资本只包含两部分，即人力资本和结构资本。人力资本主要体现为企业员工的工作能力和工作经验即员工技能等，结构资本则是那些不依赖于人力资本而存在的无形资源。李海洪（2011）、苏明（2016）和李连燕（2017）等也提出智力资本是由人力资本和结构资本两个基本要素构成，人力资本是指与企业员工自己所拥有的或与企业员工个体相关的知识、技能和经验等，而结构资本是能够把人力资本转化为企业共同有的，将个人拥有的知识和技能通过共享、传递和转移从而能够被企业所利用的无形资源等。除此以外，梁莱歆、官小春（2010）则从另外一种角度对智力资本进行研究，将其划分为单项智力资本和集合智力资本。

7.1.2.2 三元论的智力资本

第 1 章曾阐述 Stewart 早在 1994 年提出的智力资本由人力资本、结构资本和客户资本三个要素构成的基本观点，这一观点在当时曾得到学术界的普遍认可和应用。Brooking 等（1996）则将智力资本划分为人力资本、结构资本和社会资本三部分，并特别指出社会资本是一种社会责任、企业家精神和社会凝聚力的结合体，是智力资本重要的组成部分。Kale 和 Singh（2000）的研究中提出了智力资本的关系资本维度，以此来代替顾客资本，并指出智力资本的关系资本维度比顾客资本维度更具科学性和合理性。高丽（2014）、肖建华（2018）等在研究中也都将智力资本划分为人力资本、结构资本和关系资本。林筠（2016）则将智力资本划分为人力资本、组织资本和社会资本三要素。

7.1.2.3 四元论的智力资本

Ross（1997）在研究智力资本的构成时，将智力资本划分为人力资本、过程资本、创新资本和客户资本，在这种划分类型中，企业结构资本被分解成过程资本和创新资本两种，并将其单独作为智力资本的构成要素，从而将智力资本从三要素划分为四要素。陈劲（2004）则将智力资本的构成划分为人力资本、客户资本、结构资本和创新资本，保留了结构资本并引入了创新资本维度。张慧颖，吕爽（2014）将智力资本划分为人力资本、结构资本、外部关系资本和内部关系资本四种构成要素。代明（2017）在其研究中将智力资本划分为人力资本、结构资本、投入资本和技术资本四种构成要素。马宁（2018）则指出智力资本由人力资本、结构资本、社会资本和创新资本四要素构成。

7.1.2.4 多元论的智力资本（见表7-1）

表7-1　　　　　　　　　　智力资本多要素构成

	学者（年份）	构成要素
五要素结构	Bassi 等（1999）	人力资本、顾客资本、结构资本、创新资本、流程资本
	Bontis（2000）	财政资本、人力资本、市场资本、创新资本、流程资本
	赵罡等（2009）	人力资本、结构资本、关系资本、流程资本、创新资本
	范徵（2010）	人力资本、组织资本、技术资本、市场资本、社会资本

通过对智力资本构成要素相关文献的梳理和分类，我们可以发现，虽然学术界对智力资本构成要素没有达成统一划分标准，但是都包含了人力资本和结构资本两个要素，并在此基础上进行增加维度或丰富内容，同时，结合本书研究重点，以及高新技术企业高技术、高资本、高智力的研究实际及学术界的广泛认可和应用，本书认为，企业智力资本是由人力资本、结构资本和关系资本三个基本要素构成：

首先，人力资本型智力资本是指高新技术企业管理团队和员工的胜任力资本，包括管理团队和员工的显性和隐性的知识和资源，以下简称为"人力资本"。人力资本是指员工创造有形与无形资产的能力，可借由个别员工或员工间互动，发挥无形资产以及知识技术等的作用，为企业创造更多附加价值。知识和技能的关键部分往往为员工个体所拥有，他们是组织中新观点和新知识的主要来源。

其次，结构资本型智力资本是指存在于组织架构之中，不随着员工的流动而改变，是能为企业成员发挥员工特定作用而奠定基础的无形资源，能让组织成员把其所拥有的知识、技能发挥出来的组织环境、氛围或机制，具体体现为企业的组织结构和规章制度，企业的信息平台和内部技术系统，企业拥有的知识产权、著作权和专利以及企业文化等，它是企业内部的结构性知识，企业通过这种结构资本将每个员工自身所拥有和掌握的具有差异性的知识、技能和经验等转化为组织共同拥有，以下简称为"结构资本"。

最后，关系资本型智力资本是指企业所拥有的内部员工之间以及企业与供应商、客户、合作伙伴及政府机构等利益相关者之间的开放性的网络合作关系，通过对这种网络关系资本等无形资源的利用，为企业的创新发展营造良好环境。高新技术企业创新能力的提升需要企业与客户、供应商的交流与合作，交流与合作质量取决于企业关系资本的积累，与客户和供应商等外部资源积累的关系资本有利于企业的创新能力发展，以下简称为"关系资本"。

需要特别指出的是，在智力资本的三要素中，人力资本构成了智力资本的核心和主体内容，结构资本和关系资本分别为人力资本价值的实现提供框架保障和网络途径，它们共同构成了智力资本的整体并通过交互补充一起使智力资本效用达到最大化。

综上所述，本书的分析框架如图 7-1 所示。

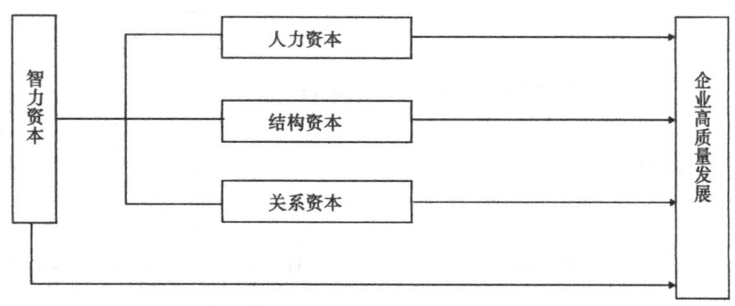

图 7-1 理论分析框架

7.2 企业智力资本对企业价值贡献度分析研究

近几十年来，企业价值理论在西方发达国家得到了很大发展，但至今对企业价值并没有统一的定义。企业价值不仅反映了企业的过去和现在，更重要的是能够反映企业的未来，是企业在过去和现在的基础上的赢利能力和发展潜力的综合反映，它也是企业投资者（包括潜在投资者）对企业的一种预期。因此，企业价值在于其为社会提供产品创造财富（包括精神财富和物质财富）的多少、为投资者带来投资回报的多少以及企业自身扩张能力的大小。也就是说，企业为社会提供的产品创造的财富、为投资者所带来的投资回报以及其自身的扩张构成了企业的价值整体。

企业价值具体表现为企业的内在价值和市场价值。一般说来，企业市场价值由企业股票的市场价值和企业债券的市场价值组成；而企业内在价值主要体现在企业的综合竞争力、资源获取能力和企业运营效率上。企业市场价值是其内在价值的反映，企业内在价值决定其市场价值。由于信息不对称，根据市场规律，企业市场价值总是在内在价值中上下波动，如图 7-2 所示。

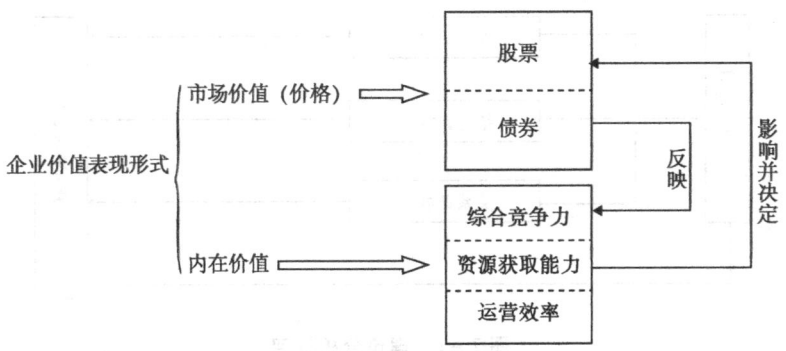

图7-2 企业价值表现形式

研究企业价值有助于帮助投资者和企业管理者明确企业的价值创造和战略调整，因此衡量指标的选择尤为重要。目前国内外学者对企业价值的度量指标主要体现为以下几个指标。

(1) 托宾Q。James Tobin 发明的 Tobin'Q 系数计算为：Tobin'Q 系数＝市场价值/重置成本。这种计算可适用于企业智力资本资产（资源）或企业整体价值的计算。评估者可用相近企业的Q值和本企业资产的重置成本来估计企业的市场价值。Tobin'Q 值实际和市场价值减去账面价值一样属于市场价值测量法。这种方法比较简单，包含了市场价值中的随机因素，同时也有助于对企业关系资本价值创造机制的理解。

(2) Lev 的估价模型。巴鲁赫·列夫（Baruch Lev）认为，以 ROA 和 ROE 这类的指标对公司商业绩效和盈利的评价存在明显的缺陷，因为公司的无形资产没有被考虑在内。列夫通过投入产出函数的模型将公司价值驱动的因素归结为实物资产、金融资产和无形资产，提出了一个简洁的公式描述资产和经济效益之间的关系：经济效益（Economic Performance）＝实物资产（Physical Assets）＋金融资产（Finaneial Assets）＋无形资产（Intangible Assets）。列夫通过公司的过去收入和预期的未来收入估算相应的正常化的年收益，然后减去实物资产和金融资产的价值，得到由无形资产驱动的年收益（Intangibles – driven earnings），再以三阶段估值模型计算无形资产的价值。

(3) 面向未来的会计——AFTF（Account for the future）。纳什（Hum-

phrey H. Nash）认为，传统的会计方法和信息披露机制是以实物资产的计量为主，资产的目前状态和表现是过去决策的结果，资产本身所具备的物质形态是价值的载体，传统会计体系对资产的确认和计量过于依赖资产本身的具体形态和获取成本，所提供的信息不能切实反映资产的价值，不利于投资者做出正确的决策。针对传统基于成本的会计系统的缺陷，他提出了面向未来的会计方法和体系（AFTF）。所谓面向未来的会计方法是对企业的决策所产生的未来价值进行评估和计量，实际上就是将资本预算的净现值法运用于资产的确认和计量。纳什把资产定义为流入公司的所有未来现金流的现值，将权益定义为流出公司的所有未来现金流的现值，将公司的决策定义为可觉察的影响未来现金流量的各项承诺（commitment）。因此，公司的净营业现金流就是由所有非权益所有者流入公司的现金流，并通过 5 年期的滚动方法计算资本成本，最后以 Gorden 模型计算公司的价值。AFTF 方法还通过对决策对公司现金流量的影响分析，来界定资产的确认标准。

（4）经济增加值（EVA）。斯滕斯特公司采用 EVA 衡量公司的价值，并且得到了广泛的应用。EVA 即经济增加值，是从税后净营业利润提取包括股权和债务的所有资金成本后的经济利润。经济增加值 = 企业销售收入 – 营运成本和费用 – 税收 – 资本成本。其中，资本成本是不同投入资本的成本的加权平均值，所以当资本收益率大于资本成本时，企业获得经济增加值，反之，则损失经济价值。EVA 是公司业绩度量的指标，衡量了企业创造的股东财富的市场增加值（Market Value Added，MVA）。市场增加值与经济增加值之间存在这样的联系：市场增加值（MVA）= 未来经济增加值（EVA）的折现值。市场增加值（MVA）直接反映了公司为股东创造或毁坏了多少财富，它是市场对公司未来获取经济增加值能力的预期的反映。从本质上说，EVA 和 MVA 在方法上是一致的。EVA 给公司开出的药方是增加现有资产的 EVA，增加预期增长率、延长高增长阶段年限、降低资本成本。

（5）价值创造指数（Value Creation Index，VCI）。价值创造指数是安永会计事务所（以下简称"安永"）提出的一种基于未来的无形资产价值驱动的评估方法。VCI 认为现今企业的价值主要取决于无形资产，无形资产的价值驱动因素决定了公司的价值创造，而关于无形资产的相关信息主要来自非财务数据，非财务性指标能够提供更多的关于公司价值驱动因素的信息，从而有助于企业对无形资产的管理以实现公司价值的增加。通过对相关经理和投资者的调查，安永事务所确定了重要的九个价值驱动因素，这些因素涉及公司的所有层面，包括：创新、技术、质量、品牌价值、顾客关系、员工、管理能力、环境与社团型联盟等。安永进一步针对耐用品、非耐用品和电子商务行业进行了这些价值驱动因素的相对重要程度调查，对不同行业和不同的因素赋予不同的权重。对每个因素建立指标，根据企业具体情况打分，最后通过加权汇总可以得到无形资产的价值驱动力的总分。

综上所述，Tobin'Q 值克服了账面价值受公司会计政策影响的局限，有利于不同企业之间的比较，尤其是同行业间的比较。该方法在一定程度上弥补了会计方法的不足，可以为公司的交易、投资和研究提供易于获得的、完整的参考数据，这也是本书选择 Tobin'Q 作为企业价值衡量标准的依据。

7.2.1 数据来源及处理

在动态多变的复杂环境中，企业拥有较高水平的智力资本，能够帮助企业适应环境变化，在时代变革中整合已有资源，提高企业创新能力。近年来，在国家政策的大力支持下，高新技术企业蓬勃发展，在产业优化升级、增加社会就业、推动经济发展、稳定 GDP 增长等方面做出了重要贡献，引起了学术界和企业家们的广泛关注。高新技术企业具有高技术、高资本、高智力等特点，是智力资本较为集中的一个产业，其智力资本水平的高低对企业价值具有重要影响。为了突出反映智力资本对高新技术企业的价值贡献程度，本章研究以我国的高新技术上市公司为研究样本，根据国家统计局关于高新技术产业（制造业）的分类，选取 2012—2020 年在深圳证券交易所和上海证券交易所上市的高新技术企业为研究样本。本章为了使高新技术企业数据选取更具有效性以及研究结论更具可靠性，对收集的数据进行了以下处理。

（1）选择A股上市的高新技术企业，为了使上市公司的数据更加可靠，删除了同时在B股或H股上市的高新技术企业。

（2）极端数据可能会给研究结果带来误差影响，剔除包含某些极端数据的高新技术企业。

（3）删除研究所需数据统计不全的企业（如大学本科及以上学历员工人数、顾客集中度、供应商集中度、托宾Q值数据缺漏的高新技术企业）。

把不符合条件的企业进行删除后，依据其研究目的及意义，兼顾数据披露的完整性、可靠性和有效性，在进行样本的筛选时遵循了持续性、完整性、主业明确、剔除异常值的原则，最终以会计年度为限选取2012—2020年的440家制造业上市公司，共3960个样本。

研究的高新技术企业的智力资本对企业价值贡献度和企业创新绩效的影响的相关数据主要从CSMAR数据库、WIND数据库中获得。由于智力资本及企业价值的衡量指标部分需要通过计算获得，首先对收集的数据进行整理，然后通过计算公式计算出各个变量的指标数据，再通过Excel软件对选取的各项指标进行筛选和整理，后期对于样本的平衡性检验、数据的描述性统计、相关性分析、回归分析等分析主要采用Stata15.1和SPSS26软件进行处理。

7.2.2 人力资本与企业价值贡献度的相关性研究

7.2.2.1 理论假设、变量定义与模型构建

企业价值的创造同企业的人力资本密不可分，是基本的发展要素。对某个企业来说，人力资本经历过发展、整顿形成资本存量，进而发展为企业生存的根本，它不仅是创造价值的功能性能源，也是企业的主动性能源。资本市场中，企业在发展过程中对不同个体的技能、知识存在差异性，导致在人力资源方面存在偏差；人力资源对企业的发展具有重要作用，在社会复杂、因果模糊、路径依赖的使用过程中会产生专用性资本，

导致企业的竞争对手难以模仿和复制，创造了企业的价值和自我肯定。但是人力资本进出企业时会产生一定的费用，这部分费用导致人力资本流通性不强，从一定程度上来说，人力资本具有稀缺性。研究表明，一个企业要想使它所创造的价值最大化，就必须保持足够大的人力资本储量，由此可以看出，企业创造的价值不仅仅取决于外部因素，更多是取决于内部因素。但是利用好市场，不断改善和发展这些现实因素也是不容忽视的。在深入研究之下，"人力资本存量"这个名词越来越显现出它的重要性，它在各种内部因素中居主导地位。人力资本存量在提升各种效率以及各种资源优良配置方面有着显著的决定性作用。

唐明娟（2012）运用 Ohlson 剩余收益和 Skandia 的导航器这两个模型，以企业规模和资产负债率作为控制变量，同时结合回归分析的统计方法分析智力资本对企业价值的贡献。研究发现：知识资本正向且显著影响企业价值。人力资本包含的是企业所有员工拥有的知识、技能、价值观等的汇总，借鉴南星恒（2014）利用人力资本总支出衡量人力资本，同时借鉴杨帆（2010）等选取员工平均增值（X_{11}）、员工生产率（X_{12}）、高文化水平员工比重（X_{13}）、薪酬收入比（X_{14}）对人力资本进行评估。表7-2详细对以上变量进行了描述，并对变量指标的计量方法进行了说明。

表7-2 变量定义及计量方法

指标名称	变量名	计量方法	变量符号
因变量	Tobin's Q	企业市场价值/资产重置成本×100%	Tobin's Q
人力资本变量	员工平均增值	企业价值增值（VA）/员工总人数×100%	X_{11}
	员工生产率	营业收入/员工总人数×100%	X_{12}
	高文化水平员工比重	本科及以上员工人数/员工总人数×100%	X_{13}
	薪酬收入比	员工薪酬/营业收入×100%	X_{14}
控制变量	企业规模	期末总资产取得自然对数	Size
	企业年龄	企业成立日期到观测年年终日期	Age
	企业成长性	本年营业收入增加额/上年营业收入	Growth

模型构建如下：

$$Tobin'sQ = \beta_0 + \beta_1 X_{11} + \beta_2 X_{12} + \beta_3 X_{13} + \beta_4 X_{14} + Size + Age + Growth + \varepsilon$$

7.2.2.2 实证分析

(1) 单位根检验。我们使用 ADF 进行单位根检验（见表 7-3、表 7-4、表 7-5 和表 7-6）。员工平均增值（X_{11}）的单位根检验值为 -41.449，员工生产率（X_{12}）的单位根检验值为 -21.615，高文化水平员工比重（X_{13}）的单位根检验值为 -19.790，薪酬收入比（X_{14}）的单位根检验值为 -22.881，均远小于 1% Critical Value、5% Critical Value 和 10% Critical Value，拒绝原假设，自变量不存在单位根，通过单位根检验。因此，员工平均增值（X_{11}）、员工生产率（X_{12}）、高文化水平员工比重（X_{13}）、薪酬收入比（X_{14}）可以作为变量进行分析。

表 7-3　　员工平均增值（X_{11}）的单位根检验

Dickey-Fuller test for unit root		Number of obs = 3959	
	——Interpolated Dickey-Fuller——		
Test Statistic	1% Critical Value	5% Critical Value	10% Critical Value
Z(t)　-41.449	-3.430	-2.860	-2.570
MacKinnon approximate p-value for Z (t) = 0.0000			

表 7-4　　员工生产率（X_{12}）的单位根检验

Dickey-Fuller test for unit root		Number of obs = 3959	
	——Interpolated Dickey-Fuller——		
Test Statistic	1% Critical Value	5% Critical Value	10% Critical Value
Z(t)　-21.615	-3.430	-2.860	-2.570
MacKinnon approximate p-value for Z (t) = 0.0000			

表 7-5　　高文化水平员工比重（X_{13}）的单位根检验

Dickey-Fuller test for unit root		Number of obs = 3959	
	——Interpolated Dickey-Fuller——		
Test Statistic	1% Critical Value	5% Critical Value	10% Critical Value
Z(t)　-19.790	-3.430	-2.860	-2.570
MacKinnon approximate p-value for Z (t) = 0.0000			

表7-6　　　　　　　薪酬收入比（X_{14}）的单位根检验

Dickey – Fuller test for unit root			Number of obs = 3959	
	——Interpolated Dickey – Fuller——			
	Test Statistic	1% Critical Value	5% Critical Value	10% Critical Value
Z(t)	-22.881	-3.430	-2.860	-2.570
MacKinnon approximate p – value for Z (t) = 0.0000				

（2）协整检验。我们使用 ADF 进行协整检验（见表 7-7）。当我们对残差项 e 进行预测，并进行滞后一阶的协整检验时，检验值为 -33.081，远小于 1% Critical Value、5% Critical Value 和 10% Critical Value，因此拒绝原假设，不存在单位根，通过协整检验。

表7-7　　　　　　　变量的协整检验

Dickey – Fuller test for unit root			Number of obs = 3958	
	——Interpolated Dickey – Fuller——			
	Test Statistic	1% Critical Value	5% Critical Value	10% Critical Value
Z(t)	-33.081	-3.430	-2.860	-2.570
MacKinnon approximate p – value for Z (t) = 0.0000				

（3）描述性统计。表 7-8 给出了基本统计分析数据，包括平均数、标准差、最小值和最大值。观察企业价值的平均值和标准差可以发现，均值为 2.479，标准差为 1.477，均值大于标准差，但是标准差系数接近 2，说明此项指标波动较大，即说明不同高新技术企业间企业价值差异较大。另外，标准差数值与平均值相差不大，表明各高新技术企业间的企业价值取值较为集中，数据分布类似于正态分布，说明所选因变量适于做进一步回归分析。观察自变量也未出现异常值，因此自变量适于做进一步的分析。

表7-8　　　　　　　变量描述性统计表

Variables	(1) N	(2) mean	(3) sd	(4) min	(5) max
Tobin'Q	3960	2.479	1.477	0.991	9.330
X_{11}	3960	78965	166563	-761505	596037

续表

Variables	(1) N	(2) mean	(3) sd	(4) min	(5) max
X_{12}	3960	1.006e+06	848809	201898	5.530e+06
X_{13}	3960	0.316	0.213	0.0400	1
X_{14}	3960	0.0211	0.0182	0.000228	0.0946
size	3960	21.81	0.955	20.03	24.93
age	3960	7.703	5.071	0	23
growth	3960	0.161	0.329	-0.489	1.724

(4) 相关性分析。通过对各研究变量进行相关性分析，得到相关系数表。由表 7-9 可知，各自变量之间相关性不大，绝对值均低于 0.4，符合计量统计的要求，说明所选变量适于做进一步的回归分析。

表 7-9 变量相关性分析表

	Tobin'Q	X_{11}	X_{12}	X_{13}	X_{14}	size	age	growth
Tobin'Q	1							
X_{11}	0.123	1						
X_{12}	-0.128	0.263	1					
X_{13}	0.177	0.133	0.152	1				
X_{14}	0.213	-0.0217	-0.286	0.286	1			
size	-0.258	0.0952	0.337	-0.0202	-0.0603	1		
age	-0.0896	-0.0658	0.168	-0.0105	-0.00230	0.510	1	
growth	0.121	0.279	0.131	0.0562	-0.0522	0.0530	-0.103	1

(5) 回归结果分析。将自变量员工平均增值（X_{11}）、员工生产率（X_{12}）、高文化水平员工比重（X_{13}）、薪酬收入比（X_{14}）以及控制变量企业规模、企业年龄和企业成长性引入模型，将企业价值 Tobin'Q 作为因变量进行回归，结果见表 7-10 和表 7-11。由表 7-10 可见，拟合优度检验 R^2 为 0.1585，拟合结果稍微欠缺，但是方差检验 F 值为 93.46，说明拟合的方程方程有意义。P 值为 0.000，均小于 0.01，说明自变量员工平均增值（X_{11}）、员工生产率（X_{12}）、高文化水平员工比重（X_{13}）、薪酬收入比（X_{14}）以及控制变量企业规模、企业年龄和企业成长性对因变量企业

价值 Tobin'Q 的解释性很强，变量具有显著性。从表 7-11 变量显著性分析可明显看出，所有自变量和控制变量均在 0.01 水平上显著。另外，员工平均增值（X_{11}）对企业价值 Tobin'Q 具有显著正向影响，员工生产率（X_{12}）对企业价值 Tobin'Q 具有显著负向影响，高文化水平员工比重（X_{13}）对企业价值 Tobin'Q 具有显著正向影响，薪酬收入比（X_{14}）对企业价值 Tobin'Q 具有显著正向影响。

表 7-10　　　　　　　　　变量回归结果表

Linear regression				Number of obs = 3960 F (7, 3952) = 93.46 Prob > F = 0.0000 R - squared = 0.1585 Root MSE = 1.3563		
Tobin'Q	Coef.	Robust Std. Err.	t	P > |t|	[95% Conf. Interval]	
X_{11}	1.15e-06	1.64E-07	6.99	0.000	8.26e-07	1.47E-06
X_{12}	-1.22e-07	2.68E-08	-4.56	0.000	-1.75e-07	-6.98E-08
X_{13}	0.80262	0.1217382	6.59	0.000	0.5639443	1.041296
X_{14}	12.32942	1.764816	6.99	0.000	8.869381	15.78945
size	-0.4451776	0.029545	-15.07	0.000	-0.5031025	-0.3872527
age	0.0266539	0.0045346	5.88	0.000	0.0177635	0.0355442
growth	0.5409522	0.0794293	6.81	0.000	0.3852261	0.6966784
_cons	11.41593	0.6231114	18.32	0.000	10.19428	12.63758

表 7-11　　　　　　　　　变量显著性分析表

Variables	(1) y
X_{11}	0.000 *** (6.99)

续表

Variables	(1) y
X_{12}	-0.000***
	(-4.56)
X_{13}	0.803***
	(6.59)
X_{14}	12.329***
	(6.99)
size	-0.445***
	(-15.07)
age	0.027***
	(5.88)
growth	0.541***
	(6.81)
Constant	11.416***
	(18.32)
Observations	3960
R-squared	0.158

注：(1) 括号内为稳健标准误。

(2) "***"表示 $p<0.01$，"**"表示 $p<0.05$，"*"表示 $p<0.1$。

7.2.3 结构资本与企业价值贡献度的相关性研究

7.2.3.1 理论假设、变量定义与模型构建

结构资本主要是指有利用价值且在资料数据库、专利、结构体系、文化与流程上建立的机制体系化知识整合的有序化经验。经组织中结构化的日常例行活动，发展结构资本有助于掌握控制知识与经验，从更深层面整合组织知识，同时强化组织中知识价值的适宜性，从而创造更高的企业价值。Robert 择取的切入角度为个体的知识集成化，经对企业机制决策和

非计划性合同在协调度集成知识的卓越化程度方面比较，发现企业之于非计划性集成多样性市场而言，更加可以扩展出一类益于智慧扩散共享以及协作贡献益于创新的新氛围，这些结构元素涉及上下线关系、团队的竞合路径及日常行为特质等。Pena 指出，结构资本对公司市场业务的稳定与增长有积极的促进作用，特别是结构资本中的研发投入因素更是长远地增进企业的创新竞争力。总之，通过组织学习共享等路径将知识机制体系化且构建整合优化组织结构资本后，公司成员，尤其是研发人员，更易于借助系统化的知识与经验开拓发展创新活动来提高企业价值。Martin 选取了 1676 家澳大利亚企业作为样本，对结构资本与企业价值之间的关系进行研究，研究结果发现：结构资本与企业价值之间有时负向相关，即结构资本的提高不能同时提升企业价值，而是出现明显的滞后性。

因此，结构资本是一个企业能够高效运作不可忽视的部分，它和企业融为一体，企业不断发展变化它也会随之而变，主要从企业的文化、规章、机构三个形式方面体现结构资本。结构资本可以为人力资本提供最根本的平台，两者相结合才能够给企业带来足够的价值，结构资本对企业有着减少成本、增加经济效益的作用，还可以协调企业和员工的关系。从企业外部看，忠诚的客户有助于良好的企业文化的形成，有了客户，企业销售投资降低，企业的经济效益也就提高了。从内部看，员工在良好的企业文化中工作，提高了工作效率，从而管理成本降低。结构资本为员工提供了良好的工作沟通平台，能够使企业高速运转，提高企业的技术能力，从而提高企业的经济水平。

借鉴 Edvinsson 和 Malone（1997），Roos（1997）、郝文杰（2008）、李冬伟（2012）对过程资本评估选取的指标，本书采用存货周转率（X_{21}）、应收账款周转率（X_{22}）、流动资产周转率（X_{23}）、研发密度（X_{24}）以及管理费用率（X_{25}）5 个指标对企业结构资本进行评估。表 7 – 12 详细对以上变量进行了描述，并对变量指标的计量方法进行了说明。

表 7-12　　　　　　　　　变量定义及计量方法

指标名称	变量名	计量方法	变量符号
因变量	Tobin's Q	企业市场价值/资产重置成本×100%	Tobin's Q
结构变量	存货周转率	营业成本/平均存货×100%	X_{21}
	应收账款周转率	营业收入/平均应收账款×100%	X_{22}
	流动资产周转率	营业收入/平均流动资产×100%	X_{23}
	研发密度	研发支出/营业收入×100%	X_{24}
	管理费用率	管理费用/营业收支净额×100%	X_{25}
控制变量	企业规模	期末总资产取得自然对数	Size
	企业年龄	企业成立日期到观测年年终日期	Age
	企业成长性	本年营业收入增加额/上年营业收入	Growth

模型构建如下：

$$Tobin's Q = \beta_0 + \beta_1 X_{21} + \beta_2 X_{22} + \beta_3 X_{23} + \beta_4 X_{24} + \beta_5 X_{25} + Size + Age + Growth + \varepsilon$$

7.2.3.2 实证分析

（1）单位根检验。我们使用 ADF 进行单位根检验（见表 7-13、表 7-14）。结合显著性水平，流动资产周转率（X_{23}）的单位根检验值为 -19.963，研发密度（X_{24}）的单位根检验值为 -21.994，均远小于 1% Critical Value、5% Critical Value 和 10% Critical Value，拒绝原假设，自变量不存在单位根，通过单位根检验。因此，流动资产周转率（X_{23}）、研发密度（X_{24}），可以作为变量进行分析。

表 7-13　　　　　流动资产周转率（X_{23}）的单位根检验

Dickey – Fuller test for unit root		Number of obs = 3959	
	——Interpolated Dickey – Fuller——		
	Test Statistic	1% Critical Value	5% Critical Value	10% Critical Value
Z(t)	-19.963	-3.430	-2.860	-2.570
MacKinnon approximate p – value for Z (t) = 0.0000			

表7-14　　　　　　　　研发密度（X_{24}）的单位根检验

Dickey – Fuller test for unit root		Number of obs = 3959	
——Interpolated Dickey – Fuller——			
Test Statistic	1% Critical Value	5% Critical Value	10% Critical Value
Z(t)　－21.994	－3.430	－2.860	－2.570
MacKinnon approximate p – value for Z (t) = 0.0000			

（2）协整检验。我们使用 ADF 进行协整检验（见表7－15）。当对残差项 e 进行预测，并进行滞后一阶的协整检验时，发现检验值为－32.719，远小于1% Critical Value、5% Critical Value 和10% Critical Value，因此拒绝原假设，不存在单位根，通过协整检验。

表7-15　　　　　　　　　变量的协整检验

Dickey – Fuller test for unit root		Number of obs = 3958	
——Interpolated Dickey – Fuller——			
Test Statistic	1% Critical Value	5% Critical Value	10% Critical Value
Z(t)　－32.719	－3.430	－2.860	－2.570
MacKinnon approximate p – value for Z (t) = 0.0000			

（3）描述性统计。表7－16给出了基本统计分析数据，包括平均数、标准差、最小值和最大值。观察企业价值的平均值和标准差可以发现，均值为2.479，标准差为1.477，均值大于标准差，但是标准差系数接近2，说明此项指标波动较大，即说明不同高新技术企业间企业价值差异较大。另外，标准差数值与平均值相差不大，表明各高新技术企业间的企业价值取值较为集中，数据分布类似于正态分布，说明所选变量适于做进一步的回归分析。观察自变量发现也未出现异常值，因此自变量适于做进一步的分析。

表7-16　　　　　　　　　　变量描述性统计表

Variables	(1) N	(2) mean	(3) sd	(4) min	(5) max
Tobin'Q	3960	2.479	1.477	0.991	9.330
X_{21}	3960	5.892	13.57	0.451	120.0
X_{22}	3960	7.644	13.92	0.784	108.3
X_{23}	3960	1.025	0.589	0.188	3.503
X_{24}	3960	5.940	4.569	0.560	27.67
X_{25}	3960	0.380	0.286	0.0675	2.123
size	3960	21.81	0.955	20.03	24.93
age	3960	7.703	5.071	0	23
growth	3960	0.161	0.329	-0.489	1.724

（4）相关性分析。通过对各研究变量进行相关性分析，得到变量相关性分析表。由表7-17可示，各自变量之间相关性不大，除应收账款周转率（X_{22}）和流动资产周转率（X_{23}）的相关性为0.505外，其他绝对值均低于0.4，符合计量统计的要求。另外，检验两者相关性程度对显著性的影响微弱，因此所选变量适于做进一步的回归分析。

表7-17　　　　　　　　　　变量相关性分析表

	Tobin'Q	X_{21}	X_{22}	X_{23}	X_{24}	X_{25}	size	age	growth
Tobin'Q	1								
X_{21}	0.0472	1							
X_{22}	-0.0461	0.147	1						
X_{23}	-0.0782	0.148	0.505	1					
X_{24}	0.248	0.0713	-0.160	-0.395	1				
X_{25}	0.0862	-0.0396	-0.0724	-0.185	0.221	1			
size	-0.258	0.0218	0.115	0.241	-0.223	-0.206	1		
age	-0.0896	0.0210	0.112	0.272	-0.144	-0.0507	0.510	1	
growth	0.121	0.0407	0.0329	0.153	-0.104	-0.177	0.0530	-0.103	1

（5）回归结果分析。将自变量存货周转率（X_{21}）、应收账款周转率（X_{22}）、流动资产周转率（X_{23}）、研发密度（X_{24}）、管理费用率（X_{25}），

以及控制变量企业规模、企业年龄和企业成长性引入模型，将企业价值 Tobin'Q 作为因变量进行回归分析，结果如表 7-18 和表 7-19 所示。由表 7-18 可知，拟合优度检验 R^2 为 0.1367，拟合结果稍微欠缺，方差检验 F 值为 64.58，说明整体拟合效果一般。流动资产周转率（X_{23}）在 0.1 水平上显著，研发密度（X_{24}）在 0.01 水平上显著，说明自变量中只有流动资产周转率（X_{23}）、研发密度（X_{24}），以及控制变量企业规模、企业年龄和企业成长性对因变量企业价值 Tobin'Q 的解释性强，变量具有显著性，从表 7-19 变量显著性分析可明显看出所有自变量和控制变量的显著性水平。因此，存货周转率（X_{21}）与企业价值 Tobin'Q 无显著相关性，应收账款周转率（X_{22}）与企业价值 Tobin'Q 无显著相关性，流动资产周转率（X_{23}）与企业价值 Tobin'Q 有显著正相关关系，研发密度（X_{24}）与企业价值 Tobin'Q 有显著正相关关系，管理费用率（X_{25}）则与企业价值 Tobin'Q 无显著相关性。

表 7-18　　　　　　　　　　变量回归结果表

Linear regression						
				Number of obs = 3960		
				F (8, 3951) = 64.58		
				Prob > F = 0.0000		
				R – squared = 0.1367		
				Root MSE = 1.3738		
Tobin'Q	Coef.	Robust Std. Err.	t	P > |t|	[95% Conf. Interval]	
X_{21}	0.0029056	0.0020307	1.43	0.153	-0.0010757	-0.0010757
X_{22}	-0.00141	0.001507	-0.94	0.350	-0.0043644	-0.0043644
X_{23}	0.07747	0.0420771	1.84	0.066	-0.0050248	-0.0050248
X_{24}	0.0719623	0.0069326	10.38	0.000	0.0583705	0.0583705
X_{25}	0.1143168	0.0871289	1.31	0.190	-0.0565049	-0.0565049
size	-0.4071836	0.0282801	-14.40	0.000	-0.4626286	-0.4626286
age	0.0254819	0.004567	5.58	0.000	0.0165279	0.0165279
growth	0.7447096	0.0775854	9.60	0.000	0.5925983	0.5925983
_cons	10.48762	0.6133629	17.1	0.000	9.285086	9.285086

表7-19　　　　　　　　　变量显著性分析表

Variables	(1) y
X_{21}	0.003
	(1.43)
X_{22}	−0.001
	(−0.94)
X_{23}	0.077*
	(1.84)
X_{24}	0.072***
	(10.38)
X_{25}	0.114
	(1.31)
size	−0.407***
	(−14.40)
age	0.025***
	(5.58)
growth	0.745***
	(9.60)
Constant	10.488***
Observations	3960
R-squared	0.137

注：(1) 括号内为稳健标准误。
(2) "***"表示 $p<0.01$，"**"表示 $p<0.05$，"*"表示 $p<0.1$。

7.2.4　关系资本与企业价值贡献度的相关性研究

7.2.4.1　理论假设、变量定义与模型构建

一般认为，具有良好社会关系资本的企业会创造出更大的价值，而这些关系是否存在、怎样存在，企业各类关系资本如何影响企业的价值创造正是需要研究的课题。这里主要侧重汇总与企业关系资本有关的企业价值创造研究成果。

经济学家对物质资本如何转化为企业利润、股东财富、创造企业价值等做了大量研究。Jones 通过模拟实验利用学生的实验数据分析资本与绩效的关系，其中包含经济资本、文化资本和社会资本，得到下列结果：验证与估计的一致，三类资本对绩效的直接影响是正向的和显著的。三种相互作用中的两种是显著的。在这个模拟实验中，文化资本和经济资本的相互作用与预期一致。在高水平文化资本的情况下，经济资本对企业价值的正影响减少，支持了假设。

社会学家和组织学家研究了社会资本，解释它与组织价值创造的关联，如 Nahapiet 和 Ghoshal 提出社会资本促进新智力资本的创造，组织相对于市场的优势在于创造和分享企业的智力资本，而这是由于组织有更高密度的社会资本。

Lee 等认为新创企业的内部能力主要包含企业家导向、技术能力和财务资源。外部网络包括伙伴网络（Partnership–based Linkages）和支持网络（Sponsorship–based Linkages）。伙伴网络是指与其他企业和风险投资机构形成的战略联盟、与大学或研究院所的合作关系。支持网络是企业从商业银行和政府获得的财务和非财务支持。研究结果表明，内部能力显著影响新创企业价值。

前面所述，企业的内在价值在于其综合竞争力、对资源的获取能力以及运营效率。然而，企业综合竞争力、对资源的获取能力以及运营效率又是由哪些因素影响并决定的？可以说，影响企业竞争力、对资源的获取能力以及运营效率的因素很多很复杂，绝对不是一般的论述可以阐述清楚的，但本书分析认为，企业的关系资本对企业的综合竞争力、资源的获取能力以及运营效率影响较大，也就是说，企业关系资本是企业价值创造的主要影响因素之一。

企业关系资本是新的市场经济条件下企业的重要资源，它可以增强企业的综合竞争力、资源获取能力，并能帮助企业提高运营效率，从而为企业价值创造做出贡献。那么，企业关系资本是如何与企业价值创造发生关系的？新经济时代，企业价值创造的资源不仅包括企业有形资产资源和传统的无形资产资源，也包括企业的关系资本资源。企业价值的实现就是企业各类资本资源协调度作用的结果。政治经济学认为，单个企业要素必须与其他要素结合才能够产生价值。除了财务资本、劳动力、产品等有形资产在企业价值创造中发挥着重要作用外，企业关系资本资源也发挥着重要的作用。这些关系资本或强或弱地与企业的有形资产以及其他无形资产资源发生着联系。企业关系资本在本质上是企业能力的集合。关系资本与企业其他资本之间的作用是互动的。关系资本既反映了企业对各利益相关方价值要求的认同能力，又反映了企业对各方关系平衡的综合能力。正是有了企业关系资本的存在，相同要素组成的企业才能在市场上表现出不同的价值创造能力。

总之，本书认为，企业的价值增长关键在于其内在价值，企业的市场价值（价格）是企业内在价值的一种表现形式，企业内在价值决定其为社会创造财富（包括精神产品、物质产品）的多少、为投资者带来的回报、自身规模的扩张程度等。但是，企业内在价值是企业的综合竞争力、资源获取能力以及运营效率，而影响企业的综合竞争力、资源获取能力以及运营效率的因素有很多，而且很复杂，企业关系资本是其中的一个影响因素。本书论证了企业关系资本与企业的综合竞争力、资源获取能力以及运营效率的关系，也就是论证了企业关系资本对企业价值创造的影响，如图7-3所示。

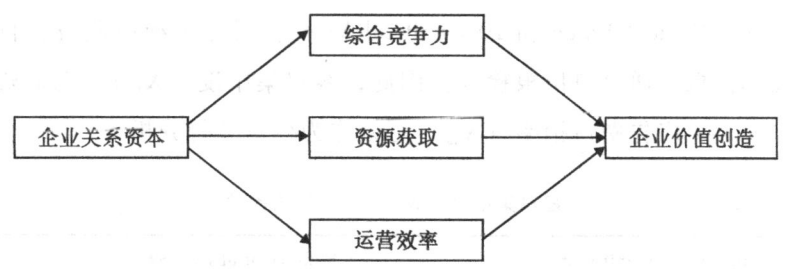

图7-3 企业关系资本对价值创造的示意

本书借鉴 Edvinsson 和 Malone（1997）、杨帆（2010）、何苗（2012）、李冬伟（2012），选取客户集中度（X_{31}）、供应商集中度（X_{32}）、无形资产利润率（X_{33}）、广告费占销率（X_{34}）4个指标对关系资本进行评估。表

7-20 对以上变量进行了详细描述,并对变量指标的计量方法进行了说明。

表 7-20   变量定义及计量方法

指标名称	变量名	计量方法	变量符号
因变量	Tobin's Q	企业市场价值/资产重置成本×100%	Tobin's Q
结构变量	客户集中度	前五大客户的销售额/营业收入净额×100%	X_{31}
	供应商集中度	前五大供应商的采购额/营业成本×100%	X_{32}
	无形资产利润率	无形资产/利润总额×100%	X_{33}
	广告费占销率	广告费/销售额×100%	X_{34}
控制变量	企业规模	期末总资产取得自然对数	Size
	企业年龄	企业成立日期到观测年年终日期	Age
	企业成长性	本年营业收入增加额/上年营业收入	Growth

模型构建如下:

$$Tobin's Q = \beta_0 + \beta_1 X_{31} + \beta_2 X_{32} + \beta_3 X_{33} + \beta_4 X_{34} + Size + Age + Growth + \varepsilon$$

7.2.4.2 实证分析

(1) 单位根检验。我们使用 ADF 进行单位根检验(见表 7-21、表 7-22、表 7-23)。由 3 个表可知,客户集中度(X_{31})的单位根检验值为 -22.865,无形资产利润率(X_{33})的单位根检验值为 -23.580,广告费占销率(X_{34})的单位根检验值为 -19.522,均远小于 1% Critical Value、5% Critical Value 和 10% Critical Value,因此拒绝原假设,自变量不存在单位根,通过单位根检验。因此,客户集中度(X_{31})、无形资产利润率(X_{33})、广告费占销率(X_{34})可以作为变量进行分析。

表 7-21   客户集中度(X_{31})的单位根检验

Dickey-Fuller test for unit root		Number of obs = 3959		
	——Interpolated Dickey-Fuller——			
	Test Statistic	1% Critical Value	5% Critical Value	10% Critical Value
Z(t)	-22.865	-3.430	-2.860	-2.570
MacKinnon approximate p-value for Z(t) = 0.0000				

表7-22　　　　　　　无形资产利润率（X_{33}）的单位根检验

Dickey – Fuller test for unit root			Number of obs = 3959	
	——Interpolated Dickey – Fuller——			
	Test Statistic	1% Critical Value	5% Critical Value	10% Critical Value
Z(t)	-23.580	-3.430	-2.860	-2.570
MacKinnon approximate p – value for Z(t) = 0.0000				

表7-23　　　　　　　广告费占销率（X_{34}）的单位根检验

Dickey – Fuller test for unit root			Number of obs = 3959	
	——Interpolated Dickey – Fuller——			
	Test Statistic	1% Critical Value	5% Critical Value	10% Critical Value
Z(t)	-19.522	-3.430	-2.860	-2.570
MacKinnon approximate p – value for Z(t) = 0.0000				

（2）协整检验。我们使用 ADF 进行协整检验（见表7-24）。对残差项 e 进行预测，并进行滞后一阶的协整检验时发现，检验值为 -32.383，远小于 1% Critical Value、5% Critical Value 和 10% Critical Value，因此拒绝原假设，不存在单位根，通过协整检验。

表7-24　　　　　　　　　变量的协整检验

Dickey – Fuller test for unit root			Number of obs = 3958	
	——Interpolated Dickey – Fuller——			
	Test Statistic	1% Critical Value	5% Critical Value	10% Critical Value
Z(t)	-32.383	-3.430	-2.860	-2.570
MacKinnon approximate p – value for Z(t) = 0.0000				

（3）描述性统计。表7-25 给出了基本统计分析数据，包括平均数、标准差、最小值和最大值。观察企业价值的平均值和标准差可以发现，均值为 2.479，标准差为 1.477，均值大于标准差，但是标准差系数接近 2，说明此项指标波动较大，即说明不同高新技术企业间企业价值差异较大。另外，标准差数值与平均值相差不大，表明各高新技术企业间的企业价值取值较为集中，数据分布类似于正态分布，说明所选变量适于做进一步的

回归分析。观察自变量发现,未出现异常值,因此自变量适于做进一步的分析。

表 7-25　　　　　　　　　变量描述性统计表

Variables	(1) N	(2) mean	(3) sd	(4) min	(5) max
Tobin'Q	3960	2.479	1.477	0.991	9.330
X_{31}	3960	0.287	0.173	0.0428	0.821
X_{32}	3960	0.327	0.176	0.0665	0.866
X_{33}	3960	0.111	0.129	0.00270	0.819
X_{34}	3960	0.0191	0.0479	1.93e-05	0.295
size	3960	21.81	0.955	20.03	24.93
age	3960	7.703	5.071	0	23
growth	3960	0.161	0.329	-0.489	1.724

(4) 相关性分析。通过对各研究变量进行相关性分析,得到变量相关性分析表,如表 7-26 所示。由表可知,各自变量之间相关性不大,除控制变量有 0.51 的相关性外,其他绝对值均低于 0.3,符合计量统计的要求。另外,通过检验两者相关性程度对显著性的影响微弱,所选变量适于做进一步的回归分析。

表 7-26　　　　　　　　　变量相关性分析表

	Tobin'Q	X_{31}	X_{32}	X_{33}	X_{34}	size	age	growth
Tobin'Q	1							
X_{31}	0.0725	1						
X_{32}	0.0757	0.206	1					
X_{33}	0.110	0.0782	0.00160	1				
X_{34}	0.106	-0.143	-0.00330	0.00550	1			
size	-0.258	-0.166	-0.237	-0.0201	0.0441	1		
age	-0.0896	-0.134	-0.116	-0.0239	0.0945	0.510	1	
growth	0.121	0.0746	-0.00450	-0.102	-0.0282	0.0530	-0.103	1

(5) 回归结果分析。将自变量客户集中度 (X_{31})、供应商集中度

（X_{32}）、无形资产利润率（X_{33}）、广告费占销率（X_{34}），以及控制变量企业规模、企业年龄和企业成长性引入模型，将企业价值 Tobin'Q 作为因变量进行回归分析，结果如表 7-27 和表 7-28 所示。由表 7-27 可知，拟合优度检验 R 方为 0.1186，拟合结果稍微欠缺，方差检验 F 值为 65.92，说明整体拟合效果一般。由表 7-28 可知，客户集中度（X_{31}）在 0.1 水平上显著，无形资产利润率（X_{33}）和广告费占销率（X_{34}）在 0.01 水平上显著，说明自变量中除供应商集中度（X_{32}）外，客户集中度（X_{31}）、无形资产利润率（X_{33}）、广告费占销率（X_{34}），以及控制变量企业规模、企业年龄和企业成长性对因变量企业价值 Tobin'Q 的解释性强，变量具有显著性。从表 7-28 变量显著性分析可明显看出所有自变量和控制变量的显著性水平。因此，客户集中度（X_{31}）与企业价值 Tobin'Q 有显著正向相关性，供应商集中度（X_{32}）对企业价值 Tobin'Q 无显著影响，无形资产利润率（X_{33}）与企业价值 Tobin'Q 有显著正向相关性，广告费占销率（X_{34}）与企业价值 Tobin'Q 有显著正向相关性。

表 7-27　　　　　　　　　　变量回归结果表

Linear regression				Number of obs = 3960		
				F (8, 3951) = 65.92		
				Prob > F = 0.0000		
				R - squared = 0.1186		
				Root MSE = 1.388		
Tobin'Q	Coef.	Robust Std. Err.	t	P > |t|	[95% Conf. Interval]	
X_{31}	0.2308644	0.138008	1.67	0.094	-0.0397091	0.5014379
X_{32}	0.0714622	0.1371013	0.52	0.602	-0.1973338	0.3402581
X_{33}	1.365497	0.2009107	6.8	0.000	0.9715991	1.759396
X_{34}	3.701196	0.6440461	5.75	0.000	2.438502	4.96389
size	-0.4664137	0.0278541	-16.74	0.000	-0.5210233	-0.411804
age	0.0223252	0.0045082	4.95	0.000	0.0134866	0.0311637
growth	0.7124505	0.076391	9.33	0.000	0.562681	0.8622199
_cons	12.0541	0.6024336	20.01	0.000	10.87299	13.23521

表7-28　　　　　　　　　变量显著性分析表

Variables	(1) y
X_{31}	0.231* (1.67)
X_{32}	0.071 (0.52)
X_{33}	1.365*** (6.80)
X_{34}	3.701*** (5.75)
size	-0.466*** (-16.74)
age	0.022*** (4.95)
growth	0.712*** (9.33)
Constant	12.054***
Observations	3,960
R-squared	0.119

注：(1) 括号内为稳健标准误。

(2) "***"表示 $p<0.01$，"**"表示 $p<0.05$，"*"表示 $p<0.1$。

7.3　企业智力资本与企业创新发展绩效关系相关性研究

企业创新的本质是探索知识与利用知识实现价值转化。企业有价值的知识资源——智力资本是其创新的来源。智力资本是企业知识和技能经验的综合，在此前提下的资源整合渗透于企业创新过程的始末。该整合始于企业创新创意的挖掘与把握，由各种渠道掌握对组织有价值的信息，包括创新创意的相关信息（创新创意的需求、空间、场景或新业态等），对信息、知识等资源进行有效的商业化整合与分析，形成可实施的创新创意计划，通过组织高效有序执行，直至产生能实现组织创造市场价值的新产品或服务。这一过程核心为知识创造、资源整合商业化开发利用，并且是人力资本、结构资本和关系资本共同参与的结果。

国内外相关研究的结果也表明，智力资本在企业创新过程中发挥了显著的促进作用，提升了企业创新绩效。Denis 等（2009）以北美洲国家上市公司为样本的研究结果表明，智力资本与企业创新显著正相关。Jose 等（2012）根据"美洲国家饭店业的公司问卷调研"也得出了智力资本显著提升企业创新绩效的结论。在国内，张炜（2007）、林筠等（2009）的实证研究也表明智力资本对企业创新具有正向影响，Shenglei 和 Hailin（2013）的研究分析了中国医药和化工企业的动力，发现智力资本对其在转型时期技术创新的促进作用尤为显著。刘程军等（2015）在文献梳理的基础上，经 Meta 分析方法处理后，发现智力资本对企业创新具有显著的正向影响作用。

本书在前面章节已经对企业创新绩效进行了简要阐述，指出专利是企业创新绩效产出最直接的结果，越来越多的企业通过申请专利来保护其知识产权。因此，本书从企业创新绩效产出角度出发，参考学术界常用的衡量手段，借鉴曾德明等（2019）、褚杉尔等（2019）的做法，衡量高新技术企业创新绩效指标在第 t 年新的专利数确认数量。

7.3.1　数据来源及处理

高新技术企业具有高技术、高资本、高智力等特点，是智力资本较为集中的一个产业，其智力资本水平的高低对企业创新绩效具有重要影响。为了突出反映智力资本对高新技术企业创新绩效的影响，本书同样以我国的高新技术上市公司为研究样本，根据国家统计局关于高新技术产业（制造业）的分类，选取 2012—2020 年在深交所和上交所上市的高新技术企业为样本。为了保证数据选取的有效性和研究结论的可靠性，对收集的数据进行了以下处理：

（1）选择 A 股上市的高新技术企业，为了使上市公司的数据更加可靠，删除了同时在 B 股或 H 股上市的高新技术企业。

（2）极端数据可能会给研究结果带来误差影响，剔除包含某些极端数据的高新技术企业。

（3）对研究所需的数据统计不全的企业进行删除（如专利确认数量、本科及以上学历员工人数、顾客集中度、供应商集中度等数据缺漏的高新技术企业）。

把不符合条件的企业进行删除后，依据其研究目的及意义，兼顾数据披露的完整性、可靠性和有效性，在进行样本的筛选时遵循了持续性、完整性、主业明确、剔除异常值的原则，最终以会计年度为限选取 2012—2020 年的 440 家制造业上市公司，共 3960 个样本。

研究的高新技术企业的智力资本对企业价值贡献度和企业创新绩效影响的相关数据主要从 CSMAR 数据库、WIND 数据库中获得。由于智力资本及企业创新绩效的衡量指标部分需要通过计算获得，先对收集的数据进行整理，然后通过公式计算出各个变量的指标数据。通过 Excel 软件对选取的各项指标进行筛选和整理，后期对于样本的平衡性检验、数据的描述性统计、相关性分析、回归分析等主要采用 Stata15.1 和 SPSS26 软件进行处理。

7.3.2 企业人力资本与企业创新发展绩效关系的相关性研究

7.3.2.1 理论假设、变量定义与模型构建

创新一般是在经济和社会领域生产、采用、开发一种增值产品或服务，更新和扩大产品、服务和市场，或者发展新的生产方法，变革新的管理制度。企业获取市场竞争力及成功优势的关键主要源于其人力资本，人力资本的重要性已经得到学术界与企业界的高度认可。高新技术企业的创新绩效很大程度依赖于员工的知识、专业技能和专注度。人力资本在为顾

客解决疑难的过程中不断提出新创意新想法，兼有改进流程等创新行为日渐提升企业创新绩效。此外，人力资本日益完善增长的同时，成员们所掌控的知识、专业度、专业技术、专注度以及信息资源等信息不断增加，使沟通产生更多效益，从而减少甚至避免决策失误。从这个角度而言，人力资本能够正向影响企业创新绩效，人力资本对技术创新具有决定性关键作用，中等以上教育水平的人力资本决定了企业研发创新活动的时效性、有效性。

对于制造业来讲，人力资源自然而然是实现其创新目标的关键。尤其对高新技术等企业来说，更要统筹人力资本、完善人力资源管理。如果没有良好的员工规模、报酬和净利润等，吸引和保留高素质员工及其经验是很难实现的。在创新过程中有多个富有创新思维的工作伙伴，并投入足够的时间，是至关重要的。Desrochers（2001）认为，来自不同背景的人走到一起，产生新的创意和新的组合，结合现有的技术和知识来创造创新，因此造就新公司。Schneider 等（2010）从员工教育水平、工作技能经验和专注度等方面测评人力资本的质量与有效性，经实证研究可知：人力资本的"质"与"量"越高，那么创新绩效越好。Offstdn 等（2005）研究证实，公司内部单独掌控的人力资本，尤其是高层管理人员的经验、能力与水平，有益于增强公司创新呈现的理念、意图及能量，稳、准、快地推动企业的技术创新绩效。企业通过人力资本管理实践影响成员的工作技能、专业度、专注度，进而影响组织创新目标的实现。Rosa 等（2012）通过文献研究发现人力资本对企业创新能力和绩效有积极的促进作用，但在不同类型公司、部门之间促进作用稍有差异。Gregorio 等（2013）对251家西班牙高技术制造业企业进行问卷调查，通过多元回归模型验证其人力资本和技术研发、开发产品创新之间的关联，结果揭示了人力和技术知识资产和产品新开创之间的正相关关联，同时提出创新文化的调节作用。Adnan 等（2014）认为创新是一种对每个公司由于市场全球化和技术的快速发展的必然的终端竞争，在调查土耳其安塔利亚企业的实证中，发现人力资本对创新有积极的促进作用。

本书同样参照7.2部分的自变量选取标准，初步选取了4个人力资本指标：员工平均增值（X_{11}）、员工生产率（X_{12}）、高文化水平员工比重（X_{13}）、薪酬收入比（X_{14}）对人力资本进行评估。表7-29对以上变量进行了详细描述，并对变量指标的计量方法进行了说明。

表7-29　　　　　　　　变量定义及计量方法

指标名称	变量名	计量方法	变量符号
因变量	企业创新绩效	企业当年专利数	Patent
人力资本变量	员工平均增值	企业价值增值（VA）/员工总人数	X_{11}
	员工生产率	营业收入/员工总人数×100%	X_{12}
	高文化水平员工比重	本科及以上员工人数/员工总人数×100%	X_{13}
	薪酬收入比	员工薪酬/营业收入×100%	X_{14}
控制变量	企业规模	期末总资产取得自然对数	Size
	企业年龄	企业成立日期到观测年年终日期	Age
	企业成长性	本年营业收入增加额/上年营业收入	Growth

模型构建如下：

$$Patent = \beta_0 + \beta_1 X_{11} + \beta_2 X_{12} + \beta_3 X_{13} + \beta_4 X_{14} + Size + Age + Growth + \varepsilon$$

7.3.2.2　实证分析

（1）单位根检验。我们使用ADF进行单位根检验。由表7-30可知，薪酬收入比（X_{14}）的单位根检验值为-22.881，远小于1% Critical Value、5% Critical Value和10% Critical Value，拒绝原假设，自变量不存在单位根，通过单位根检验。因此，客户集中度（X_{31}）、无形资产利润率（X_{33}）、广告费占销率（X_{34}）可以作为变量进行分析。

表7-30　　　　　　　薪酬收入比（X_{14}）的单位根检验

Dickey-Fuller test for unit root		Number of obs = 3959	
	——Interpolated Dickey-Fuller——		
Test Statistic	1% Critical Value	5% Critical Value	10% Critical Value
Z(t)　-22.881	-3.430	-2.860	-2.570
MacKinnon approximate p-value for Z(t) = 0.0000			

（2）协整检验。我们使用 ADF 进行协整检验（表 7-31）。对残差项 e 进行预测，并进行滞后一阶的协整检验时发现，检验值为 -20.974，远小于 1% Critical Value、5% Critical Value 和 10% Critical Value，因此拒绝原假设，不存在单位根，通过协整检验。

表 7-31　　　　　　　　　　变量的协整检验

Dickey – Fuller test for unit root			Number of obs = 3958	
——Interpolated Dickey – Fuller——				
	Test Statistic	1% Critical Value	5% Critical Value	10% Critical Value
Z(t)	-20.974	-3.430	-2.860	-2.570
MacKinnon approximate p – value for Z(t) = 0.0000				

（3）描述性统计。表 7-32 给出了基本统计分析数据，包括平均数、标准差、最小值和最大值。观察企业创新绩效的平均值和标准差可以发现，均值为 48.05，标准差为 95.53，均值小于标准差，且标准差系数达到 90 以上，说明此项指标波动极大，即说明不同高新技术企业间企业创新绩效差异极大。另外，标准差数值为平均值的 2 倍，表明各高新技术企业间的企业创新绩效取值极为分散。因此，所选变量需要做进一步回归分析。观察自变量，也未出现异常值，因此自变量适于做进一步的分析。

表 7-32　　　　　　　　　　变量描述性统计表

Variables	(1) N	(2) mean	(3) sd	(4) min	(5) max
patent	3960	48.05	95.53	0	693
X_{11}	3960	78965	166563	-761505	596037
X_{12}	3960	1.006e+06	848809	201898	5.530e+06
X_{13}	3960	0.316	0.213	0.0400	1
X_{14}	3960	0.0211	0.0182	0.000228	0.0946
size	3960	21.81	0.955	20.03	24.93
age	3960	7.703	5.071	0	23
growth	3960	0.161	0.329	-0.489	1.724

（4）相关性分析。通过对各研究变量进行相关性分析，得到变量相关性分析表（见表7-33）。由表7-33可知，各自变量之间相关性不大，除控制变量企业规模与创新绩效和企业年龄有0.5左右的相关性外，其他绝对值均低于0.4，符合计量统计的要求。另外，通过检验发现，三者两两间的相关性程度对显著性的影响微弱，因此所选变量适于做进一步的回归分析。

表7-33　　　　　　　　　变量相关性分析表

	patent	X_{11}	X_{12}	X_{13}	X_{14}	size	age	growth
patent	1							
X_{11}	0.0672	1						
X_{12}	0.179	0.263	1					
X_{13}	0.0286	0.133	0.152	1				
X_{14}	0.0439	-0.0217	-0.286	0.286	1			
size	0.504	0.0952	0.337	-0.0202	-0.0603	1		
age	0.254	-0.0658	0.168	-0.0105	-0.0023	0.510	1	
growth	0.0035	0.279	0.131	0.0562	-0.0522	0.0530	-0.103	1

（5）回归结果分析。将自变量员工平均增值（X_{11}）、员工生产率（X_{12}）、高文化水平员工比重（X_{13}）、薪酬收入比（X_{14}），以及控制变量企业规模、企业年龄和企业成长性引入模型，将企业创新绩效作为因变量进行回归，结果如表7-34和表7-35所示。由表7-34可知，拟合优度检验R^2为0.2620，拟合结果稍微欠缺，方差检验F值为52.04，说明整体拟合效果一般。由表7-35可知，只有薪酬收入比（X_{14}）的P值为0.000，在0.01水平上显著，说明自变量中只有薪酬收入比（X_{14}）及控制变量企业规模和企业成长性对因变量企业创新绩效的解释性强，变量具有显著性。从表7-35变量显著性分析可明显看出所有自变量和控制变量的显著性水平。因此，员工平均增值（X_{11}）、员工生产率（X_{12}）、高文化水平员工比重（X_{13}）与企业创新绩效无显著相关性，薪酬收入比（X_{14}）与企业创新绩效呈显著正相关关系。

表7-34 变量回归结果

			Number of obs = 3960			
	Linear regression		F (7, 3952) = 52.04			
			Prob > F = 0.0000			
			R – squared = 0.2620			
			Root MSE = 82.136			

Patent	Coef.	Robust Std. Err.	t	P>|t|	[95% Conf. Interval]	
X_{31}	0.000011	9.41E–06	1.17	0.241	–7.41e–06	0.0000295
X_{32}	3.48e–06	2.92E–06	1.19	0.233	–2.24e–06	9.20E–06
X_{33}	4.705014	7.863682	0.6	0.550	–10.71224	20.12227
X_{34}	414.6678	97.17652	4.27	0.000	224.147	605.1886
size	50.3445	3.035093	16.59	0.000	44.39401	56.295
age	–.1771597	0.3969199	–0.45	0.655	–.9553468	0.6010274
growth	–8.718693	4.163147	–2.09	0.036	–16.88081	–0.5565747
_cons	–1061.834	64.58711	–16.44	0.000	–1188.461	–935.2068

表7-35 变量显著性分析

Variables	(1) y
X_{11}	0.000 (1.17)
X_{12}	0.000 (1.19)
X_{13}	4.705 (0.60)
X_{14}	414.668 *** (4.27)
size	50.345 *** (16.59)
age	–0.177 (–0.45)

续表

Variables	(1) y
growth	-8.719**
	(-2.09)
Constant	-1061.834***
Observations	3960
R-squared	0.262

注：(1) 括号内为稳健标准误。
(2) "***"表示 $p<0.01$，"**"表示 $p<0.05$，"*"表示 $p<0.1$。

7.3.3 企业结构资本与企业创新发展绩效关系的相关性研究

7.3.3.1 理论假设、变量定义与模型构建

结构资本主要指有利用价值且在资料数据库、专利、结构体系、文化与流程上建立确认的机制体系，是企业的组织类无形资产，一般包括企业战略、企业管理领导力、企业文化、管理制度与措施、行为规范与约束以及数据库和信息技术的应用程度等。基于此，结构资本不单单能增强现有组织知识的深度整合优化的作用，还能升华优化组织的创新能力与创新绩效。Robert（1996）择取的切入角度为个体的知识集成化，通过对企业机制决策和非计划性合同在协调度集成知识的卓越化程度进行比较。Bontis（2001）通过对马来西亚公司的实证研究得知，组织资本益于企业创新的提升。Pena（2002）提出，结构资本对公司市场业务的稳定与增长有积极的促进作用，特别是结构资本中的研发投入因素更是可以长远地增进企业的创新竞争力。总之，通过组织学习共享等路径将知识机制体系化且构建整合优化组织结构资本后，公司成员，尤其研发人员，更易于借助系统化的知识与经验开拓发展创新活动。

结构资本、管理结构和经营模式调整为市场条件，是实现制造业企业创新目标的关键因素。同样重要的是，有一个合适的结构规划过程和程

序，在一个灵活的环境兼具适当的组织结构中管理创新活动。一个稳定的资本结构包含金融资金和流动资产等支持的企业创新活动，易于激发创新能力和创新绩效，可以促进人力资源的激励与企业创新目标的一致性。一个结构清晰的商业计划，可能会变成一个明确的创新项目成功的预测。公司致力于技术创新，也应该得到来自结构资本的支持，以实现更多的创新绩效。Antonio等（2010）以西班牙工业企业为样本，研究发现结构资本对创新有正向影响，尤其是突破式创新。张慧颖与吕爽（2014）通过实证研究证实，结构资本积极地促进渐进式创新，进而利用其中介作用对产品创新绩效存在显著的正向作用。Raffaele等（2014）通过对爱尔兰制药业的研究发现，结构资本演化有利于知识传递、转化，对创新有促进作用。Aramburu等（2015）以哥伦比亚高新技术公司为例，运用结构方程分析得出，结构资本对企业创新能力和创新绩效有重要的促进作用。

结构资本是企业内生的组织力，反映了企业整合资源的能力。结构资本的制度、文化、流程、管理等元素作用于提升实物资本等的服务潜能，实现资本的广度和深化，提高企业创新绩效。本书同样参照7.2部分的自变量选取标准，初步选取了5个结构资本指标，即存货周转率（X_{21}）、应收账款周转率（X_{22}）、流动资产周转率（X_{23}）、研发密度（X_{24}）、管理费用率（X_{25}），对企业结构资本进行评估。表7-36详细对以上变量进行了描述，并对变量指标的计量方法进行说明。

表7-36　　　　　　　　　　变量定义及计量方法

指标名称	变量名	计量方法	变量符号
因变量	企业创新绩效	企业当年专利数	Patent
结构变量	存货周转率	营业成本/平均存货×100%	X_{21}
	应收账款周转率	营业收入/平均应收账款×100%	X_{22}
	流动资产周转率	营业收入/平均流动资产×100%	X_{23}
	研发密度	研发支出/营业收入×100%	X_{24}
	管理费用率	管理费用/营业收支净额×100%	X_{25}

续表

指标名称	变量名	计量方法	变量符号
控制变量	企业规模	期末总资产取得自然对数	Size
	企业年龄	企业成立日期到观测年年终日期	Age
	企业成长性	本年营业收入增加额/上年营业收入	Growth

模型构建如下：

$$Tobin's Q = \beta_0 + \beta_1 X_{21} + \beta_2 X_{22} + \beta_3 X_{23} + \beta_4 X_{24} + \beta_5 X_{25} + Size + Age + Growth + \varepsilon$$

7.3.3.2 实证分析

（1）单位根检验。我们使用 ADF 进行单位根检验（见表 7-37、表 7-38、表 7-39）。结合显著性水平，由 3 个表可知，流动资产周转率（X_{23}）的单位根检验值为 -19.963，研发密度（X_{24}）的单位根检验值为 -21.994，管理费用率（X_{25}）的单位根检验值为 -35.341，均远小于 1% Critical Value、5% Critical Value 和 10% Critical Value，拒绝原假设，自变量不存在单位根，通过单位根检验。因此，流动资产周转率（X_{23}）、研发密度（X_{24}）、管理费用率（X_{25}）可以作为变量进行分析。

表 7-37　　　　　流动资产周转率（X_{23}）的单位根检验

Dickey-Fuller test for unit root		Number of obs = 3959	
	——Interpolated Dickey-Fuller——		
	Test Statistic	1% Critical Value	5% Critical Value	10% Critical Value
Z(t)	-19.963	-3.430	-2.860	-2.570
MacKinnon approximate p-value for Z(t) = 0.0000			

表 7-38　　　　　研发密度（X_{24}）的单位根检验

Dickey-Fuller test for unit root		Number of obs = 3959	
	——Interpolated Dickey-Fuller——		
	Test Statistic	1% Critical Value	5% Critical Value	10% Critical Value
Z(t)	-21.994	-3.430	-2.860	-2.570
MacKinnon approximate p-value for Z(t) = 0.0000			

表 7-39　　　　　　　　管理费用率（X_{25}）的单位根检验

Dickey - Fuller test for unit root			Number of obs = 3959	
	——Interpolated Dickey - Fuller——			
	Test Statistic	1% Critical Value	5% Critical Value	10% Critical Value
Z(t)	-35.341	-3.430	-2.860	-2.570
MacKinnon approximate p - value for Z(t) = 0.0000				

（2）协整检验。我们使用 ADF 进行协整检验（见表 7-39）。对残差项 e 进行预测，并进行滞后一阶的协整检验时发现，检验值为 -35.341，远小于 1% Critical Value、5% Critical Value 和 10% Critical Value，因此拒绝原假设，不存在单位根，通过协整检验。

表 7-39　　　　　　　　　　变量的协整检验

Dickey - Fuller test for unit root			Number of obs = 3958	
	——Interpolated Dickey - Fuller——			
	Test Statistic	1% Critical Value	5% Critical Value	10% Critical Value
Z(t)	-35.341	-3.430	-2.860	-2.570
MacKinnon approximate p - value for Z(t) = 0.0000				

（3）描述性统计。表 7-40 给出了基本统计分析数据，包括平均数、标准差、最小值和最大值。观察企业创新绩效的平均值和标准差可以发现，均值为 48.05，标准差为 95.53，均值小于标准差，且标准差系数达到 90 以上，说明此项指标波动极大，即说明不同高新技术企业间企业创新绩效差异极大。另外，标准差数值为平均值的 2 倍，表明各高新技术企业间的创新绩效取值极为分散，因此，所选变量需要做进一步的回归分析。观察自变量也未出现异常值，因此自变量适于做进一步的分析。

表 7-40　　　　　　　　　　变量描述性统计表

Variables	(1) N	(2) mean	(3) sd	(4) min	(5) max
patent	3960	48.05	95.53	0	693
X_{21}	3960	5.892	13.57	0.451	120.0

续表

Variables	(1) N	(2) mean	(3) sd	(4) min	(5) max
X_{22}	3960	7.644	13.92	0.784	108.3
X_{23}	3960	1.025	0.589	0.188	3.503
X_{24}	3960	5.940	4.569	0.560	27.67
X_{25}	3960	0.380	0.286	0.0675	2.123
size	3960	21.81	0.955	20.03	24.93
age	3960	7.703	5.071	0	23
growth	3960	0.161	0.329	-0.489	1.724

(4) 相关性分析。通过对各研究变量进行相关性分析，得到变量相关性分析表（见表7-41）。由表7-41可知，各自变量之间相关性不大，除应收账款周转率（X_{22}）和流动资产周转率（X_{23}）的相关性为0.505，以及控制变量企业规模和企业年龄的相关性为0.510外，其他绝对值均低于0.4，符合计量统计的要求。另外，通过检验可知，两者相关性程度对显著性的影响微弱，因此所选变量适于做进一步的回归分析。

表7-41　　　　　　　变量相关性分析表

	patent	X_{21}	X_{22}	X_{23}	X_{24}	X_{25}	size	age	growth
patent	1								
X_{21}	0.0200	1							
X_{22}	0.0880	0.147	1						
X_{23}	0.160	0.148	0.505	1					
X_{24}	-0.0401	0.0713	-0.160	-0.395	1				
X_{25}	-0.119	-0.0396	-0.0724	-0.185	0.221	1			
size	0.504	0.0218	0.115	0.241	-0.223	-0.206	1		
age	0.254	0.0210	0.112	0.272	-0.144	-0.0507	0.510	1	
growth	0.00350	0.0407	0.0329	0.153	-0.104	-0.177	0.0530	-0.103	1

(5) 回归结果分析。将自变量存货周转率（X_{21}）、应收账款周转率

（X_{22}）、流动资产周转率（X_{23}）、研发密度（X_{24}）、管理费用率（X_{25}），以及控制变量企业规模、企业年龄和企业成长性引入模型，将企业创新绩效作为因变量进行回归分析，结果如表 7-42 和表 7-43 所示。由表 7-42 可知，拟合优度检验 R^2 为 0.2669，拟合结果稍微欠缺，方差检验 F 值为 44.35，说明整体拟合效果一般。流动资产周转率（X_{23}）、研发密度（X_{24}）在 0.01 水平上显著，管理费用率（X_{25}）在 0.05 水平显著，说明自变量中流动资产周转率（X_{23}）、研发密度（X_{24}）、管理费用率（X_{25}），以及控制变量企业规模和企业成长性对因变量企业创新绩效的解释性强，变量具有显著性。从表 7-43 变量显著性分析可明显看出所有自变量和控制变量的显著性水平。因此，存货周转率（X_{21}）、应收账款周转率（X_{22}）与企业创新绩效无显著相关性，流动资产周转率（X_{23}）与企业创新绩效有显著正相关关系，研发密度（X_{24}）与企业创新绩效有显著正相关关系，以及管理费用率（X_{25}）与企业创新绩效有显著正相关关系。

表 7-42　　　　　　　　　　　变量回归结果

	Linear regression			Number of obs = 3960		
				F (8, 3951) = 44.35		
				Prob > F = 0.0000		
				R-squared = 0.2669		
				Root MSE = 81.878		
Patent	Coef.	Robust Std. Err.	t	P>|t|	[95% Conf. Interval]	
X_{21}	-0.0830288	0.1174705	-0.71	0.480	-0.3133373	0.1472796
X_{22}	0.0538414	0.182439	0.3	0.768	-0.303842	0.4115248
X_{23}	13.34116	3.342541	3.99	0.000	6.787891	19.89443
X_{24}	2.290443	0.2649553	8.64	0.000	1.770981	2.809905
X_{25}	-9.452635	3.832219	-2.47	0.014	-16.96595	-1.939322
size	51.45508	3.141927	16.38	0.000	45.29513	57.61503
age	-0.3811892	0.3893627	-0.98	0.328	-1.14456	0.3821815
growth	-9.25058	4.054331	-2.28	0.023	-17.19836	-1.301802
_cons	-1093.41	67.3391	-16.24	0.000	-1225.432	-961.3872

表7-43　　　　　　　　　　变量显著性分析

Variables	(1) y
X_{21}	-0.083
	(-0.71)
X_{22}	0.054
	(0.30)
X_{23}	13.341***
	(3.99)
X_{24}	2.290***
	(8.64)
X_{25}	-9.453**
	(-2.47)
size	51.455***
	(16.38)
age	-0.381
	(-0.98)
growth	-9.251**
	(-2.28)
Constant	-1093.410***
Observations	3960
R-squared	0.267

注：(1) 括号内为稳健标准误。

(2) "***"表示 $p<0.01$，"**"表示 $p<0.05$，"*"表示 $p<0.1$。

7.3.4　企业关系资本与企业创新发展绩效关系的相关性研究

7.3.4.1　理论假设、变量定义与模型构建

企业关系资本是企业智力资本的构成要素之一，已成为员工取得内外部能量及信息并与之构建联系的重要方法和路径，经此信息获取、分享路

径促使企业的创新绩效日益增升。Tsai 和 Ghoshal（1998）以 15 家大型跨国电子公司为样本，通过跟进其产品创新过程的实证研究发现，企业的关系资本对其所处市场中有商业价值的技术等相关信息的传递兼员工间的经验等分享交流有着显著的促进作用，此种情形在一定程度上推动了其产品创新，进而深度提升了企业创新绩效。Powell 等（1996）通过对不同产业的对比分析发现，创新绩效较好的产业内部公司之间一般存在紧密的良好合作关系，由此可知产业拥有关系资本越多，则意味着其形成的创新绩效越好。Schulz 于 2001 年从更深层面分析出，信任在关系网络中起到提升创新绩效的作用。周小虎和陈传明（2004）通过文献研究发现关系资本有助于企业迅速获取、共享各种信息等资源，因此促进了企业创新的发生。Maurer 等（2011）在德国选取机械工程行业 144 家公司的创新项目数据进行整理对比分析，发现关系资本通过中介变量知识转移对企业的创新绩效有正向影响。

关系资本多用于产品和服务的营销，在创新活动成果和绩效的实现中是非常重要的，正是因为受到规模和能力的影响，某些企业的关系资本存在一些缺陷，大型企业正在不断推出广告宣传活动，利用低成本基础上的经济规模实现更好的创新绩效。因此，关系资本是营销、收入和利润至关重要的支持，是创新活动转化为可衡量创新绩效的催化剂。依据不同企业关系资本的主题，Yaghoubi 和 Ahmadi（2010）选择 143 家泰国公司，结合中小企业的特点、客户和市场情况研究他们做生意的方式，寻求合作和金融资源，以及外部环境的积极作用，发现良好的关系资本有益于达到企业创新使命。Fulya 等（2011）以土耳其制造业公司为例的实证研究结论揭示了关系资本与企业创新和经营效能之间存在正向关联。Lucia 和 Thomas（2013）以 51 家欧洲公司为例，揭示关系资本的披露对创新有积极的驱动作用。Francesco 等（2014）对意大利的创新社区进行了案例研究，得出"关系资本是开放式创新的主要驱动力之一，在其价值创造过程中不可或缺"的结论。

关系资本主要是企业与利益相关者为了实现其目标而建立、维持与发展关系并进行投资而形成的指标或者关系价值。在激烈的市场竞争中，关系资本对企业创新绩效实现的重要性不言而喻。同样参照7.2的自变量选取标准，初步选取了4个关系资本指标——客户集中度（X_{31}）、供应商集中度（X_{32}）、无形资产利润率（X_{33}）、广告费占销率（X_{34}），对关系资本进行评估。表7-44对以上变量进行了描述，并对变量指标的计量方法进行说明。

表7-44　　　　　　　　变量定义及计量方法

指标名称	变量名	计量方法	变量符号
因变量	企业创新绩效	企业当年专利数	Patent
结构变量	客户集中度	前五大客户的销售额/营业收入净额×100%	X_{31}
	供应商集中度	前五大供应商的采购额/营业成本×100%	X_{32}
	无形资产利润率	无形资产/利润总额×100%	X_{33}
	广告费占销率	广告费/销售额×100%	X_{34}
控制变量	企业规模	期末总资产取得自然对数	Size
	企业年龄	企业成立日期到观测年年终日期	Age
	企业成长性	本年营业收入增加额/上年营业收入	Growth

模型构建如下：

$$Patent = \beta_0 + \beta_1 X_{31} + \beta_2 X_{32} + \beta_3 X_{33} + \beta_4 X_{34} + Size + Age + Growth + \varepsilon$$

7.3.4.2 实证分析

（1）单位根检验。我们使用ADF进行单位根检验。如表7-45、表7-46、表7-47、表7-48所示，客户集中度（X_{31}）的单位根检验值为-22.172，供应商集中度（X_{32}）的单位根检验值为-22.172，无形资产利润率（X_{33}）的单位根检验值为-23.580，广告费占销率（X_{34}）的单位根检验值为-19.522，均远小于1% Critical Value、5% Critical Value和10% Critical Value，拒绝原假设，自变量不存在单位根，通过单位根检验。因此，客户集中度（X_{31}）、供应商集中度（X_{32}）、无形资产利润率（X_{33}）、广告费占销率（X_{34}）可以作为变量进行分析。

表7-45　客户集中度（X_{31}）的单位根检验

Dickey – Fuller test for unit root			Number of obs = 3959	
	——Interpolated Dickey – Fuller——			
	Test Statistic	1% Critical Value	5% Critical Value	10% Critical Value
Z(t)	-22.865	-3.430	-2.860	-2.570
MacKinnon approximate p – value for Z(t) = 0.0000				

表7-46　供应商集中度（X_{32}）的单位根检验

Dickey – Fuller test for unit root			Number of obs = 3959	
	——Interpolated Dickey – Fuller——			
	Test Statistic	1% Critical Value	5% Critical Value	10% Critical Value
Z(t)	-22.172	-3.430	-2.860	-2.570
MacKinnon approximate p – value for Z(t) = 0.0000				

表7-47　无形资产利润率（X_{33}）的单位根检验

Dickey – Fuller test for unit root			Number of obs = 3959	
	——Interpolated Dickey – Fuller——			
	Test Statistic	1% Critical Value	5% Critical Value	10% Critical Value
Z(t)	-23.580	-3.430	-2.860	-2.570
MacKinnon approximate p – value for Z(t) = 0.0000				

表7-48　广告费占销率（X_{34}）的单位根检验

Dickey – Fuller test for unit root			Number of obs = 3959	
	——Interpolated Dickey – Fuller——			
	Test Statistic	1% Critical Value	5% Critical Value	10% Critical Value
Z(t)	-19.522	-3.430	-2.860	-2.570
MacKinnon approximate p – value for Z(t) = 0.0000				

（2）协整检验。我们使用ADF进行协整检验（见表7-49）。对残差项e进行预测，并进行滞后一阶的协整检验时发现，检验值为-20.848，远小于1% Critical Value、5% Critical Value和10% Critical Value，因此拒绝原假设，不存在单位根，通过协整检验。

表7-49　　　　　　　　　　　　变量的协整检验

Dickey - Fuller test for unit root			Number of obs = 3958	
	——Interpolated Dickey - Fuller——			
	Test Statistic	1% Critical Value	5% Critical Value	10% Critical Value
$Z(t)$	-20.848	-3.430	-2.860	-2.570
MacKinnon approximate p - value for $Z(t)$ = 0.0000				

(3) 描述性统计。表7-50给出了基本统计分析数据，包括平均数、标准差、最小值和最大值。观察企业创新绩效的平均值和标准差可以发现，均值为48.05，标准差为95.53，均值小于标准差，且标准差系数达到90以上，说明此项指标波动极大，即说明不同高新技术企业间企业创新绩效差异极大。另外，标准差数值为平均值的2倍，表明各高新技术企业间的创新绩效取值极为分散，因此，所选变量需要进一步做回归分析。观察自变量发现未出现异常值，因此自变量适于做进一步的分析。

表7-50　　　　　　　　　　　　变量描述性统计表

Variables	(1) N	(2) mean	(3) sd	(4) min	(5) max
patent	3960	48.05	95.53	0	693
X_{311}	3960	0.287	0.173	0.0428	0.821
X_{322}	3960	0.327	0.176	0.0665	0.866
X_{333}	3960	0.111	0.129	0.00270	0.819
X_{344}	3960	0.0191	0.0479	$1.93e-05$	0.295
size	3960	21.81	0.955	20.03	24.93
age	3960	7.703	5.071	0	23
growth	3960	0.161	0.329	-0.489	1.724

(4) 相关性分析。通过对各研究变量进行相关性分析，得到变量相关性分析表（见表7-51）。由表7-51可知，各自变量之间相关性不大，除控制变量企业规模与因变量企业创新绩效有0.504的相关性以及与企业年龄有0.51的相关性外，其他绝对值均低于0.3，符合计量统计的要求。另

外，通过检验可知两者相关性程度对显著性的影响微弱，因此所选变量适于做进一步的回归分析。

表 7-51　　　　　　　　　　变量相关性分析表

	patent	X_{31}	X_{32}	X_{33}	X_{34}	size	age	growth
patent	1							
X_{31}	-0.0596	1						
X_{32}	-0.164	0.206	1					
X_{33}	-0.0787	0.0782	0.00160	1				
X_{34}	-0.00640	-0.143	-0.00330	0.00550	1			
size	0.504	-0.166	-0.237	-0.0201	0.0441	1		
age	0.254	-0.134	-0.116	-0.0239	0.0945	0.510	1	
growth	0.00350	0.0746	-0.00450	-0.102	-0.0282	0.0530	-0.103	1

（5）回归结果分析。将自变量客户集中度（X_{31}）、供应商集中度（X_{32}）、无形资产利润率（X_{33}）、广告费占销率（X_{34}），以及控制变量企业规模、企业年龄和企业成长性引入模型，将企业创新绩效作为因变量进行回归分析，结果如表 7-52 和表 7-53 所示。由表 7-52 可知，拟合优度检验 R^2 为 0.2644，拟合结果稍微欠缺，方差检验 F 值为 53.40，说明整体拟合效果一般。由表 7-53 可知，客户集中度（X_{31}）、供应商集中度（X_{32}）、无形资产利润率（X_{33}）在 0.01 水平上显著，广告费占销率（X_{34}）在 0.05 水平上显著，说明自变量客户集中度（X_{31}）、供应商集中度（X_{32}）、无形资产利润率（X_{33}）、广告费占销率（X_{34}），以及控制变量企业规模和企业成长性对因变量企业创新绩效的解释性强，变量具有显著性。从表 7-53 变量显著性分析可明显看出所有自变量和控制变量的显著性水平。因此，客户集中度（X_{31}）与企业创新绩效具有显著正相关关系，供应商集中度（X_{32}）与企业创新绩效具有显著负相关关系，无形资产利润率（X_{33}）与创新绩效具有显著负相关关系，广告费占销率（X_{34}）与企业创新绩效具有显著负相关关系。

表 7 – 52　　　　　　　　　　变量回归结果表

				Number of obs = 3960	
				F (8, 3951) = 53.40	
	Linear regression			Prob > F = 0.0000	
				R – squared = 0.2644	
				Root MSE = 82.003	

Patent	Coef.	Robust Std. Err.	t	P>|t|	[95% Conf. Interval]	
X_{31}	21.7262	8.374526	2.59	0.010	5.307405	38.145
X_{32}	–29.41494	8.44401	–3.48	0.001	–45.96997	–12.85992
X_{33}	–55.59024	6.76006	–8.22	0.000	–68.84377	–42.3367
X_{34}	–46.13205	23.41082	–1.97	0.049	–92.03046	–0.2336264
size	50.27193	3.208477	15.67	0.000	43.98151	56.56236
age	–0.123667	0.3929382	–0.31	0.753	–0.8940476	0.6467137
growth	–10.24583	3.898144	–2.63	0.009	–17.88839	–2.603271
_cons	–1035.407	68.11529	–15.2	0.000	–1168.952	–901.8628

表 7 – 53　　　　　　　　　　变量显著性分析表

Variables	(1) y
X_{31}	21.726*** (2.59)
X_{32}	–29.415*** (–3.48)
X_{33}	–55.590*** (–8.22)
X_{34}	–46.132** (–1.97)
size	50.272*** (15.67)
age	–0.124 (–0.31)
growth	–10.246*** (–2.63)

续表

Variables	(1) y
Constant	−1035.407***
Observations	3960
R − squared	0.264

注：(1) 括号内为稳健标准误。

(2) "***"表示 p<0.01，"**"表示 p<0.05，"*"表示 p<0.1。

7.3.5 企业智力资本三要素与企业创新绩效发展的相关性

7.3.5.1 数据预处理

(1) 人力资本综合值。人力资本的衡量指标有员工平均增值（X_{11}）、员工生产率（X_{12}）、高文化水平员工比重（X_{13}）、薪酬收入比（X_{14}），由于其数据单位不同，对人力资本指标数据进行无量纲化处理，运用因子分析的方法得到人力资本综合值（HC）。

首先，进行因子提取，从多个指标中提取公因子，各因子的贡献率意味着因子对变量整体内涵的诠释规模，呈现其重要性的不同。当方差累积贡献率大于60%时，基本上能够诠释变量整体内涵。由表7-54可以得到特征值大于1的因子有2个，它们的方差累积贡献率为61.522%，说明可以提取2个主成分，能解释61.522%的人力资本信息。这2个主成分用H_1、H_2表示。

表 7-54　　　　　人力资本因子分析的总方差解释　　　　　单位:%

成分	初始特征值			提取载荷平方和			旋转载荷平方和		
	总计	方差百分比	累积贡献率	总计	方差百分比	累积贡献率	总计	方差百分比	累积贡献率
1	1.259	31.472	31.472	1.259	31.472	31.472	1.259	31.472	31.472
2	1.202	30.051	61.522	1.202	30.051	61.522	1.202	30.051	61.522
3	0.919	22.985	84.507						
4	0.620	15.493	100.000						

提取方法：主成分分析法。

然后，采用回归分析法得出成分得分系数矩阵（见表7-55），再根据成分得分矩阵可以得出成分得分函数：

表7-55　　　　　　　　人力资本成分得分系数矩阵

	成分[a]	
	1	2
X_{11}	.083	.579
X_{12}	-.115	.800
X_{13}	.760	.373
X_{14}	.813	-.295

提取方法：主成分分析法。

a. 提取了2个成分。

成分得分函数为：

$H_1 = 0.083X_{11} - 0.115X_{12} + 0.760X_{13} + 0.813X_{14}$

$H_2 = 0.579X_{11} + 0.800X_{12} + 0.373X_{13} - 0.295X_{14}$

最后，将2个主成分旋转后对应的方差贡献率比重作为权重进行计算，得出人力资本综合值（HC）：

$HC = 0.507H_1 + 0.493H_2$

（2）结构资本综合值。结构资本的衡量指标有存货周转率（X_{21}）、应收账款周转率（X_{22}）、流动资产周转率（X_{23}）、研发密度（X_{24}）、管理费用率（X_{25}），由于其数据单位不同，对结构资本指标数据进行无量纲化处理，运用因子分析的方法得到其综合值（SC）。

首先，进行因子提取，从多个指标中提取公因子，各因子的贡献率意味着因子对变量整体内涵的诠释规模，呈现其重要性的不同。当方差累计贡献率大于60%时，基本上能够诠释变量整体内涵。由表7-56可以得到特征值大于1的因子有2个，它们的方差累计贡献率为47.860%，说明可以提取2个主成分，能解释47.860%的结构资本信息，解释效果不佳。这2个主成分用S_1、S_2表示。

表 7-56　　　　　　　结构资本因子分析的总方差解释　　　　　　　单位:%

成分	初始特征值			提取载荷平方和			旋转载荷平方和		
	总计	方差百分比	累积贡献率	总计	方差百分比	累积贡献率	总计	方差百分比	累积贡献率
1	1.379	27.572	27.572	1.379	27.572	27.572	1.378	27.551	27.551
2	1.014	20.288	47.860	1.014	20.288	47.860	1.015	20.309	47.860
3	.993	19.856	67.716						
4	.932	18.646	86.361						
5	.682	13.639	100.000						

提取方法：主成分分析法。

然后，采用回归分析法得出成分得分系数矩阵（见表7-57），再根据成分得分矩阵可以得出以下成分得分函数：

表 7-57　　　　　　　结构资本成分得分系数矩阵

	成分[a]	
	1	2
X_{21}	.141	.553
X_{22}	-.209	.760
X_{23}	-.737	.185
X_{24}	.769	.126
X_{25}	.425	.283

提取方法：主成分分析法。

a. 提取了2个成分。

成分得分函数为：

$$S_1 = 0.141X_{21} - 0.209X_{22} - 0.737X_{23} + 0.769X_{24} + 0.425X_{25}$$

$$S_2 = 0.553X_{21} + 0.760X_{22} + 0.185X_{23} + 0.126X_{24} + 0.283X_{25}$$

最后，将2个主成分旋转后对应的方差贡献率比重作为权重进行计算，得出结构资本综合值（SC）：

$$SC = 0.550S_1 + 0.450S_2$$

（3）关系资本综合值。关系资本的衡量指标有客户集中度（X_{31}）、供应商集中度（X_{32}）、无形资产利润率（X_{33}）和广告费占销率（X_{34}），由于其数据单位不同,对结构资本指标数据进行无量纲化处理,运用因子分析的方法得到其综合值(RC)。

首先进行因子提取,从多个指标中提取公因子,各因子的贡献率意味着因子对变量整体内涵的诠释规模,呈现其重要性的不同。当方差累积贡献率大于60%时,基本上能够诠释变量整体内涵。由表7-58可以得到特征值大于1的因子有3个,它们的方差累积贡献率为82.141%,说明可以提取3个主成分,能解释82.141%的关系资本信息。这3个主成分用 R_1、R_2、R_3 表示。

表7-58　　　　　结构资本因子分析的总方差解释

成分	初始特征值			提取载荷平方和			旋转载荷平方和		
	总计	方差百分比	累积贡献率	总计	方差百分比	累积贡献率	总计	方差百分比	累积贡献率
1	1.270	31.754	31.754	1.270	31.754	31.754	1.229	30.714	30.714
2	1.012	25.310	57.065	1.012	25.310	57.065	1.044	26.092	56.806
3	1.003	25.076	82.141	1.003	25.076	82.141	1.013	25.335	82.141
4	.714	17.859	100.000						

提取方法:主成分分析法。

然后,采用回归分析法得出成分得分系数矩阵(见表7-59),再根据成分得分矩阵可以得出以下成分得分函数:

表7-59　　　　　结构资本成分得分系数矩阵

	成分[a]		
	1	2	3
X_{31}	.808	-.029	.010
X_{32}	.677	.532	-.076
X_{33}	.190	-.285	.924
X_{34}	-.351	.805	.378

提取方法:主成分分析法。

a. 提取了3个成分。

成分得分函数为:

$$R_1 = 0.808X_{31} + 0.677X_{32} + 0.190X_{33} - 0.351X_{34}$$

$$R_2 = -0.029X_{31} + 0.532X_{32} - 0.285X_{33} + 0.805X_{34}$$

$$R_3 = 0.010X_{31} - 0.076X_{32} + 0.924X_{33} + 0.378X_{34}$$

最后,将3个主成分旋转后对应的方差贡献率比重作为权重进行计算,得出人力资本综合值(RC):

$$RC = 0.166R_1 + 0.363R_2 + 0.472R_3$$

7.3.5.2 实证分析

(1) 单位根检验。我们使用 ADF 进行单位根检验(见表 7-60、表 7-61)。由2个表可知,人力资本综合值(HC)的单位根检验值为 -22.234,关系资本综合值(RC)的单位根检验值为 -18.264,远小于 1% Critical Value、5% Critical Value 和 10% Critical Value,因此拒绝原假设,自变量不存在单位根,通过单位根检验。

表 7-60　　　　人力资本综合值(HC)的单位根检验

Dickey – Fuller test for unit root		Number of obs = 3959	
—— Interpolated Dickey – Fuller ——			
	Test Statistic	1% Critical Value	5% Critical Value	10% Critical Value
Z(t)	-22.234	-3.430	-2.860	-2.570
MacKinnon approximate p – value for Z(t) = 0.0000			

表 7-61　　　　关系资本综合值(RC)的单位根检验

Dickey – Fuller test for unit root		Number of obs = 3959	
—— Interpolated Dickey – Fuller ——			
	Test Statistic	1% Critical Value	5% Critical Value	10% Critical Value
Z(t)	-18.264	-3.430	-2.860	-2.570
MacKinnon approximate p – value for Z(t) = 0.0000			

(2) 协整检验。使用 ADF 进行协整检验(见表 7-62)。对残差项 e 进行预测,并进行滞后一阶的协整检验时,发现检验值为 -20.940,远小于 1% Critical Value、5% Critical Value 和 10% Critical Value,因此拒绝原假设,不存在单位根,通过协整检验。

表 7-62　　　　　　　　　　变量的协整检验

Dickey - Fuller test for unit root		Number of obs = 3958		
	——Interpolated Dickey - Fuller——			
	Test Statistic	1% Critical Value	5% Critical Value	10% Critical Value
Z(t)	-20.940	-3.430	-2.860	-2.570
MacKinnon approximate p - value for Z(t) = 0.0000				

（3）描述性统计。表 7-63 给出了基本统计分析数据，包括平均数、标准差、最小值和最大值。观察企业创新绩效的平均值和标准差可以发现，均值为 48.05，标准差为 95.53，均值小于标准差，且标准差系数达到 90 以上，说明此项指标波动极大，即说明不同高新技术企业间企业创新绩效差异极大。另外，标准差数值为平均值的 2 倍，表明各高新技术企业间的企业创新绩效取值极为分散，因此，所选变量需要进一步做回归分析。观察自变量未出现异常值，因此自变量适于做进一步的分析。

表 7-63　　　　　　　　　　变量描述性统计表

Variables	(1) N	(2) mean	(3) sd	(4) min	(5) max
patent	3960	48.05	95.53	0	693
HC	3960	-0.000614	0.625	-0.920	2.220
SC	3960	-0.0113	0.450	-0.940	2.190
RC	3960	-0.00249	0.503	-0.550	2.460
size	3960	21.81	0.955	20.03	24.93
age	3960	7.703	5.071	0	23
growth	3960	0.161	0.329	-0.489	1.724

（4）相关性分析。通过对各研究变量进行相关性分析，得到变量相关性分析表，如表 7-64 所示。由表 7-64 可知，各自变量之间相关性不大，除控制变量企业规模与创新绩效和企业年龄有 0.5 左右的相关性外，其他绝对值均低于 0.4，符合计量统计的要求。另外，通过检验可知，三者两两间的相关性程度对显著性的影响微弱，因此所选变量适于做进一步的回归分析。

表 7-64　　　　　　　　　变量相关性分析表

	patent	HC	SC	RC	size	age	growth
patent	1						
HC	0.0900	1					
SC	-0.115	0.293	1				
RC	-0.109	0.0410	0.218	1			
size	0.504	0.0805	-0.270	-0.0819	1		
age	0.254	0.0192	-0.200	-0.0279	0.510	1	
growth	0.00350	0.139	-0.156	-0.0725	0.0530	-0.103	1

　　（5）回归结果分析。将自变量人力资本综合值（HC）、结构资本综合值（SC）、关系资本综合值（RC），以及控制变量企业规模、企业年龄和企业成长性引入模型，将企业创新绩效作为因变量进行回归，结果如表7-65和表7-66所示。由表7-65可见，拟合优度检验R^2为0.2632，拟合结果稍微欠缺，方差检验F值为58.76，说明整体拟合效果尚可。由表7-66可见，人力资本综合值（HC）的P值为0.007，关系资本综合值（RC）的P值为0.000，在0.01水平上显著，而结构资本综合值（SC）的P值为0.289，不显著，说明自变量中人力资本综合值（HC）和关系资本综合值（RC），以及控制变量企业规模和企业成长性对因变量企业创新绩效的解释性强，变量具有显著性。从表7-66变量显著性分析可明显看出所有自变量和控制变量的显著性水平。因此，人力资本综合值（HC）与企业创新绩效具有正相关关系，结构资本综合值（SC）与企业创新绩效无显著相关性，关系资本综合值（RC）与企业创新绩效具有负相关关系。原因可能在于高水平的员工素质及薪酬都有助于提高员工的积极性，创造出创新的企业绩效，而结构资本中的诸要素发展可能是企业，而不单是高新技术企业发展过程中普遍事实，并不能代表智力资本对高新技术企业发展的影响。相反，关系资本对企业创新绩效起到反向作用，可能在于，过多的广告费用等并不能提高企业创新绩效，反而会损耗过多的资金，造成企业运营困难，尤其在数据包括2020年特殊年度数据的情况下。

表7-65 变量回归结果表

Linear regression

Number of obs = 3960
F (6, 3953) = 58.76
Prob > F = 0.0000
R - squared = 0.2632
Root MSE = 82.059

patent	Coef.	Robust Std. Err.	t	P>|t|	[95% Conf. Interval]	
HC	8.125098	2.996504	2.71	0.007	2.250258	13.99994
SC	3.161397	2.978882	1.06	0.289	-2.678893	9.001686
RC	-14.36337	1.592708	-9.02	0.000	-17.48598	-11.24076
size	50.27777	3.069792	16.38	0.000	44.25924	56.29629
age	-0.1131463	0.3905314	-0.29	0.772	-0.8788083	0.6525157
growth	-9.956493	4.042494	-2.46	0.014	-17.88206	-2.030922
_cons	-1046.067	64.57027	-16.2	0.000	-1172.661	-919.4729

表7-66 变量显著性分析表

Variables	(1) y
HC	8.125***
	(2.71)
SC	3.161
	(1.06)
RC	-14.363***
	(-9.02)
size	50.278***
	(16.38)
age	-0.113
	(-0.29)
growth	-9.956**
	(-2.46)
Constant	-1046.067***
Observations	3960
R - squared	0.263

注：(1) 括号内为稳健标准误。

(2) "***"表示 $p<0.01$, "**"表示 $p<0.05$, "*"表示 $p<0.1$。

7.3.6 企业智力资本要素协调度与企业创新发展绩效关系的相关性研究

7.3.6.1 理论假设、变量定义与模型构建

处于知识经济的新时代，驱动企业创新之主源力正在逐渐转向智力资本，意味着智力资本逐渐替代传统的实物资产。由此，智力资本也可被称为企业创新进程本质上主导甚至主宰的资源。智力资本在企业创新系统的诞生与发展过程中处于战略性源动力之地位，其构成要素对企业创新绩效皆有积极的标榜驱动作用。根据协调度理论，其构成要素之间相互作用，促生"1+1>2"的协调度效应，从而深化提升企业创新绩效。

企业智力资本的构成要素中，人力资本、结构资本与关系资本各为一体，并非相互独立，而是只有在这三个要素协调共进、彼此支持时，智力资本整体才能产出最大的协调度效用。智力资本是存在互动关系的要素构成的有机整体，三因素是在耦合状态下共生演化、互相促进的。

Edvinsson 和 Malone（1997）较早提出智力资本内部存在耦合关系，即人、结构、关系资本三者交互作用，并结合企业组织的文化氛围，才能创造出企业创新最大效用，进而在企业创新绩效上表现出来。若把智力资本比喻为一棵大树，则人力资本自然是树根，负责知识、经验等的领受与学习；结构资本是树干，负责知识的转化与传导；关系资本是树叶、树枝，意味着丰沛的效能及茂盛的生命；创新绩效是花与果实，代表企业的最终形象与绩效。Bontis 等（2000）认为人力资本会显著地牵动于关系资本及结构资本。素质高的员工更易于催生高效的营运路径和建立良好的对外关系。员工的能力会影响到公司的流程效率以及创新过程，较高素质的员工能够利用较为亲切的态度对待顾客及其关系伙伴，从而建立较好的关系。此外，关系资本显著影响结构资本，因为较好的关系催生更多流程重组建议或天马行空的创意，这对企业创新效能有良好的推动作用。因此，对于一个企业而言，拥有最优秀的人力资本并不是企业提升创新度的充分条件，尚需要一个支持员工分享知识的组织学习环境，以将人力资本外效

能显于结构资本及关系资本之中。

从 Harrison 和 Sullivan（2000）的研究得知，企业人力资本积极的引牵之于结构资本。Hubert（1996）是研究智力资本的先驱之一，重视两者之间的双向的交互关系。基于此，智力资本内部不同要素之间存在非线性影响机制——协调度作用，该作用是随机的、变动的、偶然的，而不是要素单独作用的机械叠加。

企业智力资本的发展近似于复杂系统的自组织进程，三个构成要素则是其主要的子系统。依据协调度理论，"1+1+1>3""1+1>2"的协调效能只有三个子系统之间相辅相成才能形成。企业智力资本构成要素的协调度作用大部分是依托其整体及内部互相配合调整过程而实现，即以智力资本构成要素之间的互动为基础，不断优化整合智力资本的构成要素，从而产生智力资本合力的过程。

依据协调度理论，企业智力资本只有维持一个均衡、合理的架构，才能益于实现创新耦合成长。然而，三要素如何均衡才是完美恰当的，仍没有形成权威的观点，任一企业都需要以自身特点为根据进行有针对性的具体情况分析。在智力资本的自演化过程中，总是有某一要素作为主要引领角色，但是具体哪个要素承担主要引领角色，要依托各个企业的具体实况而抉择。此外，在智力资本的自演化达到时，要素间并非存在主要地位的差异，却呈现整体密切协调共进，不断向更深层次演化的情况。对企业而言，在没有完全清楚三要素之间如何实现协调、协调度的最佳效益时，第一步须找出主要引领的要素，持续调节要素间的比例，以形成有助于自演化、自组织的环境。

智力资本各构成要素对企业创新而言至关重要，同时贯穿于其全程及细节中，智力资本各要素皆必须协调优化整合、均衡发展，不可或缺。协调最佳的智力资本结构必将形成高效的交互效应，增强企业创新效能。因此，企业智力资本整合重组可不断加深其对企业创新的高效的交互效应、协调度效应，进而加快其进度或过程，增强企业创新效能。基于相互信任前提的关系资本能够优化协作，避免一些屏障，提升联合开发元素的潜力，激发元素分享，形成元素联合与优化效能，协调发展，优势互补。

企业创新模式基于智力资本的联合作用而形成，要素间的协调度效应影响创新绩效的顺利实现。人力资本是智力资本的核心，是创新成果顺利落实的根源，在其创造价值的过程中承担引领角色。结构资本是创新成果转化的根本保障，为人力资本的最优开发营造良好氛围，并与之联合创造组织新价值。关系资本是创新绩效实现的直接路径，在资本流转中起到催化的作用，是其物化为创新成果的决定元素，是后续创新成果转化的关键，由与人力资本、结构资本的联合效应顺利落实为创新绩效。智力资本要素协调度主要表现为两方面：整体三要素协调度和两两要素协调度。人力资本是起点，是企业创新实现的核心。结构资本是创新绩效实现的支点，是辅助人力资本创造新价值的保障平台，既为人力资本施展效能提供联结与辅助，又被其所更迭。人力资本与结构资本的协调度有助于形成良好的激励反馈机制，可以为员工营造一种热爱工作、快乐工作，同时会认识到其目标、利于创新的安稳工作氛围，员工需求得到更好的满足，使单独的人才持续整合为集体的人力资本，更多地投入企业创新活动，从而促进企业可持续高质量发展。关系资本是系统中最有效的元素，是组织不断实现创新成果转化的关键。关系资本的产生不可避免地与人力资本关联。关系资本是组织对其外部环境中利益相关者的开创、维持和整合的能力，呈现了两者的关联本质，体现了整体对外部条件关系的掌握和控制能力。人力资本与关系资本的协调度可促使利益相关者需求得到更好的满足，提高其满意度和忠诚度，与有价值的客户、供应商等保持长期稳定的关系，使他们更愿意参与企业创新过程，形成更实际的创意，延伸新产品价值链，增加创新贡献，构建利于创新绩效实现的环境条件，因而提升企业创新绩效。结构资本是不可缺失并需要特别关注的因素，是创新效能达成的前提，它还需与人力资本、关系资本结合。关系资本以结构资本为依托，组织通过需求的满足来培养外部利益相关者的忠诚度，与之形成互信互利的联合，达成组织的效能，改善他们之于组织的能动性，带来组织的新突破。关系资本与结构资本协同，不仅要挖掘内部资源，还要充分利用所有外部资源，由全部制度管理所带来的潜力符合资本的特质，呈现了综合效率的提升对于一个组织的重要意义，有助于形成组织整合资源、促进效率的创新力。上述因素不断积累并持续发挥作用,是实现价值创造的重要途径,促使企业创新流程、管理等方面不断完善,创新效率增长,进而助推企业创新绩效。人力资本、结构资本、关系资本三者协调度可形成依托人力资本的结构化的关系资本,主要指对员工与外部相关利益群体的良好关系做出贡献的各类结构性因素。这类资本涉及组织的经营环境,更易于创新成果满足顾客的合理要求及提高顾客满意度,在创新运营中起到催化作用。其创造贡献显著,直接促使创新绩效的实现。综上可知,智力资本协调度作用对企业创新绩效的促进作用较为显著。

基于以上论述,我们提出假设:

H2a:人力资本与结构资本协调度对企业创新绩效有显著的正向影响。

H2b:人力资本与关系资本协调度对企业创新绩效有显著的正向影响。

H2c:结构资本与关系资本协调度对企业创新绩效有显著的正向影响。

H2d:智力资本三要素协调度对企业创新绩效有显著的正向影响。

7.3.6.2 模型构建

根据协调度学原理,遵循科学性与实用性原则,主要参照系统协调度的运算,构建智力资本协调度模型。模型中用数学的形式表达的概念协调度为系统之间或系统中要素、变量之间在发展演化过程中彼此和谐的程度。协调度模型构建如下:

首先,计算子系统中变量的协调度。子系统 S_j, $j \in E[1, m]$ 中变量 e_{ji}, $E \in [1, +\infty]$,且 $B_{ji} \geq e_{ji} \geq A_{ji}$。变量的取值越大,系统的协调度越高。

$$u_j(e_{ji}) = \frac{e_{ji} - A_{ji}}{B_{ji} - A_{ji}}$$

由上式可知,变量的协调度在 0—1 之间,协调度越趋近于 1,说明其对系统有序的贡献越大。

其次,计算子系统的协调度。子系统的协调度是变量协调度的集成。从理论上分析,系统的整体技能依赖于变量水平的高低及其集合形态,多元的集合形态则存在多种"集成"法则,基于便利性,我们运用几何平均法进行集成。

$$u_j(e_j) = \sqrt{\prod_{i=1}^{n} u_j(e_j)}$$

由上式可知，子系统协调度的值在 0—1 之间，协调度越趋近于 1，意味着子系统的协调度越高，越趋近于 0，则意味着子系统的协调度越低。

最后，计算复合系统的协调度，也就是协调度模型。对给定初始时刻 t_0，子系统的协调度为 $u_j^0(e_j)$，$j=1,2,3,\cdots,m$，对于复合系统发展演化过程中的时刻 t_1 而言，子系统的协调度为 $u_j^1(e_j)$，$j=1,2,3,\cdots,m$，定义 D 为复合系统协调度，是子系统的协调度的集成，用数学表达如下：

$$D = \theta \sqrt{\left| \prod_{i=1}^{n} [u_j^1(e_j) - u_j^0(e_j)] \right|}$$

$$\theta = \frac{\min[u_j^1(e_j) - u_j^0(e_j) \neq 0]}{|\min[u_j^1(e_j) - u_j^0(e_j) \neq 0]|} \quad j = 1,2,3,\cdots$$

由上式可知，D 的取值范围为 [-1,1]。D 值越趋近于 1，则系统协调发展的程度越好，反之越差。只有所有子系统的协调度都有所提高时，复合系统的协调度才为正协调，协调度才为正数。

根据所构建的协调度模型，对数据的处理多采用乘除与开方运算，为避免出现 0、1 极端结果，原始数据运用最大值 +1 和最小值 -1 方法，不仅可以保障 $D \in [-1,1]$，还可以保障相关数据信息的可靠性。用年度截面数据计算协调度时，将初始时刻的协调度定为 0，因此智力资本三要素协调度就是三个要素协调度的乘积再开 3 次方根的值，两个构成要素之间的协调度就是两者协调度的乘积再开平方根的值。

根据协调度模型，运用 Excel 计算出 2012—2020 年样本公司的智力资本协调度。基于便利性，人力资本与结构资本协调度用 SD_{12} 替代，人力资本与关系资本协调度用 SD_{13} 替代，结构资本与关系资本协调度用 SD_{23} 替代，智力资本三要素协调度可用 SD_{123} 替代。

7.3.6.3 实证分析

（1）单位根检验。我们使用 ADF 进行单位根检验（见表 7-67、表 7-68 和表 7-69）。由 3 个表可知，人力资本与结构资本协调度（SD_{12}）的单位根检验值为 -29.172，人力资本与结构资本协调度（SD_{13}）的单位

根检验值为 -27.506，人力资本、结构资本与关系资本协调度（SD_{123}）的单位根检验值为 -28.474，远小于 1% Critical Value、5% Critical Value 和 10% Critical Value，因此拒绝原假设，自变量不存在单位根，通过单位根检验。

表 7-67　人力资本与结构资本协调度（SD_{12}）的单位根检验

Dickey-Fuller test for unit root		Number of obs = 3959	
—— Interpolated Dickey-Fuller ——			
Test Statistic	1% Critical Value	5% Critical Value	10% Critical Value
Z(t)　-29.172	-3.430	-2.860	-2.570
MacKinnon approximate p-value for Z(t) = 0.0000			

表 7-68　人力资本与结构资本协调度（SD_{13}）的单位根检验

Dickey-Fuller test for unit root		Number of obs = 3959	
—— Interpolated Dickey-Fuller ——			
Test Statistic	1% Critical Value	5% Critical Value	10% Critical Value
Z(t)　-27.506	-3.430	-2.860	-2.570
MacKinnon approximate p-value for Z(t) = 0.0000			

表 7-69　人力资本、结构资本与关系资本协调度（SD_{123}）的单位根检验

Dickey-Fuller test for unit root		Number of obs = 3959	
—— Interpolated Dickey-Fuller ——			
Test Statistic	1% Critical Value	5% Critical Value	10% Critical Value
Z(t)　-28.474	-3.430	-2.860	-2.570
MacKinnon approximate p-value for Z(t) = 0.0000			

（2）协整检验。我们使用 ADF 进行协整检验（见表 7-70）。对残差项 e 进行预测，并进行滞后一阶的协整检验时发现，检验值为 -20.842，远小于 1% Critical Value、5% Critical Value 和 10% Critical Value，因此拒绝原假设，不存在单位根，通过协整检验。

表 7-70　　　　　　　　　　变量的协整检验

Dickey - Fuller test for unit root		Number of obs = 3958	
	——Interpolated Dickey - Fuller——		
Test Statistic	1% Critical Value	5% Critical Value	10% Critical Value
Z(t)　-20.842	-3.430	-2.860	-2.570
MacKinnon approximate p - value for Z(t)　=0.0000			

（3）描述性分析。表 7-71 给出了基本统计分析数据，包括平均数、标准差、最小值和最大值。观察企业创新绩效的平均值和标准差可以发现，均值为 48.05，标准差为 95.53，均值小于标准差，且标准差系数达到 90 以上，说明此项指标波动极大，即说明不同高新技术企业间企业创新绩效差异极大。另外，标准差数值为平均值的 2 倍，表明各高新技术企业间的企业创新绩效取值极为分散，因此所选变量需要做进一步的回归分析。

表 7-71　　　　　　　　　　变量描述性统计表

Variables	(1) N	(2) mean	(3) sd	(4) min	(5) max
patent	3960	48.05	95.53	0	693
SD_{12}	3960	0.543	0.204	0.178	1.291
SD_{13}	3960	0.554	0.183	0.189	1.155
SD_{23}	3960	0.480	0.179	0.173	1.162
SD_{123}	3960	0.523	0.158	0.216	1.057
size	3960	21.81	0.955	20.03	24.93
age	3960	7.703	5.071	0	23
growth	3960	0.161	0.329	-0.489	1.724

（4）回归结果分析。将自变量人力资本与结构资本协调度（SD_{12}）、人力资本与结构资本协调度（SD_{13}）、结构资本与关系资本协调度（SD_{23}）、人力资本、结构资本与关系资本协调度（SD_{123}），以及控制变量企业规模、企业年龄和企业成长性引入模型，将企业创新绩效作为因变量进行回归分析，结果见表 7-72 和表 7-73。由表 7-72 可知，拟合优度检验 R^2 为 0.2587，拟合结果稍微欠缺，方差检验 F 值为 48.30，说明整体

拟合效果尚可。由表 7-73 可知，人力资本与结构资本协调度（SD_{12}）的 P 值为 0.004，在 0.01 水平上显著，人力资本与结构资本协调度（SD_{13}）的 P 值为 0.080，在 0.1 水平上显著，人力资本、结构资本与关系资本综合值（SD_{123}）的 P 值为 0.036，在 0.05 水平上显著，说明自变量中人力资本与结构资本协调度（SD_{12}），人力资本与结构资本协调度（SD_{13}），人力资本、结构资本与关系资本协调度（SD_{123}），以及控制变量企业规模和企业成长性对因变量企业创新绩效的解释性强，变量具有显著性。从表 7-73 变量显著性分析可明显看出所有自变量和控制变量的显著性水平。人力资本与结构资本协调度（SD_{12}）与企业创新绩效具有显著正相关关系，人力资本与结构资本协调度（SD_{13}）与企业创新绩效具有显著正相关关系，结构资本与关系资本协调度（SD_{23}）与企业创新绩效无显著相关关系，人力资本、结构资本与关系资本协调度（SD_{123}）与企业创新绩效具有显著正相关关系。因此，应大力推动企业智力资本发展。

表 7-72　　　　　　　　　变量回归结果表

			Number of obs = 3960		
			$F(6, 3953) = 48.30$		
	Linear regression		Prob > F = 0.0000		
			R-squared = 0.2587		
			Root MSE = 82.323		

patent	Coef.	Robust Std. Err.	t	P>|t|	[95% Conf. Interval]	
SD_{12}	64.64055	22.60084	2.86	0.004	20.33015	108.951
SD_{13}	68.7492	39.262	1.75	0.080	-8.22648	145.7249
SD_{23}	19.55687	23.92404	0.82	0.414	-27.34776	66.46149
SD_{123}	171.7032	82.02212	2.09	0.036	10.89357	332.5129
size	51.43096	3.195756	16.09	0.000	45.16548	57.69645
age	-0.1308262	0.3944898	-0.33	0.740	-0.904249	0.6425965
growth	-7.148344	3.885415	-1.84	0.066	-14.76595	0.4692622
_cons	-1064.286	67.71294	-15.72	0.000	-1197.041	-931.5301

表 7-73　　　　　　　　　变量显著性分析表

Variables	(1) y
SD_{12}	64.641***
	(2.86)
SD_{13}	68.749*
	(1.75)
SD_{23}	19.557
	(0.82)
SD_{123}	171.703**
	(2.09)
size	51.431***
	(16.09)
age	-0.131
	(-0.33)
growth	-7.148*
	(-1.84)
Constant	-1064.286***
Observations	3960
R-squared	0.259

注：(1) 括号内为稳健标准误。
(2) "***"表示 $p<0.01$，"**"表示 $p<0.05$，"*"表示 $p<0.1$。

7.4　智力资本的直接效应和协调度效应

7.4.1　智力资本的直接效应

人力资本综合值（HC）与企业创新绩效具有正相关关系，结构资本综合值（SC）与企业创新绩效无显著相关性，关系资本综合值（RC）与企业创新绩效具有负相关关系。按照绝对值来看，关系资本综合值对企业创新绩效的影响最大，系数为 -14.3633，意味着市场决定生产的时代，关系资本对专利申请和确认产生了负面影响；人力资本综合值（HC）对企业创新绩效的影响系数为8.1251，说明人力资本，尤其是创造型人力资本（此项研究中表现为具有发明水平的），本科以上学历员工人数以及代表员工能力的员工薪酬对专利的申请产生显著的正向影响；结构资本综合值（SC）则对专利申请和确认无显著性影响，因此结构资本衡量的指标是企业拥有的一般性指标，可能对高新技术企业专利的申请贡献不大。

由此可见，智力资本对创新绩效影响呈现积极的显著性，制造业转型优化过程中，要重视达到对其进行信息化等综合管理，首先要充分利用最有效的人力资本形成精准的创新定位，最大限度地减少创新的障碍，有助于抓住契机和加快决策，进而推动企业创新。同时，兼顾注重关系资本和结构资本的创新效能，要从客户集中度、供应商集中度，尤其是广告费占销率、品牌形象塑造等方面整合改进，重视企业存货、应收账款和流动资产的周转速度等关键因素的作用，提高研发密度，激发创新贡献的充分达成。

7.4.2 智力资本的协调度效应

人力资本与结构资本协调度（SD_{12}）与企业创新绩效具有显著正相关关系，人力资本与结构资本协调度（SD_{13}）与企业创新绩效具有显著正相关关系，结构资本与关系资本协调度（SD_{23}）与企业创新绩效无显著相关关系，人力资本、结构资本与关系资本协调度（SD_{123}）与企业创新绩效具有显著正相关关系。人力资本、结构资本与关系资本协调度（SD_{123}）对企业创新绩效的贡献度最高，系数为171.7032，为高新技术企业大力发展智力资本提供了实证依据。高新技术企业智力资本构成要素之间呈协调、共生演化的趋势，相互促进、协同发展，是一个不断优化的整体。在高新技术企业中，仅有人才是不够的，同等重要的是，须辅以配合的结构资本与关系资本协调的基础设施、温馨的企业文化和良好的创意环境等条件，保障充分施展人才的创新潜质等综合才能。只有保证智力资本要素之间的均衡，促使智力资本的协调度效能最大化，才能促进高新技术企业可持续创新发展，不断提升制造业企业创新绩效。

人力资本与结构资本协调度（SD_{12}）和人力资本与关系资本协调度（SD_{13}）都对企业创新绩效具有较大的影响，说明高新技术企业应协调利用人力资本，此举有益于提高研发密度、维护和开拓与顾客等的关联，推动结构资本和关系资本的累加，进而推动其创新贡献效应。高新技术企业还需争取更多较高素质的员工，协调形成良好的产、销、竞合等信息的反馈网络，企业创新则依仗其有关信息适当地调整生产、配置资源以期获得创新效应最优状况。结构资本与关系资本协调度（SD_{23}）对企业创新绩效的贡献度未得到验证，这说明制造业企业在创新运营管理体制等方面有较多的缺陷或误区，无法对关系资本创新效应发挥支撑作用。在企业转型过程中注重改善以结构资本为平台协调整合关系资本，高新技术企业应采用物质激励与精神激励、现实激励与未来激励、线下激励与线上激励相结合的方式来刺激员工、客户、供应商的活跃性与忠诚度，以提升企业可持续创新绩效。

8 区域智力资本促进区域高质量发展的指导原则与基本对策

在第 6 章我们通过构建回归模型分析了区域智力投资对区域创新发展的影响，主要表现为区域创新发展的不均衡。从空间分布来看，20 省份创新发展水平具有不平衡性；从时间演进来看，20 省份 2012—2020 年创新发展水平呈逐年上升的良好态势。尽管区域空间结构和区域经济发展格局正在发生深刻变化，新型城镇化仍然是推动实现区域高质量发展的主要路径与重要动力，城市群既是新型城镇化的主体形态，又是推动区域高质量发展的核心引擎。要实现共同富裕，必须践行以人民为中心的发展思想，深化区域协调发展战略和城乡融合发展战略，促进经济社会高质量发展。本章主要从城市和城市群的视角探讨区域智力资本促进区域高质量发展的基本对策。

"'十四五'规划和 2035 年远景目标纲要提出：'坚持走中国特色新型城镇化道路，深入推进以人为核心的新型城镇化战略，以城市群、都市圈为依托促进大中小城市和小城镇协调联动、特色化发展，使更多人民群众享有更高品质的城市生活。'城市是区域人口、产业和要素资源的聚集地，是经济社会发展的'火车头'，具有很强的辐射带动作用。实现经济高质量发展，必须充分发挥城市的'火车头'作用，推动城市高质量发展。"

国家统计局数据显示，1978—2020 年，我国城市数量由 193 个增加至 687 个。截至 2020 年底，共有 91 个城市市域人口超过 500 万，其中 18 个城市常住人口超过 1000 万，分别是重庆、上海、北京、成都、广州、深圳、天津、西安、苏州、郑州、武汉、杭州、临沂、石家庄、东莞、青岛、长沙和哈尔滨。"城市作为社会经济活动集聚的空间，具有显著的规模经济效应，但随着城市的规模扩张和经济发展，难免产生空间分布和规模结构不合理、城市公共服务配置不均衡以及城市交通拥堵等'城市病'。在我国目前发展阶段，这些问题已突破单个城市的行政边界，在更大范围的城市区域呈现，最终表现为区域综合承载能力不足的问题。需要指出的是，随着中国社会经济进入高质量发展阶段，单个城市'各自为战'的发展模式已经难以为继，急需寻求新型的区域协调发展模式。在这一背景下，从提升城市综合承载能力走向提升城市群综合承载能力，成为区域协调发展的一个必然选择。"事实证明特大城市除了常见的"城市病"之外，在阻击新冠肺炎疫情时增加了很大的难度，从组织实施等各个方面，比如核酸的检测能力、医疗的救治能力等方面都提出了更高的要求。在此背景下，都市圈和城市群的区域协调度发展作用就明显增强。

关于城市群的定位与功能，我们可以在与都市圈的比较中得出，"城市群和都市圈是城市区域化自然发展过程中的两个不同阶段，先形成单核的都市圈，随着相邻较近区域不同都市圈的发展，都市圈的辐射范围不断扩大，多个都市圈达到空间耦合时就形成了空间范围比较大的城市群。对于城市群与都市圈之间的联系与区别，国家有关文件中也进行了明确的辨析，主要表现为以下几点：一是都市圈空间尺度较小，以1小时通勤圈为界定范围的标准；而城市群空间范围较大，界限比较模糊。二是都市圈同城化、一体化水平更高。三是两者之间的联系主要体现在城市群是由都市圈或者各级城市构成的"。

张学良等教授认为"城市群是城市的集聚体，它超越了城市内部的'专业化经济'和'多样化经济'，能够有效减少市场分割，产生'1＋1＞2'的'城市群经济'效应。城市群内部大中小城市之间产业和功能的合理分工，会促使各城市有效发挥比较优势，通过优势互补提高整个城市群的要素利用效率。与此同时，还可以降低城市间各类恶性竞争带来的空间负外部性，使城市群整体的综合承载能力进一步提升。随着经济全球化进程深入，由地域上邻近的不同规模等级和功能相异的多个城市集合而形成的城市群日益成为推进一个国家或区域城市化发展的空间主体，也将成为中国经济高质量发展的重要动力源"。"城市群是当前中国高质量发展的主要载体,可以说,提升各大城市群的经济运行效率是中国实现高质量发展的关键。中共中央、国务院印发的《国家新型城镇化规划(2014—2020年)》提出要培育发展若干新的城市群,在优化全国城镇化战略格局中发挥更加重要的作用"。实践充分证明,特大城市、中心城市与城市群崛起均是经济发展到一定阶段的重要标志,同时对经济发展具有巨大的引导和带动作用。截止到2021年,全国19大城市群以25%的土地集聚了75%的人口,创造了88%的GDP,同时这些城市群构筑了"两横三纵"的新型城镇化战略格局,已经成为参与国际竞争合作、支撑经济持续增长的重要平台。

2022年7月国家发展改革委发布《"十四五"新型城镇化实施方案》(以下简称《方案》),在全面研判未来城镇化趋势特点的基础上明确了"十四五"时期我国新型城镇化的目标任务和政策举措,为推动城镇化高质量发展提供了指引和遵循。《方案》指出,优化城镇化空间布局和形态,以城市群、都市圈为依托促进大中小城市和小城镇协调发展是关键;分类推动城市群发展,有序培育现代化都市圈,转变超大特大城市发展方式,提升大中城市功能品质,增强小城市发展活力,推进以县城为重要载体的城镇化建设,引导小城镇分类发展,推动形成疏密有致、分工协作、功能完善的城镇化空间格局。概括来讲,就是在推动超大特大城市转变发展方式方面,要统筹兼顾经济、生态、生活、安全等多元需求,转变超大特大城市开发建设方式,积极破解"大城市病"难题,推动超大特大城市瘦身健体。要提高中心城市和城市群在区域协调发展中的综合承载能力,更重要的是要突出中心城市和城市群在高质量发展中的引领和辐射带动作用,建设宜居、韧性、创新、智慧、绿色、人文城市,使城市真正成为人民高品质生活的温馨空间。

8.1 区域智力资本促进城市（城市群）高质量发展指导原则

8.1.1 深入践行人民城市理念

践行以人民为中心的发展思想，在城市建设中首先就是深入践行人民城市理念。"要将人民至上这一价值理念贯穿经济建设、政治建设、文化建设、社会建设、生态文明建设的总体布局和全面建设社会主义现代化国家、全面深化改革、全面依法治国、全面从严治党战略布局，在加快构建以国内大循环为主体、国内国际双循环相互促进的新发展格局中，满足人民群众日益增长的美好生活需要。"要把增进人民福祉、促进人的全面发展作为高质量发展的出发点和落脚点。人民向往的美好生活，既要有物质生活的丰富，也要有精神生活的富足，必须着眼满足人民文化需求、丰富人民精神世界、增强人民精神力量，着力提供更多更好的精神食粮，让人民有更多的获得感、幸福感、安全感，激发出更多的创意创新能量。

在全面建设社会主义现代化城市的新征程上，强调充分发挥城市居民的主观能动性，"人民城市人民建，人民城市为人民"，全过程人民民主持续深化，全面依法治城成效不断拓展，要完整、准确、全面贯彻新发展理念，突出城市人本价值，聚焦解决群众"急难愁盼"问题，把最好的资源留给人民，以更优的供给服务人民。让孩子们茁壮成长，让年轻人成就梦想，让老年人乐享晚年，让人们畅享健康生活，推动全社会迈向全面共同富裕。充分彰显人民城市的根本属性、价值追求和时代风采，实现经济发展"质"的稳步提升与"量"的合理增长互动并进，城市的繁华与乡村的繁荣交相辉映，物质富裕与精神富足共同进步，人与自然和谐共生，在高质量发展中促进共同富裕，为实现第二个百年奋斗目标而努力奋斗。

8.1.2 深入推进区域协调发展战略

区域协调发展战略是以区域发展总体战略和主体功能区战略为基础，以逐步缩小区域差异、实现均衡高效发展为目标，强调在国民经济发展过程中充分发挥各区域的比较优势，促进生产要素跨地区自由有序流动，区域之间形成合理分工、互动合作关系，构建优势互补、相互促进、共同发展的区域新格局。区域协调发展战略以区域发展总体战略和主体功能区战略为基础，促进地区间协调发展、城镇体系协调发展和城市群协同发展并举，构建全面开放新格局，拓展区域发展新空间，培育区域发展新动能。区域协调发展战略以实现基本公共服务均等化，基础设施通达程度比较均衡、人民生活水平大体相当为基本目标。根据区域经济增长极理论，区域内部各城市的经济规模和经济实力一般不对等，存在一个或多个中心城市，这些中心城市构成了区域经济的增长极，它们对周围地区的经济发展具有不同程度的辐射带动作用。这种辐射带动作用由两种不同的作用力量——带动效应和虹吸效应共同构成。此外，中心城市的增长极效应还体现在其自身的创新能力上。因此，我们在既有增长极理论基础上引申出"创新极"或"创新增长极"概念。一般来说，（科学、技术、管理的）创新性成果、创新性产业、创新性企业、创新性思维发生于中心城市，然后向周围扩散。如果中心城市的创新能力强，将会在区域经济中扮演重要的创新极角色，影响和带动周围地区的创新活动和经济发展。

新形势下深入推进区域协调发展战略总的思路是"按照客观经济规律调整完善区域政策体系，发挥各地区比较优势促进各类要素合理流动和高效集聚，增强创新发展动力，加快构建高质量发展的动力系统，增强中心城市和城市群等经济发展优势区域的经济和人口承载能力，增强其他地区在保障粮食安全、生态安全、边疆安全等方面的功能，形成优势互补、高质量发展的区域经济布局"。如何深入推进区域协调发展战略促进高质量发展？党的十九届五中全会通过的《中共中央关于制定国民经济和社会发展第十四个五年规划和二〇三五年远景目标的建议》（以下简称《建议》）

明确提出了"十四五"时期区域协调发展战略促进高质量发展的重点任务,"推动西部大开发形成新格局,推动东北振兴取得新突破,促进中部地区加快崛起,鼓励东部地区加快推进现代化。支持革命老区、民族地区加快发展,加强边疆地区建设,推进兴边富民、稳边固边。推进京津冀协调度发展、长江经济带发展、粤港澳大湾区建设、长三角一体化发展,打造创新平台和新增长极。推动黄河流域生态保护和高质量发展。高标准、高质量建设雄安新区"。这其中明确了西部、东北、中部和东部四大地区板块发展重点,强调完善三大特殊类型地区发展扶持体系,强化发挥五大区域战略引领示范功能,突出了雄安新区作为推进京津冀一体化的区域增长引擎的作用,以及新型城镇化和城乡融合发展的样板作用。

党的十八大以来,我国区域发展战略和政策更加注重区域发展的系统性、整体性和协同性,更加注重区域之间关联与功能的提升,体现了中央对于区域发展政策调控的日益成熟。注重深入推进"一带一路"建设,推动国内全面开放新格局,加大西部地区开放力度,以开放促开发,打造内陆演变地区对外开放新高地,带动东西部地区协调发展。未来,在通往区域协同发展的道路上,需要各方进一步凝聚共识、形成合力,不断夯实区域协调发展的基础。

8.1.3 全面促进城乡融合发展战略

城乡融合发展要着眼于高质量发展,全面贯彻落实新发展理念。这是由于"进入新发展阶段,我国城乡融合发展的外部环境和内生条件都发生了变化。将创新、协调、绿色、开放、共享的新发展理念充分融入社会和经济要素配置的各环节,成为破解城乡二元结构的新思路。其中,创新发展理念居于首位,这是因为创新是引领发展的第一动力,是牵动经济社会发展全局的"牛鼻子",决定发展的速度、效能、可持续性,更是城乡共同发展的强大动能。"

新时代推动城乡融合发展需要从战略高度把握和处理城乡关系,全面推进乡村振兴,协同整体推进城乡融合发展。顺应农村改革新形势,农村的土地集体所有权、农户的承包权、土地的经营权"三权分置"办法也适时出台。"三权分置"这一制度安排,坚持了土地集体所有权,稳定了农户承包权,放活了土地经营权,为引导土地经营权有序流转、发展农业适度规模经营、推动现代农业发展奠定了制度基础,夯实了城乡融合发展的制度基础。当然,在城乡融合高质量发展的过程中,城市建设用地供地机制与农村建设用地的高效率配置机制以及城乡公共服务均等化制度等,都需要进一步完善。

这样看来,"实现城乡融合高质量发展的重要路径就在于科技创新。在顺应世界科技发展的历史潮流下,着力建设现代城乡发展模式,通过加强原始科技创新、集成科技创新和引进消化吸收科技再创新,推进农业科技自主创新,努力实现乡村发展科技集成化、产业经营信息化、劳动过程机械化,促进城乡实现高质量融合发展。"以科技创新促进城乡融合发展的的政策目标,"一是科技创新为城乡创新发展提供技术支持,促进城乡产业经济发展;二是科技创新提高城乡治理能力与治理水平,实现全面推进城乡协调发展;三是科技创新为城乡绿色发展提供技术支持,实现资源节约和环境友好;四是科技创新促进乡村产业升级,有效推动城乡开放发展;五是科技创新将为城乡融合发展带来福利和溢出效应,实现城乡共享发展"。

概括来讲,要在进一步破除城乡二元结构的基础上解放思想,开拓创新,建立健全城乡融合发展体制机制和政策体系,协同推进新型城镇化与全面乡村振兴进程,以城乡深度融合来促进区域高质量发展!

8.1.4 落实低碳城市高质量发展理念

第 4 章已经从理论上论述了保护生态环境与高质量发展的关系,绿色发展本身就是高质量发展的重要组成部分。一方面,生态环境是城市发展的根基。守好生态环境底线就是守牢城市发展的生命线。要坚持绿水青山就是金山银山理念,牢固树立生态优先、绿色低碳发展导向,使绿色成为城市最动人的底色、最温暖的亮色,让低碳成为生态之城的鲜明标识,加快建设人与自然和谐共生的美丽家园。另一方面,好的生态环境是推动高质量发展的生产要素之一。除了传统的土地、技术、劳动力等生产要素，生态产品及服务也应成为新的创新发展要素。很多地区可以依托优质、丰富的生态资源，将其转为经济发展的新动力，培育新的产业形态，这里很重要的一点就是要探索适合本地的生态产品价值实现机制。

"从经济学视角看，低碳城市高质量发展是一个以人为核心，以城市系统供给侧结构性改革为主线，城市发展与碳排放总量（强度）从耦合到脱钩发展，就业人口的均衡效用、城市系统潜在增长率和全要素生产率不断得到提高，以及不断适应全体居民日益增长的美好生活需要的动态可持续过程。从低碳城市高质量发展的初始形态、转型形态，到低碳城市高质量发展的完成形态，推动低碳城市高质量发展的根本目的在于民生的改善。这主要表现为城市碳生产力和人文发展水平的不断提高。因此，围绕质量变革、效率变革和动力变革，对低碳城市建设中的经济、社会、生态维度进行基于产出效率、发展韧性、增长动力和生活质量的整合，是推动低碳城市高质量发展的基本方法。其主要表现为"经济—社会—生态"系统碳循环的平衡、为城市"生产—消费"系统的"输入—输出"提供支撑的自然生态系统的可持续，以及经济的发展、社会的发展和人的自由而全面的发展。"

在推进低碳城市建设中，还要坚持增量和提质并重，更好满足人民日益增长的优美生态环境需要。推进森林入城，建成一批标志性特色片林、景观林带、休闲林地，打造更多慢行游憩空间；加强河湖、湿地生态保护和修复，保护生物多样性，筑牢城市生态屏障；努力让"楔形"绿地公园、"口袋"公园等袖珍公园遍布城市社区周边，让居民推窗见绿，出门见景！

8.2 区域智力资本促进城市（城市群）高质量发展基本对策

8.2.1 提升城市文化品质 打造时尚魅力城市

文化是城市的灵魂，是城市发展生生不息的力量源泉。城市不应仅仅是身体栖居之地，更应是心灵安放之所。实际上人们对城市文化的挚爱，本质上也是对美好生活的向往。人们希望从城市景观中感受美的熏陶，在文化场馆里邂逅温暖、陶冶性情。城市文化作为区域结构资本的重要构成部分，以文化软实力提升城市核心竞争力，对促进城市高质量发展意义重大。

首先，要保护好历史文化遗产，延伸城市文化的根脉。习近平总书记多次重申"要把历史文化遗产保护放在第一位，同时要合理利用，使其在提供公共服务，满足人民精神生活方面充分发挥作用"。"城市为经济社会发展提供主要动能，既是优质资源要素的主要集聚地，也是文化发展的主要载体。文化是决定城市活力、潜力和创新能力的重要因素，推动城市发展必须大力推动文化繁荣兴盛。'十四五'时期，我国城镇化建设进入高质量发展阶段，需要把文化建设摆在更加突出位置。"

其次，还要注重实现城市文化价值和产业价值的相互赋能。城市文化激发创意创新活力。让来自五湖四海的人们在城市创新创业、追逐梦想，人的个性得到尊重、才华得到展示、价值得以实现，创意灵感在城市迸发，时尚潮流在城市绽放，让城市美好生活随处可见。"新文创注重文化价值和产业价值的相互赋能，在精心打造城市文化符号的基础上，注重城市文化符号通过产业方式获得商业盈利，很难将产品的文化价值和产业价值、经济效益和社会效益分开。"要在探究城市内核的文化基因的基础上，对城市历史上的文化特征和地域特点进行追溯挖掘，找到城市独特的地域特色城市文化，针对此进行现代化、时尚化和形象化的演绎，创造出特征鲜明的"城市IP"。城市"文化IP"是互联网语境中对"产业IP"的升级，其在推动城市内涵式发展过程中，以标志性景观、文化资源及文化价值认同推动城市创新、强化城市品牌、拓展城市产业链。这其中包括要研究让城市"文化IP"不断变现。要深耕"文旅融合"，讲好城市故事，不断提升城市形象。文旅融合不仅有助于构筑城市文化的新业态，助推城市空间的更新，而且有助于提升城市文化影响力。

最后，还要培育富有特色的城市精神，提升城市的感召力和影响力。城市精神是一座城市的灵魂内核，是一种文明素养和道德理想的综合反映,是一种意志品格与文化特色的精确提炼,是一种生活信念与人生境界的高度升华。城市精神综合凝聚了一座城市的历史传统、精神积淀、社会风气、价值观念以及市民素质等诸多因素,对这些因素进行核心提炼与准确概括,展示城市市民认同的精神价值与共同追求,并用恰当的表述语加以定位。打造城市精神应遵循"植根历史、基于现实、紧跟时代、引领未来"的原则。城市精神是在城市的整个发展过程中自然形成的,具有一脉相承的连续性,贯穿于一座城市的过去、现在与未来。城市精神只有植根历史,才能内涵丰富、根基深厚;只有基于现实,才能形象生动、焕发活力;只有紧跟时代,才能承前启后、引领未来。打造城市精神不仅要做到"形神合一、独树一帜",还要做到"内外兼顾、双重导向"。城市精神是城市的一面旗帜,对内要能够凝聚人心,对外又可以树立形象,具有双重导向作用。此外,城市文化影响人的审美素养和人文素质,城市精神品格浸润人心,城市有温度有魅力才能不断提升城市形象,增强国际影响力,吸引全球高层次人才近悦远来,世界多样化资源优势富集。

8.2.2 集聚创新型人力资本 促进创新型城市建设

建设创新型城市,是城市发展理念的一次飞跃,也是城市发展战略的一次重要提升;是应对全球激烈竞争的必然选择,也是带动区域经济全面高质量发展的必然选择。创新型城市是指主要依靠科技、知识、人力、文化、体制等创新要素驱动发展的城市,对其他区域具有高端辐射与引领作用。创新型城市的内涵一般体现在思想观念创新、发展模式创新、机制体制创新、对外开放创新、企业管理创新和城市管理创新等方面。创新型城市的构成要素主要包括四大方面:一是创新资源,这是创新活动的基础,包括人才、信息、知识、经费等。二是创新机构,这是创新活动的行为主体,包括企业、大学、研究机构、中介机构、政府等。三是创新机制,保证创新体系有效运转,包括激励、竞争、评价和监督机制等。四是创新环境,维系和促进创新的保障,包括创新政策、法律法规、文化等软环境,信息网络、科研设施等硬环境,以及参与国际竞争与合作的外部环境等。

从全球来看，当前创新型城市基本上可以分为四大类：一是文化创新型城市。这类城市创新发展的战略与内容偏重文化产业发展的突破，即依托经济繁荣发达和较强的人力、物力、财力支撑，大力推进文化创新，通过文化艺术领域创新打造全新的城市发展形态。二是工业创新型城市。这类城市创新发展的重点是以工业创新作为突破口，即依托地处大都市周边，工业基础比较扎实，工业领域的人才、技术等优势比较突出的支撑，大力推进工业技术创新，形成以工业产业创新带动城市发展创新的格局。三是服务创新型城市。这类城市创新发展的战略与内容是把现代服务业作为创新型城市发展的主攻方向，通过不断创新城市的服务，增强城市服务功能，着力发展服务型经济，不断满足本地城市居民的各种需要，也不断为全球经济发展提供各种跨国服务，同时推动城市经济社会发展与世界经济发展的融合。四是科技创新型城市。这类城市创新发展的战略与内容是凸显科技集成和科技创新。科技创新型城市一般依托国际一流的大学和研究机构，形成雄厚的科技实力、较强的创新能力与明显的科技产业优势。其通过大力发展先进科技生产力，在协调推进城市经济、社会、文化、生态发展的同时，为世界各国经济社会发展提供大量的高新技术和高科技产品，成为推动全球科技进步的动力源。

早在 2010 年 4 月，科技部就发布《关于进一步确立城市创新发展战略 推进创新型城市试点工作的指导意见》，明确了创新型城市试点工作的八项主要任务：一是确立城市创新发展战略；二是加快经济发展方式转变；三是促进经济社会协调可持续发展；四是大力增强企业自主创新能力；五是加强创新人才培养和创新基地建设；六是加强创新服务体系建设；七是营造激励创新的良好环境；八是推进体制改革和管理创新。创新型城市建设经过多年的发展，数量与日俱增，发展各有侧重，已有多个引领型国家创新型城市涌现，归纳其经验，无一不是依靠坚定不移营造优质创新创业生态，积聚创新型人力资本，打造高水平人才集聚平台。中国经济已由高速增长转向高质量发展阶段，全新的发展形态无疑需要以创新型人力资本为基础的经济活力、创新力与竞争力。创新型人力资本作为更为高级化的人力资本，不仅具有人力资本的一般属性，而且具备稀缺的创新能力，以边际报酬递增和产出乘数效应为特质。相关经验研究表明，人力资本能够通过促进技术转型升级和产业结构升级驱动经济高质量发展。另有研究表明，技术进步与产业结构调整均能显著促进中国经济高质量发展。综上所述，创新型人力资本能够促进技术进步和产业结构升级，技术进步同时在产业结构升级过程中扮演着重要角色，而技术进步和产业结构升级又均能够推动经济高质量发展。

城市集聚创新型人力资本的积累可以从以下几个方面着手：一要深化国际人才管理改革，加强国际学术交流合作，搭建国家互创新平台，聚天下英才为我所用；二要立足战略性新型产业发展需要，推进产学研合作教育，完善校企联合培养机制；三要培养具有国际竞争力的青年科技人才后备队伍，扩大视野选拔人才，不拘一格用好人才，大胆使用青年人才，激发创新活力，充分发挥创造型人力资本的价值。

要坚定不移地实施创新驱动战略，优化创新创业生态，打造人才高地，扩大开放合作，增强自主创新能力，提供高质量科技供给，促进科技成果转化，培育壮大新产业、新业态、新模式，让创新融入城市血脉，让创新提升城市品质，建设各具特色的创新型城市。

8.2.3 深化改革区域协调发展体制机制　共建和谐包容城市

区域协调发展本质上就是追求高质量发展，必须践行新发展理念，不断提升创新力和竞争力，率先实现质量变革、效率变革、动力变革。要发挥数字经济优势，加大科技攻关力度，加快产业数字化、智能化转型，提高产业链供应链稳定性和竞争力，把创新主动权、发展主动权牢牢掌握在自己手中；要提升城市发展质量，注意保护好历史文化和城市风貌；要着力解决发展不平衡问题，因地制宜、精准施策，增强欠发达区域高质量发展动能；要在生态保护和生态文明建设上走在前列，狠抓生态环境突出问题整改，夯实绿色发展生态根基；要推动高水平对外开放，深化开放合作，进一步优化营商环境，不断增强国际竞争合作新优势。

习近平总书记在扎实推进"长三角"一体化发展座谈会上强调指出：

"实施'长三角'一体化发展战略要紧扣一体化和高质量两个关键词,以一体化的思路和举措打破行政壁垒、提高政策协调度,让要素在更大范围畅通流动,有利于发挥各地区比较优势,实现更合理分工,凝聚更强大的合力,促进高质量发展。第一,推动'长三角'区域经济高质量发展。第二,加大科技攻关力度。第三,提升'长三角'城市发展质量。第四,增强前发达区域高质量发展功能。第五,推动浦东高水平改革开放。第六,夯实'长三角'地区绿色发展基础。"总书记结合新形势新要求,就扎实推进"长三角"一体化发展的重点工作作出六项新部署,既为推动"长三角"一体化发展行稳致远指明了实践方向,也为深入推进区域协调发展确定了总基调。

这就要求我们首先要落实中共中央、国务院《关于建立更加有效的区域协调发展新机制的意见》,创新区域协调发展新机制。"创新区域合作机制,完善区域互助机制。要鼓励开展多层次、多形式、多领域的区域合作,促进产业跨区域转移和共建产业园区等合作平台,积极创新区域合作的组织保障、规划衔接、利益协调、激励约束、资金分担、信息共享、政策协调等机制。"

其次要以基本公共服务均等化、基础设施通达程度比较均衡、人民生活水平大体相当为目标,优化公共资源配置,促进各类要素合理流动和高效集聚。通过健全区域战略统筹、市场一体化发展、区域合作互助、区际利益补偿等机制,更好促进发达地区和欠发达地区、东中西部和东北地区共同发展,促进区域协调发展向更高水平和更高质量迈进。完善转移支付制度,提升保障能力和统筹层级,加大对欠发达地区的财力支持,逐步实现基本公共服务均等化。

8.2.4 推动数字经济和实体经济深度融合发展 建设新型智慧城市

打造智慧城市已经成为一种城市发展理念,受到各级政府、社会各界的高度重视。新型智慧城市是以为民服务全程全时、城市治理高效有序、数据开放共融共享、经济发展绿色开源、网络空间安全清朗为主要目标,通过体系规划、信息主导、改革创新，推进新一代信息技术与城市现代化深度融合、迭代演进，实现国家与城市协调发展的新生态。其本质是全心全意为人民服务的具体措施的体现。新型智慧城市的建设理念可以概括为"六个一"，即"一个体系架构、一张天地一体的栅格网、一个通用功能平台、一个数据集合、一个城市运行中心、一套标准。第二届世界互联网大会"互联网之光"博览会上展示了"新型智慧城市"建设的四个重点，即物联网开放体系架构、城市开放信息平台、城市运行指挥中心、网络空间安全体系。

党的十八大以来，党中央高度重视发展数字经济，将其上升为国家战略。特别是党的十九届五中全会明确指出，发展数字经济，推进数字产业化和产业数字化，推动数字经济和实体经济深度融合，打造具有国际竞争力的数字产业集群。《网络强国战略实施纲要》《数字经济发展战略纲要》陆续出台，从国家层面部署推动数字经济发展。根据2021年全球数字经济大会的数据，我国数字经济规模已经连续多年居世界第二位，2021年我国数字经济规模增速9.6%，居全球第一位。习近平总书记指出："推动数字经济和实体经济融合发展。要把握数字化、网络化、智能化方向，推动制造业、服务业、农业等产业数字化，利用互联网新技术对传统产业进行全方位、全链条的改造，提高全要素生产率，发挥数字技术对经济发展的放大、叠加、倍增作用。要推动互联网、大数据、人工智能同产业深度融合，加快培育一批'专精特新'企业和制造业单项冠军企业。当然，要脚踏实地、因企制宜，不能为数字化而数字化。"

我们应当把握数字化发展新机遇，以数字经济与实体经济深度融合为主线，拓展实体经济发展新空间，促进经济高质量发展。"一方面，要加快推动数字技术产业化，实现实体经济扩容。数字技术的成熟和广泛应用，不但迭代产生以数字技术为核心的新产业、新业态、新模式，推动数字经济规模快速扩张，而且通过产业之间的关联作用，促使实体经济领域不断产生新产品和新服务，形成新的细分产业。要以壮大数字经济为依托，在新发展阶段赋予实体经济新内涵，不断扩充和完善产业链体系，加速产品和服务迭代，不断满足人民群众对美好生活的需要。另一方面，要加快推动数字技术扩散融合，实现实体经济升级提质。实体企业依托数字技术可以打破生产要素、供给需求的时空局限，通过应用数字技术进行互动式学习可以及时了解消费者个性化、定制化和场景化需求，通过挖掘数字经济提供的海量数据能够促进企业提供更多具有差异化、多样化创新性的产品与服务，从而再造生产流程，重塑产业格局，提升实体经济效率。要继续发挥数字技术新优势积极改造传统产业，使传统产业在数字技术赋能下实现结构优化升级，焕发新活力"。

历经从基于传统信息技术的电子政务化、信息化推进项目1.0阶段，到基于新一代信息技术的"互联网+政府服务"、智慧城市的2.0阶段，如今我们进入了数智科技条件下的数字政府、数字政务、数字大脑和数字孪生城市的3.0阶段。尽管这期间社会各界的理论认知、技术创新、服务应用等在不断迭代，但依然存在多种多样的问题，尤其是在新冠肺炎疫情等极端条件下，很多引以为荣的智慧城市、智慧项目以及数字平台等也暴露出一些底层逻辑、发展层级、技术路线、贯通机制以及价值主张层面的问题。任何层级的数字平台都需要打破"大一统"的顶层设计，在微服务、分布式等条件下构筑互联互通的超级智联生态。智慧城市建设中这一系列的创新型工作，都需要创新型人力资本协同完成。

8.2.5 推进城市品牌化战略 打造知名品牌城市

品牌文化作为区域关系资本的重要组成部分，其中城市品牌和城市形象都是城市无形资产增值的重要基础。实践证明，通过壮大品牌经济成功地实施城市品牌化战略，对于提升该城市品位、扩大城市知名度，促进资金、人才聚集，发挥城市品牌文化的巨大潜力等具有重要的作用。历史文化是城市的"根"和"魂"，打造品牌城市，首先要推动古今融合，发挥历史文化的当代价值，让城市的"根"和"魂"活起来；还要推动中外融合，讲好"城市故事"促进中外文化交流互鉴。

在新媒体时代，城市品牌建设不仅是单向的城市形象宣传，还需要通过互动和情感进行双向沟通，通过符号、形象、故事、内容和产品，实现信息的扩散和品牌的认可，形成具有独特辨识度和人格化的城市品牌。强调城市品牌化是指将城市产品与服务的品牌化与城市形象的品牌化相关联，从城市外部吸引资本和人才，进而促进城市经济可持续发展的过程。新旧动能转换是中国经济转型升级的内在动力与实质，高质量发展则是中国经济社会转型的外在表现与目标。从城市营销和城市品牌化的视角来看，推进城市新旧动能转换、迈向高质量发展，就是要更好地运用政策工具来把握市场规律，立足本地实际，面向人民对美好生活的切实需要，敏锐捕捉新一轮科技革命和产业变革带来的新机遇，通过引进和发展新技术、新产业、新业态和新模式来不断培育、壮大新动能，改造传统经济增长旧动能，推动地方产业结构的优化和升级，最终实现由要素和投资驱动转向创新驱动的发展，由片面追求高速增长转向以人民为中心的全面发展，也就是更加有效、更加和谐、更加绿色可持续和更高质量的发展。这就要求城市管理者要真正从城市"顾客"包括市民、游客、企业特别是创新、创业相关人才和投资者等的需求出发，来重新梳理和建设城市的功能与相关服务，优化城市治理，以打造更加具有吸引力和竞争力的城市品牌。

"城市品牌化战略执行方面的成功要素就是指那些涉及城市品牌化战略实施各个步骤与环节的关键管理要素。从现有研究成果来看，就城市品牌化的战略执行过程而言，学者们认为影响城市品牌化成功的关键管理因素主要集中于城市品牌识别、城市品牌结构、城市品牌定位、城市品牌沟通、城市品牌审计和城市品牌更新等环节。"因此城市发展品牌经济，打造品牌城市，就要建立城市品牌、产业/园区品牌、产品/企业品牌三个层面的经济发展架构，进一步理顺政府、社会、市场在品牌建设中的作用和相互关系，形成协同推进、良性循环、共同发展的良好格局。

城市品牌战略是一个长期复杂的系统工程，需要久久为功。其主要包括制定战略规划、设计调研方案、明确城市定位、确定核心价值、瞄准目标市场、实施规划和开发等步骤。城市品牌的核心价值是一个城市的灵魂，环境、资源、文化、历史、经济、企业和人本身都是构成和决定一个城市品牌价值的要素，这些要素结合起来最终决定了城市品牌的本质。城市品牌战略实施的主要内容包括导入城市 CIS 系统（MI 理念识别、BI 行为识别、VI 视觉识别）、"城市 IP"场景化打造、城市主体形象及基础设施建设，城市的艺术别名（城市独特的气质魅力）、城市空间的形象设计、城市雕塑（标志物）的定位、城市公益配置的设计、城市景观的设计、企业文化标识（企业家精神标识）、企业品牌与形象等方面。例如青岛以深厚的品牌底蕴、创新的联动模式、融合的传播手段、广泛的公众参与度、显著的影响力提升作用，成功将首个"青岛品牌日"打造成了"城市新 IP"，而且它充分聚合最优质智库资源、释放浮山湾优质场媒的能量，采用虚拟现实（VR）、增强现实（AR）、人工智能（AI）等前沿技术，动员了媒体生态圈资源，发挥了专业策划的力量，造就了由政府、企业、媒体、市民等合力打造的一场极具科幻感的品牌盛宴，创新性实现了"城市 IP"场景化打造。开创性的 2022"青岛品牌日"张扬的不仅仅是城市和企业的品牌，更将深化青岛品牌城市、品牌经济的底蕴，体现品牌与城市的交相辉映，科技与文化的深度融合！

8.2.6　打造国际一流营商环境　建设现代开放城市

营商环境，指市场主体在准入、生产经营、退出等过程中涉及的政务环境、市场环境、法治环境、人文环境等有关外部因素和条件的总和。良好的营商环境是一个国家或地区经济软实力的重要体现，是一个城市提高综合竞争力的重要方面。优化营商环境是一项久久为功持续推进的工作，需要不断改革创新。打造国际一流营商环境，主体是政府，核心是部门，重点是干部。必须加快转变服务理念，推进服务方式创新，强化服务成效提升，坚持"国际视野、政府主导、需求导向、法治为先"的基本原则，推动优化营商环境的政策举措落地，打造廉洁、公平、透明、便捷、高效的国际一流营商环境。

在加快制定和完善相关法律法规的背景下，2020 年 1 月，《优化营商环境条例》正式施行，这是我国为优化营商环境而颁布的首部行政法规，标志着优化营商环境制度建设进入新阶段。2021 年 11 月国务院印发《关于开展营商环境创新试点工作的意见》，部署在北京、上海、重庆、杭州、广州、深圳6个城市开展营商环境创新试点，同时也明确了创新试点工作的改革举措。近年来多数城市都注重锐意改革提高效率，重视市场主体获得感，激发市场主体活力，营商环境有了较大改善，上海在这方面走在前列。上海市坚持"建立企业评价政府服务的制度和渠道，定时定期向市场主体征求意见和建议，压实各级党委、政府、服务机构的主体责任。一是健全政府服务的公开评价制度，二是完善监督和惩罚机制，三是提升评价透明度"。上海市这种对营商环境常评常改、以评促优的常态化评价机制值得借鉴。当然，营商环境没有最好，只有更好，与时俱进进一步优化营商环境，要从以下几个方面着力：

第一，要提升市场服务能力，营造宽松、平等、规范、有序的市场环境。进一步促进产权有效激励、要素自由流动、价格反映灵活、竞争公平有序、企业优胜劣汰，最大限度地减少对市场的直接配置和对微观经济活动的直接干预：一是举办优化营商环境专题研修班。让上上下下搞清楚如何立足本职岗位创新性地优化营商环境，促进城市高质量发展。二是聚焦减费降税，缓解中小企业融资难问题。三是加强考评监测督查增效。四是建立健全与国际接轨的营商规则，推进国际合作。五是健全市场监管体系。

第二，做好"加减法"和"平衡法"，打造廉洁、透明、便捷、高效的政务环境。政府要从实际出发施公平之策，开便利之门、提供"店小二式"的优质服务，真正做到"无事不插手、有事不撒手"，持续为企业优服务、降成本、补短板、促升级、强信心，加强政策供给，让企业顺心舒心安心放心发展。一要提高政府公共服务质量。二要在简化程序上做好"减法"。三要在服务内容上做好"加法"。四是政府职能放管结合要注重"平衡法"。

第三，建立公正文明执法体系，营造公平、公正、成熟、完善的法治环境。减少、消除审批流程手续复杂、要件多、时间长等制度性交易成本，通过简手续、压时限、降成本、优服务，以及健全法律法规、加大执法力度等改善和优化措施，使投资者和企业家能更加便利、高效地投资创业、开展经营活动，获得更好的成长环境，创造更多的就业机会。一要持续深入开展涉企收费领域专项整治。二要健全知识产权保护机制。三要不断提升执法规范化能力和水平。四要不定期开展与优化营商环境不一致的规范性文件和证明事项专项清理工作。

第四，完善均衡优质的公共服务，营造和谐、诚信、温馨、包容的人文环境。一要打造稳定安全的公共环境。二要建设社会和谐共治机制。三要完善均衡优质公共服务。四要营造"宽容失败、鼓励创新"的创新创业社会氛围。五要营造良好的社会诚信氛围。

总之，营商环境没有最好，只有更好，优化营商环境就是解放生产力，提高竞争力；城市持续优化营商环境，激发市场活力，必然会增强城市核心竞争力，推动区域经济社会不断实现高质量发展。

8.3 延伸阅读——典型案例

典型案例1 深圳：以创新驱动引领高质量发展[*]

作为中国特色社会主义先行示范区，深圳如何以创新驱动来引领高质量发展？

持续优化市场化、法治化、国际化的营商环境

深圳高度重视优化营商环境，始终将优化营商环境改革作为"一号改革工程"来抓，大刀阔斧进行体制机制改革。从1.0版"搭框架"、2.0版"夯基础"、3.0版"补短板"、4.0版"促提升"，到5.0版"抓试

---

* 本案例资料来源于：① "深圳企业家要继续敢为天下先"，《深圳特区报》，2018年11月5日。

② 杜娟："深圳再出发——国家可持续发展一程创新示范区的推进"，《可持续发展特刊》，2019年12月。

③ 王睦广："深圳前海'牵手'香港大学 在人才培养等领域开展合作"，《南方都市报》，2022年7月1日。

点",深圳市持续优化营商环境改革政策框架体系顶层设计,加快打造市场化、法治化、国际化的一流营商环境,以先行示范标准推进实施,努力形成可复制、可推广的制度创新成果。《深圳市建设营商环境创新试点城市实施方案》(以下简称《实施方案》)2022年4月出台,标志着该市营商环境改革进入5.0版"抓试点"阶段。《实施方案》对照国家101项改革任务逐项明确落实举措,从营造竞争有序的市场环境、打造公正透明的法治环境、构建国际接轨的开放环境、打造高效便利的政务环境4个维度,在健全透明规范的市场主体准入退出机制、强化企业各类生产要素供给保障、构建精准主动的企业服务体系等12个领域提出200条改革举措。

良好的营商环境为市场主体的创新创造持续提供"肥沃土壤"。90%以上的创新型企业是本土企业、90%以上的研发机构设立在企业、90%以上的研发人员集中在企业、90%以上的研发资金来源于企业、90%以上的职务发明专利出自企业、90%以上的重大科技项目发明专利来源于龙头企业……研究深圳的学者无不关注这一独特的创新现象——"6个90%"。尊重企业的创新主体地位是这一现象的基本逻辑。

勇于创新,多措并举打造人才强磁场

人才是第一资源,国家间、城市间的竞争,归根结底是人才的竞争。一个城市如果不去抢人才,就面临着人才被抢的命运。深圳始终把人才优先发展作为城市的核心战略,形成了人才"强磁场"。

搜索城市人口吸引力指数,深圳排名全国第一,城市年轻指数,深圳也是全国第一。根据公开资料,深圳累计引进106批次、4500余位"孔雀计划"人选。"孔雀计划"有三个显著特点:一是"活",二是"准",三是"强"。2021年新增认定国内外高层次人才4278人,引进落户各类人才25.6万人;深圳全市在站博士后5137人,在首届全国博士后创新创业大赛中获"3金2银8铜",金牌数、奖牌数居广东省第一,74位全职院士集聚,科技人才超过200万人,各类人才总量达到600万人。

2020年11月初,位于深圳光明科学城的国际人才服务驿站正式揭牌。这里重点布局大科学装置集群,以更加包容的姿态拥抱全球创新人才,为深圳发力源头创新积蓄能量。2022年6月底,深圳市前海管理局与香港大学签署战略合作框架协议。此次战略合作涉及人才培养、科学研究、创新创业、技术转化等领域，双方将着重在加快科技发展体制机制改革创新、扩大金融业对外开放、提升法律事务对外开放水平方面不断构建国际合作和竞争新优势。

率先突破，形成示范区建设的深圳特色

创新，是深圳实现从小渔村"蝶变"的源泉和内核，作为首批国家可持续发展议程创新示范区（以下简称"示范区"）之一，深圳的创新有了更丰富的内涵和面向未来的底蕴。2018年2月，国务院正式批复《关于深圳市创建国家可持续发展议程创新示范区的请示》，同意深圳市以创新引领超大型城市可持续发展为主题，建设国家可持续发展议程创新示范区。

改革开放40多年，深圳创造了世界城市化、工业化、现代化发展史上的奇迹，但作为一个人口即将突破2000万的超大型城市，在快速发展的同时，深圳也遇到了资源短缺、环境污染、交通拥堵、发展不平衡的问题。对于深圳发展面临的瓶颈，《深圳市国家可持续发展议程创新示范建设方案（2017—2020年）》总结概况出"三个不足"，即创新引领推动力相对不足、资源环境承载力相对不足、社会治理支撑力相对不足。从"移民社会"走向"成熟社会"，创新引领超大型城市可持续发展是必经之路，正成为深圳的共识和行动的动力。

国务院的批复指出了深圳创建示范区的方向：集成应用污水处理、废弃物综合利用、生态修复、人工智能等技术，实施资源高效利用、生态环境治理、健康深圳建设和社会治理现代化等工程，统筹各类创新资源，深化体制机制改革，探索适用技术路线和系统解决方案，形成可操作、可复制、可推广的有效模式，对超大型城市可持续发展发挥示范效应，为落实2030年可持续发展议程提供实践经验。

示范区是一个城市样本，积累的是"中国经验"，并将贡献于全世界。对于深圳这个改革开放前沿阵地探索可持续发展的期待，正如科技部社会发展科技司领导所言："希望深圳通过创新高质量、高标准实现创新示范区各项建设目标，将深圳建设成为落实2030年可持续发展议程的排头兵、先行地区和示范区，也希望深圳的创新示范区建设始终坚持全球视野，以积极开放的态度加强与国际社会在可持续发展领域的合作和交流。"中国（深圳）综合开发研究院专家认为，在新科技和新消费驱动下，经济将迎来新一轮快速增长，产业结构进一步优化，新经济占据半壁江山。2021—2025年，随着政策的深入布局和企业的持续创新，深圳新经济增长仍将保持9%的平均增速。到2025年，深圳新经济规模预计将突破2万亿元，占GDP比重预计将达50%，预计能够创造近500万个工作岗位。

2021年深圳经济总量居中国城市第3位，跻身"全球城市30强"；绿色建筑总面积逾8400万平方米，是我国绿色建筑建设规模和密度最大的城市之一；全球率先实现公交车100%纯电动化，推广新能源汽车17.79万辆，数量居全球城市前列；PM2.5平均浓度处于全国领先水平，低碳综合指数在全国排名第一……

看似寻常最奇崛，成如容易却艰辛。如今深圳又站在新的起跑线上，踔厉风发、笃行不息，奋力建设好中国特色社会主义先行示范区、创建社会主义现代化强国的城市范例、率先实现社会主义现代化！

典型案例2　"长三角"一体化发展彰显区域高质量协同发展的魅力*

"长三角"一体化发展涵盖上海、江苏、浙江、安徽三省一市，约占全国经济总量的四分之一，年研发经费支出和有效发明专利数占全国的三分之一，进出口总额、外商直接投资和对外投资约占全国的三分之一，是我国经济发展最活跃、开放程度最高、创新能力最强的区域之一。

面临新形势新要求，习近平总书记曾就深刻认识"长三角"区域在国

---

* 本案例资料来源于：①张忠，李泓冰，王伟健，巨云鹏："推动长三角一体化发展不断取得成效"，《人民日报》，2021年10月23日。

②何聪，姚雪青："长三角四地合力推进一体化发展"，《人民日报》，2021年6月1日。

③杨帆："长三角一体化示范区建设加速推动"，《浙江日报》，2022年5月22日。

④国家发展改革委地区经济司："学习贯彻习近平经济思想　推动长三角生态绿色一体化发展示范区建设不断取得新成效"，《习近平经济思想研究》，2022年8月31日。

⑤刘士安，巨云鹏："长三角扎实推进一体化高质量发展"，《人民日报》，2022年8月24日。

家经济社会发展中的地位和作用做出三点指示，赋予这片区域重要的历史使命。第一，率先形成新发展格局。新发展格局，是针对我国发展面临的中长期挑战做出的主动选择和长期谋划，关乎未来5年甚至更长一段时期我国发展。"长三角"区域具有人才富集、科技水平高、制造业发达、产业链供应链相对完备和市场潜力大等诸多优势，推动这片区域探索形成新发展格局的路径，发挥对全国的辐射带动作用，在新形势下意义重大。第二，勇当我国科技和产业创新的开路先锋。"长三角"区域科技创新优势明显。这里拥有上海张江、安徽合肥两个综合性国家科学中心，全国约四分之一的"双一流"高校、国家重点实验室、国家工程研究中心，集成电路和软件信息服务产业规模分别约占全国的二分之一和三分之一，在电子信息、生物医药、高端装备、新能源、新材料等领域形成了一批国际竞争力较强的创新共同体和产业集群。充分发挥这一优势，聚焦集成电路、生物医药、人工智能等重点领域和关键环节，尽早取得突破，把创新主动权、发展主动权牢牢掌握在自己手中，挑战巨大，机遇也同样巨大。第三，加快打造改革开放新高地。通过深化改革释放活力，在扩大开放中对标国际一流标准，"长三角"有条件成为联通国际市场和国内市场的重要桥梁，对我国维护和引领经济全球化发挥积极作用。

协同创新体制进一步增强

"长三角"科技创新共同体加快推进，已经聚集重大科学装置23个，大型科学仪器超4万台套。特别是位于上海的国家科创新中心将上海的科创中心优势与苏、浙、皖庞大的产业优势深度融合，已与海外72家、国内61家知名高校和研发机构建立战略合作联盟，累计构建企业联合创新中心218家，构建了一个集创新资源、研发载体与产业需求于一体的产业技术创新体系和创新创业生态，为"长三角"地区及全国高质量发展提供技术支撑。以创新驱动发展，一批世界级产业集群正在"长三角"迅速崛起。目前"长三角"集成电路产业规模在全国占比60%，生物医药和人工智能产业规模在全国占比约30%，新能源汽车产业规模在全国占比38%。"长三角"还注重加强重点产业链联盟建设，逐步形成一体化全产业链服务模式。

不断提高基础设施互联互通水平

打通基础设施互联互通瓶颈是"长三角"一体化发展的突破口之一。2018年6月，《长三角地区打通省际断头路合作框架协议》签署，首批重点推进17个省际项目。"长三角"现代化综合运输体系加快建立，通江达海的交通网络不断完善。高等级航道网规模超4100公里，以上海为核心的"长三角"机场群初具规模，机场货运吞吐量占全国的35%，高速公路网达1.6万公里，累计开通毗邻省市公交线路76条，高速铁路运营6000多公里，覆盖95%的城市社区，苏州到上海的地铁2023年开通，便利化程度越来越高。

促进基本公共服务便利共享

优化企业自由迁移服务机制是支持"长三角"生态绿色一体化发展示范区高质量发展的一项政策措施，旨在打破行政边界约束，促进市场要素流动。此外，该区域还积极推进跨省市便民服务，到2022年7月底，"长三角"推出户口迁移不需要两地跑、异地购房提取公积金零材料网上办等138项跨省通办政务服务事项或场景应用，全域实行医保一卡通、异地门诊医疗费用直接结算覆盖了超万家医疗机构，已累计结算988万人次，"长三角"医疗资源基本全部实现共享。上海的"一网通办"，江苏的"不见面审批"，浙江的"最多跑一次"，安徽的"一次不用跑"——"长三角"区域营商环境比着创优，项目和人才纷至沓来。

生态绿色一体化发展示范区建设不断取得新成效

2019年，党中央、国务院印发《长江三角洲区域一体化发展规划纲要》，明确提出在沪苏浙交界的上海市青浦区、江苏省苏州市吴江区、浙江省嘉兴市嘉善县（以下简称"两区一县"）建设"长三角"生态绿色一体化发展示范区（以下简称"示范区"），并将其作为实施"长三角"一体化发展战略的先手棋和突破口。示范区紧紧围绕规划管理、生态保护、土地管理、要素流动、财税分享、公共服务等领域，加大协同改革力度，形成了一系列具有开创性的制度创新成果，为该区域乃至全国区域一体化发展贡献了"示范区方案"，闯出了一条跨行政区域共建共享、生态文明与经济社会发展相得益彰的新路子。2022年上半年，"长三角"区域41个城市环境平均优良天数达到 79.1%，594 个地表水域水质优良率达到 90.7%，"长三角"协同创新一体化发展让天更蓝、山更绿、水更清。如今，襟江带海的"长三角"区域正以更加昂扬的姿态，挺立在新时代改革开放前沿！

典型案例 3　青岛首创：以城市能级推动品牌成长*

近几年，"品牌引领"与"高质量发展"成为企业发展的"共同意志"，上升为国家基本战略。2017 年国务院发文将每年的 5 月 10 日设立为"中国品牌日"，开启了中国自主品牌建设新时代。

传承：用品牌引领高质量发展

城市级的品牌日，是一次史无前例的探索，它表达着青岛对当下和未来发展主题的鲜明回应。2022 年 2 月 28 日，习近平总书记主持召开中央全面深化改革委员会第二十四次会议时强调"加快建设一批产品卓越、品牌卓著、创新领先、治理现代的世界一流企业"。

青岛是闻名全国的"品牌之都"，也是国内最早实施名牌战略的城市之一，在青岛城市发展的百年历史上，城市和品牌共生共荣、相映成辉。说起青岛制造，人们常常会提及海尔、海信、青啤、双星、澳柯玛这"五朵金花"。城以"金花"声名远扬，"金花"因城常开不败。在新时代，老"金花"依旧璀璨，新"金花"又迅速崛起，可以说是"青岛金花"代代相传，它们也因青岛制造与这座城市共享荣光。青岛市从 1984 年开始实施"名牌战略"，在促进名牌经济的进程中，沿着从"名牌产品"到"名牌企业"、从"品牌经济"到"品牌城市"的轨迹，形成了可持续发展的不竭动力，增强了城市的核心竞争力。应该看到，在互联网和品牌引

---

* 本案例资料来源于：①陈艳，崔文静："深入解码品牌战略，推进青岛高质量发展"，《青岛新闻网》，2019 年 4 月 9 日。

②"2022'青岛品牌日'正式启动，以城市之名打造品牌盛宴"，中国日报网，2022 年 7 月 18 日。

③《"青岛品牌日""叫响"全国　树起城市级品牌 IP》，山东学习平台，2022 年 8 月 10 日。

领消费的新时代，走品牌引领青岛高质量发展之路，既承接了青岛的继往优势，又呼应了国家的品牌引领计划。

一直坚持实施品牌战略，坚持以品牌建设驱动高质量发展，同时作为享誉海内外"品牌之都"的青岛，如何再次实现在品牌模式上的突破、品牌实践上的创新、品牌建设上的示范、品牌经验上的引领，成为一个新的时代课题。"青岛品牌日"，就是贯彻国家品牌发展整体战略，顺势而为、乘势而上的创新之作。

2022年7月17日，首个城市级品牌日——2022"青岛品牌日"如约而至。从形式上看，像"青岛企业家日"一样，这仅仅是一个有关品牌发展的节日形式的表达，而本质上，却是青岛把握城市发展内在底蕴、顺应时代发展需求的一次大胆尝试。它传递的不仅仅是品牌建设的意志，展现的不仅仅是品牌发展的力量，更释放了城市发展的能量，实现了城市与品牌共进共赢共成长的完美闭环，促进了城市能量与品牌能量的完美融合。它不仅为青岛品牌打造了一个新的城市级舞台，更为中国品牌的成长开拓了一片新的实验空间。

企业家们与知名专家、学者和媒体代表等一起，在长达3个多小时的时间内，聚焦"双循环体系下的自主品牌建设"和"数字化时代的品牌传播"两大主题，分享各自企业的品牌创建经验，把脉企业品牌创建和传播的做法。这也是青岛企业首次以学术探讨的方式汇聚一起，共同追问城市和企业品牌发展之路。企业的踊跃度，说明了这种探讨本身具备的意义，也证明了"青岛品牌日"活动在企业层面的热烈响应。

开拓创新：借跨界融合绽放品牌力量

传播，既是品牌建设的路径，也是品牌建设的目标。如何突破传统媒体、传统载体的传播方式，利用节日效应，实现城市传播；利用场媒载体，实现场景传播；利用网红效应，实现流量传播；利用社群效应，实现覆盖传播；利用专业效应，实现创新传播，成为首届"青岛品牌日"的核心追求，也是最终成功的最大特色。

2022年7月16日晚，一部以青岛"金花"企业品牌为主角的AR"大片"《金花绽放全城》正式上线，一下子火遍了各类社交媒体。仅在观海新闻视频号，这段时长 2 分 31 秒的视频，短时间内就实现了传播渗透，收获 110 多万的点击量，全网播放量更是高达 1230 万。场景传播时代，场媒载体的营造至关重要，是线上线下一体化传播的立足点。2022 年"青岛品牌日"立足传播效果最大化，选择浮山湾这一主要城市场景，以 360 度声光电沉浸式品牌体验场景为核心，以宏大的浮山湾灯光秀为场效，打造了震撼、炫目的多个秀场——壮观的"庆祝青岛首个品牌日"无人机空中秀表演、科幻感的矩阵汽车秀、潮时代的品牌新势力快闪秀、系列品牌之夜表演秀交错演绎，线上线下万众云集、场内场外欢乐交融、品牌热情瞬间燃放……广域化场景、大跨度时空，密集型布局，梯次性接力，一天之内举办 10 余场大小活动，半个月之内推出 72 次传播活动，主流媒体发表 1100 多篇（件）原创作品，自媒体 4500 万次的原创传播，都成为 2022 年"青岛品牌日"的原动力。

一时之间，"青岛品牌日"传播话题迅速形成信息流，汇聚成主流媒体、社交媒体交汇传播的态势。由此，"青岛品牌日"也正式以节日的形态，成为青岛市民、国内外游人的共同记忆。裂变式的口碑传播，基于城市自豪感的情感传播，以及对青岛品牌贴近的认知传播，让"青岛品牌日"成功走入千家万户。

2022 年"青岛品牌日"，是一次"智库+""内容+""技术+""传播+""社群+"共同发力的大型城市 IP 营造行动，它充分聚合最优质智库资源、释放浮山湾优质场媒的能量，采用 VR、AR、AI 等前沿技术，动员了媒体生态圈资源，发挥了专业策划的力量，成为由政府、企业、媒体、市民等合力打造的一场极具科幻感的品牌盛宴。

2022 年 7 月 17 日晚，浮山湾灯光璀璨，青岛日报报业集团联手"千机秀"，在美丽的青岛海景星空之下，以公益方式上演了一场"青岛品牌日"大型空中展演秀，以城市之名向青岛品牌告白。这是青岛品牌第一次以这样的方式集体亮相美丽星空，它表达着青岛企业对于星辰大海的内在期望。

众创："城企民"联手打造新 IP

品牌与城市交融是"青岛品牌日"最鲜明的特质。企业与市民互动是"青岛品牌日"最动人的景象。这是一次典型的城市参与、企业参与、全民参与的群创行动。这一刻，品牌与城市完美融合，企业与市民热情交互，"青岛品牌日"无论从形式到内涵，都实现了新的超越。

首届"青岛品牌日"，企业的参与热情高涨。"金花"企业和新产业领域的代表企业纷纷加入系列活动。2022年7月17日至23日，"绽放的力量"青岛品牌体验秀在奥帆中心举办。来自6个区市、上百家企业的上千种产品在此轮番集聚，各类新品在这里密集发布，在5G、3D、VR等新技术的烘托下，将企业品牌与城市文化要素融为一体。青岛品牌体验秀的中心景观——大型圆环主视觉展屏，以其科技感、虚拟感，以及与市民的互动性、声光电特效等迅速"蹿红"，成为青岛夏季的又一"网红打卡地"。其间，大屏展示和播放主题片、企业品牌宣传片共80余部，受到市民游客欢迎。

"品牌之夜"活动，是每晚在奥帆中心准时上演的一幕城市品牌场景剧，知名企业次第参与，纷纷以不同形式设置各种活动，营造出"全城共此时"的动人氛围。据不完全统计，为时7天的品牌体验秀中，各企业板块共接待游客15万之众，参展企业纷纷用"机会难得"来形容这种全新的跨界营销传播行动。

"青岛品牌日"受到企业和市民如此追捧，还在于以营销传播服务为主的板块的倾力打造。2022年7月17日至31日，青岛品牌采购季暨"嗨购一夏"促销活动借势启动，联动青岛"金花"培育企业和百家品牌库企业，整合企业门店、零售电商平台，发起了一场线上线下大规模促销行动。值得称道的是，此次营销真正实现了政府搭台造势、企业借势发力，政府引导和市场化运作，让品牌日活动日益走向成熟。拥有500多位注册成员的青岛自媒体协会，主动参与到2022年"青岛品牌日"系列活动之中，仅直播带货就组织了20场。高峰时，每天两场直播。2022年"青岛品牌日"共推出六大板块系列活动，包括中国品牌卓著发展论坛、声光电品牌体验秀、系列品牌之夜、品牌采购季、"嗨购一夏"全城促销、《工赋青岛》品牌日特别节目、《青岛考工记》系列微纪录片、各类媒体专栏和专版等。品牌日活动在半个月的时间内持续不断地展示了青岛"品牌之都"的魅力，以及"工赋青岛 智造强市"的全新形象。

开创性的 2022 年"青岛品牌日",所激发的不仅仅是市民呵护品牌、企业发展品牌的意识,更在城市层面达成了建设好、传播好品牌的共识;它增加的也不仅仅是企业和市民的自豪感与荣誉感,更凝聚起城市向上的精神力量。开创性的 2022 年"青岛品牌日",张扬的不仅仅是城市和企业的品牌,更将深化青岛品牌城市、品牌经济的底蕴。新华社在评价"青岛品牌日"时提到,该次品牌日活动对进一步发挥青岛制造品牌优势,加快振兴实体经济,建设现代产业先行城市具有重要意义。显然,以"品牌日"为契机,常态化打造"青岛制造"和"工赋青岛"品牌,持续打造"青岛品牌日"IP 生态,持续打造专业化、全方位品牌传播新模式,持续演绎好"青岛品牌日"的故事,将是青岛品牌升级和产业进阶的持久战略。

专家学者普遍认为,青岛把品牌日作为一个重大事项予以确立,这是青岛面向高质量发展、面向品牌强市、面向未来的鲜明态度。充分利用品牌日及相关活动引发的各种传播效应,面向全国、面向全世界宣告彰显青岛品牌的魅力和价值,非常有意义。"青岛品牌日"的设立不仅彰显了青岛重视品牌培育、支持品牌发展的决心,更将进一步擦亮"青岛制造"名片,提升城市知名度和美誉度,激发企业创新创造活力,加速打造全链条创新创业生态,推动"城市与品牌共成长"。

典型案例 4　上海的营商环境:只有更好,没有最好[*]

营商环境只有更好,没有最好。各国应努力改进营商环境,解决自身存在问题。世界银行以扶持中小企业为主要目的,每年分析各国和地区的营商环境并公布排名。2021 年 11 月世行发布的《2020 年营商环境报告》中,中国营商环境全球排名从第 46 位跃升至第 31 位,连续第二年位列营

---

[*] 本案例资料来源于:①任鹏:"上海市:优化营商环境传递信心",《光明日报》,2022 年 2 月 28 日。
②王嘉旖:"上海:用好'立法试验田'打造一流营商环境",《上海学习平台》,2022 年 3 月 4 日。
③张懿:"上海营商环境 2 到 3 年内要进入国际第一梯队",《文汇报》,2020 年 1 月 3 日。

商环境改善幅度全球排名前十。硬实力与软环境的结合，让特斯拉看好上海，看好中国。值得重视的是，中国样本：上海权重55%，北京权重45%。

特斯拉"上海速度"给人们的重要启示，就是中国营商环境正在不断改善，速度之快超过一些人预期。企业不是慈善机构，投资要看盈利，看营商环境。改善营商环境，写进中国各级政府的工作报告，成为明确的努力方向。从整体看，中国营商环境的改善得到国际公认。

当然，我国营商环境总体上还落后于发达国家，主要是行政干预与市场运行的"契合度"尚在实践和磨合之中。为此，我们要在体制机制弊端上"做减法"，在加强服务和监管上"做加法"，归根到底都是为了维护公平竞争、激发市场活力，使得市场主体的创新潜力充分涌流。优化营商环境，一个重要内容就是保障公平竞争。近3年来，我国公平竞争审查制度基本建立。截至2021年2月底，全国共审查新出台的文件43万份，清理了82万份已经出台的文件，废止或修订涉及地方保护、指定交易、市场壁垒的文件2万多份。这为落实竞争中性原则，让各类企业在市场上获得一视同仁、平等对待，打下了坚实的基础。

作为中国打造开放型经济新体制的"试验田"，上海自贸试验区已累计向全国复制推广了171项制度创新成果，推动全国整体营商环境不断优化。未来，中国还将布局新一批自贸试验区和建设自由贸易港，将为外商投资提供更加广泛的地域选择。特别是在此前召开的"二十国集团"大阪峰会上，中方宣布了一系列重大开放举措，其中包括新设6个自贸试验区、增设上海自贸试验区新片区等内容。可喜的是，上海新片区的试验在稳步推进。

营商环境没有最好，只有更好。《上海市加强改革系统集成 持续深化国际一流营商环境建设行动方案》，即上海优化营商环境4.0版于2021年3月2日正式公布，围绕优化政务环境、提升企业全生命周期管理服务、营造公平竞争市场环境等5方面提出31项任务，共207条举措。

上海优化营商环境4.0版在前3年改革经验的基础上，继续深化、细化、系统化各领域改革，加强地方事权系统集成，提升企业感受度。在持续优化便捷高效的政务环境方面，行动方案明确，实现政务服务可网办能力达到95%以上，推广在线身份认证、电子印章等技术，实现企业高频事项全覆盖，推进一批（不少于100项）基于企业专属网页的精准化服务应用场景等。针对部分高频事项，实行"无人干预自动审批"等。其中，针对部分高频事项的"无人干预自动审批"为上海市的创新举措。该举措提出后，符合系统设定的高频事项，均可由系统自动审批，无需人工干预，将进一步提升各大高频事项的审批效率。为了让"无人干预自动审批"高效运行，上海已开始探索建立"窗口事务官"制度。在该制度下，高频事项通过授权窗口直接完成业务办理，不适合直接向窗口授权的事项，可通过在线审批或向政务服务中心派驻具有审批权限的工作人员等方式，推动政务服务事项当场办结。

全面提升企业全生命周期管理服务一直是上海优化营商环境过程中对标世界银行《营商环境报告》标准，逐步深化的目标。围绕这一目标，此次行动方案提出，具备条件的各类企业均可使用无纸全程电子化方式办理设立登记；在上海全市推广实施企业名称告知承诺和住所、经营范围自主申报，实现符合条件的企业设立登记"即报即办"；加强企业开办服务与银行开户之间业务协同和信息共享；优化企业开办"一表申请"和"一窗发放"措施；进一步优化企业注销"一窗通"平台等。

在着力营造公平竞争的市场环境方面，上海将围绕市场准入，包容审慎监管、信用监管、"双随机、一公开"监管、综合执法、政府采购和招投标6个方面深化改革。围绕安商稳商全方位强化企业服务，上海市以"一窗通办"系统平台建设为抓手，加快市、区两级平台建设，区级平台实现全覆盖。同时，上海还将借助优化营商环境4.0版建立企业需求与企业服务专员线上匹配制度，依托政务服务"一网通办"建立帮办服务平台，加强帮办服务平台与各行政审批平台系统对接，审批信息同步推送给企业和服务专员，支持企业服务专员及时协调帮办。

在加强优化营商环境实施保障方面，上海一如既往做好营商环境工作督查，开展营商环境评价工作，建立常评常改、以评促优的常态化评价机制。2017年以来，上海已连续3年制定实施了优化营商环境1.0版到3.0

版。经过 3 轮的对标改革，上海不仅全部完成各阶段目标任务，还助力我国在世行营商环境排名中达到世界前沿水平。与前面 3 版方案相比，4.0 版优化营商环境行动方案涉及领域更广，覆盖面更大，普惠性和长效性更加明显。

2022 年 3 月上海市虹口区正式出台《虹口区营商环境创新试点实施方案》，即优化营商环境 5.0 版方案，在落实好疫情防控各项工作的同时，持续做好优化营商环境，进一步推动虹口高质量发展。虹口优化营商环境 5.0 版将坚持与法治政府建设、"一网通办"改革等协同推进，以创新试点为主线，不断加大优化营商环境力度；同时结合虹口区招商引资"一平台、一计划、两专项行动"，形成综合效应，带动营商环境整体提升。

海纳百川的上海，长期领中国开放风气之先。开放、创新、包容已成为上海最鲜明的品格。上海要推进创新驱动来引领高质量发展，加快建设"五个中心"，就必须在科技创新策源能力上加快突破，努力成为全球学术新思想、科学新发现、技术新发明、产业新方向的重要策源地，在国际经济低速发展和不确定性增大的挑战中，进一步提升营商环境和改革开放水平，吸引更多的国际大企业大公司、引进更多的外资，当好新时代全国改革开放排头兵、创新发展先行者！

9 企业智力资本促进企业高质量发展基本原则与对策

在第7章，我们根据协同原理，遵循科学性与实用性原则，主要参照系统协调度的运算，构建智力资本协调度模型。从智力资本的直接效应与协调度效应两个维度得出研究结论：一方面，在企业智力资本的构成要素中，人力资本、结构资本与关系资本各为一体，并非相互独立，而是只有在这三个要素之间协调共进、彼此支持时，智力资本整体才能产生最大的协同效用。智力资本是存在互动关系的要素构成的有机整体，人力资本、结构资本与关系资本三因素是在耦合状态下共生演化、互相促进的；另一方面，企业智力资本只有维持一个均衡、合理的架构，才益于实现创新耦合成长。然而，人力资本、结构资本与关系资本三要素如何均衡才是完美恰当的，目前仍没有形成权威的观点，任何一个企业都需要以自身特点为根据对具体情况进行有针对性的分析探索。

实践中，企业在智力资本的自演化过程中总是有某一要素要充当主要引领角色，但是具体哪个要素承担主要引领角色，要依托各个企业的具体实况而抉择。此外，在智力资本的自演化达到基本协同时，要素间并非存在主要地位的差异，而是呈现整体密切协调共进之势，不断向更深层次演化。对企业而言，在没有完全清楚三要素之间如何实现协同的最佳效益时，第一步须找出主要引领的要素，持续调节要素间比例以形成有助于自演化、自组织基本协同的环境。企业要注重对智力资本的引进、协同培养、统筹管理，注重人力资本、结构资本与关系资本三要素内部及交互作用的统筹整合协调管理，促使企业明晰自身的智力资本要素及其协同机制，以提高综合协调运用智力资本的能力，促进其协同效应不断优化，扶持企业快速获取创新成长的机遇，在激烈的竞争中保持持续高质量发展。

专家学者研究发现，智力资本之所以对企业发展有不同的促进作用，原因在于它与传统资本相比具有明显的特殊性。首先，智力资本具有依附性。对于同样的企业、同样的设备和同样的环境，由不同的人来使用和经营，会产生不同的结果。其次，智力资本具有价值的隐含性。在传统资产负债表上列出的资产项目，一般都有确切的账面价值及比较准确的市场价值，而智力资本的价值是多少，既没有在资产负债表上表示出来，也没有准确的市场价值，因此其价值的大小很难确定。再次，智力资本的收益具有高风险性。由于各种不确定性的存在，企业的经营总是存在着或多或少的风险。排除其他各种各样的风险，仅从资产流失可能性的角度来看，各种资产都有流失的风险。但是比较来看，智力资本给企业带来的不确定性最大。智力资本的使用程度取决于企业智力资本的拥有者——技术人员的工作态度，而不是完全依赖于企业所有者或经营者，道德风险及逆向选择可能会使智力资本的回报率低于期望值，而且人才的流动性使得智力资本易于流失。最后，智力资本的损耗具有特殊性。智力资本的损耗性与机器设备等有形资产的损耗性不一样，企业的智力资本与企业发展完全是无形损耗，即精神损耗。

此外，企业智力资本还具有不可复制性，企业智力资本中的结构资本和关系资本，基本都是在企业发展历程中形成的，不同企业所处的历史阶段不同，其内外部环境也各不相同，其在长期的历史发展过程中逐渐演变形成的管理制度、企业文化、运营模式、品牌形象等各具特色，这就从根本上决定了企业智力资本的不可复制性。优秀企业也正是由于拥有这些独特的智力资本，才保持了竞争优势与核心竞争力。在国内外竞争日趋激烈的新时代，企业要想获得长期高质量发展，就必须在掌握企业智力资本并发挥其作用的前提下遵循以下基本原则。

9.1　企业运用智力资本促进高质量发展基本原则

9.1.1　创新驱动　重点突破

创新驱动发展，科技引领未来，智力资本至关重要，功不可没。从宏观层面看，抓创新就是抓发展，谋创新就是谋未来。要站在新的历史起点阔步向前，持续深入实施创新驱动发展战略，坚定不移走中国特色自主创新道路，大力建设创新型国家和科技强国。从中观层面看，城市是区域人口、产业和要素资源的聚集地，是经济社会发展的"火车头"，具有很强的辐射带动作用。实现高质量发展，必须通过优化城市产业体系、激发城市消费需求、提升城市治理和服务水平来推动城市全面高质量发展。"城市群的崛起与发展，对经济发展具有巨大的带动和辐射作用，是经济社会发展的重要引擎；要积极发挥城市群在高质量发展中的引领和辐射作用。"应坚持科技创新在发展全局中的核心地位，推动产业链上中下游融通创新，解决关键技术设备"卡脖子"问题，实现产业链供应链自主可控，牢牢把握发展主动权。从微观层面看，企业是科技和经济紧密结合的重要力量，是推动创新创造的生力军。全社会要在提升企业作为主要创新主体的基础上，增强其组织韧性与内部活力，推进企业进行多维度持续创新。特别要加强管理创新，因为"管理就是界定企业的使命，并激励和组织人力资源去实现这个使命。界定使命是企业家的任务，而激励与组织人力资源是领导力的范畴，二者的结合，就是管理"。企业要加大创新投入，走创新驱动发展之路，弘扬企业家精神，创新企业文化，实施品牌发展战略，提升企业核心竞争力，充分发挥企业支撑高质量发展的"中流砥柱"作用。

重点突破就是实施数字化、智能化产业基础再造工程，特别要注重充分利用工业互联网平台。数字经济时代，数据作为新型生产要素，不仅是新的经济增长点，也是改造提升传统产业的支点。工业互联网是新一代网络信息技术与制造业深度融合的产物，是实现产业数字化、网络化、智能化发展的重要基础设施，通过人、机、物的全面互联，全要素、全产业链、全价值链的全面链接，推动形成全新的工业生产制造和服务体系，成为工业经济转型升级的关键依托、重要途径、全新生态。数字经济时代，工业互联网平台的竞争力主要看能否培育出具备强大而有效的解决方案供给能力、实现关键软硬件技术创新。如青岛海尔卡奥斯平台最鲜明的特点就是能够以综合解决方案对传统产业进行全方位、全链条改造，打通研发设计、生产制造、经营管理、运维服务等环节信息"大动脉"。

工业互联网不是工业的互联网，而是工业要素互联的"网"。不仅要讲互联，还要讲互通、互动、互助、互励。通过互励，实现赋能，工业互联网，最终体现为能力的提升。有关机构总结了工业互联网的五大模式：智能化生产、网络化协同、个性化定制、服务化延伸、数字化转型。这些其实最终都要体现在制造企业的核心竞争能力的提升上。

工信部2022年5月24日发布了"2022年跨行业跨领域工业互联网平台清单"。这一代表中国工业互联网平台顶级阵容的"国家队"清单继续扩容，从首张清单的10家到如今的28家，这是工业互联网平台竞争格局的演变，不仅体现在"量"的变化，更体现了国家对行业发展"质变"的要求。2022年"双跨"平台①的申报和评价要求更加细化，解决方案供给能力、赋能成效与社会贡献等成为重要指标。这也意味着，作为数字经济强力引擎的工业互联网平台，已经实现了从概念普及走向落地深耕，发展到了一个更加追求实效的阶段。

9.1.2 塑造文化 凝心聚力

企业文化作为一种以企业管理哲学和企业精神为核心，凝聚企业员工

---

① "双跨"平台，指跨行业跨领域工业互联网平台。

归属感和创造性的人本管理理论，是指在一定的社会大文化环境影响下，经过企业领导者的倡导和全体员工的认同与实践所形成的企业整体价值观念、信仰追求、行为准则、经营特色、管理风格及传统和习惯的总和。企业文化通常是由企业的精神文化、制度文化、行为文化和物质文化四个层次构成的。企业的精神文化是用以指导企业开展生产经营服务等活动的经营理念和价值观念，是以企业精神为核心的价值体系。企业精神是企业文化的核心，企业家精神则是企业文化的灵魂，在整个企业文化中占据支配地位。企业精神以价值观念为基础、以价值目标为动力，对企业经营哲学、管理制度、道德风尚、团体意识和企业形象起着决定性的作用。企业精神具有号召力、凝聚力和向心力，是一个企业最宝贵的经济优势和精神财富。企业文化的凝聚功能和激励功能主要体现在"企业文化是一种粘合剂，能够把企业成员都团结起来，产生巨大的向心力和凝聚力。在以人为本的企业文化氛围中，每个成员的贡献都会及时得到领导、同事的赞扬与鼓励，成员会获得极大的心理和精神满足，并因而自觉树立强烈的主人翁责任感。企业文化的作用正是通过激励来满足人的精神需要，使人产生归属感、自尊感、成就感，从而调动人的精神力量"。

随着时代的发展，竞争日趋激烈。竞争是科学技术的竞争，更是人才的竞争，顺势而为，企业文化与中心工作深度融合，要引导企业创新发展，"创新驱动发展，文化驱动创新"。实践反复证明，小创新小发展，大创新大发展，不创新难发展。实践证明，优秀的企业文化在企业竞争中会起到至关重要的作用，因为企业文化是凝聚人心、激发活力，留住人才，让员工找到归属感的最佳抓手，还能让员工目标一致，振奋精神，提高效率，提高质量，树立企业良好品牌形象，从而增强企业核心竞争力。

9.1.3 提质增效 绿色发展

只有企业产品或服务品质过硬，品牌战略才能有效实施，企业核心竞争力才能增强。企业要借助数字经济进行"全员、全方位、全流程"管理创新，不断优化经营管理体系和流程，开展关键业务环节工作审批流程的精简及优化；以完善公司各项管理制度为切入点，制定管理成本目标；以各部门工作为载体，细化分解增效指标、任务；以突出成本效益为原则，处理好成本与安全、成本与效益、成本与效率、成本与发展的管理；加强提质增效的宣传，增强全员提质增效的意识和能力，切实促进企业经营效益的提高。各岗位员工要结合自身在企业中的工作岗位、发展目标，明确绩效标准，努力提高自身岗位技能，实现在自身岗位上的效率及效益的最大化，建立长效管理机制，提高运营中的规范化、标准化、精细化管理水平，提高运营效率，降低运营成本，增加经济效益，在提质增效的同时抓好绿色发展。"观念转变，是提质增效的前提；工作推动，是提质增效的基础；安全保障，是提质增效的关键；成本节约，是提质增效的切实可行举措；创新创效，是提质增效的最终效果体现；文化引领，是提质增效的助推剂；党建引领，是提质增效的根本保障。"

企业不仅要通过创新发展提质增效，还要通过绿色发展提质增效。绿色发展是以生态文明为价值取向，以实现经济社会的可持续发展为目标，以绿色经济为基本发展形态，通过开发绿色技术，发展环境友好型产业，降低能耗和物耗，保护和修复生态环境，使经济社会发展与自然相协调的一种经济发展方式。在碳达峰和碳中和目标的指引下，节能减排的步伐进一步加快，绿色低碳发展任重而道远，也为企业发展带来了新的要求与挑战。当然，应该充分地认识到，绿色发展不仅会促进企业长期高质量发展，而且会造福地球和人类。

首先要树立绿色经营理念。"绿色经营是现代企业面对消费者需求和市场环境的变化，对传统的生产经营方式进行反思后萌发的一种新的经营思路。它是指企业为适应社会经济可持续发展的要求，把节约资源、保护和改善生态环境及有益于消费者和公众身心健康的理念，贯穿于企业经营管理的全过程和各个环节，以实现企业的可持续增长，达到经济效益、社会效益和环保效益的有机统一。"

其次要抓住立体式节能和综合性减排这个实施重点。节能减排是企业实现绿色发展的根本，实施重点是立体式节能和综合性减排。我国正步入全面绿色发展的新阶段，企业应突破个体行为，以更开阔的思路、更宽阔的眼界落实节能减排。企业一方面可以通过引入低碳"排头兵",开启立体式节能,另一方面可以从智慧工厂到绿色平台租赁,实现综合性减排,促进绿色租赁平台更好地管理租赁核心资产,进而全面提高资源利用效率,充分发挥减少资源消耗和降碳的协同作用。

最后要主动探索绿色技术创新,积极履行社会责任。绿色技术创新是生态学向传统技术创新渗透的一种新型创新系统,在技术创新的各阶段引入生态观念,从而引导技术创新朝有利于节约资源、保护环境的方向发展,使资源最大限度地转化为产品,废弃物排放最小化。绿色技术创新的实质是提高资源利用率,减少废弃物排放。绿色技术创新不仅能解决人类面临的资源和能源日益短缺的问题,而且能够更好地保护生态环境。

9.1.4 开放合作 融合发展

秉持开放、合作、共赢精神,是推动构建人类命运共同体、凝聚起战胜疫情的强大合力、推动世界经济早日走出危机的必然要求。2022年1月1日,《区域全面经济伙伴关系协定》(RCEP)正式生效,标志着全球人口最多、经贸规模最大、最具发展潜力的自由贸易区正式落地,这是全球融合发展的里程碑。习近平总书记曾号召企业家"要拓展国际视野,立足中国,放眼世界,提高把握国际市场动向和需求特点的能力,提高把握国际规则能力,提高国际市场开拓能力,提高防范国际市场风险能力,带动企业在更高水平的对外开放中实现更好发展"。

进入新发展阶段,推动高水平"走出去",加大开放创新与国际合作力度,不仅符合国际创新发展的新趋势,也是我国抢抓新技术革命机遇、畅通国内国际双循环的重要途径,对于推动现代化建设具有重要意义。推动高水平"走出去",是构建新发展格局的必然要求。当前,我国已进入新发展阶段,产业转型升级和新旧动能转换速度加快,企业提升国际竞争力和全球布局能力的需求进一步增强,高水平"走出去"是开展国际创新合作、促进双循环畅通的重要途径。随着我国成为全球主要的对外投资大国,"走出去"成为优化资源配置、促进国内产业升级不可或缺的关键抓手,联通内外市场、集聚高端要素、密切经贸关系的意义更加凸显。推动高水平"走出去",是抢抓新技术革命机遇的重要路径。以数字化、智能化为突出特征的技术迭代速度远超前几轮工业革命,正在深刻重塑国家竞争力。在全球产业链供应链高度融合的背景下,由于技术变革加速、复杂度增加,围绕共性技术、产业链供应链开展创新合作的趋势不可逆转。我国智能制造的基础和关键核心技术仍存在短板,必须充分利用全球创新要素助力技术能力跃升。推动高水平"走出去",是推进高水平国际合作的关键。面对错综复杂的国际环境带来的新矛盾、新挑战,作为全球化的积极推动者和参与者,我国需要以更高水平的开放服务创新发展,以开放合作深度融入全球创新链,加快培育国际合作新优势,更好挖掘参与经济全球化的潜力与空间。

中国经济进入高质量发展阶段后,构建"双循环"的新发展格局,一定程度上将推动我国开放型经济向更高层次发展,时代也赋予了企业家新的历史使命。随着全国统一大市场概念的提出,企业家不仅要做创新发展的引领者,更要推动产业链供应链的融通创新,推动产业链上中下游、大中小企业的融通创新,探索数字技术与实体经济的深度融合,通过共创共享、良性共生、协同发展的方式创造价值,进一步激发企业创新活力,从而为经济高质量发展注入更强动力。

企业是科技和经济紧密结合的重要力量,是推动创新创造的生力军。近年来,企业已经广泛参与基础研究、技术创新、成果转化、产业化等科技创新活动,创新主体地位进一步提升。要着力构建以企业为主体、市场为导向、产学研相结合的技术创新体系,让企业成为技术创新决策、研发投入、科研组织、成果转化的主体。要发挥企业"出题者"作用,推进重点项目协同和研发活动一体化,加快构建龙头企业牵头、高校院所支撑、各创新主体相互协同的创新联合体,发展高效强大的共性技术供给体系,提高科技成果转移转化成效。

创新驱动发展战略为高质量发展装上新引擎,发展新动能源源不断注入。发挥创新驱动作用,实现高质量发展,一个重要方面就是用科技创新为产业赋能,推动产业向高端、绿色、智能、融合方向发展。无论离散工业、混合工业，还是流程工业，面对新形势，都应该努力做到四维融合：一是能源和自动化的融合；二是数据终端和云端的垂直融合；三是企业全生命周期的数据融合；四是企业内部管理数据的融合。

专家研究发现，目前先进制造业和现代服务业融合发展主要有三种途径：一是先进制造业服务化，也就是先进制造业融入更多现代服务业元素，包括制造业投入服务化和产出服务化两个方面。制造业投入服务化，就是金融、物流、科技研发、管理咨询、检测认证等现代生产性服务业投入制造业企业生产的过程；产出服务化，则表现为产品服务系统、服务型制造等。二是现代服务业向制造业拓展延伸，也就是以现代服务业为主体融入更多先进制造业元素，包括服务型制造、以服务为主导的反向制造等。三是先进制造业和现代服务业双向深度融合，最终形成以平台企业为主导的新产业生态系统。这个过程包括制造和服务的战略与业务协同、跨界融合、业态与模式创新等，最终形成制造服务平台或者服务制造平台，以产业融合推动制造业高质量发展。

总而言之，企业除了要把握数字经济和实体经济的融合发展、虚拟经济与实体经济的融合发展、高端制造业和现代服务业的融合发展，还要顺应城乡融合发展、产城融合发展、区域融合发展以及跨界融合发展的趋势，开放创新，包容互鉴，互惠共赢，才能不断增强企业核心竞争力，实现高质量发展。

9.2　企业智力资本促进企业高质量发展基本对策

9.2.1　以管理创新引领发展

在当前国内外环境发生深刻变化的大背景下，提高企业创新能力既是改善企业生产经营、增强企业市场竞争力的重要手段，也是加快形成新发展格局的重要举措。企业是社会主义市场经济的重要主体，处于生产经营的第一线、市场竞争的主战场，直接面对国内国际市场的各种风险挑战，必须把增强自主创新能力作为提升基本素质和实现高质量发展的必修课。创新是新发展理念的首要元素，也是促进高质量发展的第一动力。管理创新是加快企业高质量发展、提升综合效益的着力点和突破口，是提高企业创新能力的关键一环。著名企业家张瑞敏就十分注重企业管理创新，创立"日事日毕、日清日高"OEC管理法，获评国家级企业管理现代化创新成果；创立"人单合一"模式，实现了我国企业管理从学习模仿，到领先世界的重大突破。

首先，要注重管理创新与新一代信息技术紧密结合。当今世界工业变革的核心就是信息网络技术的应用，主要经济体基于本国的资源禀赋和产业结构，通过互联网经济改造和提升传统产业、探索经济发展新方式、争夺资源配置主动权、提高全球经济竞争力。越来越多的事实表明，以大数据、云计算、移动互联网、物联网等为标志的新一代信息技术的发展和应用正以前所未有的广度和深度，加快推进资源配置方式、生产方式、企业组织形式、经济发展模式的深刻变革。企业要以互联网思维为依托，以管理职能为主体，探索企业管理与信息技术融合再造的企业管理新模式，例如，可通过建立健全主数据平台，让数据在生产销售及售后等各主要环节流动起来，生产销售过程实现可视化，对整个执行过程实施动态监控，这将极大地提升企业管理工作效能。

其次，要把管理创新与加强绩效管理紧密结合起来。企业要改变以市场占有率为导向的关键绩效指标（Key Performance Indicator，缩写为KPI）体系，建立以满足客户需求为结果导向的KPI体系。这是由于市场占有率高，有可能是靠加大投资、压缩利润空间等手段获得，不一定能促进企业长期高质量发展。KPI是衡量流程绩效和工作人员工作绩效表现的一种目标式量化管理指标，是基于企业经营管理绩效的系统考核体系，是企业绩效管理的基础。KPI可以使部门主管明确部门的主要责任，并以此为基础，明确部门人员的业绩衡量指标。建立明确的切实可行的KPI体系，是做好绩效管理的关键。

最后，要把管理创新与强化人力资源作用紧密结合。发展是第一要务，科技是第一生产力，创新是第一动力，人才是第一资源。一是要从理念上创新。树立以人为本的管理理念，树立人力资源管理的战略理念，树立企业与人力资源双赢的共享理念。二是要从制度上创新。建立灵活的引进人才和助力人才成长的机制，建立有效的晋升晋级制度和灵活的激励机制，建立健全先培训后上岗和培训终身化相结合的制度。三是要从职能上创新。适应经济形势的变化，建立分层次的人力资源管理职能，规章制度与业务流程（基础性工作）、基于标准化业务流程的操作（例行性工作）、人力资源战略（战略性工作）以及战略人力资源管理（开拓性工作），并将前两层合并，使人力资源管理职能扁平化、柔性化、人性化。四是从管理技术上创新。既可以实施数字化的人力资源管理（大数据），也可以实施网络化的人力资源管理（云端）。五是从企业文化上创新。建立与时俱进的学习型创新文化，适时维护及调整企业文化，让企业文化真正为人力资本发挥更大作用营造良好文化氛围。

9.2.2 激发人才活力

从外部环境来看，全社会要共同努力，贯彻尊重劳动、尊重知识、尊重人才、尊重创造的方针，坚持人才引领发展的战略地位，坚持面向世界科技前沿、面向经济主战场、面向国家重大需求、面向人民生命健康的目标方向，坚持聚天下英才而用之的基本要求，深化人才发展体制机制改革，全方位培养、引进、用好人才，充分发挥人才第一资源作用。

实践证明，加大人才开发投入是激活人才活力的前提和基础。要切实建立健全人才开发财政保障机制，建立激励与约束机制。完善党管人才的目标责任制。坚持党管人才原则，切实加强对全社会人才工作的领导，特别要加强对企业各类人才的引导与支持，把人才工作目标责任制纳入综合考核评价体系。遵循人才成长规律和科研活动规律，培养造就更多国际一流的战略科技人才、科技领军人才和创新团队，培养具有国际竞争力的青年科技人才后备力量。加强创新型、应用型、技能型人才培养，实施知识更新工程、技能提升行动，壮大高水平工程师和高技能人才队伍。完善人才评价和激励机制，健全以创新能力、质量、实效、贡献为导向的科技人才评价体系，构建充分体现知识、技术等创新要素价值的收益分配机制。选好用好领军人才和拔尖人才，赋予更大技术路线决定权和经费使用权。全方位为科研人员"松绑"，拓展科研管理"绿色通道"。实行以增加知识价值为导向的分配政策，完善科研人员职务发明成果权益分享机制，探索赋予科研人员职务科技成果所有权或长期使用权，提高科研人员收益分享比例。

从企业发展来看，企业要高质量发展，人才依然是关键。创新驱动发展本质上还是人才驱动发展。"促进企业的发展，需要广泛吸纳人才，建立专业的人才管理队伍，提高管理人员的整体素质，从而激发人才活力，为企业的发展打下人才基础。因此，企业管理人员要加大对人才的培养力度，让其根据市场形势的变化自主创新，推动国企管理的改革。另外，管理人员还需给出明确的人才评价标准，从多方面对员工进行评价，保证评价结果的客观、公正，建立完善的评价管理与监督机制。同时，国企在人才的管理上，要制定弹性的管理制度，根据发生的不同情况，给出应对方案，让员工产生归属感，实现自身的价值。"要激活人才活力，就要做到以下三点：

首先，要对企业人力资源管理的职能进行重新定位。一是要把"人力资本"真正当成一项资本业务来用心经营。人力资源一旦转化为人力资本，就会彰显资本的流动性，这种流动性可以使人力资源得到最合理和最优化的配置，这就需要传统的人力资源管理模式的创新。二是传统人力资源部门从混合模式逐渐转向"三支柱"模式。"三支柱"，即人力资源共享服务中心（HRSSC）、人力资源业务合作伙伴（HRBP）、人力资源专家（HRCOE）。其中，HRSSC 是将企业各业务单元中所有与人力资源管理有关的基础性行政工作统一处理，主要包括员工招聘、薪酬福利核算与发放、社会保险管理、人事档案、人事信息服务管理、劳动合同管理等。HRBP 是人力资源内部与各业务经理沟通的桥梁。HRBP 既要熟悉人力资源各个职能领域，又要了解业务需求，既能帮助业务单元更好地维护员工关系，处理各业务单元中日常出现的较简单的人力资源问题，又能协助业务经理更好地使用各种人力资源管理制度和工具管理员工。HRCOE 的主要职责是为业务单元提供人力资源方面的专业咨询，包括人力资源规划、人事测评、培训需求调查及培训方案设计、绩效管理制度设计、薪酬设计和调查等专业性较强的工作，同时帮助 HRBP 解决在业务单元遇到的人力资源管理方面的专业性较强的难题，并从专业角度协助企业制定和完善人力资源方面的各项管理规定，指导 HRSSC 开展服务活动。

其次，要创新企业人力资本管理。一是要识别企业人力资本价值。这是由于企业资本管理强调的是人力资本中对增加企业价值有贡献的那一部分。企业在吸收、培育和使用人力资本时，必须首先判别哪种人力资本能够为企业高质量发展做出较大或最大贡献。二是促进人力资本价值的增值。事实上，识别企业人力资本的目的是促进人力资本价值的增值，而要实现其增值最大化，除了关注包含个人意义上的人力资本形成与增值外，更重要的还要注重从组织有效性的角度提升人力资本增值的效能。企业可通过线下、线上的团队活动方式，让人力资本所有者分享知识、技能与创新思路；当然，也可以通过团队协作攻坚克难，激发创意创新思维，将高绩效团队个人拥有的人力资本转化为企业拥有的智力资本。

最后，要创新薪酬福利管理。科学的薪酬管理，既可以帮助企业招揽人才、留住人才，又可以作为激发人才活力的关键要素，做好薪酬管理的优化，对帮助企业深挖人力资本价值、实现高质量发展有着至关重要的作用。要在明确效率目标、公平目标和合法目标的前提下，对企业人力资源的薪酬福利进行分类分层设计与管理。一般可将人才分为核心人才、通用人才、独特人才和辅助性人才等，其中要特别关注拥有智力资本的"核心人才"，将其薪酬福利与行业薪酬平衡，并尽可能用期权锁定其人力资本价值，体现以职位为核心、以业绩为核心或以能力为核心的 3P 设计原则，从而激发各类人才的工作热情与创新活力。

总之，企业要适应市场新要求，"体制设计和岗位优化，畅通了管理、技术、操作三个人才发展绿色通道，完善建立'人尽其才，各尽所能'的激励机制，激发了积极向上的正能量，激活了各类优秀人才的内生动力和创新活力，充分发挥其在产品研发、成本控制、提质增效和转型升级等方面的主导作用，为企业迎接新常态挑战和实现战略目标提供人才保障，有效提升企业创新力和核心竞争力"。

9.2.3 弘扬企业家精神

企业家精神是企业家作为一个特殊群体发挥其社会作用所必备的共同特征，是其价值取向、知识体系、素质能力和胆识魄力的集中体现。换句话说，它不仅是企业家组织建立和经营管理企业的综合才能的表述方式，而且是一种重要而特殊的无形生产要素，还是一种特别稀缺的社会资源。

2017年9月25日，中共中央、国务院印发了《关于营造企业家健康成长环境 弘扬优秀企业家精神 更好发挥企业家作用的意见》（以下简称《意见》），首次以专门文件的形式明确了企业家精神的地位和价值，这对包括民营企业在内的各类企业转变发展理念、转换发展动力有奠基性的制度创新意义。《意见》概括了新时代企业家精神内涵：爱国敬业、遵纪守法、艰苦奋斗、创新发展、专注品质、追求卓越、履行责任、敢于担当、服务社会。企业家精神是企业家群体所具备的一种特质，是企业家的"特殊技能"。随着时代的变迁和环境形态的变化，企业家精神的内容也在丰富，也会有新的表现形式。爱国、创新、诚信、社会责任和国际视野，这是对新时代企业家精神的高度概括。

企业家在企业中的独特地位决定了企业的核心价值观必然受其重要影响，决定了企业的组织创新、管理创新、价值创新等冒险活动只能由企业家自身承担，同时也决定了企业经营发展的兴衰成败，从而也就决定了企业核心竞争力能否形成。因此可以说，企业家在其精神的鼓励下，对企业核心竞争力起着关键性保障作用，并不断促进企业核心竞争力的培育与提升。由此看来，弘扬企业家精神意义重大而深远，从社会层面来看，主要应做到以下几点。

一是优化营商环境，发挥企业家促进企业高质量发展的引领作用。要激发企业家精神，必须营造更为公平的市场环境、出台更为宽松的政策和保持更加开放的心态，给各经济主体以平等的市场地位。培养企业家群体，最重要的是要全面打造市场化法治化国际化的营商环境，确保规则公平、稳定预期，让企业家对发展前景、社会大势有足够的信心。

二是厘清政府、市场边界，拓展企业家精神生长空间。当前我国市场经济体制尚在完善之中，企业决策往往受到很多非市场因素的影响，例如有的地方少数国有企业负责人管理水平不高，管理者往往是上级直接任命，缺少公平的选拔机制，真正熟悉市场的人才出不来。这不仅制约了企业科学决策、长远发展，也非常不利于企业家精神的培育和弘扬。在管住政府"有形之手"、发挥市场"无形之手"作用方面，应该让有效市场与有为政府相结合，呵护企业家精神成长，激发企业家精神迸发活力。

三是依法保护企业家财产权利和企业知识产权。知识产权制度是保障创新者权益、激发创新创造活力、促进创新人才成长和发展的基本制度，也是激发企业家精神，让其投入创新、创业的"护身符"。激发企业家精神，要调动创新人才的积极性，让他们合理合法地富起来，让知识产权实现知识"产钱"。

四是塑造良好社会文化生态，厚培企业家精神土壤。教育应当有极大的包容性，要充分发挥个性特长，注重人文精神的培育，人文精神是企业家精神的基座。培育企业家精神，还需要引导民众理解企业家在市场经济中的作用，纠偏仇富心态。企业家承担了一般人难以承受的工作强度、压力和风险，企业家的创新给社会带来了巨大的经济效益和社会效益，理应得到市场和社会的回报。

此外，从企业内部看，创新精神是企业家精神的核心所在，是企业高质量发展的不竭动力。企业家大力弘扬创新精神，对于激发市场主体活力、培育发展新动能、抢占科技制高点和促进高质量发展都具有重要意义。习近平总书记曾在2020年企业家座谈会上勉励广大企业家"做创新发展的探索者、组织者、引领者""努力把企业打造成为强大的创新主体"。做创新发展的探索者：无论是在企业发展战略制定与实施过程中，还是在新技术应用、新产品开发、新市场开拓中，只有保持强烈的探索精神，敢于开辟新领域、探寻新路径，才能不断达到新高度，带领企业走出一条新路。做创新发展的组织者：企业家作为经济活动的重要主体，对企业创新发展起着核心主导作用。这一核心主导作用不仅体现在土地、资本、技术等生产要素的整合过程中，还涉及新产品、新工艺、新方法的研发，更重要的是体现在企业战略发展目标的确立上。做创新发展的引领者：企业家在推动科技成果转化中的引领作用既体现在创新动力的更新上，又涉及新旧动能的转换。

9.2.4 发挥企业文化的作用

企业文化是企业在长期发展中由相互依存又相互作用的诸多要素结合而成的文化的有机统一体。企业文化的基本内容主要包括企业价值观、企业精神、企业伦理道德、企业形象等。企业文化对企业发展的促进作用是多方面的，而且对内、对外都起着不可替代的重要作用。

首先，居于企业文化核心地位的企业价值观，对促进企业发展的作用主要表现在为企业的生存与发展中建立了经营哲学和精神支柱，决定了企业发展的基本特征和价值取向，对企业和员工行为起到导向和规范作用，能提高企业凝聚力，激励企业人才不断创新。

其次，战略支持型企业文化，会引领并促进企业战略的顺利实施，从而促进企业的高质量发展。所谓战略支持型企业文化，是指企业文化导向与企业战略目标相互吻合，"一方面企业战略反映着企业宗旨和核心价值观，有着深刻的企业文化烙印。优秀的企业文化往往会指导形成有效的企业战略，并且是实现企业战略的驱动力与重要支柱。另一方面，企业文化服务于企业的战略，企业要创建有利于企业战略实现的优秀的企业文化。企业文化在指导企业制定战略的同时，又是调动企业全体员工实施战略的保证，是'软'管理的核心。企业要实现战略目标，必须有优秀的企业文化来导航和支撑，用文化打造企业品牌，用文化树立企业信誉，用文化传播企业形象，用文化提升企业竞争力"。

最后，企业文化对品牌文化产生积极的社会影响。当今社会，文化被时代推向了品牌竞争的前台，通过品牌的文化力去赢得消费者、社会公众对企业和产品的认同,已经是一种深层次、高水平、智慧型的现代企业竞争。品牌是企业文化的标识,形象是品牌的识别因素。人们可以通过品牌透视一个企业的经营策略、价值观、经营哲学。品牌是文化的载体,文化是凝结在品牌上的企业精华,又是渗透到企业运行全过程、全方位的理念意志、行为规范和群体风格。企业文化通过品牌将视野扩展到整个文化领域,以对内增强凝聚力、对外增强竞争力,并不断将它们转化为资产。宣传企业文化既可以促进品牌的推广,又可以阐释品牌的文化内涵,进而提升品牌形象,提升客户忠诚度。

概括来讲,企业文化是一个企业的核心价值观所在,对外它有助于展示企业形象,对内则具有一种凝聚人心的向心力。优秀的企业文化要与时俱进,可以为企业在不同发展阶段营造一个公平、温馨的良好环境,不断提升员工能力素质,促进内部和谐竞争,激发企业家和员工的创新活力,树立良好企业形象和品牌形象,从而增强企业核心竞争力,推动企业高质量发展。

9.2.5 满足客户多元需求

以客户需求为中心是企业生存发展之道,而持续满足客户多元需求是企业创新发展的不竭动力。这是企业加强客户资本管理的核心内容。实践也证明,通过人力资本和结构资本的综合影响,客户资本将直接为企业价值增值、效益提高做出贡献。这是因为一个忠实的客户群不仅是企业产品的直接需求方,而且会有力推动企业的创新与成长。

什么是客户需求?华为给出的定义可以说最简单、最朴实,也最具有操作性。需求 = 需 + 求。"需"即客户的"痛点","求"即客户期望企业提供的产品、服务或解决方案。显然,要知道客户的需求,必须先清楚客户的"痛点"在哪里。痛在前,求在后;没有痛,何来求?这就好比医生看病,先要诊断病根,然后才能对症下药;病根是需,药是求,药到病除,就是创造价值。

明确了客户需求的基本内涵及其地位,还要进一步把握客户资本管理的核心内容，因为这是实现企业智力资本市场价值的关键。其基本思路就是：在对外部环境分析的基础上，对客户群进行细分，并对客户群实施分类管理与服务，既能很好地服务于不同客户群，也能通过对不同客户群的管理状况进行分析，及时地挖掘不同客户群的现实需求与潜在需求，这一方面可以让企业通过实施纵向发展策略更好地满足客户的多元需求，增强黏合性，提升客户忠诚度，另一方面也能让企业通过实施横向发展策略提高市场占有率，从而可能创造更多的价值。

要对客户需求与客户潜在需求进行分析管理，一般情况下，客户需求分析可以从7个维度进行：一是目标契合度：目标对需求优先级的影响非常关键，因为目标体现了需求实现的最终价值。我们需要结合产品当前阶段的情况和其路线图进行需求契合程度的判断。二是需求价值：需求价值分为用户价值与公司价值两部分来分析，使用四象限法进行分数指标的确定。三是Kano模型：Kano模型是非常经典的判断模型，包含基本型需求、期望型需求、兴奋型需求。实际运用中需要根据现有需求的分布情况进行综合判断，有时期望型需求可以比基本型需求更重要。因为基本型需求也要看用户群范围，如果基本型需求的用户群并不大，或者现有产品阶段的基本型需求覆盖面已经较广时，期望型需求评分可以更高。四是重要紧急程度：重要紧急程度的分析可以运用在众多领域，包含重要且紧急、重要不紧急、紧急不重要、不重要也不紧急四种情况。五是ROI投入产出比：投入产出建议将投入分两部分进行分析，投入包含产品设计和产品实现两个阶段，这两个阶段有时并不会等价。产出也需要进行细致分析，因为通常而言，产出和时间的关系非常大，有些产品的长尾效应非常严重。六是需求来源：需求来源也是一个参考维度，因为谁提的需求可以用来判断需求的真实场景和缘由，但一定是要经过细致的需求分析，确认是真实需求的需求。七是需求依赖约束：这里的需求依赖主要指的是本需求是否是其他需求的前置需求，或后置需求。这体现了前后排期关系，非常重要。一般包含前置需求的优先级、后置需求的优先级，前置需求的重要性和紧迫性、后置需求的重要性和紧迫性。

在现实中客户需求的多样性、隐秘性，客户体验和情感的复杂性，需要企业始终以"满足客户需求"为中心,满足顾客需求不仅是满足他外在的需求,还要满足他潜在的需求;满足顾客需求不仅是满足他当下的需求,还要满足他未来的需求;满足顾客需求不仅要满足客户一种需求,还要满足他的多种需求;甚至还要开发需求,创造需求,需求可以无中生有,从而创新发展。

9.2.6 实施品牌发展战略

一般认为,品牌战略是企业将品牌作为核心竞争力,以获取差别利润与价值的企业经营战略。品牌战略是企业实现快速发展的必要条件,品牌战略的定位是在品牌战略与战略管理的协同中彰显企业文化,把握目标受众,充分传递自身的产品与品牌文化的关联识别。其中,创建品牌的过程就是将品牌文化通过载体利用各种传播方式充分向消费者展示的过程,并持续不懈地传播、演绎,使品牌文化根植于消费者的情感世界。品牌文化最主要的构成要素是其所蕴含的品牌含义及精神,这也是品牌文化的灵魂,最能触动消费者的情感。品牌文化通过品牌形象、品牌故事演绎等传递给消费者,线上、线下各种传播方式则成为品牌文化传播的途径。品牌文化最核心的价值就在于,把产品从没有情感的物质世界带到丰富的精神情感世界。在消费者心中,使用一个品牌的产品不仅是满足物质的需求,而且是希望借此体现自己的价值观、身份、品味、情趣等。

所谓的品牌战略,一般包括品牌化决策、品牌模式选择、品牌识别界定、品牌延伸规划、品牌管理规划与品牌远景设立等6个方面的内容。品牌战略大致经历了由传统品牌战略向市场化品牌战略的转变。传统品牌战略强调企业的品牌营销要以自身为出发点,实现企业利润最大化;市场化品牌战略强调企业的一切品牌经营活动应该以满足市场的需要为归宿、满足消费者的需求为导向。

品牌战略一般包括单一品牌、副品牌和多品牌等几种。单一品牌又称统一品牌,指企业生产的所有产品同时使用一个品牌的情形。这样在企业不同的产品之间形成一种最强的品牌结构协同，使品牌资产在完整意义上得到最充分的共享。当然，作为单一的品牌战略，也存在着一定的风险——它有"一荣共荣"的优势，同样也有"一损俱损"的危险。如果某一品牌名下的某种商品出现了问题，那么在该品牌下附带的其他商品也难免受到株连，至此整个产品体系可能面临着重大的灾难。此外，单一品牌缺少区分度和差异性，往往不能区分不同产品独特的特征，不利于商家开发不同类型的产品，也不便于消费者进行有针对性的选择。因而在单一品牌中往往出现"副品牌"。

副品牌能几乎不花钱就让消费者感受到全新一代和改良产品的问世，创造全新的卖点，获得新的心理认同。副品牌策略只要巧加运用，便能在不增加预算的前提下低成本推动新产品的成功。副品牌还能给主品牌注入新鲜感和兴奋点，提升主品牌的资产价值。

一个企业同时经营两个以上相互独立、彼此没有联系的品牌的情形，就是多品牌战略。在多品牌战略中，有的使用背书品牌战略。背书品牌依附于产品，贯穿于整个公司品牌和项目品牌之中。背书品牌的管理通过在价值链的各环节实施，确保开发项目能够成为公司区别于其他品牌的鲜明特征体现。

总之，要坚持自主创新，以增强企业品牌竞争力。首先，以技术创新促进企业品牌建设。核心技术是我国打破目前中国经济困境的关键。企业应重点攻关行业内关键技术，研发设计具有自主性的原创产品，为品牌建设增加动力。其次，以产品创新促进企业品牌建设。最后，以模式创新促进企业品牌建设。品牌建设需要企业从以往的"利润中心"模式向"吸引中心"模式转变，即以企业文化、声誉、口碑等打造企业品牌的吸引力。

9.3 延伸阅读——典型案例

典型案例 1　以创新为灵魂的企业文化*

著名企业家张瑞敏先生实现了所有中国企业管理学者和企业家的一个梦想——在跨国公司强势品牌横扫全球的背景下，中国有可能有能力在激烈的竞争中创造一个强大的知名民族品牌。靠的是什么？专家学者总结了无数种因素，但归纳起来可以用一句话表述：以创新为灵魂的企业文化。海尔集团（以下简称"海尔"）经典案例进入哈佛大学 MBA 课堂，张瑞敏也曾应哈佛大学之邀亲自讲授海尔文化与"人单合一"商业模式。

海尔发展历程与海尔管理创新：

海尔企业战略发展的三个阶段：

名牌战略发展阶段（1984—1992 年）。这一阶段主要通过企业文化的激励与约束功能，练好内功，建立适合本企业特征的基础管理模式，形成企业文化的制度文化——OEC 管理模式的创新，为企业扩张确立战略基础。

多元化战略发展阶段（1992—1998 年）。这一阶段主要通过无形资产盘活有形资产，即形成著名的"企业创新文化激活休克鱼"战略。

国际化战略发展阶段（1999 年以来）。这一阶段是基于网络化的全球营销体系建设，SST 适应外部市场变化的流程再造，逐步形成"人单合一"新的商业模式；SBU 互动式学习型企业的成长管理模式，推进学习变

---

* 本案例资料来源于：(1) 傅勇："海尔 COSMOPlat：'照亮'工业互联网未来"，经济参考网，2019 年 4 月 9 日。

(2) 杨光："海尔智家：优化人才链与创新链 打造世界一流产业集群"，《青岛日报》，2022 年 7 月 31 日。

革型组织建设，实施全球化的品牌战略。

海尔企业文化：

海尔的企业精神是敬业报国，追求卓越。敬业报国的核心就是中国传统文化中的诚信，海尔就是要用最好的产品和服务忠诚于消费者、社会和国家，并确定了"真诚到永远"的服务理念。追求卓越靠什么？那就是勇于不断创新。海尔的核心价值观就是创新，它是企业发展的灵魂，是持续高质量发展的不竭动力。海尔创新的目标就是创造有价值的订单；创新的途径就是创造性的借鉴与自主创新相互结合。海尔树立"有缺陷的产品就是废品"的海尔质量观，确立了海尔企业文化的经营哲学和价值理念；优秀的产品是优秀的人才干出来的，海尔实施赛马机制，形成"人人皆可成才"，让创新人才脱颖而出的人才观；"发现不了问题，就是最大的问题"，以问题促管理，消灭危机并创造发展机会，形成海尔的生存理念。归纳一下，可以说观念创新是先导，制度创新要先行，战略创新是核心，组织创新是基础，技术创新是手段，产品创新是载体，市场创新是根本，管理创新是根本。正是这种不断创新的企业文化推动海尔在实施国际化战略中实现了三个转移：一是管理方向的转移，由直线职能式组织结构转向流程化管理；二是市场方向的转移，由国内市场转向国际市场；三是产业方向的转移，由制造业向服务业转移，由传统产业向新业态转移。

海尔品牌战略：

海尔品牌战略基本经历了质量名牌创新阶段、价值品牌创新阶段和国际化品牌运营阶段三个阶段。总体看来，"海尔"在初创阶段堪称单一品牌战略的成功代表。海尔集团从1984年起推进自己的品牌战略，从产品名牌到企业名牌，发展到社会名牌，已经成功地树立了"海尔"的知名形象。海尔产品从1984年的单一产品——冰箱，发展到拥有白色家电、黑色家电、米色家电在内的96大门类15100多个规格的产品群，并出口到世界100多个国家和地区，使用的全部是单一的"海尔"品牌。不仅如此，海尔也作为企业名称和域名来使用，做到了"三位一体"。作为消费者，我们可将海尔"真诚到永远"的理念拓展到它名下的任何商品。一个成功的海尔品牌，使得海尔的上万种商品成为名牌商品，单一品牌战略的优势尽显其中。优势单一品牌的另一个优势就是品牌宣传的成本要低，这里面的成本不仅仅指市场宣传，广告费用的成本，还包括品牌管理的成本，以及消费者认知的清晰程度。当然，目前已形成卡萨帝等高端家电品牌、生态品牌和三翼鸟场景品牌，为高质量发展提供生生不息的动力。

2018年4月，张瑞敏首次提出"生态品牌"，这一品牌范式，旨在通过与用户、合作伙伴联合共创，不断提供无界且持续迭代的整体价值体验，最终实现终身用户及生态各方共赢共生、为社会创造价值的良性循环。品牌的终极目的是创新满足用户的需求。海尔正是以人的价值最大化为中心，打造高端品牌、场景品牌、生态品牌，构建了"衣食住娱康养医教"的物联网生态系统，为全球用户创造不断迭代的最佳体验。

2022年5月10日是第六个"中国品牌日"。由Asiabrand（亚洲品牌集团）发起主办，中国亚洲经济发展协会和亚洲品牌网联合主办的"2022品牌强国论坛暨'中国创新品牌500强'发布会"在线举行。商界领袖、权威专家、知名媒体等齐聚线上，共同探讨中国创新品牌高质量发展之路。此次大会同步发布了"中国创新品牌500强"榜单。其中，作为青岛唯一入选企业，海尔以4758.65亿元的品牌价值居第六位，与华为、腾讯、阿里巴巴、百度等共同入选"中国创新品牌500强"的前十名。

海尔卡奥斯工业互联网平台：

作为工业互联网领域首个独角兽，卡奥斯平台已连接企业近百万家，服务企业14万家，入驻开发者10多万人，向20个国家输出生态模式，连续3年蝉联工业和信息化部（以下简称"工信部"）双跨平台榜首。在对外输出的同时，卡奥斯平台汇聚全球资源，为青岛实体经济发展"造血赋能"，2021年赋能青岛企业3561家，赋能新增工业产值210亿元。工信部2022年5月24日发布了"2022年跨行业跨领域工业互联网平台清单"。这一代表中国工业互联网平台顶级阵容的"国家队"清单继续扩容，从4年前首张清单的10家到现如今已有28家。但唯一不变的是来自山东青岛的卡奥斯COSMOPlat工业互联网平台，连续4年始终排在"双跨"平台的首位。

"双跨"平台清单的演变，传递着产业数字化和数字产业化纵深发展的最新政策导向。2021年，在青岛开启的"工赋青岛"专项行动中，卡奥斯助力青岛创造性打造了工赋强国"1+N+X"模式。这是一个系统性的赋能平台，掀起了城市产业数字化的深度变革。建设1个青岛市工业互联网企业综合服务平台，已打通24个政府机构，对接1196项公共服务，为企业提供了281项服务、15236个具体应用；建成N个垂直平台，卡奥斯领跑青岛"一超多专"垂直行业平台梯队发展，累计上线平台36个，服务企业约15万家，带动青岛市工业互联网产业集群成功入选山东省战略性新兴产业集群；打造N个示范园区，卡奥斯赋能中德高端家电、董家口化工、高新区"人工智能+高端装备"等工业互联网示范园区建设，其中，青岛中德生态园入选首批国家级工业互联网园区试点示范。

这一创新模式的效果扎实地体现在青岛城市产业跃升的增长曲线上。截至2021年底，卡奥斯已赋能青岛企业3561家，带动青岛新增工业产值超210亿元。依托"工赋青岛"经验，卡奥斯将赋能百业改造、把以数据增益千企升级的"青岛样板"复制到全国各地。

快速迭代，是数字经济时代技术演进的特质，依托对前沿科技的锐敏捕捉和创新性转化，让卡奥斯得以不断行进在行业的前沿。一个最新的案例是卡奥斯于2022年5月13日发布的数字孪生产品——D3OS，助力企业打造可视、可管、可预测的数字孪生虚拟工厂，以统一的操作和三维可视化界面与真实的工业环境建立交互，为优化生产经营流程、实现降本增效提供数据支撑的"工业大脑"。

典型案例2 客户需求和技术创新双轮驱动的新思维＊

2017年，任正非在人力资源管理相关沟通会议上的讲话中提到，"未来的价值创造来源'以客户需求和技术创新双轮驱动'，我是同意的。商业模式创新是一个工具，目标还是满足客户需求。我们要不断地保持方向

＊ 本案例资料来源于：(1)胡赛雄：《华为增长法》[M]．北京，中信出版集团2020年版。
　(2)徐文伟："华为的创新之路：从嘴干到领先"，《中国科学院院刊》，2019年10月。

大致正确、组织充满活力，就能胜出。如果方向不正确，是产生不出价值来的，组织也难以充满活力。方向正确是领袖要素。领袖要素是方向大致正确的一个保障，组织充满活力要成为方向大致正确的另一个保障。组织充满活力既要能够使得大致正确的方向得以贯彻执行，也要善于自我批判，使得一旦方向脱离大致正确后，能及时纠偏。在知识爆炸、行业快速变化的今天，充满活力的组织要让领袖听得见来自各个层级的声音，吸收全组织的精华，以保证持续维持大致正确的方向"。

华为技术有限公司（以下简称"华为"）之所以能够被市场所接受，重要原因之一就在于它出色的创新能力和机制。

以客户需求为中心

华为一直将"以客户为中心"作为企业的发展信条和最核心的文化价值观。在任正非看来，企业的一切盈利都来自客户的贡献。客户也是华为一切工作的出发点，是企业的灵魂所在，华为只有一切都围绕客户着想，满足客户的需求，为客户提供优质的服务，才能赢得更多的客户，创造更多的价值，从而让企业走得更稳、更远。

以客户需求为中心是企业生存发展之路。近年来，华为的发展无疑是巨大的，取得的成绩也令人惊讶。2020年，华为尽管受疫情等不利影响，仍然以8914亿元营业收入的骄人成绩完美收官，2021年营业收入达到6340亿元，而且拿出500亿元作为分红。人们在惊讶这份成绩的同时，也惊奇于华为顽强的生长能力和极限生存能力。

一是确定企业的客户与潜在客户。"谁是我们的客户"应该是企业经营的首要问题，因为客户是把产品变成商品的决定性力量。二是明确客户需求是什么，即找到客户的"痛点"，提供客户所需的产品、服务或解决方案。三是与客户实现共赢。华为与客户进行联合创新，就是一元思维的典型例子。2006年，华为与沃达丰（Vodafone）公司建立了第一个联合创新中心，真正从客户战略、产品方案、商业模式、产业发展等各方面与客户深度合作创新，牵引客户需求，共同解决行业面临的挑战和难题。发展到2019年底，华为与客户和合作伙伴建立了遍及全球的36个联合创新中心。

源源不断的人才是企业技术创新的不竭动力

企业成功的关健，不在于企业拥有多少人才，而在于人才的激励机制以及源源不断的人才供给机制。

第一，让平凡人做出不平凡的业绩。在《华为基本法》里有这样一句话：认真负责、管理有效的员工是华为最大的财富。这不像很多企业那样泛泛地讲"员工是企业最宝贵的财富"。

第二，提升团队绩效是成功的关键。在与客户交流时，华为采用的是车轮战术，即每个人就自己擅长的领域轮流上阵，这样就会给客户留下非常好的印象。各自领域的"专家"就是这样依靠自己的战术与客户进行不同的交流，分工协作，既实现了交流的目的，又体现了专业性。如果客户对方案提出了新的要求，华为项目团队每个人做一部分，很快就可以完成；而竞争对手因为人少，往往需要花费很长时间。因此，华为在客户需求响应方面明显要快于竞争对手。

第三，人力资本增值的关键在于内部知识的复制。华为需要人才，但不依赖人才。为了摆脱对人才的依赖，华为在20世纪90年代就提出了人才密度的概念。2008年，中国开始发放3G牌照；2000年，华为就为决战3G储备了5000人，其在人才管理方面的大手笔可见一斑。很多人一听到人才密度，就会和成本联系起来，认为华为有钱，花得起。但华为的理念是：人力资源是资本，不是成本，资本是可以增值的。

问题的关键是如何增值。这就涉及什么是人力资本增值优先于财务资本增值。人是活的资本，人的创造性可以通过知识的复制和传播来放大企业的价值。人才密度达到一定程度后，人才所掌握的知识在组织内部的复制会以几何倍数的速度增长，知识所形成的巨大张力会成为企业发展的强大推动力，推动企业规模增长。

第四，华为的人才理念：选人用人不求全责备。作为中国企业的佼佼者，华为在选人用人方面有着自己一套独特的选拔标准和管理制度。华为把岗位要求分成三个层级，并对每个层级提出能力要求。第一层级：基层岗位。基层岗位的要求是执行任务，产出结果，因此基层岗位对员工的要求是执行力强。第二层级：中层岗位。中层岗位的要求是承上启下，承外启内，因此中层岗位对员工的要求是理解力强。第三层级：高层岗位。高层岗位的要求是把握大局，引领方向，因此高层岗位对员工的要求是决断力强。基层要有执行力，中层要有理解力，高层要有决断力，这是华为在2006年提出来的人才理念。

第五，基于自然人才生长机制的赛马机制。华为的赛马机制其实就是一个人才自然生长的机制，但人才到底应该如何生长，需要有一个导流的筛子。没有这个筛子，人才生长就没有方向，也无法牵引人才和对人才进行分层分类。这再次说明，人才不是外求而来，而是内生而来，企业不建立科学的人才机制，就不可能有人才源源不断地涌现。

第六，从人才到"人财"的驱动机制。人才双金字塔模型是一本活的资本总账。既然是活的资本，就不能让人静态而舒适地停在原地，企业要不断创造员工晋升的机会，让员工前赴后继、浪涌式地前进，让这些活的资本最大限度地增值。

其实，真正的人才是"人财"，是那些不断给企业带来价值增加的人。"人财"是怎么产生的？就是把没有相关工作经验的"人材"或处在某个岗位的"人才"想办法提拔到一个更高的位置，当他的能力和岗位要求产生差距的时候，就形成了一种内驱力，人才在内驱力的驱动下就会转化为"人财"。这个过程也是员工给企业创造价值的过程。也就是说，当每个人都处在欠胜任的亚稳态且被内驱力驱动时，组织价值反而能够实现最大化。

内部不断完善的创新机制使华为真正让创新成为一种内生的发展动力。只有不断地建立一整套的创新机制，才能让创新真正成为一种习惯，而建立这种习惯最主要的一点就是要建立一整套的创新机制，通过机制创新来驱动技术创新，不仅能够源源不断地获得创新动力和力量，而且能够让创新得到回报，从而为后来的创新汲取更大的力量，创新思维或许才是当前促使华为成功的关键。

典型案例3　执着于践行"精耕深蓝 造福人类"的健康文化理念*

凭海而立，依海而兴。作为一家知名海洋企业，青岛明月海藻集团有限公司（以下简称"明月海藻"）半个世纪以来专注于海藻资源的深度开发和应用，按照"经略海洋从一棵海藻开始"的发展理念，构建海藻健康产业链生态圈发展新格局，致力于成为全球"海藻+健康"解决方案的领导者。

近年来，从中央到地方都提高了对海洋经济、海洋医药产业的重视程度，海洋中药凝聚了海洋产业的科技成果和中医药产业的历史积累及科技创新，无疑是居于创新前沿的科技新高地、产业新方向。明月海藻属于海洋生物这个新兴产业领域，在创业发展过程中，会有许多需要解决的技术难题，需要搭建一个高端科技创新平台，建立起一个围绕海藻活性物质开发应用的创新链，去不断地应用开发新产品，从而延伸出一个新的海洋生物产业链，因此走创新驱动发展是做大这个产业的必由之路。

以"海洋报国"情怀为初心，专注于海藻的研究、开发和利用，把明月海藻集团打造成为"全球最大的海洋生物制品企业"

20多年以来，董事局主席张国防一直坚持"深耕蓝海"，专注于海藻资源的高效开发和综合利用，把明月海藻集团打造成为全球规模最大的海藻生物制品企业。2010年，张国防荣获国家科技进步二等奖。明月海藻2018年获海藻酸盐单项冠军企业称号，2019年荣登"中国工业大奖"提名，2020年被评为青岛市全员创新企业，2021年荣登"山东民营企业现代海洋行业10强"榜首。

在明月海藻集团的海藻科技馆内，可以看到一种按"克"卖的白色粉末——从海藻中提取的天然高分子——海藻酸钠，1克的售价可超过1000元，比黄金还贵。之所以贵，是因为这种材料的纯度达到了体内植入应用

---

* 本案例资料来源于：(1) 路敦海："张国防：深耕蓝色海洋经济"，《中华工商时报》，2019年12月9日。

(2) 明月海藻："一棵海藻长出千亿级产业链"，《青岛日报》，2021年4月19日。

严苛要求，可用于开发治疗肿瘤、糖尿病、心衰等重大疾病的高端医疗器械，并已陆续进入临床试验及应用。2020年，明月海藻打破国外30余年市场垄断，成为继美国IFF公司，全球第二家具备超纯度海藻酸钠生产能力的企业。

2022年2月7日，青岛明月海藻集团党委书记、董事局主席张国防参加山东省2022年工作动员大会并接受表彰，被山东省委省政府授予"山东省行业领军企业家"荣誉称号，并记一等功。明月海藻从一家半停产的海藻加工老国企，到全球规模最大的海藻生物制品企业，企业家张国防为此足足付出了24年的心血。他秉承"利用海洋资源，造福人类健康"的初心使命，凭借执着专注、不断创新、敢为人先的坚持和气魄，积极推进集团治理体系和管理机构改革，促进企业实现转型发展、高质量发展，让青岛西海岸新区的一棵小海藻绽放出美丽的"海洋之花"。

以"海洋强国"战略为机遇，构建国际化发展布局，打造"新海洋经济"发展的"新动能"

海洋是高质量发展战略要地。随着国家"一带一路"倡议、"健康中国2030"战略的实施和国家供给侧结构性改革的推进，张国防越来越感到自己对海藻事业的专注与坚守是正确的，对这项事业充满了信心。他积极响应海洋强国战略目标，发挥行业龙头企业引领带动作用，紧紧围绕海藻生物行业新旧动能转换，大胆改革创新，深度调整企业产业战略布局，加快产业转型升级、模式创新和产业生态培育，围绕现代海洋基础原料产业、现代海洋健康终端产品产业、海洋健康服务产业"三大产业"，以及海洋生物产业生态圈、海洋科技创新中心"两大平台"建设，强力推进实施海洋生物产业新旧动能转换重大项目，通过建链、延链、补链、强链，汇聚人才流、技术流、资金流、信息流，先后投资50亿元建成了占地千亩的现代化海藻生物高端制品产业园区，孵化培育了一批海藻生物新兴产业项目，形成了产业集群。

在张国防看来，高质量发展海洋经济，创新是动力源，产业是着力点。明月海藻叩开海洋生物医药的大门，并在该新赛道上刷出满满存在感，成为引领行业发展的探路者。除了企业自身的专注与创新，明月海藻的发展还得益于青岛发展海洋产业的独特优势,海洋科技人才集聚,海洋资源丰富,海洋产业门类全、产业工人人才多等,而这些也都是青岛的产业优势。

秉承"利用海洋资源 造福人类健康"的使命,按照"经略海洋从一棵海藻开始"的发展理念,明月海藻充分利用自身在海藻提取领域世界第一的产业优势,扎根海藻深度开发,构建起海藻功能原料产业、海藻健康产品产业、海藻文化旅游产业互为连结的海藻健康产业链生态圈发展新格局,推动三大集团事业线整体性、系统性、协同性发展。

领军企业的创新责任与担当,早已融化在明月海藻的基因里。早在2015 年 10 月,明月海藻就获批建成了海藻活性物质国家重点实验室,先后建成包括国家"863 计划"成果产业化示范基地、国家海洋科学研究中心示范基地、海藻生物产业孵化器等在内的 8 个产学研联合实验室,累计投入运行资金过亿元,形成了科研成果由实验室到工程中心、再到产业孵化,一个完整的科技研发及转化体系。

如今,明月海藻创新实施"STBC 商业新模式"赋能新战略,从过去的"原料—生产—销售"的工厂到店铺(F2B)的传统业务逻辑,升级为以海藻健康产业的独有价值链为指引,以创造顾客价值为导向,以提高"C 端"消费者认知为基础,以提供"海藻+健康"解决方案赋能"B 端"的"STBC 新商业模式"。与头部客户共创,与中小企业共享,繁荣"海藻+产业"生态,打造行业应用技术平台,行业、客户协同平台和产业资本平台,促进"C 端"产业聚变,延伸拓展海藻生物产业链,赋能新兴产业板块。

以"海洋造福人类"为使命,实施"登月计划",为打造千亿级海藻健康产业生态集群储备人才资源

为加速推进企业发展新战略落地,抢占海洋大健康市场,集中优势资源打好营销攻坚战,明月海藻与 dGlobal 创新商学院于 2021 年开始合作,引入明月集团"登月计划"项目,旨在激活营销队伍,培养营销新人才,掌握营销新技能,启发营销新思维,建立营销新体系,突破营销运营瓶颈,全面提升营销管理能力。更要通过"登月计划"凝心聚力,建立人才成长新路径，打造明月选才育才新模式，提高中高层管理者营销思维与能力，选拔培养企业未来的领导者，助力千亿级海藻健康产业链目标早日实现。

随着"登月计划"首批精英训练营顺利结营，"登月计划"培养了一批综合素质过硬的"大营销"人才队伍，建立市场营销优质人才储备池，选拔并培育了一批具有市场营销职业潜力的复合型骨干人才。在此期间，企业对进入"登月计划"培训项目进行学习的营销人才进行盘点评估，在全集团范围内选拔出60名一线业务尖兵，从60名一线业务尖兵中选拔30名区域营销攻坚特种兵，从30名区域营销攻坚特种兵中选拔10名区域营销团队管理复合型领导者；同时，对参与报名选拔过程中表现较好但未入选的人员继续关注与加强培养锻炼，给予更多学习成长与挑战新目标的机会。企业将选拔出来的优秀营销人才向全集团市场营销战略高地排兵布阵，集中优势兵力攻坚战略市场争夺巩固和具有巨大潜力市场的开拓、深耕。以"高挑战、强激励、高待遇"为原则，充分激发营销排头兵的活力与动力。

未来，张国防将带领青岛明月海藻集团继续践行"忘己利他，合作共生"的核心价值观，深入实施创新驱动赋能发展战略，做全球"海藻＋健康"解决方案的领导者，争取到2025年把集团自主健康产业做到100亿元以上，到2030年打造形成千亿元级海藻健康产业生态集群，为海洋强省、健康中国和海洋造福人类做出企业更大的贡献！

典型案例4　数字科技创新技术　助力产业数字化升级*

深圳市腾讯计算机系统有限公司（以下简称"腾讯"），一个市值万

---

* 本案例资料来源于：(1) 王欣、陈晓慧等："高质量发展调研行：深圳企业腾讯——企鹅'三级跳'跃入高质量发展赛道"，《深圳特区报》，2022年7月25日。

(2) 深圳学习平台：深圳媒体"高质量发展调研行"之腾讯，2022年7月22日。

(3) 沈婷婷："腾讯：数字科技创新驱动，为智慧城市建设带来无限可能"，《羊城晚报》，2022年9月3日。

亿元、利润千亿元级的互联网龙头。最新年度财报数据显示，2021年，腾讯营业收入达5601.18亿元，归母净利润2248.22亿元。这更是一个怀揣5.6万件专利申请、年度研发投入达到518.8亿元的科技巨人。《福布斯》2022年排名显示，腾讯已成功跻身全球五大科技公司之列，与苹果、Alphabet、微软、三星等世界头部名企并肩而立。

三轮转型成就互联网科技龙头

1998年，腾讯诞生于华强北赛格工业园，如同彼时乃至此刻深圳无数默默运作的初创型科技小企业。

企业在关键时刻三轮重要的转型经历：

从1998年成立到2004年是腾讯发展的第一阶段，即从QQ的即时通信业务到更加全面多元的发展阶段。在这个过程中，腾讯由小到大，从成功生存到成功上市。到上市之初的2004年，公开数据显示，腾讯实现营业收入11.44亿元、归母净利润4.41亿元。这意味着，从即时通信起步，刚刚上市的"鹅厂"营收已经迈上10亿元大关。上市后的两三年间，腾讯开启了第一轮转型探索，进入了稳步增长、搭建平台的阶段，打造了公益、游戏、支付、内容等多元化的产品体系。

随着移动互联网时代的到来，腾讯应势而变进行第二轮战略结构升级，诞生了"微信""王者荣耀"等著名产品，并制定了开放战略：通过流量和平台的开放、共享，吸引各领域众多的合作伙伴共同做大数字经济产业生态。

2018年9月30日，腾讯启动第三轮转型，即"930变革"，提出"扎根消费互联网，拥抱产业互联网"，将业务从"C端"的消费生态转向"To C（消费者）"与"To B（企业）"并重，通过成立云与智慧产业事业群（CSIG），承担起以科技创新驱动产业数字化升级的使命。

截至2021年6月底，腾讯已经形成两大共享创新平台：腾讯云与腾讯开放平台。2017年腾讯全球合作伙伴大会上的数据显示，腾讯合作伙伴总数已超1300万个，创造就业岗位2500万个，累计总分成超过230亿元。腾讯云为开发者及企业提供云服务、云数据、云运营等整体一站式服务方案。

这是腾讯产业数字化业务的窗口，以腾讯的技术能力与核心产品，联合内外部生态，助力各行各业的数字化转型升级。此轮转型意味着腾讯已从应用层的开发，快速向基础设施底层建设的研发迈进。公司投入大量人力、物力与资金，向芯片、操作系统、服务器、边缘计算、量子计算等前沿领域全面进发。2021年，腾讯又提出"推动可持续社会价值创新"的战略，并将该战略作为公司发展底座之一，牵引所有核心业务。

腾讯董事会主席兼首席执行官马化腾在2022年5月16日发布的《2021年度腾讯可持续社会价值报告》中如此阐释："当下，腾讯正面临着挑战与发展并存的新阶段，我们认为可借此换挡，去创造更高质量的发展，那就是更加聚焦以用户价值、科技创新及社会责任为中心的本源，更加坚守科技向善的愿景。这样的企业，才会在更长时间跨度里持续进化，为国家与时代创造更大价值。"

重金投入3年，研发投入超1366亿元，历经3轮蝶变，腾讯的底层发展逻辑也在悄然生变。2021年，腾讯研发投入达到518.8亿元，同比增长33%。到了2022年第一季度，研发投入再增至153.83亿元，同比增长36%。实际上，腾讯研发费用的同比增长已经连续5个季度超过25%。在过去3年里，其研发累计投入超1366亿元，新增研发项目超6000个。

正是在如此大手笔的持续投入下，腾讯逐步建立起包括服务器、操作系统、芯片、SaaS等在内的完整自研体系。与此同时，腾讯瞄准未来科技发展趋势，初步建立起创新科技研发矩阵，在AI、医疗、5G、量子、安全等领域设立了腾讯AI Lab、腾讯机器人实验室Robotics X、腾讯科恩实验室、腾讯多媒体实验室等，积极打造中长期发展的科技引擎。

2022年，腾讯正式发布"新基石研究员项目"，计划在未来10年内投入100亿元，稳定支持200—300位杰出科学家，在数学与物质科学、生物与医学科学两大领域长久支持基础研究。

在公益领域，腾讯也在基础科学、前沿科技领域持续加大投入力度。2018年，腾讯与多位中国科学家联手发起"科学探索奖"，由腾讯基金会出资，科学家主导，面向基础科学和前沿技术领域在中国内地及港澳地区全职工作的、45周岁及以下的青年科技工作者，承诺每位获奖人将在5年内获得总计 300 万元人民币的奖金，且可自由支配。迄今为止，已有 150 位青年科学家得到支持。

在深圳，腾讯联手各大科技创新机构，深度参与科技和产业创新。在智能网联汽车行业，腾讯积极投入虚拟仿真自动驾驶测试、智能网联汽车产业和智慧交通领域，参与深圳（坪山）"5G+"智能网联交通测试示范平台建设。在人工智能领域，腾讯牵头与中科院深圳先进技术研究院等单位共同建设医疗影像国家新一代人工智能开放创新平台。腾讯还与深港科研机构发起设立"香港高校联合实验室"和"人工智能未来学院"等。

数字科技创新驱动，助力实体经济和智慧城市建设

以腾讯云为基座，腾讯在全球运营超 100 万台服务器，数据中心遍布全球，形成了全球化的分布式云计算底层能力，可以提供 300 多个行业全方位解决方案。

作为互联网综合服务提供商，腾讯深耕自研技术，与众多合作伙伴一起探索前沿技术应用，通过"数实融合"的模式，加速与实体产业融合创新，其数字化解决方案在交通出行、工业、金融、文旅、零售、医疗、教育等众多行业全面开花，从而成功激发实体产业效能。腾讯云工业云解决方案副总经理俞建军介绍，腾讯云与粤海水务合作，基于物联网、大数据、AI 等技术，共建智慧监管平台，实现一幅大屏管理全部生产流程，确保项目进度可视、可管、可控。

数字孪生技术是"工业 4.0"的重要基础，科技部已将数字孪生技术及其在产业上的应用列入 2020 年的十大关键技术之一。腾讯在游戏开发领域的多年积累，使其在数字孪生领域先行一步。其在游戏领域多年积累的游戏引擎实时渲染、云游戏、实时物理模拟、多智能体算法等技术，正在工业仿真、文化保护、前沿技术探索、基础科学探测等领域发挥着积极作用。

实际上，腾讯丰富的数字化技术犹如百宝箱，无论是 SaaS 端的企业微信、腾讯会议、腾讯文档、腾讯企点，还是 PaaS 端的音视频通信、人工智能、物联网、安全能力，通过有机组合和搭配，已为实体经济的数字化升级提供了超过 300 个行业解决方案。

数字生态能力更是腾讯的独特优势。依托腾讯内部生态,如微信、小程序、内容号,以及腾讯外部生态,如腾讯云启、千帆以及众多渠道合作伙伴,他们提供"从种子播种到收成"的全过程生态支持。

腾讯智慧交通深度参与了坪山区的深圳5G智能网联测试示范区项目,运用腾讯在融合感知、决策规划、高精度地图、云计算和实时数字孪生等方面的技术优势,助力深圳市坪山区打造集研发、测试、示范、产业化于一体的立体化智能网联产业创新示范区。

归纳起来讲,高质量发展,在腾讯体现的就是产业发展的活力、创新力与竞争力。作为在深圳成长起来的科技企业,一方面腾讯深耕技术能力,创新自研技术,做好数字化助手,与合作伙伴一起探索前沿技术应用,助力深圳战略性新兴产业发展;另一方面深度参与深圳城市的智慧化建设,助力深圳的政务、交通出行、环境保护等各项民生事业。

参考文献

[1] Senior, N. W., An Outline of the Science of Political Economy [M]. Oxford, Oxford univ. Press, 1836.

[2] Galbraith, J. K., The Affluent Society [M]. Hamish Hamilton, 1969.

[3] Stewart, T. A. Your Company's Most Valuable asset: Intellectual Capital [J]. Fortune, 1994, 130 (7): 68 – 74.

[4] Brooking, A., Intellectual Capital: core assets for the third millennium enterprise [M]. London, UK: Thomeson Business Press, 1996.

[5] Edvinsson, L., Sullivan, P., Develop a Model for Management Intellectual Capital [J]. European Management Journal, 1996, 14 (4): 356 – 364.

[6] Sveiby, K. E., The Intangible Assets monitor [J]. Journal of Human Resource Costing and Accounting, 1997, 2 (1): 73 – 97.

[7] Fincham, R., Roslender, R. Rethinking the dissemination of management fashion Accounting for Intellectual Capital in UK case firms [J]. Management Learning, 2004, 35 (3): 321 – 336.

[8] Aquila, A. J. Are you misusing your firm's intellectual capital [J]. Accounting today, 2006, (5): 8 – 9.

[9] Ozkan, N, Cakan, S., Kayacan, M.. Intellectual capital and financial performance: A study of the Turkish Banking Sector [J]. Borsa Istanbul Review, 2018, 17 (3): 190 – 198.

[10] 王勇, 许强, 许庆瑞. 智力资本及其测度研究 [J]. 科研管理,

2002 (4): 89 - 95.

[11] 李平, 刘希宋. 企业智力资本开发的风险分析与评估 [J]. 统计与决策, 2006 (8): 155 - 156.

[12] 肖美丹, 刘俊娟, 刘斌. 基于未确知测度的智力资本绩效评价研究 [J]. 科技管理研究, 2010 (2): 63 - 65.

[13] 南星恒. 企业智力资本价值创造理论——行为与度量 [M]. 北京: 中国财政经济出版社, 2014.

[14] 黄懿. 智力资本对企业创新绩效的影响研究 [J]. 市场研究, 2017 (8): 4 - 5.

[15] 田颖, 田增瑞, 赵袁军. H - S - R 三维结构视角下众创空间智力资本协同创新对创客创新绩效的影响 [J]. 科技进步与对策, 2018, 35 (8): 15 - 23.

[16] 胡宜挺, 罗青, 农梅. 智力资本、知识产权保护与企业创新绩效 [J]. 新疆农垦经济, 2021 (7): 76 - 86.

[17] Roos, J., Edvinsson, L., Dragonetti, N. C.. Intellectual capital: Navigating the new business landscape [M]. Macmillan Business, 1997.

[18] 袁锋, 陈晓剑, 严志勇. 高科技企业智力资本的定性评估 [C]. 2002 年中国管理科学学术会议论文集, 2002: 478 - 481.

[19] Klein, D. A., Prusak, L.. Characterizing intellectual capital, Multi - client program [J]. Center for Business Innovation, Ernst & Young, Working Paper, 1994.

[20] Lynn, B. E.. Intellectual capital: unearthing hidden value by managing intellectual assets [J]. Ivey Business Journal, 2000 (64): 48 - 52.

[21] Kitts, B., Edvinsson, L., Beding, T.. Intellectual capital: from intangible assets to fitness landscapes [J]. Expert Systems With Applications. 2001 (20): 35 - 50.

[22] 张炜, 袁晓璐. 技术企业创业智力资本与成长绩效实证研究 [J]. 科学学研究, 2008 (3): 584 - 588.

[23] Edvinsson, L., Malone, M. S. Intellectual Capital: Realizing Your

Company's True Value by Finding its Hidden Brainpower [J]. Harper Business, 1997: 201 – 234.

[24] 袁庆宏. 智力资本学说: 管理理论新基石 [J]. 经济管理, 2000 (4): 59 – 60.

[25] 布鲁金. 第三资源: 智力资本及其管理 [M]. 大连: 东北财经大学出版社, 1998.

[26] Hubert, S. O. The key to strategic alignment of intellectual capital [J]. Strategy & Leadership, 1996, 24 (2): 10 – 14.

[27] Bonds, N., Dragonetti, N. C., Jacobsen, K., Roos, G.. The knowledge toolbox: A review of the tools available to measure and manage intangible resources [J]. European Management Journal, 1999, 17 (4): 391 – 402.

[28] Lynn, B. E. Performance evaluation in the new economy: bringing the measurement and evaluation of intellectual capital into the management planning and control system [J]. International Journal of Technology Management, 1998, 16 (1/2/3): 162.

[29] Johnson, W. H. A., An integrative taxonomy of intellectual capital: measuring the stock and flow of intellectual capital components in the firm [J]. Technology Management, 1999, 18 (5): 562 – 575.

[30] 帕特里克·沙利文著. 赵亮 译. 价值驱动的智力资本 [M]. 北京: 华夏出版社, 2002.

[31] Edvinsson, L., Sullivan, P.. Developing a model for managing intellectual capital [J]. European Management Journal, 1996, 14 (4): 356 – 364.

[32] Ashton, R. H.. Intellectual Capital and Value Creation: A Review [J]. Journal of Accounting Literature, 2005, 24 (2): 53 – 134.

[33] Roos, J., Edvinsson, L., Dragonetti, N. C.. Intellectual capital: Navigating in the new business landscape [M]. Basingstoke: Macmillan Business, 1997.

[34] Sveiby, K. E.. The Intangible Assets monitor [J]. Journal of Human Resource Costing and Accounting, 1997, 2 (1): 73 – 97.

[35] Van, B., Mark E. A., Yard stick for knowledge management [J]. Training and Development, 1999 (3): 70 – 86.

[36] Joia, L. A.. Measuring Intangible Corporate Assets: Linking Business Strategy with Intellectual Capital [J]. Journal of Intellectual Capital, 2000, 1 (1): 68 – 84.

[37] 王术华, 姚山季. 企业智力资本、协同创新与企业绩效的关系研究 [J]. 产业创新研究, 2022 (5): 130 – 131.

[38] Adam Smith. The Wealth of Nations [M]. London: McGRAW. Hill, 1776.

[39] 加里·S. 贝克尔著, 梁小民译. 《人力资本》[M]. 北京: 北京大学出版社, 1987.

[40] 哈比森. 国民财富的人力资源（英文版）[M]. 伦敦: 牛津大学出版社, 1973.

[41] Hatfield, H. R. Modern Accounting: Its Principles and Some of Its Problems [M]. New York: D. Appleton and Company, 1909.

[42] Edvinsson L, Malone M. S.. Intellectual capital: realizing your company's true value by finding its hidden brainpower [M]. New York: Harper Business Press, 1997.

[43] Annie Brooking. 赵洁平译. 智力资本——应用与管理 [M]. 大连: 东北财经大学出版社, 2003.

[44] Mark A. Y., Scott A. S.. Human Capital and Organizational Performance Resource Configuration, Intellectual [J]. Journal of Managerial Issues, 2004, 16 (3): 337 – 360.

[45] Edvinsson L., Malone M. Intellectual Capital [M], Harper Business, New York, NY, 1997.

[46] James Tobin. A General Equilibrium Approach to Monetary Theory [J]. Journal of Money, Credit and Banking, 1969, (1): 15 – 29.

[47] Pulic A. V.. An Accounting Tool for IC Management [J]. International Journal of Technology Management, 2000, 20 (5): 102 – 114.

[48] 陈劲，谢洪源，朱朝晖．企业智力资本评价模型和实证研究 [J]．中国地质大学学报（社会科学版），2004（6）：27-31．

[49] 黄衡．基于开放式创新的智力资本测度及其对创新绩效的影响 [D]．浙江大学，2010．

[50] 董芳芳．高技术企业智力资本与技术创新能力的关系研究 [D]．南京师范大学，2014．

[51] 陈俊营．高新技术企业智力资本对供应链知识共享能力作用机理研究 [D]．昆明理工大学，2017．

[52] 胡明文．高新技术企业智力资本对突破性创新的影响研究——知识吸收能力的中介作用 [D]．南京师范大学，2021．

[53] Bontis, N., Crossan, M., Hulland, J. Managing an organizational learning system by aligning stocks and flows [J]. Journal of Management Studies, 2004, 39 (4): 437-69.

[54] 陈钰芬．区域智力资本测度指标体系的构建 [J]．统计研究，2006（2）：24-29．

[55] 潘忻．城市智力资本的衡量以南京为例 [J]．江苏统计，2003（1）：25-27．

[56] 夏同水，张延华．区域智力资本投资与经济增长的关系——对我国20个省市20年间的面板数据分析 [J]．山东大学学报（哲学社会科学版），2011（2）：92-97．

[57] 王晓鸿．区域智力资本对区域经济发展的影响研究 [D]．兰州大学，2012．

[58] 薛龙．四川省区域智力资本和创新能力的实证研究 [D]．成都理工大学，2015．

[59] 王彦淇．中国区域智力资本的测度及其空间溢出效应研究 [D]．华中科技大学，2017．

[60] 刘超．我国省际区域智力资本空间分布及其变动特征 [J]．甘肃社会科学，2020（1）：104-111．

[61] 于良春主编．政治经济学 [M]．北京：经济科学出版社，

2001.

[62] 高鸿业主编. 西方经济学（宏观部分）（7）[M]. 北京：中国人民大学, 2018.

[63] 西蒙·库滋涅茨著. 戴睿, 易诚译. 现代经济增长：事实和思考 [M]. 北京：北京经济学院出版社. 1989.

[64] 保罗·萨谬尔森著. 萧琛译. 经济学 [M]. 北京：商务出版社, 2013.

[65] 王玉民. 浅析经济增长与经济发展的关系 [J]. 技术经济, 1996 (10)：9-12.

[66] 文华. 经济发展与经济增长的理论综述 [J]. 延边大学学报, 2011 (10)：64-67.

[67] 西奥多·W. 舒尔茨. 论人力资本投资 [M]. 北京：北京经济学院出版社, 1990.

[68] 张勇. 人力资本与中国增长和转型 [J]. 经济科学, 2015 (1)：29-39.

[69] 李培泓, 张世奇. 河北省人力资本对经济增长贡献率的实证分析 [J]. 河北学刊, 2011, 31 (1)：227-230.

[70] 袁庆明. 制度创新与经济增长——诺思经济增长理论述评 [J]. 河北学刊, 2000 (1)：33-34

[71] 杨仁发, 李娜娜. 产业结构变迁与中国经济增长——基于马克思主义政治经济学视角的分析 [J]. 经济学家, 2019 (8)：27-38.

[72] 张继梅. 亚当·斯密的经济增长理论及其启示 [J]. 佳木斯大学社会科学学报, 2006 (9)：49.

[73] 连玥晗. 经济增长理论演进文献述评 [J]. 经济策论, 2017 (8)：163.

[74] 约翰·梅纳德·凯恩斯著. 《就业、利息和货币通论》[M]. 上海：上海译文出版社, 1989.

[75] 爱德华·富尔顿·丹尼森著. 美国经济增长的来源和我们面临的抉择 [M]. 上海：上海译文出版社, 1990.

[76] 金德尔伯格著. 林勇军译. 经济发展 [M]. 北京: 经济出版社, 1986.

[77] 孙丽艳, 黄东艳. 浅析发展经济学的研究对象 [J]. 知识经济, 2010 (4): 21-23.

[78] 布鲁斯赫里克, 查理斯·P. 金德尔伯格 著. 经济发展 [M]. 上海: 上海译文出版社, 1989.

[79] 伍海华, 徐镇缓, 唐衍伟. 经济发展论 [M]. 呼和浩特: 内蒙古大学出版社, 1999.

[80] 习近平. 习近平谈治国理政 (1) [M]. 北京: 外文出版社, 2014.

[81] 习近平. 习近平谈治国理政 (4) [M]. 北京: 外文出版社, 2022.

[82] 张自然, 张平, 袁富华, 楠玉著. 经济蓝皮书夏季号: 中国经济增长报告 (2017—2018): 迈向高质量的经济发展 [M]. 北京: 社会科学文献出版社, 2018.

[83] 习近平. 习近平谈治国理政 (2) [M]. 北京: 外文出版社, 2017.

[84] 习近平. 习近平谈治国理政 (3) [M]. 北京: 外文出版社, 2020.

[85] 《中共中央关于制定国民经济和社会发展第十四个五年规划和二〇三五年远景目标的建议》辅导读本 [M]. 北京: 人民出版社, 2020.

[86] 田秋生. 高质量发展的理论内涵和实践要求 [J]. 山东大学学报 (哲学社会科学版), 2018 (6): 1-2.

[87] 刘伟, 陈彦斌. 中国经济增长与高质量发展: 2020—2035 [J]. China Economist Vol. 16, No. 1, January – February 2021: 13-15.

[88] 简新华, 聂长飞. 论从高速增长到高质量发展 [J]. 社会科学战线, 2019 (8): 93-94.

[89] 陈玲. 习近平关于高质量发展论述的研究 [D]. 重庆工商大学, 2021: 10-11.

[90] 杨伟民. 贯彻中央经济工作会议精神推动经济高质量发展 [J]. 宏观经济管理, 2018 (2): 14-16.

[91] 张伟丽. 中国经济高质量发展方略与制度建设 [D]. 中央党校, 2019 (6): 29.

[92] 刘洋,韩喜平. 习近平经济思想研究述评 [J]. 党建,2022 (7):12.

[93] 约翰·B. 泰勒(John B. Taylor)著. 李绍荣,李叔玲译. 宏观经济学(第五版)[M]. 北京:中国市场出版社,2007.

[94] 谭筱南. 需求与供给的关系分析 [J]. 商场现代化,2017 (16):175-176.

[95] 李伟. 高质量发展要处理好五个关系 [N]. 经济日报,2018-2-22.

[96] 金江军. 新旧动能转换读本 [M]. 北京:中共中央党校出版社,2018.

[97] 徐丹丹,郑林曼. 虚拟经济与实体经济关系:一个文献综述 [J]. 经济研究参考,2020(13):53-58.

[98] 康凤云. 党的根基在人民 党的力量在人民 [N]. 光明日报,2019-10-25.

[99] 袁红英. 坚持人民至上方能行稳致远 [N]. 光明日报,2022-3-16.

[100] 习近平. 把握新发展阶段贯彻新发展理念构建新发展格局 [J]. 求是,2021(9):9-11.

[101] 黄奇帆,楼继伟,刘世锦等. 中国经济内生增长 [M]. 长沙:湖南文艺出版社,2021.

[102] 习近平. 深入学习坚决贯彻党的十九届五中全会精神 确保全面建设社会主义现代化国家开好局 [N]. 人民日报,2021-1-12.

[103] 李仁彬. 坚持党对社会主义现代化建设全面领导的三重逻辑 [J]. 邓小平研究,2021(4):53.

[104] 王廷惠,李娜. 准确把握经济高质量发展的核心要义 [N]. 中国社会科学报,2022-3-16.

[105] 约瑟夫·熊彼特(Joseph A. Schumpeter)著. 贾拥民译. 经济发展理论 [M]. 北京:中国人民大学出版社,2019.

[106] 周寄中,胡志坚,周勇. 在国家创新系统内优化配置科技资源

[J]. 管理科学学报, 2002 (3): 43-45.

[107] 张铭慎. 强化创新对构建新发展格局的引领 [N]. 经济日报, 2021-12-20.

[108] 李拯. 以科技创新支撑高质量发展 [N]. 经济日报, 2022-1-11.

[109] 王伟光, 马胜利, 姜博. 高技术产业创新驱动中低技术产业增长的影响因素研究 [J]. 中国工业经济, 2015 (3): 72-75.

[110] 辜胜阻, 吴华君, 吴沁沁. 创新驱动与核心技术突破是高质量发展的基石 [J]. 中国软科学, 2018 (10): 13-16.

[111] 王慧艳, 李新运, 徐银良. 科技创新驱动我国经济高质量发展绩效评价及影响因素研究 [J]. 经济学家, 2019 (11): 68-70.

[112] 赵军, 李艳姗, 朱为利. 数字金融、绿色创新与城市高质量发展 [J]. 南方金融, 2021 (10): 25.

[113] 郭广生, 任晓刚. 以科技创新驱动高质量发展 [N]. 人民日报, 2019-6-27.

[114] 亚当·斯密著. 胡长明译. 国民财富的性质和原因的研究 (简称国富论) [M]. 重庆: 重庆出版社, 2015.

[115] 吴敬琏. 供给侧结构性改革政府如何"有所为" [J]. 山东经济战略研究, 2016 (5): 44.

[116] 厉以宁. 改革激发社会和谐红利 [J]. 中国房地产业, 2014 (21): 14.

[117] 何立峰. 深化供给侧结构性改革 推动经济高质量发展 [N]. 学习时报, 2020-1-8.

[118] 滕泰, 范必. 供给侧改革 [M]. 北京: 东方出版社, 2016.

[119] 吴敬琏. 什么是结构性改革？它为何如此重要 [J]. 清华管理评论, 2016 (11): 11-14.

[120] 习近平. 坚持把解决好"三农"问题作为全党工作重中之重 举全党全社会之力推动乡村振兴 [J]. 求是, 2022 (7): 7-16.

[121] 韩杨. 着眼国家重大战略接续全面推进乡村振兴 [J]. 红旗文

稿，2022（5）：11.

[122] 文丰安. 全面实施乡村振兴战略：重要性、动力及促进机制[J]. 东岳论丛，2022（3）：10-12.

[123] 韦柳玲. 互联网金融服务下乡村振兴战略的实施路径[J]. 山西财经大学学报，2021（11）：44-46.

[124] 习近平. 坚持把解决好"三农"问题作为全党工作重中之重 举全党全社会之力推动乡村振兴[J]. 求是，2027（7）：17.

[125] 陈健. 新发展阶段共同富裕目标下区域协调发展研究[J]. 云南民族大学学报（哲学社会科学版），2022，7（4）：15-18.

[126] 魏后凯. 促进区域协调发展的路径分析[N]. 经济日报，2021-03-18.

[127] 曾凡银. 深入推进区域协调高质量发展[J]. 红旗文稿，2021（6）：30-31.

[128] 常纪文. 以生态文明促进高质量发展[N]. 人民日报，2018-7-19.

[129] 廖维晓，胡桂瑜. 以绿色发展理念引领高质量发展的实践路径[J]. 中共山西省委党校学报，2021（10）：24.

[130] 屈彩云. 绿色发展助推生态文明建设愿景[J]. 中国发展观察，2021（11）：21.

[131] 王晓红. 以高水平开放推动高质量发展[N]. 光明日报，2022-06-15.

[132] 党的六中全会通过的《中共中央关于党的百年奋斗重大成就和历史经验的决议》辅导读本[M]. 北京：人民出版社，2021.

[133] 罗珊珊. 深入推进高水平对外开放[N]. 人民日报，2021-12-29.

[134] 霍建国. 高水平开放是我国构建高质量发展的客观基础[J]. 清华金融评论，2021（6）：31-32.

[135] 王文涛. 以高水平对外开放推动构建新发展格局[J]. 求是，2022（2）：70.

[136] 张进财. 张进财全面提高对外开放水平 形成国际合作和竞争新优势 [N]. 人民日报, 2022-4-25.

[137] 习近平. 构建高质量伙伴关系 共创全球发展新时代——在全球发展高层对话会上的讲话 [R]. 2022-6-24.

[138] 权衡. 坚定不移推进高水平对外开放 [N]. 人民日报, 2022-6-10.

[139] 赵达薇. 人力资源在经济增长中贡献率的测算方法 [J]. 经济科学, 1998 (2): 72-76.

[140] 查军瑶, 蒋永宁, 曹楷朋. 云南省农业经济增长影响因素的实证研究——基于柯布·道格拉斯生产函数 [J]. 农业与技术, 2022, 42 (6): 162-164.

[141] 蒋亮. 长江中游城市群经济增长的影响因素分析——基于柯布-道格拉斯生产函数 [J]. 经济论坛, 2018 (5): 67-70.

[142] 李玄煜. 中国经济增长的柯布—道格拉斯生产函数实证分析 [J]. 人民论坛, 2015 (35): 89-91.

[143] 张晓婧. 中国经济增长的影响要素分析——基于柯布—道格拉斯生产函数 [J]. 中国市场, 2013 (41): 117-118.

[144] 吴海民. 基于新C-D生产函数的广东省经济增长实证研究 [J]. 南方经济, 2006 (7): 75-86.

[145] 薛贺香. 河南省人力资本与经济增长关系的实证分析 [J]. 经济师, 2006 (9): 177-179.

[146] 刘荣添, 叶民强. 信息化与经济增长的计量分析——来自29个省份面板数据的经验: 1992—2004 [J]. 经济问题探索, 2006 (9): 9-14.

[147] 程冬旭. 我国高等教育和初等教育与经济增长的实证研究 [J]. 重庆文理学院学报 (自然科学版), 2006 (3): 42-45.

[148] 李雪峰. 中国人力资本投资与研发 (R&D) 投资比较分析——基于一个三部门增长模型 [J]. 生产力研究, 2005 (12): 31-33.

[149] 任志娟. 我国经济增长中劳动力贡献率变化的实证分析 [J].

沿海企业与科技, 2005 (11): 7-8.

[150] 王鹏. 台湾经济开放度与经济增长关系的实证研究 [J]. 台湾研究集刊, 2005 (4): 29-36.

[151] 李占风. 湖北省经济增长模型及实证分析 [J]. 中南财经政法大学学报, 2005 (1): 61-64, 69.

[152] 夏同水. 两类资本投资与经济增长的相关性研究 [J]. 中国流通经济, 2004 (11): 56-58.

[153] 胡文国, 吴栋. 中国经济增长因素的理论与实证分析 [J]. 清华大学学报 (哲学社会科学版), 2004 (4): 68-76.

[154] 刘华, 李刚, 朱翙敏. 人力资本与经济增长的实证分析 [J]. 华中科技大学学报 (自然科学版), 2004 (7): 64-66.

[155] 曹晋文. 我国人力资本与经济增长的实证研究 [J]. 财经问题研究, 2004 (9): 9-13.

[156] 王文博, 芮金萍, 袁海. 包含管理创新因素的中国经济增长模型实证分析 [J]. 统计与信息论坛, 2003 (3): 38-41.

[157] 王金堂. 知识对福建经济增长贡献率的测算 [J]. 福建商业高等专科学校学报, 2001 (6): 5-7.

[158] 陈昌兵, 徐海燕. 我国国民经济增长因素的实证分析 [J]. 陕西经贸学院学报, 2001 (6): 5-8.

[159] 盛乐. 人力资本投资与经济增长关系的实证研究 [J]. 经济问题探索, 2000 (6): 25-27.

[160] 李玲. 智力资本对经济增长的贡献分析 [J]. 中央财经大学学报, 2000 (3): 11-16.

[161] 雷丽平, 于钦凯. 中国人力资源开发对区域经济发展的影响及对策研究 [J]. 人口学刊, 2004 (4): 21-25.

[162] 王晓鸿. 区域智力资本对区域经济发展的影响研究 [D]. 兰州大学, 2012.

[163] 黄巧敏. 福建省 R&D 活动现状的实证分析 [J]. 厦门特区党校学报, 2009 (5): 12-16.

[164] ANDRIESSEN D G, STAM C D. Intellectual Capital of the European Union [R]. Paper for the 7th McMaster World Congress on the Management of Intellectual Capitaland Innovation, 2005.

[165] 陈武, 王学军. 区域智力资本与区域创新能力的关系——一个理论分析框架 [J]. 技术经济与管理研究, 2010 (S2): 32-36.

[166] 陈武, 何庆丰, 王学军. 区域智力资本与区域创新能力的识别 [J]. 科技与经济, 2011 (2): 26-27.

[167] 王孝斌, 陈武, 王学军. 区域智力资本与区域经济发展 [J]. 数量经济技术经济研究, 2009 (3): 18.

[168] 陈烨. 我国区域创新驱动转型发展的评价指标体系构建及应用研究 [D]. 杭州电子科技大学, 2018.

[169] 西澳. 范德克伦德特著. 刘文祥, 方伶俐译. 增长的动力 [M]. 北京: 中信出版社, 2020.

[170] 王海兵, 杨蕙馨. 创新驱动及其影响因素的实证分析: 1979—2012 [J]. 山东大学学报 (哲学社会科学版), 2015 (1): 23-34.

[171] Freeman, C, and L. Soete. Developing science, technology and innovation indicators: What we can learn from the past [J]. Research Policy38 (4): 583-589.

[172] Jeffrey L. Furman, Michael E. Porter, Scott Stern. The determinants of national innovative capacity [J]. Reasearch Policy, 2002 (31): 899-933.

[173] 刘凤朝, 孙玉涛. 国家创新能力测度研究述评 [J]. 科学学研究, 2008 (4): 887-893.

[174] Mei-Chih Hu, John A-Mathews. National innovative capacity in East Asia [J]. Reasearch Policy, 2005 (9): 1322-1349.

[175] 崔有祥, 胡兴华, 廖娟, 谢富纪. 实施创新驱动发展战略测量评估体系研究 [J]. 科研管理, 2013 (S1): 308-314.

[176] John A-Mathews, Mei-Chih Hu. Enhancing the role of universities in building national innovative capacity in Asia: the case of Taiwan [J].

World Development, 2007, 35 (6): 1005 – 1020.

[177] M. E. Porter, The Competitive Advantage of Nation [J]. Harvard Business Review. 1990. Mar/Apr90.

[178] 王孝炯. 基于效率优化的国家创新能力测度研究 [D]. 中国科学技术大学, 2009.

[179] 孙玉涛, 杨中楷. 国家创新能力研究的两种范式 [J]. 科学管理研究, 2008 (4): 6 – 10.

[180] 赵静, 薛强, 王芳. 创新驱动理论的发展脉络与演进研究 [J]. 科学管理研究, 2015, 33 (1): 1 – 4.

[181] 洪银兴. 关于创新驱动和协同创新的若干重要概念 [J]. 经济理论与经济管理, 2013 (5): 5 – 12.

[182] 张利珍, 秦志龙. 十八大以来"创新驱动发展战略"研究: 一个文献综述 [J]. 四川理工学院学报 (社会科学版), 2015, 30 (4): 83 – 90.

[183] 李东兴. 创新驱动发展战略研究 [J]. 中央社会主义学院学报, 2013 (2): 101 – 104.

[184] 柳卸林, 孙海鹰, 马雪梅. 基于创新生态观的科技管理模式 [J]. 科学学与科学技术管理, 2015, 36 (1): 18 – 27.

[185] 梅亮, 陈劲, 刘洋. 创新生态系统: 源起、知识演进和理论框架 [J]. 科学学研究, 2014, 32 (12): 1771 – 1780.

[186] OECD. Science, technology and industry: score board of indicators [R]. Paris, 1997.

[187] 李海基, 周霞, 李红. 区域创新系统评价综述 [J]. 科技管理研究, 2010, 30 (1): 13 – 14, 18.

[188] 郭炬, 叶阿忠, 陈泓. 基于半参数空间计量模型的技术创新能力区域聚集效应研究 [J]. 科学学与科学技术管理, 2012, 33 (11): 62 – 70.

[189] 甄峰, 黄朝永, 罗守贵. 区域创新能力评价指标体系研究 [J]. 科学管理研究, 2000 (6): 5 – 8.

[190] 上海财经大学课题组,徐国祥. 上海"创新驱动,转型发展"评价指标体系研究 [J]. 科学发展,2014 (5):5-16.

[191] 徐本华. 河南创新驱动转型发展评价指标体系研究 [J]. 中外企业家,2015 (31):17-19.

[192] 单东方,田英楠. 山西省创新驱动能力指标体系构建 [J]. 合作经济与科技,2016 (1):31-32.

[193] 杜霞. 河南省创新驱动转型发展的评价指标体系研究 [J]. 科教导刊 (上旬刊),2016 (4):133-134+138.

[194] 王文寅,梁晓霞. 创新驱动能力影响因素实证研究——以山西省为例 [J]. 科技进步与对策,2016 (3):43-49.

[195] 靳思昌. 河南创新驱动转型发展评价指标体系研究 [J]. 国际商务财会,2016 (2):89-92.

[196] 李冻菊,赵旺果. 郑州市创新能力综合评价 [J]. 商业经济研究,2016 (19):211-213.

[197] 李兴光. 京津冀区域科技协同创新体系的构建 [J]. 农村经济与科技,2021,32 (24):265-267.

[198] 王萍,高洁,王瑞敏. 区域创新系统主体的解构与重构——兼论高职院校在产学研联盟中的作用 [J]. 科技管理研究,2010,30 (23):86-88,92.

[199] 张巧玲. 山西省新型城镇化发展水平研究 [D]. 山西财经大学,2016.

[200] 程慧锦,马有才. 山东省城市全面创新驱动能力评价 [J]. 商业经济研究,2017 (3):214-217.

[201] 李琬,张玉利,胡望斌. 创新型城市第四代创新评价指标体系构建与实证研究 [J]. 科技管理研究,2010,30 (1):54-57.

[202] 李玲玲,张耀辉. 我国经济发展方式转变测评指标体系构建及初步测评 [J]. 中国工业经济,2011 (4):54-63.

[203] 李林峰. 科技支撑经济转型发展评价指标体系与实证分析 [D]. 吉林财经大学,2014.

[204] 吴优,李文江,丁华,等. 创新驱动发展评价指标体系构建 [J]. 开放导报, 2014 (4): 88-92.

[205] HUGO PINTO. Joao GUERREIRO. Innovation Regional and Latent Dimensions: The Case of the Algarve Region [J] The Annals of Regional Science, 2010, 44 (2): 315-329.

[206] 吴海燕,杨武,雷家骕. 国外区域创新体系最新研究现状与展望 [J]. 科技管理研究, 2011, 31 (5): 1-4.

[207] 上海市松江区统计局课题组,姚明,马一峰. 上海松江区工业"创新驱动、转型发展"综合评价研究 [J]. 统计科学与实践, 2012 (7): 21-23.

[208] 杨珍,吴晓云. 转变经济发展方式评价指标体系研究——以山东省为例 [J]. 理论学刊, 2013 (12): 54-59.

[209] 吴海建,韩嵩,周丽,等. 创新驱动发展评价指标体系设计及实证研究 [J]. 中国统计, 2015 (2): 53-54.

[210] SHANNON C E. A mathematical theory of communication [J]. The Bell System Technical Journal, 1948, 5 (3): 3-55.

[211] 孙豪,桂河清,杨冬. 中国省域经济高质量发展的测度与评价 [J]. 浙江社会科学, 2020 (8): 4-14.

[212] 朱润润. 区域人力资本与区域创新能力的关系研究——以云南为例 [D]. 云南财经大学, 2011.

[213] 陈武,常燕,智力资本对区域创新能力的影响机理研究 [J]. 技术经济, 2011 (7): 1-4, 7.

[214] 蒲惠荧,陈和. 区域智力资本对区域经济发展的影响 [J]. 工业技术经济, 2012 (9): 106-111.

[215] 王向华. 基于三螺旋理论的区域智力资本协同创新机制研究 [D]. 天津大学, 2012.

[216] 薛龙. 四川省区域智力资本和创新能力的实证研究 [D]. 成都理工大学, 2015.

[217] 尤航. 营商环境对区域创新发展的效应研究 [J]. 河南科学,

2022, 40 (1): 104-112.

[218] 熊励, 蔡雪莲. 数字经济对区域创新能力提升的影响效应——基于长三角城市群的实证研究 [J]. 华东经济管理, 2020, 34 (12): 1-8.

[219] Doloreux D. What we should know about regional systems of innovation [J]. Technology in society, 2002, 24 (3): 243-263.

[220] 熊宇. 基于社会网络分析 (SNA) 的区域创新环境关键要素的识别研究 [D]. 合肥: 中国科学技术大学, 2010.

[221] 邵云飞, 范群林, 唐小我. 基于内生增长模型的区域创新能力影响因素研究 [J]. 科研管理, 2011 (9): 28-34.

[222] Buesa M, Heijs J, Pellitero M M, 等. Regional systems of innovation and the knowledge production function [J]. Technovation, 2006, 6 (4): 463-472.

[223] 赖永剑. 贸易开放对区域创新能力的动态非线性影响 [J]. 软科学, 2015 (5): 50-54.

[224] 孙晓阳, 詹祥. 知识流动视角下市场化程度对区域创新能力的影响及其地区差异 [J]. 技术经济, 2016 (1): 36-42.

[225] 党文娟, 康继军, 徐磊. 我国市场化发育程度对区域创新能力的影响力研究 [J]. 云南财经大学学报, 2013 (4): 93-99.

[226] Haske J E, Pereira S C, Slaughter M J. Does inward foreign direct investment boost the productivity of domestic firms? [J]. Review of Economics and Statistics, 2007, 89: 482-496.

[227] Fritsch M, Slavtchev V. Universities and innovation in space [J]. Industry and Innovation, 2007, 14 (2): 201-218.

[228] 冉光和, 徐鲲, 鲁钊阳. 金融发展、对区域创新能力的影响 [J]. 科研管理, 2013 (7): 45-52.

[229] 鲁钊阳, 廖杉杉. 技术溢出与区域创新能力差异的双门槛效应 [J]. 数量经济技术经济研究, 2012 (5): 75-88.

[230] 侯鹏, 刘思明. 内生创新努力、知识溢出与区域创新能力

[J]. 当代经济科学, 2013 (6): 14-24.

[231] 吕国范, 吴超, 李小巍. 区域创新能力影响因素的外商直接投资吸引效率研究 [J]. 宏观经济研究, 2013 (6): 104-111.

[232] 魏守华, 吴贵生, 吕新雷. 区域创新能力的影响因素: 兼评我国创新能力的地区差距 [J]. 中国软科学, 2010 (9): 76-85.

[233] 陈菲琼, 钟芳芳, 陈珧. 中国对外直接投资与技术创新研究 [J]. 浙江大学学报 (人文社会科学版), 2013 (4): 170-181.

[234] 宋跃刚, 杜江. 制度变迁、OFDI 逆向技术溢出与区域技术创新 [J]. 世界经济研究, 2015 (9): 60-73.

[235] 阚大学. 对外直接投资、市场化进程与内资企业技术创新 [J]. 研究与发展管理, 2014 (5): 14-22.

[236] 刘焕鹏, 严太华. 与国内创新能力关系中的"门限效应"[J]. 科研管理, 2015 (1): 1-7.

[237] 王欣. 对外直接投资提升了区域创新能力吗 [J]. 华东经济管理, 2016 (9): 26-33.

[238] 赵健. 跨国公司 R&D 投资对区域创新能力影响的实证研究: 基于区域创新知识生产函数的分析 [J]. 工业技术经济, 2012 (7): 148-153.

[239] 鲁亚军, 张汝飞. R&D 人力投入和经费投入对区域创新能力的影响: 基于空间面板模型的实证研究 [J]. 现代管理科学 2015 (1): 109-111.

[240] 寸晓宏, 卢启程. 风险投资对区域创新系统的作用机理研究 [J]. 经济学动态, 2014 (9): 79-87.

[241] 张杰, 付奎. 信息网络基础设施建设能驱动城市创新水平提升吗? ——基于"宽带中国"战略试点的准自然试验 [J]. 产业经济研究, 2021 (5): 4-11.

[242] 涂子沛. 数据之巅 [M]. 北京: 中信出版社, 2014.

[243] 胡舒立. 新常态改变中国 [M]. 北京: 民主与建设出版社, 2014.

[244] 彼得·德鲁克 著. 高增安, 马永红 译. 格鲁克经典管理案例解析 [M]. 北京: 机械工业出版社, 2021.

[245] 楼泽秀. 基于省际面板数据的信息基础设施建设对科技创新的影响研究 [D]. 浙江财经大学, 2020.

[246] 丁健. 现代城市经济 [M]. 上海: 同济大学出版社, 2003.

[247] Stewart T.. Brainpower: how intellectual capital is becoming America's most valuable asset [J]. Fortune, 1991 (6): 44 - 60.

[248] Stewart T. A.. Intellectual Capital: The New wealth of Organizations [M]. New York: Doubleday Dell Publishing Group, 1997.

[249] 李平, 刘希宋. 企业智力资本开发的风险分析与评估 [J]. 统计与决策, 2006 (8): 155 - 156.

[250] 邹国平, 郭韬, 任雪娇. 区域环境因素对科技型企业规模的影响研究——组织学习和智力资本的中介作用 [J]. 管理评论, 2017, 29 (5): 52 - 63.

[251] 原毅军, 张晓峰. 基于智力资本的企业战略研究 [J]. 大连理工大学学报 (社会科学版), 2006 (1): 1 - 6.

[252] 孙羨. 智力资本驱动中小企业成长的有效性探讨 [J]. 经济纵横, 2012 (9): 52 - 54.

[253] 王莉丽. 全面提升中国智库的智力资本 [J]. 中国党政干部论坛, 2015 (1): 7 - 11.

[254] Edvinsson L, Malone M. S.. Intellectual capital: realizing your company's true value by finding its hidden brainpower [M]. New York: Harper Business Press, 1997.

[255] 姚山季. 智力资本对顾客参与的驱动影响: 转化式学习视角 [J]. 管理科学, 2016, 29 (2): 77 - 92.

[256] 王聪, 冯琰, 刘慧敏, 等. 高新技术企业智力资本对资本结构的影响研究 [J]. 会计之友, 2017 (7): 26 - 30.

[257] Edvinsson L., Sullivan P.. Developing a model for managing intellectual capital [J]. European management journal, 1996, 14 (4): 356 - 364.

[258] Roos J., Edvinsson L., Dragonetti N. C.. Intellectual capital: Navigating the new business landscape [M]. Springer, 1997.

[259] 李海洪, 王博. 高技术企业智力资本对财务绩效影响的实证研究 [J]. 经济问题, 2011 (9): 110-113.

[260] 苏明. 智力资本影响企业的资本成本了吗 [J]. 山西财经大学学报, 2016, 38 (5): 113-124.

[261] 李连燕, 王伟红. 国外智力资本文综述及展望 [J]. 国外社会科学, 2019: 89-97.

[262] 梁莱歆, 官小春. 中外智力资本及其构成研究综述 [J]. 财会通讯, 2010 (5): 140-142.

[263] Brooking, A.. Intellectual Capital: core assets for the third millennium enterprise [M]. London, UK: Thomeson Business Press, 1996.

[264] Kale. P, Singh. H, Perlmutter. H. Learning and Protection of Proprietary Assets in Strategic Alliances: Building Relational Capital [J]. Strategic Management Journal, 2000, 21 (3): 217-237.

[265] 高丽, 潘煌, 万岩. 企业文化、智力资本和企业绩效的关系——以高科技企业为例 [J]. 系统管理学报, 2014, 23 (4): 537-544.

[266] 肖建华, 赵莹. 智力资本视角下创业企业创新竞争力关键影响要素研究 [J]. 科技进步与对策, 2018, 35 (3): 87-94.

[267] 林筠, 刘江. 双元创新驱动机制: 智力资本整合的视角 [J]. 科技管理研究, 2016, 36 (12): 18-23.

[268] 陈劲, 谢洪源, 朱朝晖. 企业智力资本评价模型和实证研究 [J]. 中国地质大学学报（社会科学版）, 2004 (06): 27-31, 45.

[269] 张慧颖, 吕爽. 智力资本、创新类型及产品创新绩效关系研究 [J]. 科学学与科学技术管理, 2014, 35 (2): 162-168.

[270] 代明, 钟宇钰. 技术资本对企业财务绩效的影响——基于智力资本效率系数的实证研究 [J]. 科技管理研究, 2017, 37 (14): 180-186.

[271] 马宁, 孟卫东, 姬新龙. 国有风险资本协同智力资本的企业价值创造研究 [J]. 研究与发展管理, 2018, 30 (11): 60-71.

［272］唐明娟．知识资本对企业价值的影响研究［D］．湖南大学，2012．

［273］南星恒．企业智力资本价值创造理论——行为与度量［M］．北京：中国财政经济出版社，2014．

［274］杨帆，汤湘希．智力资本与企业价值相关性的实证研究［J］．会计论坛，2010（1）：97－107．

［275］郝文杰，鞠晓峰．智力资本对高技术企业绩效影响的实证研究［J］．北京理工大学报，2008（5）：467－470．

［276］李冬伟，李建良．基于企业生命周期的智力资本对企业价值影响研究［J］．管理学报，2012，9（5）：706－714．

［277］Denis C., Marie J. L., Michel M.. The use of Web sites as a disclosure platform for corporate performance［J］. International Journal of Accounting Information Systems, 2009（10）：1－24.

［278］Jose S. G., Elsa G. G. U., Adair G. G., Edgar F. G. J.. The effects of intellectual capital and innovation on competitiveness: An analysis of the restaurant industry in Guadalajara, Mexico［J］. Advances in Competitiveness Research, 2012, 20（4）：32－46.

［279］张炜．智力资本与组织创新能力关系实证研究——以浙江中小技术企业为样本［J］．科学学研究，2007，25（5）：1010－1013．

［280］Shenglei P., Hailin L.. Competitive actions and performance of technological innovating firms: moderation of intellectual capital［J］. Journal of Chemical & Pharmaceutical Research, 2013, 5（11）：138－142.

［281］刘程军，蒋天颖，华明浩．智力资本与企业创新关系的Meta分析［J］．科研管理，2015，36（1）：72－80．

［282］曾德明，王媛，徐露允．技术多元化、标准化能力与企业创新绩效［J］．科研管理，2019，40（9）：181－189．

［283］褚杉尔，高长春，高晗．企业家社会资本、融资约束与文化创意企业创新绩效［J］．财经论丛，2019（10）：53－63．

［284］Desrochers P.. Local diversity, human creativity, and technological innovation [J]. Growth and Change, 2001 (32): 369 – 394.

[285] Schneider L., Gtinther J., Brandenburg B.. Innovation and skills from a sectoral perspective: A linked employer – employee analysis [J]. Economics of Innovation and New Technology, 2010, 19 (2): 185 – 202.

[286] Offstein E. H., Gnyawali D. R., Cobb A. T.. A strategic human resource perspective of firm competitive behavior [J]. Human Resource Management Review, 2005, 15 (4): 305 – 318.

[287] Rosa. M., Mariz P. M. Mercedes T. A. M., Teresa G. A.. The relevance of human capital as a driver for innovation [J]. Cuadernos de Economia, 2012, 35 (98): 68 – 76.

[288] Gregorio Martin de Castro, Miriam Delgado Verde Josh E. Navas Lopez, Jorge Cruz – Gonzblez. The moderating role of innovation culture in the relationship between knowledge assets and product innovation [J]. Technological Forecasting & Social Change, 2013 (80): 351 – 363.

[289] Adnan Kalkan, Ozlem Cetinkaya Bozkurt, Mutlu Arman. The Impacts of Intellectual Capital, Innovation and Organizational Strategy on Firm Performance [J]. Social and Behavioral Sciences, 2014, 150 (15): 700 – 707.

[290] Robert M. G.. Toward a knowledge – based theory of the firm [J]. Strategic Management Journal, 1996, 117 (11): 109 – 122.

[291] Bonits N.. Assessing knowledge assets: a review of the models used to measure intellectual capital [J]. International Journal of Management Review, 2001, 3 (1): 41 – 60.

[292] Pena I.. Intellectual Capital and Business Start up Success [J]. Journal of Intellectual Capital, 2002, 3 (2): 180 – 198.

[293] Antonio C. L., Gloria C. R., Carmen C. M.. Social and organizational capital: Building the context for innovation [J]. Industrial Marketing Management, 2010, 39 (4): 681 – 690.

[294] 张慧颖, 吕爽. 智力资本、创新类型及产品创新绩效关系研究 [J]. 科学学与科学技术管理, 2014 (2): 162 – 168.

[295] Raffaele F., Regina C. M., Michele O. D., Lisa O. M.. Structural social capital evolution and knowledge transfer: Evidence from an Irish pharmaceutical network [J]. Industrial Marketing Management, 2014, 43 (3): 429-440.

[296] Aramburu N., Saenz J., Blanco C.. Structural capital, innovation capability, and company performance in technology-based Colombian firms [J]. Cuadernos De Gestion. 2015, 15 (1): 39-60.

[297] Tsai W., Ghoshal S.. Social Capital and Value Creation: the Role of Intrafirm Networks [J]. Academy of Management Journal, 1998 (41): 464-476.

[298] Powell W. W., Koput K. W., Smith D. L.. Interorganizational collaboration and the locus of innovation: Networks of learning in bioteehnology [J]. Administrative science quarterly, 1996, 41 (1): 116-145.

[299] 周小虎, 陈传明. 企业社会资本与持续竞争优势 [J]. 中国工业经济, 2004 (5): 90-97.

[300] Maurer Indre, Bartsch Vera, Ebers Mark. The Value of Intra-organizational Social Capital: How it Fosters Knowledge Transfer, Innovation Performance, and Growth [J]. Organization Studies, 2011, 32 (2): 157-185.

[301] Yaghoubi N., Ahmadi F. Factors affecting the women entrepreneurship in industrial section [J]. European Journal of Social Science, 2010, 17 (1): 88-95.

[302] Fulya S., Eren D., Can D. K., Gozde G. B., Onur D., Murat A., Fulya Almaz. Network based determinants of innovation performance in yacht building clusters [J]. Social and Behavioral Sciences, 2011 (24): 1671-1685.

[303] Lucia Bellora, Thomas W. Guenther. Drivers of innovation capital disclosure in intellectual capital statements: Evidence from Europe [J]. The British Accounting Review, 2013, 45 (4): 255-270.

[304] Francesco Rogo, Livio Cricelli, Michele Grimaldi. Assessing the

performance of open innovation practices: A case study of a community of innovation [J]. Technology in Society, 2014, 38 (4): 60 – 80.

[305] Harrison S., Sullivan P. H.. Profiting from intellectual capital: learning from leading companies [J]. Journal of Intellectual Capital, 2000, 1 (1): 33 – 46.

[306] Saint – Onge Hubert. The key to strategic alignment of intellectual capital [J]. Strategy & Leadership, 1996, 24 (2): 10 – 14.

[307] 游士兵, 马瑞. 充分发挥城市引领作用 推动城市高质量发展 [N]. 人民日报, 2021 – 06 – 21.

[308] 张学良, 杨朝远. 发挥中心城市和城市群在区域协调发展中的带动引领作用 [N]. 光明日报, 2020 – 1 – 14.

[309] 于艳邱. 中国城市群的概念及战略演进探析 [J]. 现代商贸工业, 2022 (6): 6 – 7.

[310] 张永恒, 梁丽娟, 杨兰桥. 中国城市群经济运行效率及其影响因素 [J]. 经济与决策, 2022 (7): 85.

[311] 连俊华, 李富强. 城市群高质量发展的路径探究: 基于区域协同创新的分析 [J]. 价格理论与实践, 2021 (5): 21 – 23.

[312] 黄少安, 谢冬水. 南北城市功能差异与南北经济差距 [J]. 南方经济, 2022 (6): 43.

[313] 党的十九届五中全会《建议》学习辅导 [M]. 北京: 学习出版社, 2020: 11.

[314] 魏后凯. 促进区域协调发展的路径分析 [N]. 经济日报, 2021 – 3 – 18.

[315] 张友国. 中国城乡融合高质量发展研究 [J]. 人民论坛, 2021 (11): 78.

[316] 范斯义, 刘伟. 科技创新促进城乡融合高质量发展作用机理及实践路径 [J]. 科技管理研究, 2021 (13): 41 – 43.

[317] 庄贵阳, 周枕戈. 高质量建设低碳城市的理论内涵和实践路径 [J]. 北京工业大学学报（社会科学版）, 2018 (8): 33 – 35.

[318] 范恒山. 文化让城市更美好 [N]. 人民日报, 2021-11-22.

[319] 宋朝丽. 新文创时代城市文化发展新模式 [J]. 出版广角, 2019 (12): 46.

[320] 安东尼·汤森 著. 赛迪研究院专家组译. 智慧城市: 大数据、互联网时代的城市未来 [M]. 北京: 中信出版社, 2015.

[321] 金江军. 数字经济引领高质量发展 [M]. 北京: 中信出版集团, 2019.

[322] 曾凡银. 深入推进区域协调高质量发展 [J]. 红旗文稿, 2021, (6): 30-31.

[323] 冯根富, 崔海雷. 建立更有效的区域协调发展机制 [N]. 经济日报, 2020-03-02.

[324] 杨小科. 推动数字经济与实体经济深度融合 [N]. 经济日报, 2022-05-31.

[325] 刘彦平, 王明康. 中国城市品牌高质量发展及其影响因素研究——基于协调发展理念的视角 [J]. 中国软科学, 2021 (3): 75.

[326] 钱明辉, 苟彦忠, 李光明. 城市品牌化影响因素研究述评 [J]. 云南财经大学学报 (社会科学版), 2010, 25 (1): 58-60.

[327] Morgan, N. J. Pritchard, A. and Pride, R., Destination Branding: Creating the Unique Destination Proposition [J]. Oxford: Butterworth-Heinemann, 2002.

[328] Dooley, G. and Bowie, D., Place Brand Architecture: Strategic Management of the Brand Portfolio [J]. Place Branding, 2005, Vol. 1, No. 4: 402-419.

[329] 李建锋. 高质量发展背景下河南省优化营商环境思考 [J]. 现代企业, 2022 (7): 80.

[330] 郝丽萍. 企业的智力资本与企业发展 [J]. 天津大学学报, 1999 (12): 294.

[331] 韩永文. 发挥城市群在经济高质量发展中的引领和辐射作用 [N]. 参考网, 2019-9-19.

[332] 彼得.德鲁克著.齐若兰译.管理的实践 [M].北京:机械工业出版社,2017.

[333] 王吉鹏.企业文化建设 [M].北京:中国人民出版社,2022.

[334] 韩磊.提质增效促进企业发展 [J].企业文化,2020 (24):23.

[335] 罗燕.浅谈绿色经营与企业发展 [J].经济管理,2015 (7):318.

[336] 郭朝先.以产业融合推动制造业高质量发展 [N].经济日报,2019-09-11.

[337] 陈劲.发挥创新驱动的作用——坚持不懈推动高质量发展 [N].人民日报,2020-6-24.

[338] 胡赛雄.华为增长法 [M].北京:中信出版集团,2020.

[339] 袁利峥.如何激发国有人才活力,着力创新驱动发展 [J].现代国企研究,2016 (16).

[340] 乔胜兵.建立多元化人才发展通道激发企业内生动力与活力 [J].管理,2017 (4):260.

[341] 华红兵.移动营销管理 [M].北京:清华大学出版社,2020.

[342] 郑健壮.微观经济学 [M].杭州:浙江大学出版社,2010.

[343] 白万义.以企业文化创新 促进企业发展初探 [J].管理世界,2012 (3):20-21.

[344] 李兰,仲为国,彭泗清,等.新冠肺炎疫情危机下的企业韧性与企业家精神——2021·中国企业家成长与发展专题调查报告 [J].南开管理评论,2022 (1):50-51.

[345] 杨国安,李晓红.变革的基因:移动互联时代的组织能力创新 [M].北京:中信出版社,2018.

[346] 冯茜群.在经济视角下谈如何更好地满足客户利益和需求 [J].当代经济,2016 (3):34.

[347] 田立加,高英彤."双循环"新发展格局中的企业品牌建设:机遇挑战及策略 [J].社会科学家,2021 (9):90-91.

后 记

在前期文献梳理过程中发现国内外研究"经济增长"和"智力资本"的文献资料不少,而研究"智力资本与高质量发展"的文献资料虽然也不少,但大多基本是从一个维度展开研究与论述,本书试图将理论探讨、实证分析、案例分析、对策研究相结合,秉持理论联系实际的主旨,以实证研究支撑理论论点,用案例分析补充对策研究,探索在深化创新驱动战略的新时代,以智力资本支撑创新驱动,以创新驱动引领高质量发展的基本路径。但是,由于理论水平、实践经验和写作时间所限,虽然在专家学者们的指导下竭尽全力,书中依然存在对经济增长和经济发展理论梳理不够深入全面,对高质量发展相关理论的提炼不够精准,在案例选择分析中焦点不够突出,在对策分析研究中针对性不够强等瑕疵。

在山东大学经济学院学习经济学的过程中,本人得到山东大学樊丽明教授、范爱军教授、梁树新教授、王建民教授、周延教授、于良春教授、臧旭恒教授、张东辉教授、杨桂玲教授、刘国亮教授、胡金焱教授和李铁岗教授(排名不分先后)等的谆谆教导,在此一并致谢,是他们的循循善诱让我有兴趣长期关注中国经济的创新发展,特别是智力资本对区域和企业高质量发展的影响机理和基本路径等相关问题。同时,特别感谢山东师范大学夏同水教授的悉心指导。书稿付梓之际,谨对所有给予本书帮助支持的各位专家学者、编辑同志,我的同事、亲朋好友表示衷心的感谢！

由于水平有限，书中难免出现疏漏和错误之处，敬请广大读者朋友提出宝贵意见建议。

张延华

2022 年 8 月